Lacan e a democracia

Christian Ingo Lenz Dunker

Lacan e a democracia
Clínica e crítica em tempos sombrios

© Boitempo, 2022
© Christian Ingo Lenz Dunker, 2022

Direção-geral Ivana Jinkings
Edição Thais Rimkus
Coordenação de produção Livia Campos
Assistência editorial Pedro Davoglio e Camila Nakazone
Preparação Mariana Echalar
Revisão Carolina Hidalgo
Diagramação Antonio Kehl
Capa Michaella Pivetti

Equipe de apoio Débora Rodrigues, Elaine Ramos, Frederico Indiani, Higor Alves, Isabella Meucci, Ivam Oliveira, Kim Doria, Lígia Colares, Luciana Capelli, Marcos Duarte, Marina Valeriano, Marissol Robles, Marlene Baptista, Maurício Barbosa, Raí Alves, Tulio Candiotto, Uva Costriuba

---

CIP-BRASIL. CATALOGAÇÃO NA PUBLICAÇÃO
SINDICATO NACIONAL DOS EDITORES DE LIVROS, RJ

D938L

Dunker, Christian Ingo Lenz, 1966-
 Lacan e a democracia : clínica e crítica em tempos sombrios / Christian Ingo Lenz Dunker. - 1. ed. - São Paulo : Boitempo, 2022.

 Inclui bibliografia
 ISBN 978-65-5717-124-0

 1. Lacan, Jacques, 1901-1981. 2. Psicanálise. 3. Democracia. I. Título.

21-74863   CDD: 150.195
           CDU: 159.964.2

Meri Gleice Rodrigues de Souza - Bibliotecária - CRB-7/6439

É vedada a reprodução de qualquer
parte deste livro sem a expressa autorização da editora.

1ª edição: janeiro de 2022

BOITEMPO
Jinkings Editores Associados Ltda.
Rua Pereira Leite, 373
05442-000 São Paulo SP
Tel.: (11) 3875-7250 / 3875-7285
editor@boitempoeditorial.com.br
boitempoeditorial.com.br | blogdaboitempo.com.br
facebook.com/boitempo | twitter.com/editoraboitempo
youtube.com/tvboitempo | instagram.com/boitempo

Para Contardo Calligaris, depois de tudo (in memoriam)

Agradecimentos

Este livro não seria possível sem a aposta da Boitempo e, em particular, de Ivana Jinkings. Ele reflete também o acolhimento de nossas ideias gestadas no interior do Laboratório Interunidades de Teoria Social, Filosofia e Psicanálise da Universidade de São Paulo (Latesfip-USP), do qual compartilho a coordenação com Maria Lívia Moretto, Vladimir Safatle e Nelson da Silva Jr. Agradeço aos alunos e aos pesquisadores, bem como ao Latesfip Cerrado. Agradeço também a meus orientandos, a alunos e companheiros do Fórum do Campo Lacaniano e à extensa rede de clínicos e psicanalistas que se levantou contra os descaminhos políticos do Brasil, notadamente no contexto das clínicas públicas de psicanálise e do movimento Psicanalistas pela Democracia.

Sumário

Introdução 13

1 Lacan e a democracia 23
   A palavra e o conflito 26
   Negações da democracia 28
   Paradoxos do individualismo 29
   O governo dos mestres 30
   O ódio à democracia 34
   Universalização 36
   A democracia e os muros 38
   Fins da democracia neoliberal 40
   Liberalismo e neoliberalismo 43

2 A psicanálise como crítica 45
   Antifilosofia e antipsicologia 48
   Mais além da oposição entre metafísica e ciência 56
   Tendências metafísicas do lacanismo contemporâneo 67
   O Real fora do tempo 81
   O idealismo do significante 84
   A naturalização do gozo 87
   A positividade do ser 90
   O fetichismo da transmissão 94

3 NEGACIONISMOS 101
  Negacionismos 110
  Neoliberalismo e neopentecostalismo 119
  A pergunta de Einstein a Freud 135

4 A PSICANÁLISE NOS ESPAÇOS PÚBLICOS 141
  Estrutura do espaço público: esfera ou garrafa de Klein? 142
  O comum e o coletivo 143
  O público e o político 144
  Ética e política 148
  Psicopatologia e política 151
  Público e universalidade 157

5 GRUPO, CLASSE E MASSA NO ESPAÇO DIGITAL 161
  Responsabilidade, culpa e implicação 162
  Culpa coletiva: a massa 168
  Massas digitais 170
  Ideais e seus objetos 175
  Afetos segregativos 181
  O sujeito democrático 184

6 POLÍTICAS DE IDENTIDADE 187
  Representação e expressão 191
  Identidades neoliberais 197
  Democracia de corpos 199
  Políticas de identidade e modelos críticos 204
  Real, Simbólico e Imaginário 205
  Universais e existenciais 208
  Reconhecimento 211
  Branquitude 214

7 POLÍTICAS DE GOZO 219
  O gozo como circulação extracorpórea 220
  Afetos, emoções e sentimentos 223
  Fazer corpo 226
  Estranhamentos e impropriedades 230

8   O DISCURSO DO CAPITALISTA: ESPECTROS DE MARX EM MILÃO 235
    O discurso do psicanalista... 235
    O discurso neoliberal 240
    Por uma esquerda que não odeie o dinheiro 243
    Um caso concreto 250
    Déficit antropológico 255

9   TEORIAS DA TRANSFORMAÇÃO: CLÍNICA E POLÍTICA.. 259
    Sofrimento 260
    Narrativa e causalidade 264
    Escuta 269

CONCLUSÃO 275

REFERÊNCIAS BIBLIOGRÁFICAS 291

SOBRE O AUTOR 311

Introdução

Lacan foi bastante assertivo ao definir as condições pelas quais alguém pode se habilitar a praticar a psicanálise: "Que antes renuncie a isto, portanto, quem não alcançar em seu horizonte a subjetividade de sua época. Pois como poderia fazer de seu ser o eixo de tantas vidas quem nada soubesse da dialética que o compromete com essas vidas em um movimento simbólico"[1].

Fica presumido por essa afirmação que a política que a psicanálise pretende para sua própria posição no mundo depende de saber onde ela consegue ser síncrona de si mesma e onde ela precisa transformar-se para alcançar sua época. De todas as transformações que dela se demandam epistêmica, ética e institucionalmente, a dimensão política tem sido aquela na qual o atraso se mostrou mais amargo e mais pleno de potencialidades.

Dentro do universo político, torna-se ainda mais premente demonstrar seu compromisso com a democracia, esta forma de governo definida pelo uso da palavra em espaço público. Ao declarar que em psicanálise concedemos todos os poderes à palavra[2], e particularmente no contexto de seu uso livre, Lacan também anunciava seu compromisso com a democracia. Em grego, quatro expressões podem igualmente ser traduzidas por "palavra": *mythos*, *lógos*, *épos* e *phármakon*[3]. Cada uma delas comporta uma temporalidade distinta e uma inflexão política própria.

O *mythos* é a palavra sem autoria, a palavra das origens imemoriais expressa pelo coro trágico que, por ser de todos, não é de ninguém. *Mythos* é algo que se

---

[1] Jacques Lacan, "Função e campo da fala e da linguagem em psicanálise" [1953], em *Escritos* (trad. Vera Ribeiro, Rio de Janeiro, Zahar, 1998), p. 322.
[2] Idem, "Direção da cura e os princípios de seu poder" [1958], em *Escritos*, cit., p. 647.
[3] F. E. Peters, *Termos filosóficos gregos: um léxico histórico* (trad. Beatriz Rodrigues Barbosa, Lisboa Calouste Gulbekian, 1974).

diz além do dizente, de forma circular, de tal forma que o que vem antes pode ser posterior ao que vem depois. É também a palavra do mito que aparece em *Ça parle* [Isso fala], mas também que define o complexo de Édipo em certo registro da verdade: "O mito é o que dá uma formulação discursiva a algo que não pode ser transmitido na definição da verdade, porque a definição da verdade só pode se apoiar sobre si mesma, e é na medida em que a fala progride que ela a constitui"[4].

Lógos é outro tipo de "palavra". Palavra universal, que supera o tempo de sua própria enunciação. Palavra que possui uma lógica, que comporta dialética entre verdade e saber e busca, em movimentos espirais de aproximação, a identidade entre o *lógos* interior (pensamento) e o *lógos* exterior (discurso), entre a *physis* (natureza) e a *nomos* (convenção). Nesse sentido, Lacan se esforçou, em todo o seu ensino, por inscrever a psicanálise na tradição das luzes, no crivo da razão e no debate da ciência. A democracia seria impossível sem essa confiança na palavra como pacto e revelação, como partilha e reconhecimento do caráter humano das leis.

A terceira dimensão da palavra é *épos*, origem de termos como época, épico e epocal. *Épos* refere-se a relato, história e narrativa. A recitação do *épos* pode ser feita por meio de um discurso antigo e mesmo em uma língua arcaica ou estrangeira. Tradicionalmente, *épos* refere-se à origem de uma pessoa, uma comunidade ou um grupo[5], mas segundo aquele que conta. "Esse roteiro fantasístico apresenta-se como um pequeno drama, uma gesta, que é precisamente a manifestação do mito individual neurótico."[6] Não estamos mais no tempo circular do mito nem no tempo espiral do conceito, mas no tempo irreversível, retilíneo da biografia ou da história; em sentido judaico-cristão, entre Gênesis e Apocalipse. Aqui a democracia deve ser entendida como um conceito histórico e indissociável de sua própria historicidade.

Lacan critica a degradação dessas três formas de palavra na modernidade. *Mythos* deixa de ser um termo coletivo e passa a se dizer por intermédio do mito individual do neurótico. *Lógos* deixa de ser ambição de verdade e passa a ser saber universal conexo com a negação da divisão do sujeito. *Mythos* e *lógos* parasitam *épos* de tal modo que não podemos mais reconhecer o valor da palavra oral, em detrimento da supremacia da história como arquivo e escrita. Assim também a democracia deixou de ser um dispositivo comunitário e passou a se consagrar em instituições representativas e parlamentares no interior da qual sua progressão como racionalização nos conduziu tantas vezes de volta ao *mythos*, mas agora, desprevenidamente, como ideologia e metafísica.

---

[4] Jacques Lacan, *O mito individual do neurótico* (trad. Claudia Berliner, Rio de Janeiro, Zahar, 2007 [1956]), p. 13.
[5] Idem, "Função e campo da fala e da linguagem em psicanálise", cit.
[6] Ibidem, p. 24.

Mas há ainda uma quarta acepção grega para "palavra", que é *phármakon*, ou seja, a palavra que cura ou que mata. Essa é a palavra que procuramos no tempo descontínuo da transferência, no tempo das alternâncias entre abertura e fechamento do inconsciente, no tempo marcado pelo corte de *autómaton* e *tikê*, no tempo *kayrós* do dizer que faz encontro e acontecimento. *Phármakon* é a intervenção transformativa do analista, seja para fazer girar o discurso, seja para implicar o sujeito, seja para interpretar o sintoma, seja, ainda, para construir ou atravessar a fantasia. Aqui se encontrará a afinidade histórica entre a democracia e a capacidade de pensarmos contra nós mesmos, o trabalho da dúvida e de afastamento dos discursos antidemocráticos, ao qual a tradição filosófica chamou de "crítica".

O objetivo deste livro é mostrar como Lacan e a psicanálise trazem uma contribuição para a tradição crítica, para a reflexão histórica sobre a democracia, mas também para a revalorização da palavra em sua ação direta pelos sujeitos. Nossa época tende a unificar o tempo, eliminando contradições do conceito e diversidade de mitos que nos permitem descrever uma época como tal. Em outras palavras, decidimos a qual época pertencemos e, ao fazê-lo, reconhecemos a forma lógica temporal de cada sujeito. Tão claro quanto o fato de que estamos todos aqui neste momento, mas nossas formas de vida pertencem a épocas diferentes. Não é um problema de identificação nem de filiação, mas de como fazemos "corpo" para a antipolítica democrática pelo uso da palavra.

Portanto, a psicanálise no horizonte da subjetividade de sua época não deve resumir-se a saber se ela é filha da modernidade ou da pós-modernidade; se sobrevive ao fim das grandes narrativas ou se faz parte da sociedade do espetáculo; se é herdeira das práticas de confissão e disciplinarização dos corpos; ou se é uma forma de familiarismo repressivo, falocêntrico ou universalista. Ao pressentir que a psicanálise é vítima de uma obsolescência não programada, ultrapassada por técnicas terapêuticas mais eficazes, excluída das políticas de saúde mental ou aposentada pelas filosofias emergentes, nós esquecemos a potência democrática da ética psicanalítica e sua inscrição cada vez mais variada na esfera pública.

Para Lacan, o fim do tratamento psicanalítico implicava a descoberta de que a dialética não é individual, mas um momento em que a satisfação do sujeito encontra meios de se realizar na satisfação de cada um, isto é, de todos aqueles com quem ela se associa numa obra humana. Com o passar do tempo essa ideia ganha concretude institucional no projeto de uma comunidade experimental chamada Escola de Psicanálise. A crítica do poder no interior da transmissão discursiva da psicanálise, na formação dos psicanalistas e na própria cena do tratamento originou inúmeros dispositivos de contrapoder, cuja potência de democratização da própria psicanálise ainda se encontra sob experimentação. Cartéis que incluem e se comunicam livremente, pessoas que não pertencem à escola e que em tese não são, nem pretendem se tornar, psicanalistas, permutação de cargos e funções, reconhecimento direto pelo percurso de análise (passe), autoautorização da prática a partir do ato ético de desejo e exposição continuada e crítica de conceitos inspiram uma comunidade de trabalho definida não apenas por identificações comuns, mas pela produção coletiva da diferença. Ainda que o ideal de escola tenha sido objeto de inúmeros e continuados fracassos históricos, ele não pode ser ignorado como modelo de uma comunidade democrática vindoura.

Ademais, as novas políticas, baseadas em expectativas de reconhecimento, contam com um elemento comum com as antigas políticas de inclusão e equidade baseadas na redistribuição de renda, ou seja, ambas têm por horizonte a redução do sofrimento das pessoas como fator básico de cidadania. Ou seja, a psicanálise permite pensar a crescente aproximação entre as experiências contingentes do patológico, com seus sintomas, suas inibições e suas angústias, e a generalização das experiências de opressão, segregação e humilhação social. O sofrimento de gênero, de raça, de etnia e de desterritorialização se combina com o sofrimento de classe sob a ótica das patologias do social[7].

A ascensão do neoliberalismo[8] é contemporânea da exportação global das formas codificadas de sofrimento. Substituindo o conflito pela inibição-intensificação de funções, a narrativa de sofrimento pelas listas de signos patológicos, os sintomas etiologicamente definidos pelas convenções renovadas em torno de *mental disorder* [transtorno], gestou-se uma crise mundial em saúde mental. A ascensão da depressão[9] e da ansiedade como formas diagnósticas difusas parece suficiente para justificar as práticas de modulação instrumental da realidade, como condomínios ou regulação de paisagens mentais baseadas no uso de substâncias, lícitas ou ilícitas, com fins terapêuticos, quando não de *enhanced* e dopagem.

Os anos 1980 inauguram uma mutação da política de sofrimento liberal, orientada para a proteção do trabalhador, para uma política baseada na administração calculada e cientificamente justificada, de mais sofrimento para produzir mais aceleração, desempenho e produtividade. A pressuposição de que o sujeito político, assim como o sujeito econômico, age racionalmente com respeito aos fins, que fará escolhas que necessariamente reduzem prejuízos e maximizam lucros e que no fundo pode ser formalizado por teorias da ação racional ou esquemas de reconhecimento pré-fabricados pelas diferentes gramáticas representativas ou expressivas mostrou-se desastrosa e falsa. Há formas de sofrimento que ainda não podem ser nomeadas, há formas de mal-estar que desconhecem seus próprios motivos, há demandas informuladas que se apoiam em significantes flutuantes.

---

[7] Vladimir Safatle, Nelson da Silva Jr. e Christian I. L. Dunker (orgs.), *Patologias do social: arqueologias do sofrimento psíquico* (Belo Horizonte, Autêntica, 2018).
[8] Idem, *Neoliberalismo como gestão do sofrimento psíquico* (Belo Horizonte, Autêntica, 2021).
[9] Christian I. L. Dunker, *Uma biografia da depressão* (São Paulo, Planeta, 2021).

Ao mesmo tempo, nem todo sofrimento apresenta-se como incerteza, insegurança e indeterminação, pois há também sintomas e angústias que emergem em nossas formas de vida como excesso de determinação simbólica ou imaginária.

Ora, a psicanálise sempre foi, historicamente, uma prática orientada para o reconhecimento de modalidades de mal-estar, antes que ele estivesse normalizado por dispositivos de controle: desde a crítica da "moral sexual civilizada" até o repúdio psiquiátrico da imputação de ausência de sentido nos sintomas e, ainda, a crítica das ilusões de felicidade, sempre se lutou pela irredutibilidade do sofrimento neurótico ao sintoma (supondo que este contenha um grão de verdade que o ultrapassa) e do mal-estar ao sofrimento (supondo que este contenha contradições maiores do que é possível colocar para aquele momento).

Neste livro, tento mostrar as afinidades entre psicanálise e democracia a partir do pensamento de Lacan, mas faço isso no contexto da interpretação dos fenômenos antipolíticos e regressivos que marcaram a ascensão, a partir de 2016, de uma política não apenas conservadora, mas fascista em termos discursivos. Daí que esta obra pode ser considerada uma continuação do que levantei em *Mal-estar, sofrimento e sintoma* em 2015[10]. Ali se tratava de mostrar, a partir da história da recepção das ideias psicanalíticas no Brasil, notadamente a partir da racionalidade diagnóstica na qual elas se entranhavam, que nosso país produziu um novo sintoma, em especial a partir de 1973. Esse sintoma social consistiu em negar o aumento da diversidade e das demandas de inclusão e cidadania por meio da construção de uma sociedade estruturada como conjunto de condomínios. Assim como as prisões, as comunidades e os shoppings centers, as zonas condominiais correspondem a áreas onde o Estado se demite, transfere sua autoridade para síndicos e gestores, ergue muros reais, simbólicos ou imaginários e cria enclaves de auto e heterossegregação. Essa lógica logo se expandiu, junto com a implantação do neoliberalismo, para a ocupação do Estado e para as políticas de educação, cultura, saúde e assistência, bem como para o empresariamento dos setores produtivos e sua imunização calculada contra a concorrência não monopolista.

Este livro procura mostrar como, a partir de 2013, o sistema brasileiro dos condomínios passa por um desequilíbrio. Aumenta o desejo de espaço público, de circulação pela cidade, de cidadania e participação política. Mas isso fez crescer também a reação contrária, dos que gostariam de regressar aos anos 1970 e reerguer os muros de exclusão e silenciamento. A retomada e a ampliação do espaço público, a insuficiência das bolhas e condomínios digitais, pressionados por um novo aumento de percepção social de diversidade e apoiado por novas organizações discursivas em torno de reconhecimento pressionou os muros dos

---

[10] Idem, *Mal-estar, sofrimento e sintoma: uma psicopatologia do Brasil entre muros* (São Paulo, Boitempo, 2015).

condomínios. A mobilidade social implicou uma nova versão da ideologia conservadora. Esta reedita a batalha cultural antimarxista, rediviva em novas formas religiosas e reestruturada pela disseminação da linguagem digital. Teremos que examinar como esse novo veículo massivo de participação introduziu populações historicamente excluídas e canceladas na conversação política.

Na herança das gramáticas de reconhecimento regressivas, criou-se uma nova combinação entre o funcionamento de grupo, massa e classe que alterou profundamente a lógica da relação entre instituições e comunidades. Um novo tipo de autoridade, gestado pelos anos de primazia do síndico e do gestor, formou o embrião para uma contrarrevolução preventiva. Seu funcionamento discursivo baseia-se em reconhecer zonas de insatisfação e intensificar afetos como ódio e ressentimento a ponto de inverter o sentido crítico ou progressivo original de uma narrativa. O negacionismo mostra-se, assim, uma inversão ideológica que retém significantes progressistas, como *liberdade*, *luta anticorrupção* e *reforma do Estado*, enquanto pretexto para concentração de autoridade e destruição de instituições e comunidades democráticas. Nesse sentido, a democracia reduzida e customizada, para os que podem pagar por ela, não é apenas um retorno ao funcionamento em condomínio, mas é a radicalização aberta e expansiva de sua dinâmica.

Políticas de gozo e políticas de identidade surgem, então, como dois critérios importantes para entender a reversão antidemocrática no interior da crise do neoliberalismo contemporâneo. Logo, seria importante mostrar como a psicanálise oferece recursos críticos para pensar a capitalização do sofrimento em chave mais universalista, mas também como mobiliza argumentos democráticos quando se trata de ler conflitos como disputa entre diferentes teorias da transformação.

Entendo que boa clínica psicanalítica é crítica social feita por outros meios. Isso não é uma ilação sobre os efeitos "externos" do que fazemos a respeito da orientação mais egoísta ou mais altruísta de nossos analisantes, mas decorre do fato de que os sintomas de nossos analisantes são feitos de contradições cuja expressão, determinação e realidade localizam-se nos laços sociais, nas relações desejantes e na economia de gozo. Localizar os avanços da psicanálise na ocupação do espaço público, mostrar a natureza crítica de sua epistemologia e criticar pontos problemáticos de sua expansão teórico-discursiva tornam-se, assim, movimentos de retorno da crítica social sobre a própria prática e sobre os próprios dispositivos de justificação da psicanálise, particularmente a de orientação lacaniana.

Lacan argumentou que a modernidade – e, com ela, as condições para o surgimento de uma prática como a psicanálise – presume um espaço em forma de garrafa de Klein. Diferentemente da topologia do mundo pré-moderno, que estruturava macrocosmos e microcosmos em relações de englobamento e simetria, a modernidade representa indivíduos como esferas. Contudo, as mônadas de Leibnitz nunca se comportam apenas e exclusivamente como indivíduos fechados sobre si mesmos, mas como esferas no interior das quais emergem alteridades. A garrafa de Klein é um espaço onde o exterior se comunica com o interior em duas áreas: a zona de interpenetração e a zona de revolução. Isso acontece porque se trata de uma estrutura em quatro dimensões, não apenas três. Isso traria consequências para nossas formas de individualização e sua premissa de divisão entre público e privado, mas também entre natureza e cultura, indivíduo e sociedade, humanidade e animalidade, coisa e pessoa. Desdobramos nossa crítica do totemismo psicanalítico em um reposicionamento epistemológico, acompanhado pela antropologia, pelo pós-estruturalismo e pelo perspectivismo ameríndio. E, com isso, será preciso entender que a ideologia se fundamenta sempre em uma metafísica cuja desmontagem é homóloga da travessia neurótica da fantasia.

Poucos são os discursos capazes de recuo suficiente para fazer duas coisas relativamente opostas que o engajamento político requer: paixão ardente para mudar o mundo e distanciamento crítico dos limites posicionais dos próprios interesses, que nos fazem participar da conversa de modo parcial. Ora, são essas duas virtudes esperadas de um psicanalista e, no geral, de seu discurso e de seu desejo: paixão da ignorância e suspensão do exercício do poder como dominação.

Durante muito tempo, a psicanálise, enquanto método de tratamento, procedimento de investigação e discurso sobre a modernidade, foi tida como prática orientada para a expressão e o ordenamento da vida privada, quando não para o serviço dos bens. Isso é um engano caso se pense na orientação de Lacan; não deve ser entendido como o endosso da gramática de composição e mistura entre assuntos públicos segundo gramáticas privadas, tampouco de aparelhamento de temas privados no escopo do interesse público. A psicanálise pode ser bastante útil para pensar a natureza e a consistência de muros, fronteiras e litorais que se estabelecem nas novas configurações entre espaço público e espaço privado. E aqui a referência à dialética é importante porque permite a ligação entre dois tipos de relação entre psicanálise e política: a política da indução histórica de modos de subjetivação e a política que condiciona a prática clínica e como experiência de separação ou desalienação.

A crítica da ideologia estava debilitada no começo dos anos 1970, quando Fredric Jameson e a revista *New Left Review* perceberam que ela estava se tornando outra coisa: *cultural studies*, estudos de gênero, teoria feminista, *queer studies*, teoria pós-colonial, decolonial e diaspórica, análise de discurso pós-estruturalista e pós-marxismo. Para fazer crítica da ideologia, na esteira do marxismo clássico, seria necessário admitir de alguma maneira um ponto de vista da totalidade que fosse minimamente sustentável como método. O último que conseguiu isso foi Lukács, em *A teoria do romance*[11]. Depois disso, o metodologismo, a territorialização de

---

[11] György Lukács, *A teoria do romance: um ensaio histórico-filosófico sobre as formas da grande épica* (trad. José Marcos Mariani de Macedo, 2. ed., São Paulo, Duas Cidades/Editora 34, 2012).

disciplinas, a profissionalização da pesquisa em ciência humanas e a autoanálise dos fracassos do marxismo tomaram conta de certa herança de estudos críticos. No Brasil isso representou um perigoso afastamento dos intelectuais da cena pública e a consequente percepção social de que as universidades representam apenas mais uma forma opaca e suspeita de poder institucionalizado.

A psicanálise, por sua dificuldade para se tornar uma área disciplinar, por sua dificuldade para se justificar em termos de método, pela autonomia institucional de suas associações formativas, escapou de ser diluída nas regras universitárias. Ao mesmo tempo, como prática real de transformação direta da experiência, oferece um campo prático de intervenção clínica. Tais características a posicionam de forma ambígua quando consideramos a alternativa entre ciência e política como vocação. Slavoj Žižek e o grupo esloveno, Judith Butler e as feministas que empregam a psicanálise, Alain Badiou, Christian Laval e Pierre Dardot, Ian Parker, Erica Burman e o grupo de Manchester, assim como Ernesto Laclau, Chantal Mouffe e a democracia radical e, entre nós, Gabriel Tupinambá[12] testemunham o impacto das ideias de Lacan na teoria política e, em particular, no programa democrático.

Mais além de sua dissociação liberal, de suas inflexões disciplinares ou de suas retomadas românticas, torna-se crucial pensar hoje a função dos afetos na política – por exemplo, desamparo, medo, piedade, ódio. É tolice liberal achar que afetos, desejos ou economias libidinais, de pequena ou grande escala, são assuntos privados e devem ficar restritos à cena da família ou da reprodução de práticas sociais. Parte da esquerda tem dificuldade em integrar essa pauta mais além de uma espécie de programa de purificação ética. Imaginando que política democrática se faz apenas com sujeitos que se livraram de seus interesses e suas paixões, que se nutrem apenas de afetos "positivos" e boas práticas de conservação e solidariedade, confundimos enfrentamento do capitalismo com individualização da crítica moral ao capitalismo, como mostrou Jodi Dean[13]. Isso embaralha luta de classes e ressentimento de classe, criando a imagem de uma esquerda que odeia dinheiro e que, ao fim, não tem nada a oferecer ao desejo de prosperidade das pessoas comuns. Uma vez desfeita a aura de eticidade, seria preciso pensar uma nova gramática de afetos, que abandone o pacto ainda que involuntário estabelecido com a direita em torno do sentimento de culpa. Segundo a lógica de condomínio, arrogância e superioridade aparentemente têm dono. Impostores serão denunciados porque nos prometem uma antropologia

---

[12] Gabriel Tupinambá, *The Desire of Psychoanalysis: Exercises in Lacanian Thinking* (Evanston, Illinois, Northestern University Press, 2021).

[13] Jodi Dean, *Camarada: um ensaio sobre pertencimento político* (trad. Artur Renzo, São Paulo, Boitempo, 2021).

inexequível do altruísmo e da bondade em vez de enfrentar a realidade egoísta e confirmar a narrativa neo-hobbesiana de todos contra todos.

Esse tipo de solução termina em altas doses de idealismo sem substância, na ascensão retrógrada de formas de comunitarismo, na paranoia sistêmica que torna a política um campo de impessoalização para técnicos, gestores e outros mediadores profissionais de interesses. Ora, isso é evidentemente interpretado pelo resto das pessoas, não envolvidas com políticas partidárias ou institucionais, como um distanciamento, uma perda de experiência, uma desconfiguração do campo da política em mero empreendimento administrativo-judiciário. Penso que a psicanálise, mas não só ela, desempenhará um papel importante na redefinição e na retomada do interesse pela política, para além do atual formato baseado no partido-militância.

Este livro insere-se em um projeto mais amplo fundamentado na convergência de diferentes esforços para pensar o que seria uma política que tem a psicanálise como alicerce. Uma política que não esteja abalizada na assunção tácita da forma indivíduo e os meios tradicionais de sua associação por identificação. Uma política que coloque o desejo em sua cúspide e que, portanto, seja prevenida quanto a sua formalização em demandas. Uma política que subverta o campo de conformação dos discursos e da ocupação do espaço público por meio da força e da sugestão. Tal política teria o sonho como modelo e a realização do desejo como fim. Tal política seria chamada de oniropolítica.

1
Lacan e a democracia[*]

Pensemos as relações entre a psicanálise de Lacan e a política a partir de uma definição fregeana. Vamos assumir que a psicanálise é a função e a política é o argumento. A extensão do argumento – ou seja, as acepções de política, os objetos que caem sob esse significante – envolve o conjunto de instituições e o sistema organizado de representação de interesses de classes, comunidades e grupos. O sistema eleitoral, o ordenamento jurídico, os partidos e os sistemas de governo formam, assim, nossa representação intuitiva de política. Nesse sentido, os psicanalistas, como qualquer outro agrupamento da sociedade civil, fazem política ao se inscrever no espaço público como atores, com suas escolas e suas políticas associativas, mas também pela forma particular de ocupar a esfera pública nas universidades, na imprensa, nas artes ou no debate intelectual. Por combinações, associações e parasitagens, a psicanálise participa das políticas públicas, ainda que com uma exceção notável: o repúdio a ser reconhecida pelo Estado.

Esse entendimento mais ou menos convencional de política exclui e define um contracampo contável daquilo que não são atividades políticas: a vida privada das pessoas, a ciência, a arte e a religião, bem como a cultura de maneira geral. Mas essa noção começa a mudar substancialmente a partir dos anos 1970. Digo isso de forma aproximada, pois me parece que é a partir desse momento que dois fatores vão alterar de modo substancial o sentido de política:

1) uma consciência cada vez mais clara de que esse conceito representacional de política é insuficiente para representar o desejo das pessoas. Note-se que usei, intencionalmente, duas vezes a palavra "representação". Isso porque acredito que a

---

[*] Os textos deste capítulo foram compostos tendo em vista outro trabalho já publicado pelo próprio autor: "O ato cardinal entre psicanálise e democracia: Lacan e a política", *Estilos da Clínica*, v. 23, n. 1, 2018, p. 15-32. (N. E.)

crise do conceito convencional de política advém da descoberta da importância do *representante*, que não é uma representação, como nos acostumamos a ler na crítica lacaniana do representante da representação (*Vorstellungsrepräsentanz*) freudiano. Ou seja, o que representa um significante para outro significante pode ser um sujeito. A teoria do lugar vazio ocupado por um representante, que é sua representação simbólica incorporal e neutra, começa a ruir. Refiro-me aqui à teoria de Claude Lefort[1], que entendia que a democracia depende de lugares simbolicamente vazios que são ocupados por sujeitos reduzidos a sua função de representação, do mesmo modo como a função do psicanalista não deve se confundir com a pessoa que a ocupa;

2) a experiência efetiva de que a dinâmica de conflitos e sua regulação segundo participações periódicas e regradas não consegue acompanhar a velocidade nem a intensidade da produção de novas formas de desejo. A ideia de que o voto como ato que se pratica a intervalos longos e decide instâncias de representação institucional seria a essência da democracia começa a se contrapor à de que a política deve ser uma prática cotidiana, infiltrada nas relações ordinárias. Ou seja, não somos apenas sujeitos que fazem exceção à representação paratodos[2]; somos também sujeitos expressivos e singulares (*Einzeln*), para usar uma categoria hegeliana que encontra vários correlatos insuspeitos em Lacan.

Estou sugerindo que a psicanálise – Lacan, em particular – ocupou um lugar muito importante nessa mutação contemporânea do conceito de política. Voltemos a Gottlob Frege[3] e consideremos agora "psicanálise" não apenas como função, mas também como argumento. Veremos, então, que seria possível aplicar o quantificador universal (toda psicanálise) e o quantificador existencial (esta psicanálise) tanto à função política da psicanálise quanto a seus argumentos particulares. Com isso, o resultado passa a ser: psicanálise e psicanálise como política. O sintagma pode ser lido em uma série cujo sentido é:

a) psicanálise e feminismo como política;
b) psicanálise e marxismo como política;
c) psicanálise e decolonialismo como política;
d) psicanálise e psicanálise como política.

---

[1] Claude Lefort, *A invenção democrática: os limites da dominação totalitária* (trad. Isabel Loureiro e Maria Leonor Loureiro, 3. ed., Belo Horizonte, Autêntica, 2011).

[2] "Paratodo" traduz o termo francês "*pourtout*". Como em: "Há, pois, duas diz-dimensões do paratodothomem [*pourtouthomme*], a do discurso com que ele se paratodiza [*pourtoute*] e a dos lugares pelos quais isso é thomem [*thomme*]". A expressão pode ser encontrada também como verbo: "Isto, antes de comentar que o discurso analítico paratodiza [*pourtoute*] isso na contramão, o que é concebível, se lhe sucede encerrar o real em seu circuito". Jacques Lacan, "O aturdido" [1973], em *Outros escritos* (trad. Vera Ribeiro, Rio de Janeiro, Zahar, 2003), p. 460 e 463.

[3] Gottlob Frege, "Sobre o sentido e a referência", em *Lógica e filosofia da linguagem* (2. ed., trad. Paulo Alcoforado, São Paulo, Cultrix-Edusp, 2009).

Meu argumento para justificar essa partição vem da distinção que vários teóricos da política fazem entre A política (com "A" maiúsculo) como campo de circulação livre da palavra em espaço público, atribuindo a ela uma potência de deliberação e transformação, e a política (com "a" minúsculo) como sistema particular de interesses, mais ou menos orientados por comunidades específicas.

Mais que em qualquer outro lugar, vale aqui a fórmula do significante que representa um sujeito para outro significante. Isso quer dizer que é possível tornar "político" tudo aquilo para que há um sujeito representante: os gêneros, os hábitos linguísticos, as escolhas estéticas e todas as formas de vida nas quais a dominação e a segregação se manifestam. O político é aquilo que decidimos politicamente tratar como político.

Dessa maneira, Lacan e a política são um caso particular de psicanálise e política, e da tese de que "o inconsciente é a política"[4] não se deduz que esta seja uma política democrática. Para tentar mostrar isso, dividimos o problema entre o sentido maiúsculo e o sentido ordinário de democracia. O resultado nos faz perguntar qual Lacan e qual psicanálise queremos para responder ao estatuto político do inconsciente. *A política* se relaciona psicanaliticamente com *as políticas*, assim como o universal se relaciona com o particular – isto é, nem apenas a inclusão dos particulares em um universal pré-constituído nem a expansão indefinida dos particulares, mas de acordo com a estrutura da significação (*Bedeutung*), ou seja, de que "não há universal que não contenha uma existência que o negue"[5]. Uma política que tenha o Real em seu horizonte deve reconhecer, a cada vez e em seu próprio tempo, essa existência que nega o universal. Deve reconhecer e nomear essa exceção que constitui e desfaz o Real, a que também chamamos de verdade. A política é o horizonte, mas as políticas são as estratégias pelas quais dele nos aproximamos.

Aqui Lacan comportou-se como visionário político ao realizar dois movimentos fundamentais:

1) Se observarmos os textos de Lacan focados diretamente na prática clínica, veremos que são todos, sem exceção, textos que introduzem o problema do poder no interior da situação analítica. O caso mais óbvio é "Direção da cura e os

---

[4] "E notadamente esta, por exemplo, que nos mostraria sem dúvida, mas não é hoje que darei nessa direção mesmo os primeiros passos – que se Freud escreveu em algum lugar que 'a anatomia é o destino' há aí talvez um momento em que, quando se voltar a uma sã percepção do que Freud nos descobriu, se dirá não 'política é o inconsciente', mas simplesmente o inconsciente é a política." Jacques Lacan, *O seminário*, Livro XIV: *A lógica do fantasma (1966-1967)* (Recife, Centro de Estudos Freudianos, 2008), p. 350.

[5] "Não há universal que não deva ser contido e por uma existência que o negue. [...] Não há universal que não se reduza ao possível. Nem mesmo a morte, já que esta é a ironia com que ela só se articula. Por mais universal que se articule, ela nunca é senão possível." Idem, "O aturdido", cit., p. 450.

princípios de seu poder"[6], mas isso pode ser verificado também em "Variantes do tratamento padrão"[7], "Para além do 'Princípio de realidade'"[8] e, de modo mais agudo, em "O aturdido". Portanto, Lacan antecipou a tendência ao perceber o problema do poder fora do escopo óbvio da política. Quero crer que isso veio do surrealismo e de como, em seu interior, se desenvolve o modelo do ato poético como ato transformativo por excelência. De Arthur Rimbaud a Raymond Queneau (*Le dimanche de la vie*)*, era essa a questão, afinal.

2) Mas a segunda antecipação lacaniana é certamente a mais radical. Ele propõe a existência de uma comunidade de exceção, capaz de representar, por si só, a incompletude e a inconsistência de todas as comunidades. Ele ousa criar um modelo empírico para o que seria uma comunidade de destino pós-edipiana, pós-identificatória e pós-segregatória; ou seja, a Escola de Psicanálise. Que não tenha se realizado, que ele a tenha dissolvido, que seu passe não funcione, tudo isso são apenas evidências do tamanho da comunidade experimental que ele propunha. E esse é um modelo de política (com "p" minúsculo) que faz exceção a se incluir na função genérica e abstrata, *para todos*, chamada A Política.

A Escola de Psicanálise é uma comunidade por vir, e esse é o compromisso legado por Lacan. Obviamente essa seria uma política para além da biopolítica e da necropolítica que formam, hoje, a alternativa obscena que governa nossas escolhas representativas. Ela se opõe ao capitalismo e ao higienismo não porque se alinhe a seu contrário, mas porque se compõe como uma política do desejo e do despertar. Ela critica a economia política do escabelo não porque queira voltar para o tempo das substâncias desencarnadas, evadidas do espaço público, mas porque critica a topologia desse espaço: ele não é uma esfera como queria Habermas, e sim uma garrafa de Klein.

A palavra e o conflito

Gostaria de lembrar a afinidade de origem de psicanálise e democracia. Para os gregos, só é possível democracia se tivermos também *isegoria*, ou seja, uso livre da palavra em situação pública. E é pelo uso livre da palavra que o destino político pode ser definido pelos homens e não apenas pelos deuses. É pelo livre uso da palavra e diante dela que nós nos fazemos iguais, mas também tratamos nossa diferença. Não é acaso o método psicanalítico ter nascido com a associação livre.

---

[6] Idem, "Direção da cura e os princípios de seu poder" [1958], em *Escritos* (trad. Vera Ribeiro, Rio de Janeiro, Zahar, 1998).

[7] Idem, "Variantes do tratamento padrão" [1955], em *Escritos*, cit.

[8] Idem, "Para além do 'Princípio de realidade'" [1936], em *Escritos*, cit.

* Raymond Queneau, *Le dimanche de la vie* (Paris, Folio, 1973). (N. E.)

Não é indiferente que presuma um mundo de livres associações entre desejos e suas sobredeterminações. Portanto, psicanálise e democracia, no sentido político, dependem dessa possibilidade inédita de tratar pela palavra os conflitos que passam a ter, desde então, textura de palavra. Por isso a democracia se coloca antes do direito, antes da política, antes da moral e antes da economia. Ela é a condição pela qual tais domínios podem e devem se submeter.

A psicanálise possui uma segunda afinidade de origem com a democracia. Diz respeito ao fato de que o inconsciente é sem fronteiras. O inconsciente, assim como o desejo, assim como o princípio da livre palavra, não é um defeito nem uma virtude particular, mas uma experiência universal. Ainda que dividido, ainda que faltante, ainda que negativo, esse universal nos afasta por origem da guerra entre os particulares. É porque a psicanálise adota a lei da palavra e faz da palavra sua lei que ela se mostra profundamente consoante com o segundo princípio da democracia, a saber, a *isonomia*, a igualdade diante da lei.

Se a psicanálise é filha da modernidade, é porque poucas coisas ela herdou da Antiguidade. Por isso estas são tão importantes. A democracia é uma delas. E outros valores poderiam ser evocados aqui: a liberdade ou a justiça, a solidariedade ou o medo, a coragem ou a indignação, talvez a ética. Todos presentes diretamente na experiência da psicanálise. A democracia não apenas agrega todos eles, como emerge enquanto prática e discurso que nos faz ultrapassar o domínio dos indivíduos e passar ao das relações coletivas que permitem a existência de tais indivíduos. A palavra de cada um, colocada entre diferentes.

A terceira afinidade entre psicanálise e democracia está no princípio da *isocracia*, pelo qual, diante dos bens públicos e suas instituições, não haverá prerrogativa de família, origem ou destino privilegiado que suspenda o pacto instituído pela palavra.

A democracia se perde quando, em vez da fala de cada um, um por um, emerge o funcionamento de massa, onde a fala de cada um apaga-se no líder ou no ideal único, sem *isegoria*. A massa não é o coletivo, assim como o grupo não é a classe. Na massa, transferimos a autoridade regressiva para um estado de minoridade da razão. A democracia se anula quando suspendemos a *isonomia* criada pelo diálogo, substituindo a lei da palavra pela política da força e do rito jurídico, da guerra e da militância. A democracia é suspensa quando reduzimos a experiência coletiva da *isocracia* aos interesses privados de juízos e juízes de circunstância, quando restringimos ou pervertemos o acesso à palavra no espaço público ou digital. A palavra e a democracia se veem ameaçadas neste momento no Brasil.

Palavra que se diz no voto ou *Wunsch* e que faz a lei do desejo. Palavra que cria laços, compromissos e promessas no espaço público e privado. Palavra que se diz livremente, a cada vez e a cada um. Se são três as condições da democracia – *isegoria* (livre palavra em espaço público), *isonomia* (igualdade diante da lei pública) e *isocracia* (livre acesso às instituições públicas) –, seriam três também as modalidades do fracasso da democracia. E pressupõe-se, ainda, uma quarta condição, indireta: a existência de certo nível de igualdade social e econômica, ou seja, as condições reais de cidadania. Curiosa é a posição da psicanálise quando confrontada com tais condições. Ela não se quer regulada pelo Estado nem se enquadra como uma de suas instituições, apresentando-se, no mais das vezes, como parasitária ou perpendicular aos modos de reconhecimento. Ela se abstém de se pronunciar em matéria normativa e não advoga valores específicos para além de certas condições republicanas de base. Finalmente, sua ênfase na palavra livre não se inscreve no espaço público, mas é resguardada pelo sigilo. Desse ponto de vista, a psicanálise é uma ética e não requer nem implica uma política. Ao mesmo tempo, não seria exatamente por essa exterioridade ao campo *da* política (*the political*) e sua neutralidade diante *das* políticas (*politics*) que lhe facultaria uma posição de extimidade produtiva em relação à democracia? Ou seja, sua posição não lhe permitiria postular valores que nos ofereçam uma resposta positiva ao que se deve entender por democracia, mas reconhecer com presteza e criticidade quando não estamos na democracia?

O problema que nos reúne não é a afinidade entre a psicanálise e a democracia, mas os fins da democracia. "Fins" aqui contém uma ambiguidade significante: o *télos*, a finalidade ou o horizonte da democracia como ideia futura, ideia reguladora, mas também encerramento, fim e suspensão da democracia. Essa inversão entre amor e ódio pela democracia, essa ambivalência histórica da democracia como governo e essa crença na representatividade democrática das instituições parecem encontrar, hoje, seu momento de inflexão mais baixo depois da Segunda Guerra Mundial.

Negações da democracia

Há duas perguntas que nos concernem, enquanto psicanalistas, sobre este momento:

1) é possível pensar uma crítica psicanalítica da economia de gozo envolvida nesta espécie de hiato democrático?

2) como descrever, se é que é possível, as modalidades de negação da democracia – se a força de uma ideia se mede pela repetição de seu fracasso, ou seja, pela forma como esse fracasso torna-se parte da história que o realiza, quais seriam as razões desse fracasso?

Seria um tanto inusual recorrer a Lacan para examinar essas duas perguntas, se pensarmos em seu desinteresse patente pela questão da política; contudo, não podemos desconhecer que, apesar disso, as consequências de seu pensamento para a reflexão política de nossa época são inegáveis. De Žižek a Badiou, de Laclau a Butler, dos pós-lacanianos de esquerda aos experimentos institucionais que Lacan levou a cabo em sua escola, há uma espécie de disseminação de seu ensino na filosofia política contemporânea. Contrariando a tendência a extrair um pensamento político indireto de sua teoria dos discursos, de sua concepção de tratamento ou de suas considerações sobre a ética e a metapsicologia, vou partir da primeira menção de Lacan à noção de democracia, presente em seu estudo sobre a criminologia. Depois de mencionar uma paixão crescente "pela posse e pelo prestígio nos ideais sociais"[9], ou seja, de caracterizar certo estado da individualização moderna, ele afirma que a teoria psicanalítica poderia oferecer coordenadas para que o estatístico introduzisse melhor suas mensurações.

> Assim, o próprio político e o filósofo se beneficiarão disso, conotando, numa dada *sociedade democrática* cujos costumes estendem sua dominação sobre o mundo, o surgimento de uma criminalidade recheando o corpo social, a ponto de assumir nele formas legalizadas, a inserção do tipo psicológico do criminoso entre os do recordista, do filantropo ou da estrela famosa, ou então sua redução ao tipo geral da servidão ao trabalho, com a significação social do crime reduzida a seu uso publicitário.[10]

Aqui se enumeram as patologias típicas da democracia quando ela avança como ideal de dominação sobre o mundo. Ressoa a ideia tão atual daqueles que querem impor a democracia como uma espécie de saneamento básico político a regiões refratárias aos modos de subjetivação que a tornam própria.

Paradoxos do individualismo

O primeiro efeito da negação da democracia como um descompasso entre seu processo e seus fins, ou seja, como adiantamento ou atraso em relação a seu próprio tempo, é a emergência do que já chamei de "corrupção dentro da lei". As formas legalizadas dessa criminalidade instituída são o recordista, o filantropo, a estrela e o trabalhador em servidão. Em outro momento Lacan afirmará que o proletariado é o único verdadeiro sintoma social. Causa estranheza a heterogeneidade desses quatro tipos sociais. Os três primeiros estão marcados pelo signo da excepcionalidade: o *recordista*, empresário ou esportista fora de série; o *filantropo*, que representa a excepcionalidade moral; e a *estrela*, que indica o caso ímpar na experiência estética. Esse grupo de três pontos fora da curva destoa da *servidão no trabalho*, a figura sem qualidades, o indivíduo definido por sua função, a pessoa sem distinção. De um lado, a atitude comum; de outro, os protótipos do heroísmo. O crime, dentro ou fora da lei, torna-se a regra de composição dessa heterogeneidade.

---

[9] Jacques Lacan, "Introdução teórica às funções da psicanálise em criminologia" [1950], em *Escritos*, cit., p. 147.
[10] Idem. Grifo nosso.

Graças à publicidade, ou seja, graças a certa conformação do espaço público, a experiência de excepcionalidade do criminoso, daquele que viola a lei, torna-se integrada à lei. Ora, essas três figuras são também representantes do que se pode chamar de "gozo excessivo", gozo do Outro, gozo a mais, na gramática do reconhecimento democrático. Ocorre que, dentro da experiência democrática, alguns têm (e outros não) a internalização de estruturas democráticas.

> Essas estruturas, nas quais uma assimilação social do indivíduo, levada ao extremo, mostra sua correlação com uma tensão agressiva cuja relativa impunidade no Estado é muito perceptível para um sujeito de uma cultura diferente (como era, por exemplo, o jovem Sun Yat-sen), aparecem invertidas quando, segundo um processo formal já descrito por Platão, a tirania sucede à democracia e efetua com os indivíduos, reduzidos a seu número ordinal, *o ato cardinal da adição*, prontamente seguido pelas outras três operações fundamentais da aritmética.[11]

Ou seja, a realização social do ideal democrático, como ordem social de igualdade, aumenta a tensão agressiva entre os indivíduos, o que os impulsiona para a luta de prestígio e distinção, para tomar parte da elite, o que parece constituir uma primeira negação da democracia. Uma observação que faz lembrar a observação de Tocqueville[12] de que, com o progresso da democracia, deixamos a comunidade e as tradições que a tornaram possível para trás, produzindo um efeito de individualismo, de egoísmo e indiferença aos outros, ao mesmo tempo que esses outros se tornam cada vez mais estranhos. Assim, a distância entre o povo e o Estado tende a aumentar, bem como o autoritarismo em estado de "solidão do coração" e o sentimento de "nada dever a ninguém". Cedo ou tarde, aquele que representa a individuação do próprio princípio da individualização aparecerá como tentação e forma de governo.

Para Lacan, o Estado pode aparecer aqui como excessivamente tolerante a tal processo, pois ele interpreta a concorrência e a desigualdade como prova de um ideal democrático de diversidade e antagonismo. Essa inanidade do Estado diante do antagonismo social é uma segunda forma de negação da democracia.

O governo dos mestres

O estrangeiro notará mais facilmente a iniquidade que nos aparece como terceira forma de negação interna e externa da democracia; ou seja, uma espécie de aplicação seletiva da lei. Nesse caso, as estruturas se mostram invertidas no

---

[11] Idem. Grifo nosso.
[12] Alexis de Tocqueville, *A democracia na América* (trad. Neil Ribeiro da Silva, 2. ed., São Paulo, Itatiaia, 1977).

processo de sucessão formal entre democracia e tirania. No processo descrito por Platão, a distinção produzida pela democracia, com a criação de suas oligarquias, torna a tirania uma tentação constante. Afinal, por que não escolher o governo dos melhores?

Herdeiro da leitura de Alexandre Kojève sobre Hegel, Lacan percebe em momentos mais avançados de sua obra como o princípio da individualização, cernido pela gramática da luta pelo reconhecimento, leva à emergência de uma "raça de mestres". A dialética do senhor e do escravo nada mais é que um mito sobre a formação do individualismo moderno na figura do cidadão. Se a teoria freudiana da individualização estava marcada pela passagem evolutiva do estágio mítico-animista ao momento religioso, e deste ao científico, a teoria lacaniana dos discursos nos leva da estrutura do discurso do mestre ao discurso da histeria, e deste ao discurso (ou contradiscurso) do psicanalista.

> É aqui que tem lugar a incidência política. Trata-se em ato desta pergunta – de que saber se faz a lei? Quando se descobre isso, pode ser que mude. O saber cai na categoria de sintoma, visto com outro olhar. E ali vem a verdade.
> Luta-se pela verdade, o que de todo modo só se produz por sua relação com o real.[13]

Dito dessa maneira, o discurso do psicanalista aparece como antídoto ao discurso do mestre, seja ele expresso pela fórmula althusseriana das instituições, seja ele expresso na forma gramsciana das comunidades, mas também pelo que habitualmente se lhe contrapõe como individualismo. Lacan propõe um laço entre analistas de uma comunidade, tomados um a um, sem identidade coletiva, mas também se aventura na construção de uma instituição, na qual certo saber coletivo, gerado pelos cartéis e pelo passe, faz a lei.

Na filosofia política clássica, questionar os fundamentos autocráticos do poder sempre significou questionar a intrusão dos interesses pessoais e particulares do exercício da autoridade e do poder sobre o modo político. Retomemos, então, pelo comentário de Bernard Nominé[14], o estatuto do amo, do senhor ou do mestre em Lacan para nos aproximarmos de como este incorpora a teoria do poder à sua concepção de linguagem.

Essa reconstrução é muito importante e original. Contribui para o melhor entendimento da crítica da ideologia, porque trabalha com dois aspectos que costumam estar separados, uma vez que são provenientes de problemas distintos. Vejamos como Nominé compõe esses dois aspectos.

---

[13] Jacques Lacan, *O seminário*, Livro XVII: *O avesso da psicanálise* (trad. Ari Roitman, Rio de Janeiro, Zahar, 1992 [1969-1970]), p. 178.
[14] Bernard Nominé, "O amo na cultura de hoje", *Revista Stylus*, n. 16, 2008, p. 16.

"Ideologia é submeter o laço social aos ideais que se compartilha ou que se quer impor."[15] No entanto, entre impor e compartilhar há uma diferença substantiva. O que se compartilha é o falo, o que se impõe é o gozo. O mínimo que se compartilha são os valores contingentes geridos pela função Ideal do S_1. O que não se compartilha é o que está fora do valor, o grau zero do valor, o impossível para determinado sujeito, o objeto a, gerido pela função superegoica do S_1. Nesse segundo caso, o "significante mestre pretende, principalmente, dominar o real", daí que ele se apresente como "a marca de um gozo dominado"[16]. Por meio dela, destacam-se dois aspectos diferentes envolvidos na noção de significante mestre: a representação e o reconhecimento. Pelo texto de Nominé, entender o amo na cultura é compreender como se produzem e se mantêm relações de autoridade (sob a verdade) e de domínio (do real).

"O discurso do mestre é, portanto, um discurso de civilização do gozo. Ele privilegia o gozo do sentido."[17]

A noção de significante mestre permitiria explicar por que alguns renunciam a seus interesses individuais em favor dos interesses de grupo. Ou seja, o significante mestre em Lacan herda a função do supereu em Freud, que é exigir renúncia, adiar a satisfação, observar, julgar e punir. Alguns quiseram ver no significante mestre a figura discursiva do pai real. Aquele que representa, no interior do sujeito, sua vocação mais cruel ao gozo. O âmago da servidão e o núcleo insensato da "coletivização forçada da fantasia", ao modo das ordenações stalinistas. Isso pode ocorrer tanto por *degeneração*[18] do significante mestre em signo do gozo do Um quanto pelo gozo aviltante do Um submetido ao sacrifício.

Não é que um significante represente um sujeito para outro significante. Na coletivização forçada de uma fantasia, poderíamos dizer que um significante representa todos os outros sujeitos para um mesmo objeto. Poderíamos falar, então, de uma primeira patologia do amo na cultura de hoje, que aparece na forma do amo fetichista. Não porque ele mesmo o seja, mas porque ele conduz o S_1 ao modo de um fetiche – isso pensando o fetiche como significante sem par, significante que elide tanto a afânise quanto a divisão do sujeito.

O capitalismo é, antes de tudo, um sistema econômico, um discurso, embora pervertido, segundo Lacan. Mas o capitalismo é também, bem simplesmente, um

---

[15] Ibidem, p. 12.
[16] Ibidem, p. 16.
[17] Ibidem, p. 23.
[18] Colette Soler assinalou esse termo de Lacan no fim do seminário *O avesso da psicanálise*. Leia-se seu artigo "Statut du signifiant maître dans le champ lacanien", *Lettre Mensuelle*, n. 58, 2011, p. 10.

significante mestre. Mas um significante mestre, eu lhes demonstrarei logo, se define, antes de tudo, por se impor a um outro significante, com o qual ele faz par.[19]

Ao mesmo tempo, a noção de significante mestre, no argumento de Nominé, funciona como hipótese plausível para um segundo problema. Por que os interesses de um indivíduo podem aparecer como contrários aos do grupo no qual ele se reconhece? Ou seja, o significante mestre é também função do Ideal do eu e, nesse caso, depreende-se uma patologia do reconhecimento cuja figura foi bem descrita: aquele que se acredita alguém sem conseguir fazer-se reconhecer pelos outros.

A suspensão ou o bloqueio da dialética do reconhecimento envolvem tanto a alienação ao significante mestre quanto a fetichização do objeto. Fetiche e alienação, assim como divisão do sujeito e mais-de-gozar, trabalham em gramáticas distintas concorrendo para o mesmo funcionamento ideológico.

O grupo e a massa formada por "mestres desarticulados de S_1" correspondem a uma patologia do reconhecimento cuja expressão é alienação. Nominé vai buscar no estádio do espelho e no caso de Funes, o Memorioso, de Jorge Luis Borges*, que não consegue pôr em perspectiva dois ângulos de um mesmo objeto, os exemplos desse sintoma social. Talvez possamos definir o populismo não apenas pela existência de um líder ou uma autoridade real, tomada como significante mestre (S_1), mas também, como caso mais grave, pela identificação deste significante com o fetiche, por meio de um traço unário.

Retomando a partição conceitual da noção de significante trazida por Nominé: "o significante se define pela oposição" e "o significante representa o sujeito para outro significante"[20]. A oposição é a dimensão representacional ou sistêmica do significante, e o significante mestre tem uma função de representação; ele é reconhecido pelos outros significantes, os S_2. Reconhecimento do desejo e representação do sujeito.

Enquanto isso, a representação (de um sujeito) é a dimensão de reconhecimento do sujeito ou intersubjetiva do significante, no que ele incorpora o potencial de reconhecimento. De um lado, é o simbólico que morde o real; de outro, o simbólico que morde o imaginário. Representação do sujeito e reconhecimento do sujeito.

Há duas expressões muito felizes no texto de Nominé para falar dessas patologias do S_1, que são também patologias do amo na cultura de hoje. Quando se

---

[19] Bernard Nominé, "O amo na cultura de hoje", cit., p. 20.
* Jorge Luis Borges, "Funes, o memorioso", em *Ficções* (trad. Davi Arrigucci Jr., São Paulo, Companhia das Letras, 2007, p. 99-108. (N. E.)
[20] "Nossa definição do significante (não existe outra) é: um significante é aquilo que representa o sujeito para outro significante. Esse significante, portanto, será aquele para o qual todos os outros significantes representam o sujeito: ou seja, na falta desse significante, todos os demais não representariam nada." Jacques Lacan, "Subversão do sujeito e dialética do desejo no inconsciente freudiano" [1960], em *Escritos*, cit., p. 833.

fala de desarticulação do S_1, de perda de sua função de oposição, ele usa duas ou três vezes a expressão "pôr em perspectiva". O eu se constrói em torno de uma imagem, mas, para que essa imagem ganhe sentido, é preciso que seja *posta em perspectiva* com a imagem ideal que o Outro espera.

Quando se trata da função de subordinação (fetichista) de gozo e de dominação do real, ele emprega o termo-chave "apropria-se": "O significante do qual um sujeito pode se apropriar para ser representado para outros significantes". Concordo com a observação clínica nesse ponto, porque a perda dessa apropriação é nociva à possibilidade de se constituírem transferências, pois tudo é reduzido a identificações, ainda que seja uma identificação com o Real.

> Elevar às alturas o fora de sentido, tornar o real o melhor do melhor, francamente, parecer-me-ia suspeito. Fazer a promoção do fora de sentido, torná-lo um ideal, seria atribuir-lhe uma significação. [...] "*como não considerar que a contingência, ou o que cessa de não se escrever, não seja o lugar por onde se demonstra a impossibilidade, ou o que não cessa de não se escrever*"?[21]

O ódio à democracia

A quarta e última figura da negação da democracia em Lacan parece descrever o que se passa naquilo que Jacques Rancière chamou de "ódio à democracia", ou seja, o sentimento derivado da interpretação de que a democracia é injusta, que legitima as diferenças que deveria eliminar. Aqui surgem duas operações. Primeiro, os indivíduos são reduzidos a sua forma ordinal e, depois, constrangidos ao ato cardinal de adição. Ou seja, os indivíduos são hierarquizados em cidadãos de primeira ou segunda classe, entre visíveis ou invisíveis, discerníveis e indiscerníveis. Depois desse ordenamento, e só depois dele, são objeto de um ato cardinal que os torna iguais diante da lei. Isso faz da luta contra a dominação herdeira da luta contra a escravidão. Ora, o ato cardinal é aquele que cifra os indivíduos de tal maneira que eles se tornam objeto de repasses, distribuições, cálculos atuariais ou políticas públicas que somam, subtraem, multiplicam ou dividem os recursos. Eles se tornam essa matéria-prima impensante chamada *povo*, de cuja voz todos tentam se apossar, como fonte e origem do poder, mas poucos tentam escutar, como fim e objetivo do poder. É assim que se forma, segundo Lacan, essa injustiça da *pólis*: "Abre-se o campo de concentração, para cuja alimentação as qualificações intencionais da rebelião são menos decisivas do que uma certa relação quantitativa entre a *massa social* e a *massa excluída*"[22].

---

[21] Bernard Nominé, "Luto do sentido?", *Wunsch*, n. 11, 2011, p. 66-8.
[22] Jacques Lacan, "Introdução teórica às funções da psicanálise em criminologia", cit., p. 148. Grifo nosso.

Essa mesma ideia será repetida, sinteticamente, dezessete anos mais tarde, na conhecida afirmação: "Nosso futuro de mercados comuns encontrará seu equilíbrio numa ampliação cada vez mais dura dos processos de segregação"[23]. Portanto, é a exclusão interna, causada pelo ato cardinal, cuja condição é o pré-ordenamento dos indivíduos e a divisão entre massa social e massa excluída que está na raiz dos processos de reversão e inversão da democracia em tirania.

Recapitulemos. Primeiro, a tensão agressiva produzida pela assimilação de indivíduos é generalizada como expansão do processo democrático. Aqui o signo de angústia não aparece apenas como discurso sobre a diferença, mas também como presença encarnada e experiência real do estrangeiro. Segundo, surgem os quatro tipos de excepcionalidade e distinção, organizados ao modo de uma luta por prestígio e reconhecimento. Terceiro, a redução dos indivíduos a números *ordinais*, seguida do ato cardinal pelo qual ingressamos na contabilidade obscena por meio da qual adicionamos, subtraímos, multiplicamos ou dividimos os indivíduos.

Esse terceiro estágio, que é o que se considera a democracia em estado "normal", ou seja, sua forma parlamentar representativa, pode desdobrar-se em uma variação potencial, que é a correlata da institucionalização e da universalização de seu sintoma. Esse quarto tempo de negação da democracia equivale à formação de espaços de segregação instituída e normalizada: os campos de concentração, os condomínios[24], os espaços reservados sobre os quais se justifica a tirania como o governo dos poucos para os poucos. Temos, então, quatro figuras de negação da democracia:

1) a confusão entre distinção e diferença: os paradoxos da individualização;
2) a emergência da excepcionalidade excessiva: o antagonismo e a exceção;
3) a inversão da democracia em tirania: a injustiça e a anomia generalizada;
4) a lógica da segregação: os campos de concentração.

Poderíamos deduzir disso diferentes políticas, no sentido do sistema de interesses em conflito que definem o espaço público em estado democrático. A política do *ao menos um* (a excepcionalidade do mestre e da purificação moral), a política do *para todos* (enquanto alguns não são mais iguais que outros), a política da reação-resignação (não há ninguém que não) e a política totalitária (a negação segregatória do *não todo*).

Retenhamos que o ato cardinal se refere à tomada de um número no interior de uma série ordenada; por exemplo, o trigésimo dia do mês, por seu valor de

---

[23] Idem, "Proposição de 9 de outubro de 1967 sobre o psicanalista da Escola" [1967], em *Outros escritos*, cit., p. 263.
[24] Christian I. L. Dunker, *Mal-estar, sofrimento e sintoma: uma psicopatologia do Brasil entre muros* (São Paulo, Boitempo, 2015).

face, ou seja, trinta. Quando falamos de séries fechadas, a operação é simples; no entanto, quando pensamos em dois tipos de infinito, a operação corresponde à redução de uma ordem aberta, como se espera da democracia como ideal por vir, e de uma ordem fechada, ou seja, sua presentificação no horizonte de nossa enumeração possível. Essa é a diferença entre universalização e totalização.

Universalização

As duas outras menções de Lacan à democracia retomam a série formada por assimilação, excepcionalidade, inversão e universalização. Por exemplo, na carta a Rudolph Lowenstein (1953), ele se mostra interessado nos processos de Praga porque vê aparecerem na lógica do laço social entre os psicanalistas um estilo e uma forma de relação típica das democracias populares[25]. Em "O lugar da psicanálise na medicina" (1966), ele diz que não se trata apenas de democratizar o ensino da psicanálise, mas de perguntar qual democracia queremos[26]. Lembremos que os processos de Praga são o sintoma da inversão da democracia em tirania, com a consequente segregação de traidores, estrangeiros e demais figuras excessivas. Confirma-se, assim, a tese de que depois da assimilação democrática de novas formas de vida sobrevém a tirania, processo que parece valer também para nossa pequena comunidade de psicanalistas, colocando em seu horizonte suas condições de generalização e universalização.

Podemos localizar esse processo de assimilação e inversão na situação atual do Brasil e da França, mas também na eleição de Trump, nos Estados Unidos. O Brasil viveu um período de vinte anos marcado por progressos substanciais na inclusão de novos sujeitos políticos. A formação de uma nova classe trabalhadora

---

[25] *"Mais chez ceux-là qui ont connu l'occupation et les années qui l'ont précédée, j'ai vu avec terreur une conception des rapports humains qui s'est manifestée dans le style et les formes que nous voyons fleurir dans les démocraties populaires. L'analogie était frappante, et les effets de groupe qui en sont résultés m'en ont plus appris sur le problème qui m'a toujours fasciné du type de procès dit de Prague que toutes mes réflexions pourtant fort avancées sur ce sujet"* [Mas naqueles que viveram a ocupação e os anos que a precederam vi com terror uma concepção das relações humanas que se manifestou no estilo e nas formas que vemos florescer nas democracias populares. A analogia era impressionante, e os efeitos de grupo que resultaram disso me ensinaram mais sobre o problema que sempre me fascinou do tipo de processo dito de Praga do que todas as minhas reflexões bastante avançadas, no entanto, sobre o assunto]. Jacques Lacan, "Lettre de Jacques Lacan à Rudolph Loewenstein du 14 juillet 1953", em Jacques-Alain Miller (org.), *La scission de 1953* (Paris, Ornicar?, 1976, coleção Bibliothèque de l'Ornicar?), p. 120-35.

[26] *"Je ne vois pas que démocratiser l'enseignement de la psychanalyse pose d'autre problème que celui de la définition de notre démocratie"* [Não vejo como democratizar o ensino da psicanálise possa trazer outro problema além daquele da definição da nossa democracia]. Idem, "La place de la psychanalyse dans la médecine", *Cahiers du Collège de Médecine*, 1966, p. 761-4.

(entre os anos 2002 e 2012) e a diminuição da fome e da miséria são uma face desse processo, mas poderíamos indicar também o desenvolvimento do terceiro setor ou, ainda, a expansão de políticas públicas de inclusão escolar, redução da opressão de gênero, raça e classe. Algo análogo parece ter se dado em terreno francês com a chegada de novos grupos de imigrantes e os efeitos demográficos e econômicos da implantação da União Europeia.

Portanto, confirmamos o fenômeno da assimilação com sua consequente agressivização das relações. Mas isso não é condição necessária e suficiente para a fetichização da excepcionalidade e a inversão da democracia em tirania, o que também se anuncia com força nos dois contextos. Faltaria localizar o fenômeno da redução dos indivíduos a números ordinais[27] e o ato cardinal. Nas democracias modernas, a ordinalidade pode ser traduzida pelo reconhecimento das diferenças individuais; a cardinalidade, por sua vez, é expressa pelo ato do voto e demais formas de participação direta no poder. E o que seria o ato cardinal nos equivalentes modernos da tirania?

Retenho aqui a observação lateral de que a diferença "tirânica", interna aos estados de democracia, antes de sua inversão em tirania, é mais bem percebida pelo estrangeiro. Ora, uma maneira de pensar o sistema de classificação ordinal próprio de nossa época é imaginá-lo com a institucionalização do totemismo, com sua lógica incorporativa, com sua política de colonização, com sua dominação predatória da natureza, com sua sexuação em gêneros inteligíveis. Recorro aqui ao filósofo e psicanalista Guillaume Sibertin-Blanc, que tem pesquisado novas antropologias para a psicanálise a partir dos achados de Marilyn Stratton, e à contra-antropologia melanésia e de Eduardo Viveiros de Castro, que nos trouxe uma crítica pertinente e produtiva do totemismo e, consequentemente, do totemismo psicanalítico.

> O pensamento psicanalítico não pode ter uma eficácia crítica, a não ser sob a condição de se deixar afetar por antropologias *outras*; ou, para formular ainda de outro modo, sob a condição de que o pensamento psicanalítico leve a cabo isso que faz com que ele seja incisivo – extrair todas as consequências do heteronomia do pensamento –, se deixando ensinar por pensamentos não menos *estrangeiros* que aqueles do desejo inconsciente.[28]

---

[27] Propriedades da ordinalidade: 1) a adição de uma unidade a outra já formada e 2) "possibilidade de passar de um segmento inicial não vazio de ordinais sem máximo, previamente formado, para o número que vem imediatamente a seguir". Ver João Branquinho, Desidério Murcho e Nelson Gomes (orgs.), *Enciclopédia de termos lógico-filosóficos* (São Paulo, Martins Fontes, 2006), p. 564.

[28] Guillaume Sibertin-Blanc, "Psicanálise, diferenças antropológicas e formas políticas: para introduzir a diferença intensiva", *Revista Lacuna*, n. 1, 22 maio 2016.

Essa democracia estrangeira e universalista talvez permita uma tradução da lógica do *não todo* e dos efeitos políticos de uma democracia não toda. Isto é, não uma democracia incompleta por exceções, muros e dispositivos de segregação, mas uma que possa criar outro futuro e, com isso, outro tipo de infinito. A escolha cultural entre o retorno ao pai ou o avanço rumo ao feminino indeterminado traduz a tese lacaniana de que não haverá saída do capitalismo se o progresso for apenas para alguns e se não tivermos mais risos e mais santos[29].

A democracia e os muros

Retomo aqui a hipótese que desenvolvi de que um sucedâneo atual e embrionário das tiranias é a forma de vida em estrutura de condomínio[30]. Seus elementos fundamentais são os muros, o síndico e as patologias da identidade. O muro é uma função de segregação que suspende a demanda e a lógica de reconhecimento do outro, tornando sua face invisível, instituindo a paranoia sistêmica como gramática de reconhecimento. O síndico é a figura de autoridade representada pelo gestor das leis, o administrador das regras, que cria a exceção para produzir a regra. As patologias do condomínio são deduzidas desse espaço de simulação da democracia no qual um traço de identidade expande o narcisismo das pequenas diferenças em narcisismo das grandes diferenças.

Nesse tipo de laço social, poder e autoridade se fundem em uma espécie de palavra que fala por si mesma, de palavra de ordem que não pede justificativa nem razão, mas que legifera. A essa forma de palavra, Lacan chama de "significante mestre". Temos, então, uma montagem discursiva na qual o muro funciona como significante mestre no lugar de agente, tal como o discurso do mestre. O síndico corresponde ao significante mestre no lugar da verdade, como no discurso universitário. O sofrimento segregativo, dentro e fora dos muros, mostra o significante mestre no lugar do Outro, tal como vemos no discurso da histeria. Lembremos que os discursos se definem por um ordenamento fechado: significante mestre, significante do saber, sujeito e objeto a. Temos, então, a condição ordinal da democracia. O ato de cardinalidade, ou seja, o ato que reduz indivíduos a amontoados definidos por traços, no qual a ordem não conta, é o ato que institui o espaço público como um condomínio.

No Brasil, é o que chamamos de golpe parlamentar, em que, em nome do combate à corrupção, legitima-se a corrupção dentro da lei. Nos Estados Unidos, exemplo declarado, o muro é elevado à condição de política de Estado. Na França,

---

[29] Pierre Bruno, *Lacan and Marx: The Invention of Symptom* (trad. John Holland, Londres, Routledge, 2020).
[30] Christian I. L. Dunker, *Mal-estar, sofrimento e sintoma*, cit.

os muros ainda estão em discussão na complexa rede de problemas que envolve refugiados e apátridas. Em Gaza, os muros já são política há mais de vinte anos.

Isso por si só representa um problema político que convida a repensar a lógica de reconhecimento que comandou as democracias ocidentais até o momento. Requer um novo conceito de representação, bem como a reconstrução da noção política da experiência de universalidade, que é um traço imanente ao conceito de democracia. A hipótese da vida em forma de condomínio nos permite ler alguns fenômenos sociais concernentes à democracia no espaço das cidades e suas atuais condições de circulação, em particular a partir dos anos 1970. O condomínio é uma formação topologicamente regressiva, ou seja, um objeto em forma de cosmos, ou de "asfera" (esfera + a). Como costumam pensar as excepcionalidades e as elites, o macrocosmo é apenas um reflexo simétrico do microcosmo. Contudo, nossa situação não comporta mais essa separação concêntrica, nossas relações entre espaço público e espaço privado têm a estrutura de uma garrafa de Klein, na qual exterior e interior se comunicam (conforme a hipótese de Lacan sobre modernidade, desenvolvida no terceiro capítulo do seminário *Problemas cruciais para a psicanálise*)[31].

O condomínio e suas estruturas análogas, como prisões, shopping centers e favelas, são exemplos de uma forma de vida particular que, por si mesma, corresponde a uma organização ordinal entre outras. Convém perguntar, então, o que teria acontecido para esse modo de subjetivação e esse tipo de relação particular com a lei se erigirem em máxima política e negação da democracia. Como esta veio a se tornar o modelo da tirania contemporânea?

Recorro aqui à leitura que Nancy Fraser[32] fez da ascensão de Trump ao governo dos Estados Unidos. No entender dela, Trump e seus muros tornaram-se possíveis em função do esgotamento de certa aliança entre o neoliberalismo econômico e as tendências progressistas que galgaram ganhos em termos de empoderamento de minorias, meritocracia e redução da opressão de raça e gênero. Nos últimos trinta anos, formou-se, assim, um neoliberalismo progressista que colocou mulheres talentosas e menos discriminação no poder, ainda que isso não tenha engendrado o que Fraser chama de "verdadeira esquerda". Entre o neoliberalismo progressivo de Clinton e Obama e o populismo reacionário, prevaleceu o que Rancière chama de "cansaço da democracia".

---

[31] Jacques Lacan, *Le séminaire*, Livre XII: *Les problèmes cruciaux de la psychanalyse* ([s.l.], [s.e.], 1985 [1964-1965]).
[32] Nancy Fraser, "A eleição de Trump e o fim do neoliberalismo progressista", *GGN*, 17 jan. 2017.

Fins da democracia neoliberal

Se há uma democracia que parece terminar, encontrando seu fim como esgotamento, é certamente a democracia neoliberal. A democracia progressista, que se desenvolveu desde os anos 1970, veio junto com um novo ordenamento. Lembremos que a primeira experiência de implantação real do neoliberalismo como política de Estado ocorreu no Chile, com o golpe que levou Augusto Pinochet ao poder, em 11 de setembro de 1973. A partir de então, não há mais áreas reservadas na economia – educação, saúde, cultura ou assistência social –, o Estado deve ser mínimo e a "intervenção governamental poderia acentuar a 'eficiência' e a 'imparcialidade' do processo de mercado"[33]. Segundo o que temos pesquisado no Laboratório Interunidades de Teoria Social, Filosofia e Psicanálise da Universidade de São Paulo (Latesfip-USP), o neoliberalismo é contemporâneo de uma nova racionalidade diagnóstica e da produção de outra maneira de produzir e gerir o sofrimento[34].

Lembremos que é também em 1973 que Robert Spitzer assume a direção do *Diagnostic and Statistical Manual of Mental Disorders* (DSM), o grande código penal das doenças mentais, que já existia desde 1952. Spitzer iniciou o expurgo psicanalítico da diagnóstica psiquiátrica em meio às críticas dos movimentos de direitos humanos e da contestação da parte do movimento gay do estatuto de perversão conferido à homossexualidade.

Lembremos que, apesar de praticado a partir dos anos 1970, o neoliberalismo foi pensado como reação à tirania nazista e comunista nos anos 1940. No famoso Congresso de Paris, que reuniu Friedrich Hayek, Ludwig von Mises e Walter Lippman, encontramos a seguinte declaração do programa neoliberal:

> Os valores da civilização se acham em perigo. [...] O grupo sustenta que estes desenvolvimentos vêm sendo promovidos pela ascensão de uma concepção de história que nega todos os padrões morais absolutos e de teorias que questionam o caráter desejável do regime de direito. Ele sustenta ainda que esses desenvolvimentos vêm sendo promovidos por um declínio da crença na propriedade privada e no mercado competitivo; porque, sem o poder e a iniciativa difusas associados a essas instituições, torna-se difícil imaginar uma sociedade em que se possa efetivamente preservar a liberdade.[35]

---

[33] Jörg Guido Hülsmann, "Mises contra os neoliberais: as origens desse termo e seus defensores", *Mises Brasil*, 3 mar. 2011.

[34] Vladimir Safatle, Nelson da Silva Jr. e Christian I. L. Dunker (orgs.), *Neoliberalismo como gestão do sofrimento psíquico* (Belo Horizonte, Autêntica, 2021).

[35] "*The central values of civilization are in danger. [...] The group holds that these developments have been fostered by the growth of a view of history which denies all absolute moral standards and by the growth of theories which question the desirability of the rule of law. It holds further that they*

Observemos aqui os quatro traços de negação da democracia que isolamos em torno do ato cardinal, descrito por Lacan. A retórica do perigo, para a qual a transformação é uma ameaça indicada por sua tonalidade agressiva. A história usada para supor uma moral absoluta e a teoria usada para reificar o direito. A propriedade privada e o mercado competitivo considerados instituições ou metainstituições. Finalmente, o elogio da preservação da liberdade, como se ela já fosse dada e nossa maior preocupação fosse o perigo de perdê-la. Está aqui o condensado do discurso grego, que suspendia isegoria e isonomia, que facultava a escolha da tirania, ou seja, a situação de guerra ou epidemia, a ameaça externa ou interna.

Espinosa, no século XVII, em *Tratado teológico-político*[36], foi o primeiro a perceber que a política moderna requeria uma versão funcional da metafísica como ponto de reconstrução social da experiência do coletivo. O ponto central, a partir de Espinosa, é que a relação que fazemos, em cada momento histórico, entre metafísica da natureza e metafísica dos costumes é uma relação política. Não que a natureza seja em si dotada de "valores" ou que os valores tenham algum tipo de fundamento natural, mas a relação discursiva entre eles envolve sempre um programa político. E a crítica, como explicitação desse programa político, é a crítica da metafísica. Há, portanto, uma ontologia política na psicanálise, que envolve, por exemplo, que a forma como acolhemos e tratamos, diagnosticamos[37], formalizamos ou descrevemos o sofrimento psíquico[38], tanto como discurso quanto como clínica, possui

---

have been fostered by a decline of belief in private property and the competitive market; for without the diffused power and initiative associated with these institutions it is difficult to imagine a society in which freedom may be effectively preserved". Mont Pelerin (Vaud), "Statement of Aims", The Mont Pelerin Society, 8 abr. 1947.

[36] Baruch de Espinosa, *Tratado teológico-político* (trad. Diogo Pires Aurélio, 2. ed., São Paulo, Martins Fontes, 2008).

[37] "*L'essentiel de ce qu'a dit Freud, c'est qu'il y a le plus grand rapport entre cet usage des mots dans une espèce qui a des mots à sa disposition et la sexualité qui règne dans cette espèce. La sexualité est entièrement prise dans ces mots, c'est là le pas essentiel qu'il a fait. C'est bien plus important que de savoir ce que veut dire ou ne veut pas dire l'inconscient. Freud a mis l'accent sur ce fait. Tout cela, c'est l'hystérie elle-même. Ce n'est pas un mauvais usage d'employer l'hystérie dans un emploi métaphysique; la métaphysique, c'est l'hystérie*" [O essencial do que disse Freud é que há uma estreita relação entre esse uso das palavras numa espécie que tem palavras à disposição e a sexualidade que reina nessa espécie. A sexualidade é inteiramente capturada nessas palavras, esse é o passo fundamental que ele dá. É muito mais importante do que saber o que quer dizer ou não quer dizer o inconsciente. Freud deu ênfase a esse fato. Tudo isso, é a própria histeria. Não é um mau uso empregar a histeria num emprego metafísico; a metafísica é a histeria]. Jacques Lacan, "Propos sur l'hystérie", Conférence à Bruxelles, 26 fev. 1977.

[38] "*Et sa portée métaphysique se révèle en ceci que le phénomène de la folie n'est pas séparable du problème de la signification pour l'être en général, c'est-à-dire du langage pour l'homme*" [E seu alcance metafísico se revela no fato de que o fenômeno da loucura não pode ser separado do problema

implicações políticas[39]. Frequentemente a metafísica nada mais é que política disfarçada de outra coisa: teologia, ciência, moral, linguística, e assim por diante. Por que a psicanálise estaria isenta dessa contingência? Aqui Lacan é lapidar em seu espinosismo: "Quanto a meu 'amigo' Heidegger, evocado acima em nome do respeito que lhe tenho, que ele tenha a bondade de se deter um instante [...] na ideia de que a metafísica nunca foi e não poderia prolongar-se a não ser ao se ocupar de tapar o furo da política"[40].

Dito isso, deveríamos perguntar como a psicanálise pode participar do debate público, expandindo o universo da falta e não se deixando permanecer "tapada" na metafísica privada dos psicanalistas. Retornando a Freud: o antifilósofo não é aquele que com seu roupão rasgado vai dormir na cama quente, e sim aquele que tenta deixar abertos e por vezes iluminar os buracos do mundo[41].

O que caracteriza a negação segregatória da política é sua aspiração a negar a estrutura da política ela mesma, ou seja, o buraco. O inconsciente é a política, porque ambos são organizados por um conflito cujo centro é vazio. No fundo, esse é o problema dos economicismos de direita ou de esquerda, bem como o problema correlato da teologia política. A progressão da experiência social na qual o processo de individualização é sentido como atomização, fragmentação, isolamento ou solidão cria uma demanda pelo "ponto de vista da totalidade". Isso nega a estrutura da política como tal, que, para Lacan, em seus últimos escritos, possui uma estrutura de buraco. E a metafísica é o que colocamos no lugar da política. O que não é tão simples e requer uma teoria dos discursos de valência crítica é perceber como as teorias econômicas, as concepções administrativas, as

---

da significação para o ser em geral, isto é, da linguagem para o homem]. Idem, "Propos sur la causalité psychique" [1946], em *Écrits* (Paris, Seuil, 1966), p. 163.

[39] Jacques Lacan, "Introdução à edição alemã de um primeiro volume dos *Escritos*" [1975], em *Outros escritos*, cit., p. 555. "*Car vous auriez tort de croire que je me soucie de métaphysique au point de faire un voyage pour la rencontrer. Je l'ai à domicile, c'est à dire dans la clinique où je l'entretiens dans des termes qui me permettent de vous répondre sur la fonction sociale de la maladie mentale, lapidairement, sa fonction sociale avez-vous bien dit, c'est l'ironie! Quand vous aurez la pratique du schizophrène, vous saurez l'ironie qui l'arme, portant à la racine de toute relation sociale*" [Pois vocês se enganam se acreditam que me interesso por metafísica a ponto de fazer uma viagem para encontrá-la. Eu a tenho em domicílio, isto é, na clínica onde a mantenho em termos que me permitem responder a vocês sobre a função social da doença mental, lapidarmente, sua função social, como vocês disseram, é a ironia! Quando vocês tiveram a prática do esquizofrênico, conhecerão a ironia que o arma, levando à razia de toda relação social]. Idem, "Réponses à des étudiants en philosophie sur l'objet de la psychanalyse" [1966], em *Autres écrits* (Paris, Seuil, 2001), p. 209.

[40] Idem, "Introdução à edição alemã de um primeiro volume dos *Escritos*", cit., p. 552.

[41] Christian I. L. Dunker, "A psicanálise como crítica da metafísica em Lacan", *Revista Analytica*, v. 6, n. 10, jan.-jun. 2017.

teses jurídicas e as maquinações morais encontram sua unidade artificial e forçada que é o que podemos chamar de metafísica. E é nesse sentido que a psicanálise participa do campo política como crítica da metafísica.

Liberalismo e neoliberalismo

Voltemos aos anos 1970. Um ano antes da primeira experiência neoliberal, em 12 de maio de 1972, Lacan[42] fazia sua conferência em Milão, na qual houve justamente uma corrupção do ordenamento que define os discursos, ou seja, um ato cardinal que retira e interrompe a série transformativa dos quatro discursos. Há uma inversão na escrita de tal forma que a posição do significante mestre é invertida com a do sujeito dividido no interior do discurso do mestre. Seria possível ler, então, o discurso do capitalista não como estrutura universal para todas as formas de capitalismo, mas especificamente o capitalismo neoliberal, que, enquanto realidade histórica, data dos anos 1970 e, ao que parece, encontrou um ponto de nova torção em 2016. O discurso do capitalista em Lacan corresponde ao caso teórico que procurávamos para ilustrar como um sistema ordinal pode ter seus elementos lidos por um ato cardinal. Isso explica a ligação direta entre o objeto a e o sujeito, como eixo econômico do neoliberalismo, em convivência circular com outra ligação direta entre o significante mestre e o significante do saber, seu eixo comportamental. Ou seja, uma conexão aditiva entre sujeito e objeto, expressa pelas biopolíticas de identidade, sejam elas de esquerda, sejam de direita, liga-se com uma conexão segregatória em termos econômicos.

Contra isso, é preciso reconfigurar a experiência do comum. É preciso reverter o isolamento entre a aceleração do consumo e seus efeitos nos sistemas de produção e sua ligação com modalidades de identidade. Só assim poderemos defender uma espécie de política da indiferença e da contingência. Nenhum sujeito se definirá, ordenativamente, no espaço público, por sua modalidade de gozo, e qualquer sujeito é suposto participar cardinalmente da democracia.

Se essa leitura procede, ela nos ajuda a detectar um problema para a psicanálise, qual seja, sua dependência para com a antropologia e a filosofia da história, que tornaram possível a eficácia de sua interpretação. Teríamos como tarefa pensar que tipo de política, ou que tipo de democracia, podemos pensar de forma a reverter de modo sincrônico estas duas conexões: o ordenamento neoliberal do gozo e o ordenamento neoliberal do narcisismo.

---

[42] Jacques Lacan, "Discours de Jacques Lacan à l'Université de Milan le 12 mai 1972", em *Lacan en Italie 1953-1978* (ed. bilíngue, Milão, La Salamandra, 1978), p. 32-55.

2
A psicanálise como crítica*

Freud e Lacan têm uma atitude irônica diante da filosofia. O filósofo é aquela pessoa que, com seu roupão rasgado, vaga no escuro tentando tapar os buracos do mundo.

De minha parte, conheço apenas uma definição de filósofo, aquela de Henrich Heine, aceita por Freud: "Com suas toucas noturnas e os farrapos de seu roupão, ele tapa os buracos do edifício universal"[1]. A função do filósofo, aquela de suturação, não lhe é peculiar. O que o caracteriza como tal é a extensão de seu campo, extensão do edifício universal. O que importa é que todos estejam persuadidos de que, em seus níveis, tanto o linguista quanto o lógico suturam[2].

Lacan, em sua recontagem, inclui o linguista e o lógico, bem como subtrai um detalhe importante: o fato de o filósofo estar de roupão sugere que é noite. Se é noite, ele precisa de uma vela ou uma lanterna para praticar o ofício de tapar buracos. Ludwig Wittgenstein parece ter captado esse detalhe para devolver-nos a imagem invertida do psicanalista como aquele que está preso em um quarto, de olhos vendados, procurando um gato preto que não se encontra ali. A imagem, que reaparece em Machado de Assis e Guimarães Rosa, foi empregada pela primeira vez por Voltaire com o objetivo de definir a metafísica[3].

Karl Popper, por sua vez, avançou no diagnóstico da psicanálise ao determinar, no interior da genealogia teórica, nossa família metafísica de origem.

---

* Os dois primeiros tópicos deste capítulo conversam com outro trabalho do próprio autor: Christian I. L. Dunker, "A psicanálise como crítica da metafísica em Lacan", *Revista Analytica*, v. 6, n. 10, jan.-jun. 2017. (N. E.)

[1] Heinrich Heine, "Die Heimkehr, LVIII", em Sigmund Freud, *Vorlesung 35 – Über eine Weltanschauung* (1932-1933), *Studienaufgabe, Band I* (Frankfurt, Fischer, 1973), p. 588.

[2] Jacques Lacan, *O seminário*, Livro XI: *Os quatro conceitos fundamentais da psicanálise* (trad. M. D. Magno, 2. ed., Rio de Janeiro, Zahar, 1988 [1964]), p. 164.

[3] Voltaire, *Dicionário filosófico* (São Paulo, Martins Fontes, 2003).

Durante o verão de 1919, comecei a me sentir cada vez mais insatisfeito com estas três teorias: a teoria marxista da história, a psicanálise e a psicologia individual; passei a ter dúvidas sobre seu estatuto científico. [...] Por que serão tão diferentes da teoria de Newton e especialmente da teoria da relatividade? [...] Sentia que as três teorias, embora se apresentassem como ramos da ciência, tinham de fato mais em comum com os mitos primitivos do que com a própria ciência, que se aproximavam mais da astrologia do que da astronomia.[4]

Isso significa que estaríamos na terceira divisão do campeonato epistemológico. Nossa teoria não é lógico-matemática nem empírico-científica, mas apenas e tão somente filosófico-metafísica. Não conseguimos apresentar critérios de verificabilidade ou refutação; portanto, nossas proposições não são verdadeiras nem falsas. Diante disso, somos apenas uma visão de mundo, mais ou menos poética, mais ou menos mítica, que, ao tentar compreender tudo, nada consegue explicar.

Ironicamente, se olhamos *Totem e tabu*[5], ele parece concordar com a geografia desse jogo, ainda que discorde de nossa posição na hierarquia das formas de pensamento, que começam no estágio mágico-animista, evoluem para a dimensão metafísico-religiosa e culminam na visão de mundo científica. Estão aqui os três grandes temas da metafísica: alma, Deus e mundo expressos em uma hierarquia tipicamente metafísica.

Adolf Grünbaum, concordando com essa partição, mostrou como os argumentos psicanalíticos padecem de um defeito crônico, tipicamente encontrado nas concepções metafísicas: o recurso aos argumentos por correspondência[6]. Nesse caso, os fatos são ajustados aos conceitos, assim como os conceitos são ajustados aos fatos, de forma que, no fim, estamos imersos em uma grande tautologia.

Recentemente, a imputação metafísica contra a psicanálise recebeu uma nova configuração com as considerações, ainda que simpáticas, de Eric Kandel. Patrono e pioneiro da nova neurociência, ele argumenta que a psicanálise, como método de tratamento baseado na escuta cuidadosa de pacientes, é uma prática consistente, ainda que padeça de um problema de justificação teórica e metodológica.

Eu acreditava, e acredito ainda mais hoje em dia, que a biologia seja capaz de delinear a base física que se encontram no cerne da psicanálise – a saber os

---

[4] Karl Popper, *Conjecturas e refutações* (trad. Sérgio Bath, 3. ed., Brasília, Editora UnB, 1982), p. 223.
[5] Sigmund Freud, *Obras completas*, v. 11: *Totem e tabu* (trad. Paulo César de Souza, São Paulo, Companhia das Letras, 1988 [1913]).
[6] Adolf Grünbaum, *The Foundations of Psychoanalysis* (Los Angeles, University of California Press, 1984).

processos mentais inconscientes, o sobredeterminismo psíquico (hipótese de que nenhuma ação ou comportamento é inteiramente aleatório ou arbitrário), o papel do inconsciente na psicopatologia (hipótese do recalcamento como formador de sintomas) e o próprio efeito terapêutico da psicanálise (reversibilidade dos sintomas pela interpretação sob transferência).[7]

Portanto, há um formato histórico e recorrente pelo qual a psicanálise se aproxima da metafísica, e essa é a chave que a separa da ciência. Porém, todos esses diagnósticos assumem um mesmo ponto de partida: a unidade da psicanálise. É trivial observar que Wittgenstein, Popper e Kandel têm para si uma versão da psicanálise que não é absolutamente concordante com a tradição lacaniana. A genealogia traçada por Kandel ou Popper parte do campo insólito que agrupa Freud, Adler e o marxismo. Ela se expande em uma superfície formada por Hartmann, Löwenstein e Kris, envolve Anna Freud e chega ao improvável Aaron Beck (pai da psicoterapia cognitivo-comportamental) e ao virtual programa de neuropsicanálise. Com escalas em René Spitz, Harry Harlow e John Bowlby, esse antípoda lacaniano deve ser considerado parte do que chamamos de "campo psicanalítico"? De acordo com o que trabalhei em outro texto[8], o problema da cientificidade da psicanálise se decompõe no problema da própria definição discursiva e histórica do que significa psicanálise, mas também do que significa ciência, no sentido da estrutura e das ciências da linguagem, ou da topologia e da lógica, após Lacan.

Em que termos a psicanálise poderia se tornar um campo unitário e homogêneo, coerente e concorde, em intenção e extensão, para ser avaliado por parâmetros epistemológicos, metodológicos ou ontológicos? Presumir que o problema pode ser resolvido por uma estratégia de purificação de textos ou uma força depositada em regras de leitura é tão ingênuo quanto presumir que a ciência ou a filosofia seriam campos unitários e consistentes. Teriam esses campos assim definidos uma autofundamentação ou dependeriam de outros saberes para se justificar como tais?

É verdade que Lacan muitas vezes identifica metafísica e ontologia como o discurso do ser e do ente[9], mas notemos que ele o faz, em geral, para criticar

---

[7] Eric Kandel, *Em busca da memória* (trad. Rejane Rubino, São Paulo, Companhia das Letras, 2009), p. 397.
[8] Christian I. L. Dunker, Clarice Pimentel Paulon e J. Guillermo Milán-Ramos, *Análise psicanalítica de discursos: perspectivas lacanianas* (São Paulo, Estação das Letras e Cores, 2016).
[9] "*La philosophie bien sûr a embrouillé tout ça, de même qu'elle a fait de l'héritage de la psukê – qui était une vieille superstition, dont nous avons le témoignage dans tous les âges, si on peut dire –, de même elle a parlé de l'ontologie comme si l'être à lui tout seul, ça se tenait. Il est certain qu'ici je m'écarte, je m'écarte de la tradition philosophique... je m'écarte de la tradition philosophique et je fais plus que de m'en écarter, je vais jusqu'à mettre en suspens, enfin, tout ce qu'il en est de... de*

o uso dessa unidade como fundamento dogmático, solo (*Grund*) ou ponto de saída evidente, sob o qual se erigiria a psicanálise. Disso não se deduz que a ontologia não importa ou, pior, que seja possível prescindir dela, e sim, como pretendemos mostrar, *que a ontologia pode ser o efeito da crítica da metafísica e seu ponto de chegada, ainda que provisório*. Lembremos que a noção de fundamentação é o ponto de partida tanto da ciência quanto da ontologia e retenhamos esta afirmação de Lacan: "Ela [a psicanálise] só dará fundamento científico a sua teoria e a sua técnica ao formalizar adequadamente as dimensões essenciais de sua experiência, que são, com a teoria histórica do símbolo, a lógica intersubjetiva e a temporalidade do sujeito"[10].

Estão sintetizadas aqui as quatro questões que convocam a psicanálise a explicitar sua ontologia: 1) que tipo de fundamentação empregamos; 2) qual é a relação entre ser e linguagem; 3) que tipo de formalização lógica convém ao conceito de sujeito; e 4) como o tempo participa de nossa teoria. O *fundamento*, o *logos*, a *transmissibilidade do saber* e a *transformação no tempo* são as quatro questões ontológicas primárias. Observemos que todas elas dependem de uma ambiguidade incontornável do entendimento de logos como discurso, ser ou razão.

Antifilosofia e antipsicologia

Os contrários podem se tocar. A antifilosofia e a antipsicologia lacaniana são, no fundo, parte da psicanálise, assim como todos os antifilósofos retóricos e sofistas da Antiguidade, trágicos como Lucrécio e Pascal, iconoclastas como Nietzsche e Sade e os *antiphilosophes* do século XVIII são parte da filosofia. A antifilosofia não é, portanto, um campo externo à filosofia, mas uma atitude que questiona e critica a própria unidade desse campo, seus fundamentos ou seu lugar social. É nesse sentido que Badiou considera Lacan um antifilósofo[11] e também, por razões análogas, entende que o discurso da matemática é a ontologia como crítica da metafísica.

---

l'ontologie, de la psychologie, de la cosmologie puisque, soi-disant, y aurait un cosmos" [A filosofia, claro, confundiu tudo isso, tal como fez com a herança do *psukê* – que era uma antiga superstição, da qual temos o testemunho em todas as idades, se assim podemos dizer –, tal como falou da ontologia como se o ser, sozinho, se sustentasse. Mas aqui estou me desviando, estou me desviando da tradição filosófica... estou me desviando da tradição filosófica e estou fazendo mais do que me desviar dela, eu chego a suspender, enfim, tudo o que é da... da *ontologia*, da psicologia, da cosmologia, uma vez que, supostamente, haveria um cosmos]. Jacques Lacan, "De James Joyce comme symptôme" [1976], *Revue Le Croquant*, n. 28, 2000.

[10] Idem, "Função e campo da fala e da linguagem em psicanálise" [1953], em *Escritos* (trad. Vera Ribeiro, Rio de Janeiro, Zahar, 1998), p. 257.

[11] Alain Badiou, *Lacan* (Nova York, Columbia University Press, 1988).

Lacan afirmava que a psicanálise é uma antipsicologia – a análise experimental do comportamento (de Burrhus Skinner) e a fenomenologia (de Edmund Husserl) são casos consagrados de antipsicologias que fazem parte da psicologia. Não adianta nos perfilarmos na antifilosofia achando que, com isso, estamos livres da filosofia e dispensados da crítica da metafísica, na qual ela se especializou.

Para Badiou, a antifilosofia não é uma questão de rejeitar a verdade ou o conhecimento, mas de as repensar em sua relação com o Real, a partir do amor e do local[12]. Elevar a impotência cotidiana à dignidade do impossível lógico esquematiza o tratamento psicanalítico, como uma espécie de deflação do poder alienante da verdade, como totalidade dizível. Daí que as organizações políticas devam ser pensadas sempre como contingentes e provisórias. Por isso podemos encontrar em Lacan tanto a formulação de que a política é um buraco imaginário no real quanto a de que ela é um buraco simbólico no imaginário[13]. Badiou declara sua profunda afinidade com Lacan em torno da hipótese da ontologia como matemática e da ontologia como crítica da metafísica. Isso habilita e converge, como parte da antifilosofia enquanto ceticismo, com a crítica da religião, com a importância do corte, da transformação sem determinação, como vemos em outros antifilósofos como Rousseau, Nietzsche, Pascal, Wittgenstein e são Paulo[14].

Mas em nenhum lugar Lacan afirma que a psicanálise é uma anticiência. Apesar disso, Badiou afirma que sua antifilosofia é também uma anticiência, baseando-se em afirmações como a de que "às vezes a verdade não convence, e o saber passa em ato"[15]. Psicanálise e filosofia estão unidas em um abraço que pode levar ambas ao fundo do poço da ciência. O problema é saber se, antes disso, a psicanálise vai conseguir se livrar do abraço narcísico e metafísico nela mesma.

Portanto, o primeiro mito do qual deveríamos nos acautelar, para examinar as incidências metafísicas na psicanálise, é o mito de sua unidade. Há escolas e autores muito mais distantes da psicanálise que o próprio pensamento de Lacan da filosofia, e dentro do lacanismo a unidade está longe de ser a regra.

Há não tanto tempo, Alfredo Eidelsztein publicou um excelente trabalho sobre a metafísica psicanalítica[16], mostrando como a unidade entre Freud e Lacan está mais para uma quimera que para um campo harmonioso. Isso levanta uma pauta interessante para avaliar comparativamente os programas clínicos, os modelos

---

[12] Idem, *Lacan: Anti-Philosophy 3* (Nova York, Columbia University Press, 2018), p. xxxvii.
[13] Ibidem, p. xxxiii.
[14] Ibidem, p. xxiv.
[15] Jacques Lacan, "Radiofonia" [1970], em *Outros escritos* (trad. Vera Ribeiro, Rio de Janeiro, Zahar, 2003).
[16] Alfredo Eidelsztein, *Otro Lacan: estudio crítico sobre los fundamentos del psicoanálisis lacaniano* (Buenos Aires, Letra Viva, 2015).

éticos, as epistemologias e as ontologias pressupostas em cada caso. Está claro que a epistemologia freudiana possui uma epistemologia declaradamente naturalista, criticada de forma sistemática por Lacan. No entanto, essa crítica pode ser lida tanto como deslocamento para uma solução de compromisso – por exemplo, uma forma de materialismo – quanto como uma virada irredutível e uma oposição em corte – por exemplo, se defendermos uma leitura da epistemologia lacaniana em termos de um caso do idealismo lógico. Se isso fosse suficiente, bastaria comparar a posição da psicanálise em relação à ciência em Freud e Lacan.

Parece-nos que a questão é mais fundamental que isso, pois, se em termos de ciência, o naturalismo de Freud contrasta com o formalismo de Lacan, ambos podem convergir para uma posição ontológica original. Isso se verificaria pelas diferentes estratégias de prova empregadas pela psicanálise que demandam contextos distintos de consideração das questões ontológicas: antropologia, psicologia da criança, psicopatologia, história ou matemática. Por exemplo, no contexto da formalização antropológica proposta por autores como Maniglier[17], Descola[18] e Viveiros de Castro[19], podemos isolar quatro posições ontológicas fundamentais:

1) *Naturalismo*: "Típico das cosmologias ocidentais que supõem uma dualidade ontológica entre natureza, domínio da necessidade e cultura, domínio da espontaneidade, regiões separadas por uma descontinuidade metonímica"[20]. Há apenas uma natureza e múltiplas culturas. O naturalismo identifica a natureza com a realidade, apreendendo-a por modelos e sistemas de escrita nomotéticos de aspiração universalista. O naturalismo presume certo lugar para as ciências formais, como as ciências da linguagem e as matemáticas como descrição do Real.

2) *Analogismo*: "Enquanto cosmologia construcionista pode ser resumido pela fórmula saussuriana: o ponto de vista cria o objeto – sujeito sendo a posição originária e fixa de onde emana o ponto de vista"[21]. O analogismo atravessa as ciências humanas distribuídas em inúmeras perspectivas metodológicas, da fenomenologia à hermenêutica, do categorismo ao experimentalismo, do cognitivismo ao compreensivismo. Sua premissa é o multiculturalismo relativista, no qual a ontologia é fixa, por exemplo, a natureza ou a realidade, mas a epistemologia é variável. Daí que associemos a política a tendências antirrealistas, caracterizadas pelas epistemologias variáveis, como os diferentes feminismos, os estudos de

---

[17] Patrice Maniglier, "Un tournant métaphysique?", *Critique*, v. 11, n. 786, 2012, p. 916-32.
[18] Philippe Descola, "Modes of Being and Formes of Predication", *Journal of Ethnographic Theory*, v. 4, n. 1, 2014.
[19] Eduardo Viveiros de Castro, "'Transformação' na antropologia, transformação da 'antropologia'", *Mana*, v. 18, n. 1, 2012, p. 151-71.
[20] Idem, "Perspectivismo e multinaturalismo na América indígena", em *A inconstância da alma selvagem* (São Paulo, Cosac Naify, 2002).
[21] Ibidem, p. 373.

gênero e raça, os estudos culturais (*social studies*) e as epistemologias do Sul. Em vez de pensar a partir da oposição entre natureza e cultura, como o totemismo, o analogismo pensa o sujeito a partir da oposição entre indivíduo e sociedade.

3) *Totemismo*: definido como uma "tópica da descontinuidade"[22]. Aqui tomamos "a natureza por modelo da sociedade", como nas teorias evolucionistas, na sociobiologia ou nas moralidades naturalistas, a partir da oposição entre natureza e cultura. A humanidade é a forma geral do sujeito[23], mas deduzimos esta última postulando homologias, ou séries paralelas (espécies naturais e grupos sociais), estabelecendo correlações reversíveis entre os dois sistemas de diferenças globalmente isomórficas[24]. O totemismo é um sistema classificatório baseado na metáfora entre estas duas séries: humana e inumana. Lévi-Strauss estabelece um contraste paradigmático entre totemismo e sacrifício[25], um contraste que não é uma oposição simples, mas uma oposição ortogonal[26]. O totemismo compreende um modelo de canibalismo (identificação incorporativa), de mito (como estrutura), de parentesco (por nomeação classificatória), de fetichismo (imaginário) e de xamanismo (vertical ou horizontal) que engendram diferentes incidências da noção de estrutura.

4) *Animismo*: "Pode ser definido como uma ontologia que postula o caráter social das relações entre as séries humana e não humana. Neste caso, o intervalo entre sociedade e natureza é ele próprio social. Em relação ao naturalismo, está fundado no axioma oposto e inverso: as relações entre sociedade e natureza são elas próprias naturais ou reais"[27]. Portanto, há apenas uma série metonímica que distribui cromaticamente humanos e inumanos, corporalidades e incorporalidades, cujo ponto comum não é a animalidade, mas a humanidade. Há vários tipos de animismo, entre os quais podemos incluir o perspectivismo, em antropologia, mas também o narcisismo que aproxima a criança, a psicose e os povos primitivos em Freud, assim como um xamanismo característico (transversal). Se no totemismo

---

[22] Idem, *Metafísicas canibais* (São Paulo, Cosac Naify, 2015), p. 89.
[23] Ibidem, p. 374.
[24] Idem, "Xamanismo transversal: Lévi-Strauss e a cosmopolítica amazônica", em Ruben Caixeta de Queiroz e Renarde Freire Nobre, *Lévi-Strauss: leituras brasileiras* (Belo Horizonte, Ed. UFMG, 2008), p. 88.
[25] Eduardo Viveiros de Castro, *Metafísicas canibais*, cit., p. 155.
[26] "Meu argumento era que os Mai Araweté (as divididas) ocupavam o lugar que no rito tupinambá era ocupado pelo grupo em função de sujeito – o grupo matador e seus aliados, que devorava o cativo –, ao passo que o lugar de objeto do sacrifício, o cativo do rito tupinambá, era ocupado pelo morto Araweté. Os viventes Araweté por fim ocupariam o lugar de cossujeitos que, nos Tupinambá, era ocupado pelo grupo inimigo, aquele de onde a vítima era extraída. [...] Ele se aprende como sujeito a partir do momento em que vê a si mesmo através do olhar de sua vítima, ou antes, em que ele pronuncia sua própria singularidade pela voz do outro. Perspectivismo." Ibidem, p. 158-60.
[27] Ibidem, p. 364.

aliança e troca precedem a produção e a filiação, no animismo se dá o contrário: "O perspectivismo – a dualidade como multiplicidade – é aquilo que a dialética – a dualidade da unidade – precisa negar para se impor como lei universal"[28]. Se no totemismo os nomes próprios definem de saída quem somos, no animismo perspectivista os nomes não são pronunciados por seus portadores ou em sua presença[29].

Portanto, ontologia não se refere apenas a Aristóteles nem ao emprego ou não da noção de ser ou substância. Percebemos que diferentes definições lacanianas do Real podem ser organizadas em torno dessas perspectivas ontológicas: o real que volta sempre ao mesmo lugar, como o movimento dos planetas (naturalismo); o real como lugar de retorno do que não foi inscrito no simbólico (analogismo); o real como discordância entre a função paterna e o pai real (totemismo); o real como resíduo de operações de troca e desejo na figura do objeto a (animismo).

Nesse cenário, a aproximação entre psicanálise e política pode se mostrar mais produtiva e interessante pela partilha de suas contribuições no plano de reflexão sobre a ontologia social, por exemplo, concernente à produção do funcionamento de massa, na fantasia ideológica, no retorno traumático do real ou ainda do que resiste e não cessa de não se incluir na ideologia. Ou seja, é a elevação do objeto à dignidade de coisa política que aponta o caminho de relação epistêmico para uma psicanálise crítica. É por isso que a crítica da ideologia é também – e ao mesmo tempo – crítica da metafísica.

Em que pese a indeterminação relativa da noção de verdade presente em tal afirmação, ela acaba por ignorar que filosofia e ciência nunca aparecem dissociadas em Lacan e que a crítica de ambas, que define a prática metódica da antifilosofia, não serve apenas à expansão do campo psicanalítico ou à delimitação de suas fronteiras, mas também – e essencialmente – à transformação e à criação de novos conceitos em psicanálise, como argumentam Gilson Iannini[30] e Vladimir Safatle[31].

As diferenças epistemológicas e ontológicas entre Freud e Lacan seriam de tamanha magnitude que se deve proceder a certa escolha, admitindo uma diferença irredutível. Nesse sentido, o campo psicanalítico comportaria epistemologias diferentes ou uma multiplicidade de formas na mesma unidade?

O argumento poderia se desdobrar no interior da própria obra lacaniana em suas diferentes e infinitesimais versões – primeira, última, ultimíssima, e assim por diante. Deveríamos incluir como parte da unidade do campo da psicanálise autores pós-lacanianos, como Jacques-Alain Miller, Colette Soler, Jean-Pierre Lebrun, Jean Allouch, que têm desenvolvido uma obra própria, com novos

---

[28] Eduardo Viveiros de Castro, *Metafísicas canibais*, cit., p. 128.
[29] Idem, "Perspectivismo e multinaturalismo na América indígena", cit., p. 372.
[30] Gilson Iannini, *Estilo e verdade em Jacques Lacan* (Belo Horizonte, Autêntica, 2012).
[31] Vladimir Safatle, *Lacan: a paixão do negativo* (São Paulo, Ed. Unesp, 2006).

conceitos que gradualmente se independem de seu ponto de partida? Por que eles se diferenciariam de autores que produtivamente concorrem para a renovação de conceitos e discursos psicanalíticos, como Slavoj Žižek, Alain Badiou, Ian Parker ou Barbara Cassin?

Em parte, a dificuldade de caracterizar o campo da psicanálise e daí contrastá-lo com a psicologia, a filosofia ou a psiquiatria decorre da própria ampliação do que devemos considerar a estratégia de Lacan. Se Freud definia o campo da psicanálise pela prática de um método de tratamento e investigação e por uma teoria (ou doutrina) de tipo kantiana, cuja função é fazer convergir conceitos e experiências[32], Lacan acrescentou a isso dois pontos cruciais: a psicanálise é também uma ética[33] e um discurso[34].

Portanto, a partição entre *psicanálise pura* (teoria e conceitos) e *psicanálise aplicada* (tratamento de pacientes), ou entre *psicanálise em intensão*[35] (prática clínica) e *psicanálise em extensão* (psicanálise na *pólis*), ainda que apresentada por Lacan, simplesmente não alcança a realidade mesma da existência de uma pluralidade de psicanálises.

Contudo, fazer e justificar o que se faz são dois processos diferentes. Como mostrou Ian Hacking[36], a ciência e seus procedimentos conexos, como a clínica, não apenas descrevem ou representam fenômenos existentes em um universo finito e fechado, mas também criam fenômenos e efeitos que se acrescentam à realidade, ultrapassando seu contexto de produção original[37]. A psicanálise pura resulta também da clínica. Não é apenas o modo como eu trato que determina a existência do inconsciente, pois não se trata de uma via de mão única na qual a prática determina o conceito, e sim na qual o conceito não determina a prática. Daí que o primeiro conceito que deveríamos expor ao escrutínio crítico e verificar seu teor metafísico é exatamente o conceito de conceito. Quando afirmamos que "o inconsciente que faço existir", como se ele não existisse fora de seu contexto de aplicação, incorremos justamente em uma solução para o problema histórico da ligação entre conceitos e existência. Qual conceito de existência temos aqui?

---

[32] Sigmund Freud, *As pulsões e seus destinos* (trad. Pedro Heliodoro Tavares, Belo Horizonte, Autêntica, 2014 [1915], coleção Obras Incompletas de Sigmund Freud).
[33] Jacques Lacan, *O seminário*, Livro VII: *A ética da psicanálise* (trad. Antonio Quinet, Rio de Janeiro, Zahar, 1988 [1959-1960]).
[34] Idem, *O seminário*, Livro XVII: *O avesso da psicanálise* (trad. Ari Roitman, Rio de Janeiro, Zahar, 1992 [1969-1970]).
[35] Intensão (com "s" mesmo) refere-se aos dois atributos do conceito, segundo Frege: sua intensão, ou essência, e sua extensão, ou seja, a totalidade de objetos que caem sobre o conceito.
[36] Ian Hacking, *Representar e intervir* (trad. Pedro Rocha de Oliveira, Rio de Janeiro, Ed. Uerj, 2012).
[37] Idem, *Ontologia histórica* (trad. Leila Mendes, São Leopoldo, Unisinos, 2009).

Como *existência*, termo de linhagem ontológica, liga-se a *conceito*, termo de linhagem epistemológica?

Um "conceito" em psicanálise não é análogo a sua representação textual nos escritos de Freud ou Lacan. Em Freud, essa fixação conceitual decorre da comparação e da modificação por outras experiências, ao modo de uma convenção ou um *conceito prático* (*Prakticherbegrieff*).

> Portanto, as ideias que se tornarão conceitos não são escolhidas de modo arbitrário, e sim determinadas por significativas relações com o material empírico (*Empirischen Stoffe*), relações estas que imaginamos poder adivinhar antes mesmo que as reconheçamos e demonstremos. Apenas após uma exaustiva investigação do campo de fenômenos (*Erscheinungsgebiete*) que estamos abordando, podem-se apreender de forma mais precisa seus conceitos científicos fundamentais (*wissenschaftliche Grundbegriffe*) e progressivamente modificá-los, de modo que eles se tornem utilizáveis em larga medida e livres de contradições.[38]

Em Lacan é o próprio conceito de transferência que representa o ponto de passagem entre noções e conceitos, entre práticas e suas representações. "É que este manejo da transferência é idêntico à noção dela, e, por menos elaborada que seja esta prática, ela só pode se incluir nas parcialidades da teoria."[39]

Aqui intervém de modo decisivo a noção de *práxis*, popularizada por Lukács e Gramsci no século XX, mas reinventada por Hegel e Marx no século XIX, a partir da classificação aristotélica dos tipos de saber. Tal noção invalida a subordinação entre as duas versões do conceito, teoria e prática, assim como repudia a noção kantiana de "aplicação". Foi tendo em vista tal noção que Lacan definiu, no começo de seu ensino, a psicanálise como *práxis dialética*. Ora, o que caracteriza a *práxis* como tal não é a complementaridade entre prática e teoria, mas uma relação específica entre elas, ou seja, a crítica e o trabalho com a contradição.

As expressões *crítica dos conceitos* ou *crítica da experiência* aparecem reiteradamente nas várias edições que Lacan propõe para organizar sua escola ou descrever a formação do psicanalista.

> Pode ela [a escola] constituir o ambiente de *experiência* e *crítica* que estabeleça e faça sustentar as melhores condições de garantia. [...] Aos AEs, chamados analistas de escola, lhe corresponderia o dever da instituição interna que submete a uma *crítica permanente* a autorização dos melhores.[40]

---

[38] Sigmund Freud, *As pulsões e seus destinos*, cit., p. 15-7.
[39] Jacques Lacan, "Direção da cura e os princípios de seu poder" [1958], em *Escritos*, cit., p. 609.
[40] Idem, "Proposição de 9 de outubro de 1967 sobre o psicanalista da Escola" [1967], em *Outros escritos*, cit., p. 271.

O que a psicanálise tem em comum com a ciência e a filosofia é o método crítico, não apenas e eventualmente teses metafísicas ou evidências empíricas. Freud e Lacan não só "garimparam" conceitos teóricos em outras áreas, como importaram conceitos práticos (hipnotismo, sugestão e diagnóstico), práticas epistemológicas (método clínico e demonstração) e observações empíricas (atos falhos e sintomas). Além disso, ambos tentaram forjar algumas classes especiais de conceitos, como os *conceitos fundamentais* (*Grundbegriffen*) em Freud e os conceitos cruciais (*concepts cruciaux*) em Lacan. Freud aprendeu e assimilou fazeres como a interpretação de sonhos (Artemidoro), a leitura de acontecimentos políticos (Le Bon, McDougall), o uso de hipóteses e observações antropológicas (Darwin, Smith); reutilizou métodos filológicos (Paul, Abel) e derivou técnicas de leitura estética (Morelli) e de crítica da cultura (Romain Rolland, Thomas Mann, Stefan Zweig). A própria ideia inaugural de catarse foi absorvida de um helenista e teórico da literatura, o tio de sua esposa, Martha Bernays[41]. Lacan valeu-se de métodos lógicos (diagonal de Cantor), antropológicos e linguísticos (análise estrutural) e matemáticos (topologia combinatória) que não foram inventados pela psicanálise. Ambos, Freud e Lacan, praticaram o método clínico derivado da medicina. Ambos tentaram fundar a psicanálise em métodos, conceitos e práticas atinentes à ciência, mas também em conceitos derivados de muitas outras disciplinas. Ora, essa deriva epistêmica sugere uma espécie de critério espontâneo por meio do qual se pode identificar a pertinência da importação de conceitos. Se não queremos pensar a epistemologia apenas a partir de critérios convencionais de demarcação, que analisam teorias reduzindo-as a proposições e estabelecendo critérios sobre o tipo de conhecimento envolvido, como verificação, falseabilidade, coerência, evidência, como quer certa tradição consagrada por Popper, devemos estar dispostos a mostrar que a deriva de conceitos importa e tem efeitos também para seu campo e origem.

Considerando esse critério de externalidade, percebe-se que a psicanálise de Freud mostrou-se produtiva para a chamada "teoria social crítica" do pós-guerra (Adorno, Marcuse, Habermas, mas também Norbert Elias e Christopher Lasch), assim como recentemente a psicanálise de Lacan apresenta um diálogo consistente com a filosofia social crítica (Žižek, Laclau, Badiou). Ao mesmo tempo, a psicanálise de Freud gerou efeitos absorvidos pela prática psiquiátrica até os anos 1970, assim como a teoria de Lacan vem se colocando como força de renovação para práticas clínicas em contexto social. Esses sistemas de circulação dependem, em todos os casos, da incidência da psicanálise como prática e conceitografia crítica, assim como de uma posição intervalar entre ciência e filosofia.

---

[41] Ernst Freud, *Letters of Sigmund Freud* (trad. Tania Stern e James Stern, Nova York, Dover, 1992).

Ao que tudo indica, algo mudou de 1980 para cá, de forma que, a despeito de sua disseminação universitária, a psicanálise passou a relutar, cada vez mais, em participar do debate científico, aceitando passivamente a crítica popperiana e o rótulo de pseudociência. Enquanto isso, a filosofia tem se desligado da formação dos psicanalistas, assim como, para muitos, o pendor crítico associado à experiência lacaniana teria declinado nas instituições herdeiras de seu pensamento.

Mais além da oposição entre metafísica e ciência

Já é tradição realizar críticas destitutivas à psicanálise. Elas não abarcam pontos específicos da prática, de seus sistemas de justificação, epistêmicos ou éticos, desenvolvidos por psicanalistas, suas instituições ou suas comunidades de trabalho. Elas objetivam, sim, excluir a psicanálise de seu lugar no debate acadêmico, declarar impertinente sua relação com as ciências, uma impostura, criando, assim, um contraste com a psicologia evidencialista. Elas derrogam suas pretensões de eficácia e eficiência psicoterapêutica, evoluindo, ao fim, para a imputação de má-fé. A expressão "pseudociência" tem sido empregada, nesse contexto, não apenas para situar a psicanálise no interior do problema epistemológico da demarcação, no qual de início foi empregada, mas também para justificar sua exclusão da pesquisa e do debate público, seja pela ciência, seja pela arte, seja por sua pretensão de contribuir para o campo da saúde.

Tais objeções são tipicamente reunidas em um mesmo grupo, que, quando visto de perto, revela estratégias críticas muito diferentes. Há um primeiro conjunto de críticas que abordam a psicanálise como um tipo de conhecimento – nesse caso, tomam-na metodologicamente como um campo unitário e conexo, epistemicamente definido de forma dedutiva a partir de enunciados protocolares, presentes, digamos, na metapsicologia de Freud. A estratégia foi inaugurada por Popper[42], mas de certa forma já estava presente nas análises de Wittgenstein[43] sobre o tipo de interpretação praticado pela psicanálise e terá sua continuidade nas interessantes objeções de Grünbaum ao tipo de argumentação encontrado na teoria psicanalítica[44]. Dela decorre a objeção de que Freud teria sido um péssimo intérprete de suas próprias pretensões científicas[45].

---

[42] Karl Popper, *Conjecturas e refutações*, cit.
[43] Frederico Zeymer Feu de Carvalho, *O fim da cadeia de razões: Wittgenstein, crítico de Freud* (Belo Horizonte, Annablume/Fumec, 2002).
[44] Adolf Grünbaum, *The Foundations of Psychoananalysis*, cit.
[45] Frank J. Sulloway, *Freud, Biologist of the Mind: Beyond the Psychoanalytic Legend* (Nova York, Basic, 1983).

A segunda linha crítica não pretende apenas apontar problemas de justificação, mas invalidar a prática – por isso suas críticas destitutivas costumam atacar a qualificação moral e metodológica de Freud. Em geral apoiada por revelações históricas sobre a disparidade entre o que Freud fazia e o que afirmava fazer, incluem-se aqui relatos de ex-pacientes e colaboradores[46]. Mas o profícuo trabalho de recomposição arqueológica dos primórdios da psicanálise pode ser usado facilmente para denunciar a mentira de Freud, de que ele tinha um caso com a cunhada[47] ou de que era má pessoa. Crítica destitutiva contra a psicanálise não afirma apenas que ela seria uma pseudociência, forjada sobre falsas apreciações clínicas e más intenções morais, mas também seria nociva e perigosa, como se vê desde o trabalho de Hans Eysenck[48] até o mais recente *O livro negro da psicanálise*[49]. Inclui-se aqui a retórica pirotécnica de Michel Onfray, declarando que Freud colaborou com o Instituto Göring ou sustentou Engelbert Dollfuss, o que é, de todos os pontos de vista históricos, falso. Freud perdeu quatro irmãs em campos de concentração, negou-se a barganhar com o nazismo, mas, ainda que fosse o contrário, o que isso importaria para a veracidade de suas teses? Freud teve seus livros queimados pelos nazistas, mas isso não os torna mais ou menos verdadeiros.

Um exemplo típico desse procedimento encontra-se no trabalho de Frederick Crews, *As guerras da memória*[50], que aborda um conjunto de psicoterapeutas processados por familiares de pacientes após terem inoculado falsas memórias de abusos e maus-tratos em filhos e netos. Apesar da reconhecida inexistência de nexo com associações psicanalíticas de formação e os próprios psicoterapeutas não se declararem psicanalistas, bastou que o método da hipnose fosse usado para que Freud e a psicanálise se vissem incriminados como responsáveis pela imperícia, pela imprudência e pela negligência que prejudicou tantas vidas e famílias. O autor voltou, anos mais tarde, com o argumento de que Freud tinha um caso com sua cunhada Mina e que seus

---

[46] Paul Roazen, *Como Freud trabalhava* (trad. Carlos Eduardo Lins da Silva, São Paulo, Companhia das Letras, 1999); Jeffrey Moussaieff Masson, *Final Analysis: The Making and Unmaking of a Psychoanalyst* (Nova York, Addison-Wesley, 1990); Henri Ellenberger, *The Discovery of the Unconscious* (Londres, Basic, 1970).

[47] Stefano Pupe, "Biografia aponta fraudes de Freud e põe psicanálise em xeque", *Folha de S.Paulo*, 25 fev. 2018, Ilustríssima.

[48] Hans Eisenck, "The Effects of Psychotherapy: An Evaluation", *Journal of Consulting Psychology*, v. 16, n. 5, 1952, p. 319-24.

[49] Catherine Meyer (org.), *O livro negro da psicanálise* (trad. Simone Perelson e Maria Beatriz de Medina, 5. ed., Rio de Janeiro, Civilização Brasileira, 2011).

[50] Frederick Crews, *As guerras da memória* (trad. Milton Camargo Motta, São Paulo, Paz e Terra, 1999).

relatos clínicos eram imprecisos e mentirosos, o que deveria desacreditar definitivamente a psicanálise[51].

Esses dois níveis de objeção são reunidos, em geral, por uma terceira linha, de suporte "popular". Revistas de grande circulação, matérias de imprensa ou declarações contundentes de algum pesquisador, com frequência especializado em outra área de conhecimento, como o neurocientista Ivan Izquierdo[52] ou os físicos Alan Sokal e Jean Bricmont[53], acabam resumindo o conjunto da crítica ao fato de que Freud ou Lacan eram charlatões, impostores, que usaram impropriamente conceitos das ciências exatas – logo suas obras deveriam ser excluídas do debate público ou desqualificadas como pseudociência. Mesmo entre nós, o site de divulgação científica *Questão de Ciência*[54], que faz um ótimo trabalho em muitas áreas, em psicologia parece disposto a reproduzir o já conhecido lixo industrial contrafreudiano.

A maior parte dos psicanalistas considera esse tipo de argumentação irrelevante e desprovida de verdadeiro interesse para a reformulação crítica ou autocrítica da área. Na verdade, a confusão frequente das críticas destitutivas e a parasitagem que estas costumam praticar em relação ao material crítico de primeira qualidade acabam por prejudicar o debate como um todo, impedindo, assim, que as críticas assumam uma potência transformativa desejável, como se gostaria de incrementar[55]. Ou seja, na prática, muitos psicanalistas deixam de acessar esse material porque ele é, no fundo, uma versão acadêmica das *fake critic news*. Assim como na corrupção jornalística da informação, ou *fake news*, tais críticas recortam e remontam abusivamente fragmentos corretos com o típico interesse de desabonar pessoas e teorias em conjunto, beneficiando-se da generalização e produzindo efeitos de contraste e polarização. Isso concorre também para um reforço do que Waldir Beividas apontou como "excesso de transferência na pesquisa psicanalítica"[56], ou seja, tendência a não responder aos críticos e reforçar os laços de identificação da comunidade, uma vez que as objeções deixam transparecer má-fé e criação instrumental de oposições.

---

[51] Idem, *Freud: The Making of an Illusion* (Nova York, Metropolitan, 2017). Para uma resenha do livro, ver Christian I. L. Dunker, "Nova biografia investe violentamente contra imagem de Freud", *Cult*, 9 mar. 2018.

[52] Juliana Cunha, "'Estudos de neurociência superaram a psicanálise', diz pesquisador brasileiro", *Folha de S.Paulo*, 18 jun. 2016.

[53] Alan Sokal e Jean Bricmont, *Imposturas intelectuais* (trad. Max Altman, 2. ed., Rio de Janeiro, Record, 2001).

[54] Ver *on-line*: Revista Questão de Ciência.

[55] Christian I. L. Dunker, "Nove erros básicos de quem quer fazer uma crítica à psicanálise", *Psicologia.pt*, 16 mar. 2020.

[56] Waldir Beividas, "Pesquisa e transferência em psicanálise: lugar sem excessos", *Psicologia: Reflexão e Crítica*, v. 12, n. 3, 1999.

No fundo, a crítica destitutiva advoga a inexistência ou a ilegitimidade da psicanálise entre os saberes instituídos. Incluem-se aqui as objeções sofridas por nosso campo desde o caso Wagner-Jauregg, psiquiatra contemporâneo de Freud que desqualificava suas descobertas a ponto de atrasar propositalmente a instalação das primeiras clínicas públicas de psicanálise, prejudicando de forma direta o desenvolvimento do sistema de saúde na Áustria[57]. Ironicamente ele defendia práticas como a inoculação do vetor da malária para tratar a psicose pela indução de estados febris no paciente. O ganhador do prêmio Nobel de medicina em 1927 é o tipo do exemplo que, se exagerado e bem aproveitado, poderia levar a uma invalidação de toda psiquiatria?

Tais críticas destitutivas seriam apenas um dos capítulos da resistência cultural à psicanálise, que nunca se quis subordinada ao Estado. Elas alimentaram a proibição da psicanálise na União Soviética de Stálin e a perseguição aos psicanalistas em todos os sistemas totalitários até aqui[58].

Quando se trata de legislar sobre a formação de psicanalistas, justificar por que a psicanálise deve ser excluída das políticas públicas de saúde mental ou invalidar sua crítica cultural, seja por sua teoria da sexualidade ou do desejo inconsciente, seja por sua desconstrução da moralidade civilizada, a crítica destitutiva costuma incorrer em erros mais ou menos conhecidos e recorrentes. Menos que repudiar essa abordagem, que parece imune ao debate da razão, aqui a proposta é examinar os equívocos básicos desse procedimento como forma de estimular uma verdadeira crítica transformativa da psicanálise.

Algumas crenças têm contribuído para manter psicanalistas em estado letárgico em relação às críticas, que seriam recebidas como "resistenciais". Em outras palavras, a resposta de Freud aos críticos de sua época não pode ser simplesmente replicada em nossos dias, pois a psicanálise, ao longo de seus mais de cem anos, mudou sua inscrição discursiva na cultura. Aquilo que talvez fosse contestador e transformativo em 1920 pode ter se tornado ideológico e conservador em 2020. Uma prática aceitável em 1910 pode se tornar um equívoco monumental hoje. Esse anacronismo dos críticos de Freud deve valer para a contracrítica psicanalítica.

Outro problema consiste em reconhecer que, nesse ínterim, a psicanálise passou a integrar departamentos de pesquisa e formar parte das universidades, ainda que de forma lateral ou periférica, em boa parte do mundo. Isso a tornou diversificada, ramificada, cheia de variações culturais e epistêmicas, o que leva alguns a duvidar de sua unidade. Nesse mesmo arco histórico, a psicanálise

---

[57] Elizabeth Ann Danto, *As clínicas públicas de Freud: psicanálise e justiça social (1918-1938)* (trad. Margarida Goldsztajn, São Paulo, Perspectiva, 2019).

[58] Christian I. L. Dunker, "O que Freud disse sobre a revolução russa?", *Blog da Boitempo*, 13 set. 2017.

inspirou, influenciou ou teve suas descobertas redescritas ou reapropriadas por inúmeros programas clínicos de variadas modalidades psicoterapêuticas, do cognitivismo às psicoterapias psicodinâmicas, tornando a crítica à psicanálise uma crítica difusa e indeterminada às psicoterapias em geral.

Parte substancial dos estudos críticos aqui citados não pretende apresentar apenas uma crítica à psicanálise, mas a uma vasta gama de psicoterapias por ela inspiradas. Esse é o segundo ponto que explica por que tais *fake critic news* insistem tanto em Freud e silenciam sobre a selva de seus continuadores. Daria muito trabalho e mostraria a inoperância das objeções globais. Atacando as raízes, mata-se a árvore.

Nem toda crítica à psicanálise é destitutiva. Bons trabalhos foram feitos nos três contextos que descrevemos. A controvérsia Grünbaum *versus* Shevrin[59] é um bom exemplo de como o rigor da análise proposicional pode ajudar a psicanálise a reformular seus conceitos ou suas regras tácitas de argumentação e exposição de hipóteses. Os trabalhos de Falk Leichsering e Seven Rabung[60], bem como a extensa pesquisa do grupo de Estocolmo sobre eficácia e eficiência da psicanálise, metodologicamente renomeada psicoterapia psicodinâmica de longo prazo, ajudaram a reposicionar o tema da avaliação comparativa de práticas clínicas[61]. As críticas filosóficas de Sartre a Foucault e Ricœur, de Deleuze e Guattari a Byung-Chul Han, são objeto de continuada discussão entre psicanalistas. E no âmbito do discurso cultural e dos modos de subjetivação sociais, dos quais a psicanálise participa hoje como produtora, não só como observadora imparcial, encontramos inúmeros bons críticos da incorporação ideológica da psicanálise como parte do complexo psi no Ocidente, por exemplo, Ian Parker, Frank Furedi e Guillaume Sibertin-Blanc[62], sem falar na crítica feminista, na crítica da teoria pós-colonial, e assim por diante. Ou seja, a crítica da psicologização,

---

[59] Howard Shevrin et al., "Subliminal Unconscious Conflict Alpha Power Inhibits Supraliminal Conscious Symptom Experience", *Frontiers in Human Neuroscience*, v. 7, 2013.

[60] Falk Leichsenring e Sven Rabung, "Effectiveness of Long-Term Psychodynamic Psychotherapy: A Meta-Analysis", *Journal of the American Medical Association*, v. 300, n. 13, 2008, p. 1.551-65. Ver também Richard M. Glass, "Bambi Survives Godzilla? Psychodynamic Psychotherapy and Research Evidence", *Journal of the American Medical Association*, v. 300, n. 13, 2008, p. 1.587-9.

[61] Johan Blomberg, Anna Lazar e Rolf Sandell, "Long-Term Outcome of Long-Term Psychoanalytically Oriented Therapies: First Findings of the Stockholm Outcome of Psychotherapy and Psychoanalysis Study", *Psychotherapy Research*, v. 11, n. 4, 2010, p. 361-82.

[62] Ian Parker, *Psicanálise lacaniana: revoluções em subjetividade* (trad. Dante Nery e Fernanda Rios, São Paulo, Annablume, 2013); Frank Furedi, *Therapy Culture: Cultivating Vulnerability in an Uncertain Age* (Londres, Routledge, 2004); Guillaume Sibertin-Blanc, *Deleuze et l'Anti-Œdipe: la production du désir* (Paris, PUF, 2010, col. Philosophies).

da patologização, do familiarismo e do colonialismo psicanalítico são processos transformativos em curso no interior da própria psicanálise, a qual se tornará legitimamente ultrapassada, se não responder às objeções sobre sua fundamentação e aos riscos de sua ideologização.

A análise crítica de conceitos práticos e teóricos exige um método que não seja endógeno nem espontâneo à psicanálise; ainda que esta o pratique desde o início como tratamento e investigação, o conceito mesmo de método adquiriu sua forma moderna com Kant. Lembremos que seu gesto inicial foi tentar reduzir a metafísica aos limites da razão, começando por dividi-la entre metafísica da natureza e metafísica dos costumes:

> Pode-se chamar *empírica* a toda filosofia que se baseie em princípios da experiência, àquela, porém, cujas doutrinas se apoiam em princípios *a priori* chama-se filosofia *pura*. Esta última, quando é simplesmente formal, chama-se *Lógica*; mas quando se limita a determinados objetos do entendimento chama-se *Metafísica*. Desta maneira surge a ideia duma dupla metafísica, uma *Metafísica da Natureza* e uma *Metafísica dos Costumes*. A Física terá portanto a sua parte empírica, mas também uma parte racional; igualmente a Ética, se bem que nesta a parte empírica se poderia chamar especialmente *Antropologia prática*, enquanto a parte racional seria a Moral propriamente dita.[63]

A capacidade de reconstruir as condições transcendentais dos enunciados da razão pura e da razão prática, estabelecendo limites objetivos e subjetivos para o conhecimento, cria um modelo de pensamento e de crítica dos conceitos cuja fronteira fundamental jaz precisamente entre a metafísica e a ciência. Mas a filosofia, ela mesma, não é ciência nem metafísica, e sim eventualmente a crítica desses dois campos. Portanto, a proximidade entre a psicanálise e a filosofia não se dá apenas pela adesão de teses e conceitos, mas pelo método crítico. Aliás, é esse o ponto que nos faz entender a diferença entre as matérias que Freud recomendava para a formação do psicanalista (história da cultura, mitologia, história da literatura e filosofia das religiões) e a propedêutica lacaniana[64], apresentada na abertura do primeiro curso universitário de psicanálise em Vincennes (linguística, lógica, topologia e antifilosofia), ou seja, uma variância de métodos, não de conteúdo.

---

[63] Immanuel Kant, "Prefácio", em *Fundamentação da metafísica dos costumes* (trad. Paulo Quintela, 2. ed., São Paulo, Abril Cultural, 1984), p. 103.
[64] Jacques Lacan, "Ato de fundação" [da École Française de Psychanalyse, posteriormente renomeada École Freudienne de Paris] [21 jun. 1964], em *Outros escritos*, cit., p. 235-9; "Proposição de 9 de outubro de 1967 sobre o psicanalista da Escola", *Outros escritos*, cit., p. 248-64; "Proposição de 9 de outubro de 1967 sobre o psicanalista da Escola – primeira versão", em *Outros escritos*, cit., p. 570-86.

É parte seminal desse método a análise dos conceitos, se são analíticos ou sintéticos, se provêm do entendimento ou da sensibilidade, se servem ao conhecimento ou à ação. Kant não elimina a metafísica, mas restringe seu campo a três ideias das quais não conseguimos nos livrar e as quais ao mesmo tempo não podemos propriamente conhecer: Deus, alma e mundo. Freud formula sua teoria em franca proximidade com o método especulativo de Kant[65].

Aqui temos uma diferença epistemológica fundamental entre Freud e Lacan. A crítica de Lacan[66] a Freud é análoga à crítica de Hegel a Kant, ainda que seu método e seu entendimento do que é conceito divirjam. Para Kant e Freud, o conceito é uma espécie de síntese entre representações, uma unidade formada pelo encontro entre categorias da sensibilidade (tempo e espaço) e categorias do entendimento (modo, relação, quantidade e qualidade). Hegel e Lacan[67] não

---

[65] Leopoldo Fulgêncio, *O método especulativo de Freud* (São Paulo, Educ, 2008).

[66] "*Or on ne peut manquer d'être frappé par ce qui transparaît constamment dans l'œuvre de Freud d'une proximité de ces problèmes, qui laisse à penser que des références répétées aux doctrines présocratiques ne portent pas le simple témoignage d'un usage discret de notes de lecture (qui serait au reste contraire à la réserve presque mystifiante que Freud observe dans la manifestation de son immense culture), mais bien d'une appréhension proprement métaphysique de problèmes pour lui actualisés*" [Ora, não podemos deixar de ficar impressionados com o que transparece constantemente na obra de Freud de uma proximidade desses problemas, o que sugere que as repetidas referências às doutrinas pré-socráticas não trazem o simples testemunho de um uso discreto de notas de leitura (que de resto seria contrário à reserva quase mistificante que Freud observa na manifestação de sua imensa cultura), mas sim de uma apreensão propriamente metafísica dos problemas para ele atualizados]. Jacques Lacan, "Réponse au commentaire de Jean Hyppolite" [1954], em *Écrits* (Paris, Seuil, 1966), p. 375.

[67] "*C'est le seul levier à pouvoir mettre hors d'état d'y faire couvercle ce qui tourne de la meule: psychologie d'indéchaussable à ce que Kant y relaie Wolff et Lambert, et qui tient en ceci: qu'axée sur le même pivot dont traditionnellement s'embrochent ontologie, cosmologie, sans que théologie leur fasse leçon, l'âme, c'est la connaissance que le monde a de soi-même, et précisément ce qui pare à être reconnu ainsi, de l'alibi d'une Chose-en-Soi qui se déroberait à la connaissance. À partir de là on ajoute aux fantasmes qui commandent la réalité, celui du contremaître. C'est pour ramener à sa férule la révolution freudienne, qu'une clique mandatée pour la lyse-Anna de l'analyse a réédité ce Golem au titre du moi autonome. S'il y a trace chez Kant de l'office qu'on lui impute d'avoir paré à la 'cosmologie' newtonienne, c'est à ce que s'y tope quelque part, comme d'une pomme à un poisson, la formule newtonienne, et pour marquer que la Vernunft ou le Verstand n'y ont rien à faire d'a priori*" [É a única alavanca que pode colocar fora de ordem o que gira a roda: uma psicologia que é inabalável a Kant e remonta a Wolff e Lambert, e que se mantém desta forma: que se centrou no mesmo pivô sobre o qual a ontologia e a cosmologia tradicionalmente são distorcidas, sem que a teologia lhes ensine uma lição, a alma é o conhecimento que o mundo tem de si mesmo, e precisamente o que é semelhante a ser reconhecido desta forma, a partir do álibi de uma Coisa em Si que fugiria do conhecimento. A partir deste ponto, a fantasia do capataz é acrescentada às fantasias que controlam a realidade. É para colocar a revolução freudiana novamente sob seu controle que um grupo mandatado para a lysis-Anna da análise

aceitam essa redução do funcionamento da razão, da qual decorre a fronteira entre conceitos referidos aos fenômenos (ciência) e conceitos referidos à Coisa em si (metafísica), por isso partilham de uma ontologia diferente da de Freud; quando ele reconhece uma abertura e uma historicidade da racionalidade científica, ela se altera por movimentos de reconhecimento e alienação, não opera por categorias fixas, distanciando-se da totalidade metafísica[68]. Contudo, ao contrário de Lacan, Freud não pensa, de modo explícito, uma crítica da metafísica naturalista que subjaz à ciência moderna.

Para Hegel, assim como para Lacan, o conceito é uma articulação momentânea do Real, uma efetuação (*Wirklichkeit*), não apenas uma representação (*Vorstellung*). O conceito é o tempo, não sua fixação definicional ou apenas um desenvolvimento (*Entwicklung*) da ideia. É um processo ou um "momento" que requer, a cada vez, sua própria ontologia e sua própria linguagem.

> Trata-se de saber se a função do conceito é a de dominação do mundo ou a de transformação do sentido – e qual é a questão que ele autoriza: a questão *apressada* ("que interpretação – dialética – propõe você para o acontecimento?") ou a questão *paciente* ("que linguagem você ainda está falando, você que pretende compreender esse acontecimento?").[69]

Uma obra de arte é um conceito, ainda que nem sempre seja capaz de pensar a si mesma como tal. Termos como "psicose", "família" ou "sintoma" são *momentos conceituais* no interior de uma teoria, por isso funcionam como constelações covariantes de alta dosagem contextual. Conceitos se transformam, e assim podemos comparar proposições como "o sintoma é uma mensagem do

---

reeditou este Golem sob o título de autônomo. Se há um traço em Kant do escritório que lhe é atribuído por ter adornado a "cosmologia" newtoniana, é porque em algum lugar, como uma maçã para um peixe, a fórmula newtoniana é encimada, e para marcar que o *Vernunft* ou o *Verstand* não tem nada a ver com a priori]. Idem, "Radiophonie" [1970], em *Autres écrits* (Paris, Seuil, 1970), p. 403.

[68] "*Avant que la théorie freudienne ait mis l'accent en somme, avec l'existence du père, sur une fonction qui est, on peut le dire, à la fois fonction de la parole et fonction de l'amour, la métaphysique hégélienne n'a pas hésité à construire toute la phénoménologie des rapports humains autour de la médiation mortelle, et elle est parfaitement concevable comme le tiers essentiel du progrès par où l'homme s'humanise dans une certaine relation avec son semblable*" [Antes que a teoria freudiana tivesse enfatizado, em suma, com a existência do pai, uma função que é, pode-se dizer, tanto uma função da fala quanto uma função do amor, a *metafísica* hegeliana não hesitou em construir toda a fenomenologia das relações humanas em torno da mediação mortal, e ela é perfeitamente concebível como o terço essencial do progresso pelo qual o homem se humaniza em uma certa relação com seu semelhante]. Idem, *Le mythe individuel du névrosé ou poésie et vérité dans la névrose* (Paris, Seuil, 1953, p. 123).

[69] Gérard Lebrun, *Hegel e a paciência do conceito* (São Paulo, Martins Fontes, 2000), p. 367.

Outro"[70] e o sintoma é "um evento corporal"[71], sem que isso represente apenas um desenvolvimento definicional ou uma pré-formação da coincidência entre o lógico e o real. É o trabalho freudiano da contradição interna e externa do conceito. Há conceitos que funcionam como crítica da metafísica no interior de dispositivos práticos[72], orientados por um mesmo fim ou princípio – por exemplo, o conceito de "palavra" e sua relação com o amor em "Direção da cura e os princípios de seu poder" ou a associação livre no interior do conceito de resistência. Há, ainda, enunciados de discurso que pretendem considerar o conjunto de teorias, práticas e dispositivos organizados por uma mesma episteme, por exemplo, "o sujeito da psicanálise é o sujeito da ciência"[73].

Em Hegel, os conceitos metafísicos correspondem a um momento do método dialético, ambos formando parte da ciência da lógica ou da ciência do real.

> A característica central da *Spekulation* no uso de Hegel é que ela unifica pensamentos (e coisas) opostos e aparentemente distintos. Assim, em contraste com o entendimento analítico, é semelhante à imaginação poética e ao misticismo, mas difere destes na medida em que é conceitual e pressupõe o trabalho do entendimento. Discorda totalmente do dogmatismo da metafísica pré-kantiana, que insiste em aplicar um par de predicados contrastantes a objetos, insistindo que o mundo é finito ou infinito e não pode ser ambos.[74]

Se admitimos essa diferença, o segundo mito que devemos colocar em suspenso é o de que os problemas metafísicos, injetados em Lacan, vêm de fora de seu texto e são exteriores à psicanálise. Ora, não é na observação interna dos conceitos em sua pureza (*reine Vernunft*) que se poderá dizer que eles são metafísicos ou não, mas na relação entre o espírito que os enuncia e a lógica que os tornou possíveis e necessários. De certa forma, o debate contemporâneo entre neokantianos (que defendem a continuidade direta de Freud em Lacan), os neo-hegelianos (que advogam uma ontologia negativa), os neoespinosianos (que defendem um naturalismo

---

[70] Jacques Lacan, "Subversão do sujeito e dialética do desejo no inconsciente freudiano" [1960], em *Escritos*, cit.
[71] Idem, "Joyce, o sintoma" [1979], em *Outros escritos*, cit., p. 565.
[72] *"Le troisième paradoxe de la relation du langage à la parole est celui du sujet qui perd son sens dans les objectivations du discours. Si métaphysique qu'en paraisse la définition, nous n'en pouvons méconnaître la présence au premier plan de notre expérience"* [O terceiro paradoxo da relação da linguagem com a fala é o do sujeito que perde seu significado nas objetivações do discurso. Por mais *metafísica* que pareça a definição, não podemos ignorar sua presença no primeiro plano de nossa experiência]. Jacques Lacan, "Fonction et champ de la parole et du langage en psychanalyse" [1953], em *Écrits*, cit.
[73] Idem, "A ciência e a verdade" [1965-1966], em *Escritos*, cit., p. 869-92.
[74] Michael Inwood, *Dicionário Hegel* (trad. Álvaro Cabral, Rio de Janeiro, Zahar, 1997), p. 115.

do gozo) e os logicistas (que se imaginam livres dos problemas metafísicos) é um debate sobre qual modelo crítico seria mais eficaz para se pensar e praticar a psicanálise. O tipo de materialismo que concerne à linguagem torna-se, assim, uma questão estratégica, porque permite distinguir qual é a proveniência do modelo crítico que se tem em mente: Kant ou Hegel, Espinosa ou Frege[75].

Portanto, os textos de Freud ou de Lacan não são só metafísicos ou críticos em si; eles só pertencem ao campo da psicanálise, da antropologia ou da filosofia secundariamente – antes disso, pertencem à razão. Diante disso, a estratégia que pretende dirimir ingredientes metafísicos erguendo fronteiras e escorando-se no resgate textual não é incorreta, mas um tanto limitada. Um momento bastante hegeliano em Freud, que permite exemplificar como campos particulares sempre se referem a experiências universais cujo trabalho de contradição nos leva ao momento de singularidade, é a comparação que ele faz entre modalidades de sofrimento e figuras da cultura. A neurose obsessiva foi definida como uma religião particular, a histeria apresenta seus sintomas como obras de arte e a paranoia se assemelha a um sistema filosófico ou psicológico. Ou seja, a metafísica faz parte de nosso cotidiano clínico e não se reduz a uma visão de mundo (*Weltanschauung*) religiosa, política ou científica nem a uma ideologia – muito menos se presta a ser um sucedâneo histórico da filosofia eleata. Como mostrou Cassin, a crítica da linguagem em Lacan é ao mesmo tempo crítica da metafísica[76].

Para a crítica kantiana, trata-se apenas de analogias ou metáforas para falar do que não podemos dizer; para Lacan ou Hegel, ao contrário, metáforas têm valência ontológica[77]. Aliás, nesse ponto o autor de *Fenomenologia do espírito* tem sido reabilitado não mais apenas como teórico teleológico da história, mas como renovador da filosofia da linguagem como teoria do reconhecimento e da cultura[78]. E é nesse sentido que lemos a afirmação de Lacan de que todos temos nossa metafísica, que ela é uma espécie de negação da contradição do ser e que se expressa como "miragem metafísica da harmonia universal"[79]. Mas é nesse sentido que a crítica da metafísica pode ser renovada, como o fez recentemente

---

[75] Adrian Johnston, *Adventures in Transcendental Materialism* (Edimburgo, Edimburg University Press, 2014).
[76] Barbara Cassin, *Jacques, o Sofista* (trad. Yolanda Vilela, Belo Horizonte, Autêntica, 2017).
[77] Vladimir Safatle, "Linguagem e negação: sobre as relações entre pragmática e ontologia em Hegel", *Doispontos*, v. 3, n. 1, 2006, p. 109-46.
[78] Robert B. Pippin, *Hegel's Practical Philosophy: Rational Agency as Ethical Life* (Nova York, Cambridge University Press, 2008).
[79] Jacques Lacan, "Os complexos familiares na formação do indivíduo" [1938], em *Outros escritos*, cit., p. 42.

Philippe van Haute[80] ao mostrar como a metafísica edipiana atravessou tendencialmente a leitura de Freud e de Lacan, antecipando sua presença textual onde ele (Édipo) ainda não está. Daí a importância de criticar nossa adesão aos sistemas religiosos, estéticos e filosóficos, que os analisantes praticam com seus fantasmas, em nossa teorização sobre eles. Também o trabalho recente de Alfredo Eidelsztein é expressivo para mostrar a emergência de uma metafísica do gozo e de uma naturalização do Real no pensamento pós-lacaniano[81].

Se a psicanálise é um discurso e uma prática ética, não só um sistema de teses e proposições, devemos reenviar os efeitos de leitura e desvio, suas variantes e suas apropriações, como efeitos de verdade ou de alienação desse mesmo discurso. Não há essência, unidade ou referência comum ao "campo psicanalítico", porque, se isso existisse, seu conceito mesmo estaria imune a sua efetuação histórica, sua identidade mesma seria dada definicionalmente, e, se assim fosse, teríamos fracassado em fazer a crítica materialista do idealismo psicanalítico. A crítica filosófica e científica da psicanálise é o que impede que seu campo se reduza a um condomínio de clínicos experientes. Nessa situação, bastaria tomar os analistas, um a um, como casos particulares de uma referência universal. Seria como dizer que, "se os anjos descessem à terra, não haveria mais metafísica". Verdadeiro, mas improvável.

Aqui comparece o terceiro aspecto do conceito de conceito que Lacan valoriza insistentemente, ou seja, as teses não devem ser dissociadas de seus modos de expressão; o matema e o poema não são elimináveis nem redutíveis. Por esse princípio de método, a noção de estilo prende-se, indelevelmente, à crítica lacaniana da metalinguagem e a sua concepção de verdade[82].

Assim, diante da pergunta apressada *qual metafísica para a psicanálise?*, é preciso perguntar, pacientemente: *qual crítica da metafísica queremos?*

O problema da fundamentação da psicanálise adquire dimensões enciclopédicas. Para enfrentá-lo, precisaríamos de uma atitude que admitisse que no mundo *há buracos* (que o filósofo com seu roupão rasgado pretende tapar), que estamos procurando um gato *vazio* ou *indeterminado* (como o de Schrödinger), que nossa teoria presume uma *metafísica* (um sistema interligado de mitos) e que a *cientificidade* de nossa prática envolve nossa relação com outras disciplinas (linguística, biologia, sociologia, antropologia). Para tanto, deveríamos explicitar melhor qual é o conceito de conceito que empregamos a cada momento de nosso

---

[80] Philippe van Haute e Tomas Geyskens, *Psicanálise sem Édipo? Uma antropologia clínica da histeria em Freud e Lacan* (trad. Mariana Pimentel Fischer Pacheco, Belo Horizonte, Autêntica, 2016).

[81] Alfredo Eidelsztein, *Otro Lacan*, cit.

[82] Gilson Iannini, *Estilo e verdade em Jacques Lacan*, cit.

discurso, qual é nossa teoria da verdade e quais critérios de demonstração ou assentimento levamos em conta em nosso campo.

Há um último motivo pelo qual a crítica da metafísica é decisiva para a psicanálise, qual seja, as relações imanentes entre ontologia e política, cujo ponto de partida é a crítica de Espinosa no século XVII, no *Tratado teológico-político*[83]. Considerando apenas o escopo da metafísica da natureza, somos facilmente levados à conjectura de que as "coisas" são independentes da forma como falamos delas, seguindo leis a que nos submetemos. Dessa conjectura, somos levados à implicação de que tais leis sobre a natureza, incluindo suas estratégias de formalização, nomeação e descrição, nada mais são que modos de uso da linguagem. Como o assunto psicanalítico é a linguagem falando sobre a própria linguagem, nada nos interessaria na problemática da quididade da coisa, da natureza ou da *res extensa*. Quando dizemos que não se pode falar (representar, pensar etc.) sobre algo sem a linguagem, essa é uma condição epistemológica, análoga à imposta por Kant para a formação das representações, que só ocorre sob certas condições (tempo, espaço etc.). Disso não se deduz nem se implica nada sobre a natureza ontológica, se há ou se não há ser, se existe ou não existe mulher, homem, anjos, outros, gozos e quejandos. Há, portanto, nesse argumento, uma falha básica que conduz a psicanálise ao idealismo.

Não penso que Lacan concordaria com esse silogismo e que, por isso, retornam em vários momentos de seu ensino o vocabulário e as questões ligadas à metafísica da natureza: causalidade, leis de determinação, a Coisa, a não identidade da realidade consigo mesma. Aliás, foi nesse espaço entre a causalidade metafísica e a causalidade científica que Lacan posicionou o problema da causa em psicanálise, desde o início de seu ensino[84]. Também foi nesse espaço que tradicionalmente se colocou o problema da ética do desejo e onde propus a hipótese de uma ontologia política para a psicanálise a partir da arqueologia das práticas de cura, tratamento e terapia que a constituíram historicamente[85].

Tendências metafísicas do lacanismo contemporâneo

Contra a tradição que associa filosofia à metafísica e metafísica à irracionalidade poética e poesia à atitude anticientífica, Lacan parece ter se interessado, do início ao fim, em realizar a crítica da metafísica que a psicanálise involuntária ou desavisadamente consumia.

---

[83] Baruch de Espinosa, *Tratado teológico-político* (trad. Diogo Pires Aurélio, 2. ed., São Paulo, Martins Fontes, 2008).
[84] Jacques Lacan, "Formulações sobre a causalidade psíquica" [1946], em *Escritos*, cit.
[85] Christian I. L. Dunker, *Estrutura e constituição da clínica psicanalítica: uma arqueologia das práticas de cura, tratamento e clínica* (2. ed., São Paulo, Zagodoni, 2021).

Essa crítica começa pela recusa do atomismo, do psicologismo e do dualismo de substância, em vigor na psiquiatria dos anos 1930, mobilizando autores como Georges Politzer[86] e Émile Meyerson[87]. Ela se prolonga na recusa do modelo empirista de história extraído de Hegel e Heidegger e de fundamentação da ciência, primeiro baseado em Koyré[88], depois em Frege[89] e, por fim, assimilando Althusser[90]. Mas a quarta e mais importante crítica lacaniana da metafísica se encontrará em suas teses sobre a sexuação, nas quais as relações entre universalidade e particularidade serão questionadas e o conceito de conceito será posto à prova[91].

Esse programa, assim resumido, tem um mesmo plano genérico de questionamento da metafísica como retomada do que ela teria excluído, a cada momento, para se constituir como tal. Isso vem sendo demonstrado pelos comentadores de Lacan dedicados a essa matéria. Por exemplo, Cassin[92] sugere que Lacan é antiaristotélico e, por extensão, não eleata, porque sua filosofia da linguagem retoma os sofistas e sua disjunção entre ser e falar, e ela o diz justamente com base na teoria da sexuação. Bass[93] mostrou que a recuperação da exclusão cartesiana do sujeito e da verdade (foraclusão) é, em última instância, uma retomada do problema do tempo da origem da filosofia moderna. Žižek[94] leva adiante o programa althusseriano, com apoio na teoria lacaniana, e mostra como a ciência e parte da filosofia contemporânea movimentam-se sobre pressupostos metafísicos que constituem a força de sua ação ideológica. Badiou[95] alinha-se de forma explícita ao projeto lacaniano de formalização para propor sua ontologia expressa em linguagem matemática. Parker[96] tem renovado a teoria marxista e a crítica da psicologia com apoio na crítica lacaniana. Entre nós, Safatle[97] mostrou como o programa lacania-

---

[86] Georges Politzer, *Crítica aos fundamentos da psicologia: a psicologia e a psicanálise* (trad. Marcos Marcionilo e Yvone Maria de Campos Teixeira da Silva, Piracicaba, Ed. Unimep, 1998).

[87] Émile Meyerson, *Identité et réalité* (Paris, Félix Alcan, 1908).

[88] Alexandre Koyré, *Estudos de história do pensamento científico* (trad. Márcio Ramalho, Rio de Janeiro, Forense Universitária, 1991).

[89] Gottlob Frege, *Os fundamentos da aritmética* (trad. Luís Henrique dos Santos, São Paulo, Abril Cultural, 1973).

[90] Louis Althusser, *Freud e Lacan, Marx e Freud* (trad. Walter José Evangelista, 3. ed., Rio de Janeiro, Graal, 1991).

[91] Hugo Lana e Pedro Ambra, "Is There Anybody Beyond Language?", Nona Reunião Anual da Sociedade Internacional de Psicanálise e Filosofia, Nova York, 2016.

[92] Barbara Cassin, *Jacques, o Sofista*, cit.

[93] François Balmès, *Dios, el sexo y la verdad* (Buenos Aires, Nueva Visión, 2008).

[94] Slavoj Žižek, *Menos que nada* (trad. Rogério Bettoni, São Paulo, Boitempo, 2013).

[95] Alain Badiou, *O ser e o evento* (trad. Maria Luiza X. de A. Borges, Rio de Janeiro, Zahar, 1996).

[96] Ian Parker, *Psicanálise lacaniana*, cit.

[97] Vladimir Safatle, *Lacan*, cit.

no de uma ontologia da negatividade permite reconfigurar a crítica de linhagem frankfurtiana e fundar uma nova teoria do reconhecimento. Tentei[98] articular uma psicopatologia psicanalítica baseada na releitura das estruturas clínicas a partir da lógica do *não todo*, articulada por Lacan como uma crítica da metafísica e seus pressupostos mais elementares: identidade, unidade e não contradição.

Muitos argumentam que a psicanálise não é uma visão de mundo, como se isso nos obrigasse a uma distância regulamentar com relação à ciência e à filosofia, à religião e à política, como se isso fosse ferir sua unidade e extraterritorialidade da teoria ou da prática. Argumento, ao contrário, que o que torna a psicanálise uma ideologia ou uma visão de mundo não é a traição da unidade do campo psicanalítico, mas a suspensão do exercício da crítica de sua metafísica, incluindo-se aí a metafísica da unidade do campo psicanalítico. Faz parte desse esquecimento metafísico a derrogação da posição freudiana sobre a ciência:

> Opino que a psicanálise é incapaz de criar uma visão de mundo particular. Não lhe faz falta; ela toma parte da ciência e pode aderir à visão de mundo científica. Mas esta merece esse nome grandiloquente, pois não contempla o todo, é demasiadamente incompleta, não pretende absolutismo nenhum nem formar um sistema.[99]

Em vez do debate com a ciência, a filosofia e outros saberes, vemos prosperar a produção de uma substância ideológica chamada "o analítico", sujeita a uma gramática de reconhecimento semelhante à do flogisto. Aliás, o conflito que o habita historicamente talvez não seja feito apenas da polêmica sobre autoridade e rigor, mas também se apresente em concordância com o conceito ontológico mais importante em psicanálise, ou seja, o *conceito de conflito*.

Quando Freud declara que a psicanálise faz parte da visão de mundo própria da ciência, isso se presta a confirmar a presença de determinada metafísica, talvez newtoniana, quiçá derivada da ciência que Freud aprendeu em sua época, ou seja, a renovação crítica persistente e periódica de sua epistemologia.

Lembremos os três temas metafísicos kantianos: mundo, alma e Deus. A crítica aos psicanalistas que opinam sobre o mundo mostra-se, ela mesma, uma falácia metafísica: porque despreza o método crítico enquanto prática comum com a antifilosofia e porque reifica a noção de campo psicanalítico em um conceito linguisticamente ingênuo de discurso como unidade de teses; e, ainda, porque,

---

[98] Christian I. L. Dunker, *Mal-estar, sofrimento e sintoma* (São Paulo, Boitempo, 2015).
[99] Sigmund Freud, "En torno de una cosmovisión" [1933], em *Obras completas*, v. 22: *Nuevas conferencias de introducción al psicoanálisis, y otras obras* (Buenos Aires, Amorrortu, 1993), p. 168. Ver também: Christian I. L. Dunker, "O que Freud disse sobre a Revolução Russa", *Blog da Boitempo*, 13 set. 2017.

sem um conceito de psicanalista que resista à análise lógica ou topológica, "psicanalista" é um termo vazio ou uma descrição empírica inútil.

Resulta dessa soma de equívocos a confusão entre emitir opiniões sobre o mundo e participar do debate público. Lembremos que o debate público é formado pelo espaço e pelo conjunto dos interesses públicos. Espera-se nele o uso público da razão, não apenas a defesa de interesses particulares. Naquela, coligam-se necessariamente política e ciência, arte e educação, e assim por diante. Imaginar que a psicanálise teria originado apenas a reedição de um tipo social de especialista ou intelectual, que fala sobre seus assuntos com autoridade garantida, é ignorar o casamento ideológico entre discurso universitário e discurso de mestre.

Uma ideologia, como mostrou Laclau[100], não reside na pertinência nem na impertinência dos enunciados a um campo ou a seus especialistas, mas na enunciação que os articula. Nada mais ideológico que presumir que o campo psicanalítico esteja, por si mesmo, a salvo da ideologia ou que a metafísica provenha das impurezas externas, de natureza filosófica ou médica. Nada mais metafísico que imaginar que as incongruências textuais e contradições clínicas sejam resultantes apenas da falta de rigor ou de extravios de leitura. Nada mais teológico que imaginar que todos os fracassos terapêuticos ocorrem por inadequação do analista ou por falta de análise. Aqui a tradição crítica concordará, recorrentemente, que a maior aspiração da ideologia, seu *shiboleth*, é apresentar-se como não metafísica, como não ideológica, como não política, mas em neutralidade, isenção ou indiferença.

Apesar de desenvolver-se de modo próprio e com escopo muito diferente do encontrado na filosofia, esse programa de crítica da metafísica nutre-se de um diagnóstico comum a princípio formulado por Heidegger. Para o autor de *Ser e tempo*[101], a tarefa da filosofia é desconstruir formações de sentido ou de discurso que naturalizam ou essencializam o ser. A metafísica da presença, sua crença na a-historicidade das formas de linguagem e pensamento, o pressuposto do sujeito autônomo e a fé perceptiva são tópicos correntes na matéria. O diagnóstico heideggeriano é tão simples quanto poderoso: a metafísica nos faz esquecer a questão fundamental do ser. A metafísica nos faz esquecer a questão da ontologia.

> Há no início da história da filosofia do Ocidente, pensa ele [Heidegger], uma empreitada de colonização do ser mediante a *Ideia*, com o resultado de que o conceito de *ente* (*étant*, em francês "o [que está] sendo" – tradução do grego *ti to eon*) teria subjugado o de *ser*. Parmênides passa do *esti* ("é", terceira pessoa do

---

[100] Ernesto Laclau, *A razão populista* (trad. Carlos Eugênio Marcondes de Moura, São Paulo, Três Estrelas, 2013).

[101] Martin Heidegger, *Ser e tempo* (trad. Marcia Sá Cavalcante Schuback, 2. ed., Petrópolis, Vozes, 1988).

singular do verbo "ser") a *to eon*: particípio *substantivado*, derivado do verbo ser e doravante tema (*sujet*) da ontologia. A *Ideia* platônica seria uma imposição filosófica do pensamento do *uno*.[102]

Lacan partilha do diagnóstico de Heidegger[103], ainda que não de seu tratamento. Lembremos que Lacan traduziu e publicou o texto de Heidegger sobre logos. Lembremos que o trabalho original é um comentário sobre um fragmento de Heráclito, a quem, aliás, Lacan dedicou e titulou a primeira versão de seu poema *Hiatus irrationalis* [Lacuna irracional][104]. O fragmento diz o seguinte: "Se não me haveis escutado a mim, mas ao sentido/ É sábio dizer no mesmo sentido: um é tudo"[105].

Logos é *ratio* (razão), *verbum* (verbo), mas também a lei do mundo, a depender de como se interpreta o termo alemão *legen*, seja como estender e prostrar, seja

---

[102] Ricardo Goldenberg, "Qual metafísica para a psicanálise?", 2016, p. 16.

[103] Nota da tradução de Lacan do artigo "Logos", de Martin Heidegger: "*Dévions-nous du chemin si avant toute interprétation métaphysique à sens profond, nous pensons le Logos en tant qu'il est le ΛΥγειν, et si en le pensant nous prenons par là au sérieux que le ΛΥγειν en tant qu'il laisse, en lisant ce qui s'élit, ce qui est ensemble se présenter au-devant, ne peut être rien d'autre que l'essence du fait d'unir, qui répartit toute chose dans l'omnitude de la simple présence? À la question de ce que peut être le Logos, il y a seulement une réponse conforme. Nous la saisissons comme ainsi conçue: ∫ Λγοω λΥγει. Il laisse se présenter devant nous ce qui est ensemble. Quoi? Πντα. Dans une retouche que M. Martin Heidegger a apportée à ce texte dans l'édition des* Vorträge und Aufsätze, *on lit:* 'Α εναι *est la correction de la lection uniquement traditionnelle: que l'on comprend dans le sens de: il est sage de savoir que toute chose soit l'Un. La conjecture* εναι *est conforme aux choses. Pourtant nous laissons de côté les deux verbes. De quel droit? etc.', que ce mot désigne, Héraclite nous le dit de façon immédiate et sans équivoque au début de la parole 'Si toutes choses, (à savoir) ce qui est dans la présence…*'" [Será que nos desviamos do caminho se, antes de qualquer interpretação metafísica em sentido profundo, pensamos o logos na medida em que é o ΛΥγειν, e se ao pensarmos nele levamos a sério que o ΛΥγειν, na medida em que ele permite, lendo o que é eleito, o que está junto, para se apresentar à frente, não pode ser nada mais que a essência do fato de unir, que distribui todas as coisas na omnitude da simples presença? Para a questão do que o logos pode ser, há apenas uma resposta conforme. Entendemos isso da seguinte forma: ∫ Λγοω λΥγει. Ele deixa o que está junto aparecer diante de nós. O que é? Πντα. Em uma revisão que Martin Heidegger fez desse texto na edição do *Vorträge und Aufsätze*, lemos: 'Α εναι é a correção da única *lection* tradicional: que é entendida no sentido de: é sábio saber que todas as coisas são o Um. A conjectura εναι é consistente com as coisas. No entanto, deixamos de fora os dois verbos. Com que direito? etc.' O que essa palavra designa, Heráclito nos diz imediata e inequivocamente no início da fala: 'Se todas as coisas, (isto é,) aquilo que está na presença']. Jacques Lacan, "Logos" [tradução de um texto de Martin Heidegger], *La psychanalyse*, n. 1, 1956, p. 59-79.

[104] Christian I. L. Dunker, *Instância da letra no inconsciente ou a razão desde Freud: uma hipótese de leitura* (São Paulo, Instituto Langage, 2019).

[105] Martin Heidegger, "Logos (Heráclito Fragmento 50)", em *Ensaios e conferências* (trad. Emmanuel Carneiro Leão, Gilvan Fogel e Marcia Sá Cavalcante Schuback, Petrópolis, Vozes, 2002), p. 184.

como ajuntar, colocar junto, seja como pro-por, seja como de-por, seja como voz ou significação[106]. A substância (*hypokeimenon*) é apenas a "vigência do real no des-cobrimento", lendo-se em des-cobrir a ideia de verdade (*aletheia*)[107]. Mas o surpreendente desse pequeno texto é como uma declaração ontológica (um é tudo, ou tudo é um) serve para a definição recorrente e vertical do que significa dizer e escutar, ao fim e ao cabo, o que fazemos em psicanálise:

a) pertence à escuta a possibilidade de ouvirmos mal, não escutando o essencial[108];

b) só escutamos quando pertencemos ao apelo que nos traz a fala, ou quando pertencemos e não pertencemos ao trovão do céu, ao ramalhar das árvores, ao rumor das águas, ao ressoar das cordas no alaúde, à vibração do motor no carro, ao alarido das ruas na cidade[109];

c) ou uma das traduções do fragmento 50: "Uma escuta em sentido próprio só acontece se não derdes ouvidos apenas a mim (que falo), mas se vos mantiverdes numa pertinência obediente ao *lógos*"[110];

d) escutar é levar a linguagem a abrigar o ser na essência da linguagem, mas também: apresentar, expor, narrar, dizer. O "'ser' é apenas uma palavra provisória, no sentido de palavra precursora, [...] 'ser' significa originariamente 'vigência' e 'vigência' significa adiantar-se e perdurar no des-encobrimento da verdade"[111].

Acompanhamos os argumentos de Žižek sobre por que e onde Lacan não é heideggeriano. Para designar a função simbólica elementar, Lacan se apropria do termo *ser*, em contraste com a biologia do *ente*. Mas, ao contrário do autor de "Logos", para quem vigora o princípio animista da encarnação (o verbo se fez carne), para Lacan há um sacrifício totemista em jogo (uma libra de carne) e um retorno perspectivista do resíduo do Outro: o objeto a. Consequentemente há "duas mortes" análogas, uma simbólica e outra real.

> Os ritos de iniciação tomam a forma de mudar o sentido destes desejos, de dar-
> -lhes, a partir dali precisamente, uma função em que se identifica, em que se
> designa como tal o ser do sujeito, em que ele se torna, se assim se pode dizer,

---

[106] Ibidem, p. 185.
[107] Ibidem, p. 187.
[108] Ibidem, p. 189.
[109] Ibidem, p. 190.
[110] Ou conforme a tradução estendida: "Não escutais a mim, o mortal, que vos fala; mas sede, em vossa escuta, obedientes à postura recolhedora; se lhe pertencerdes, escutareis, em sentido próprio; uma tal escuta se dá (*ist*) quando isso acontece um deixar-disponível-num-conjunto, a que se dis-põe o conjunto de tudo, a postura recolhedora, o deixar pôr-se que acolhe, quando acontece que o deixar dispor-se se põe, dá-se, em sua propriedade um envio sábio, pois o envio sábio, propriamente dito, o único destino, é: o um único unindo tudo". Ibidem, p. 199.
[111] Ibidem, p. 203.

homem de pleno exercício, mas também mulher. A *mutilação* serve aqui para orientar o desejo, para lhe fazer tomar precisamente esta função de índice, de alguma coisa que é realizada e que não pode se articular, exprimir-se senão em um *mais além simbólico*, um mais além que é aquele que nós chamamos hoje o ser, uma realização do ser no sujeito.[112]

Há muitas aproximações entre a teoria lacaniana do desejo e a caracterização heideggeriana do *Dasein*. Mas, quando se trata do desejo de Antígona como paradigma do desejo do psicanalista, começam as divergências[113] – que se aprofundam de modo inconciliável quando se trata da interpretação histórica da tragédia totalitária dos campos de concentração e do papel que nele toma a obediência. Para o alemão, será uma questão de extermínio industrial; para o francês, uma questão aberta e permanente sobre a segregação. Outro ponto saliente de diferença remonta ao fato de que, para Heidegger, como para tantos outros filósofos, o mundo é neurótico centrado. A diferença ontológica não compreende a psicose. Finalmente, se há um momento de horizonte comum do ser-para-a-morte com o ser-para-a-castração, há um momento posterior em que o gozo se acrescenta ao corpo como *ousia* (essência). Se o gozo resiste à linguagem, essa relação não se resolve por uma topologia intuitiva do dentro e do fora, do contínuo e do descontínuo.

> Desafio qualquer filosofia a dar conta, no presente, da relação que há entre o surgimento do significante e o modo pelo qual o gozo se vincula ao ser. [...] Nenhuma filosofia, digo, nos acompanha atualmente. E esses miseráveis abortos de filosofia que arrastamos conosco, como vestes que se despedaçam, não são nada mais, desde o início do século passado [século XIX], que uma maneira de galhofar em vez de confrontar essa questão que é a única sobre a verdade e que se chama, e que Freud nomeou, pulsão de morte, o masoquismo primordial do gozo. [...] Todo o discurso filosófico se amedronta e se oculta aqui.[114]

Se a Hegel e Heidegger afirmam que "não há nada que não seja *lógos*", Lacan, com a hipótese do não todo, afirma que *lógos* e todos os universais que dele decorrem são corroídos e mutilados por antagonismos e rupturas. Surge disso uma crítica da filosofia da identidade. Como diz Žižek:

---

[112] Jacques Lacan, *O seminário*, Livro VI: *O desejo e sua interpretação* (trad. Claudia Berliner, Rio de Janeiro, Zahar, 2016 [1958-1959]), p. 210.
[113] Ruben Artur Lemke et al., "Elementos da analítica existenciária no pensamento de Lacan sobre a linguagem", *Revista Analytica*, v. 9, n. 17, 2020, p. 1-24.
[114] Jacques Lacan, *O seminário*, Livro XIII: *O objeto da psicanálise* [1965-1966]. Staferla: lição de 8 de junho.

A diferença em relação a Heidegger é que Lacan, em vez de aceitar esse acordo (*mesmidade*) entre Ser e *lógos*, tenta sair dela, para uma dimensão do real indicada pela junção impossível entre sujeito e gozo. Não é de admirar, então, que, relativamente à angústia, Lacan prefere Kierkegaard a Heidegger: ele percebe Kierkegaard como o anti-Hegel para quem o paradoxo da fé cristã assinala uma quebra radical com a ontologia grega antiga (em contraste com a redução de Heidegger da cristandade a um momento no processo de declínio da ontologia grega em metafísica medieval).[115]

Daí que o corte com Heidegger, datável de 1966, desencadeia um retorno a Descartes e ao *cogito* como potência, não como *res cogitans* [coisa pensante]. Surge, assim, o "penso onde não sou, sou onde não penso" como operação de transformação entre alienação e separação, entre transferência, repetição e verdade. Nesse percurso, o núcleo de nosso ser ("*Kern unseres Wesens*") não está na consciência nem no sujeito, tampouco no inconsciente, mas no objeto a.

> O grau zero mais radical do *cogito* cartesiano como o ponto da interseção negativa entre ser e pensar: o ponto evanescente no qual *não penso* E *não sou*. [...] Não sou uma substância, uma coisa, uma entidade, sou reduzido a um vazio na ordem do ser, a uma hiância, a uma *béance*.[116]

O programa da analítica da existência pode ser colocado em paralelo a outras tentativas de reposicionar os problemas ontológicos contra suas soluções metafísicas – tal como a ontologia regional na fenomenologia de Husserl, a ontologia social no neomarxismo[117] e a ontologia da linguagem – na filosofia analítica na descendência de Wittgenstein[118]. Em linhas gerais, os problemas ontológicos são incontornáveis para a ética, a epistemologia ou a lógica – mais ainda quando se trata de política e crítica da ideologia. Eles se infiltram nas afirmações mais simples e nas premissas mais indiscutíveis de qualquer discurso. Portanto, não se trata de eliminar a ontologia por decreto, como fazem, aliás, as piores metafísicas, como a do positivismo ingênuo, mas de saber qual ontologia serve para a psicanálise. Para isso podemos retomar a chave antropológica, coligando-a com as variantes da sexuação:

---

[115] Slavoj Žižek, "Por que Lacan não é heideggeriano", *Estudos Lacanianos*, v. 1, n. 2, 2008.
[116] Idem.
[117] Alain Badiou, *Lógicas de los mundos* (Buenos Aires, Manantial, 2009).
[118] Vera Vidal, "A ontologia analítica de Quine", em Guido Imaguire (org.), *Metafísica contemporânea* (Petrópolis, Vozes, 2007).

Naturalismo (ciência)	Analogismo (não sou, não penso)
Paratodos	*Não-há-nenhuma-que-não-seja-exceção*
Totemismo (sacrifício)	Animismo (perspectivismo)
Pelo-menos-um-que-não	*Não toda*
Xamanismo vertical ou horizontal	Xamanismo transversal

Que Lacan se oponha à ontologia de Aristóteles, transformada em metafísica de base para a teologia antiga e para a filosofia moderna, isso não quer dizer, em absoluto, que ele desqualifique a importância das questões ontológicas em geral. Em artigos como "O sonho de Aristóteles"[119] e nas inúmeras alusões à *connerie* [idiotice] ou à *boucherie* [carnificina] filosófica, Lacan desdenha da confiança metafísica na ontologia, na tomada em sério de seus entes ou pela substancialização de efeitos de linguagem. Essa é a *honte-logia* (a vergonha ontológica), mesmo porque Lacan sabe que não há nada mais ontológico que decretar o fim da ontologia.

Nossa proposta de produzir uma leitura de Lacan baseada na ontologia negativa tem sido recebida por muitos com a objeção de que, nesse caso, "cremos na substância aristotélica", em seu realismo de categorias, ou que existiria tal coisa como o ser "anterior" à linguagem.

Para começar, o conceito de substância está longe de ser unívoco, e a dispersão e a variedade de sua incidência em Aristóteles são de entendimentos contrários e incomensuráveis: essência ou forma (*ousia*) como substrato material, o que subsiste em um transformação (*hypokeimenon*), os corpos simples de terra, fogo, água e ar (*arqué*), a causa primeira do ser (*on*), aquilo sobre o que incidem as quatro causas: eficiente, material, formal e final (*aitia*), o objeto do conhecimento (*eidos*) e, finalmente, uma categoria entre outras[120] ou a categoria que unifica todas as categorias (*kategoros*).

Portanto, é apenas em um sentido muito aproximado que se pode dizer que existe *uma* ontologia em Aristóteles, e talvez seja essa indeterminação que tenha tornado suas sucessivas e indeterminadas formulações objeto de discussão até hoje. Ou seja, ontologia já em Aristóteles é sinônimo do campo das questões que definem um estado de mundo ou de validade de existência. Já em Aristóteles, ontologia não é metafísica, ainda menos quando a entendemos na acepção moderna de discurso sobre Deus, alma, mundo. Mesmo que em

---

[119] Jacques Lacan, "O sonho de Aristóteles" [conferência proferida em 1978], *Blog de Maria Claudia Formigoni*, 21 nov. 2016.

[120] Substância (οὐσία), quantidade (ποσόν), qualidade (ποιόν), relação ou relativo (πρός τι), lugar (ποῦ), tempo (πότε), situação ou posição (κεῖσθαι), posse, estado ou condição (ἔχειν), ação (ποιεῖν) e paixão (πάσχειν).

Aristóteles ontologia não se reduza a metafísica ou a teologia, nem por isso ela é um empreendimento unívoco e bem-sucedido. Pelo contrário, a ontologia é um empreendimento fracassado. "A negatividade da teologia é simplesmente reencontrada no modo do fracasso; ela não é aceita por Aristóteles como realização de seu projeto que era, incontestavelmente, o de fazer uma teologia positiva."[121]

O fracasso da ontologia se dá em dois planos, pois, se o logos é uno, ser não é um gênero e se diz de muitas maneiras. A negação da ontologia se confunde com a teologia negativa, duplamente negativa, em sua expressão e em seu objeto. Logo o ser é necessário e contingente, infinito e finito. Mas nem mesmo a história das religiões pode concordar com isso, uma vez que ela compreende, por exemplo, a tradição apofática, ou teologia negativa, na qual se trata da falta de sentido e da inacessibilidade do divino – essa tradição, aliás, Lacan cita de ponta a ponta em sua obra, de Angelus Silesius a Jacob Boehme e as místicas renanas do século XII. A psicanálise não se resume a essa crítica do sentido nem à recusa da hermenêutica psicológica ou filosófica. O discurso sobre o pouco de sentido ou o pouco de realidade é, antes de tudo, um discurso produtor e indutor de sentido.

O segundo tema ontológico em Lacan é o da coisa e da causa. Aqui, de novo, Aristóteles está dividido entre uma concepção analítica e outra sintética de causalidade[122]. Em Lacan, é claro, há a tese da palavra como morte da coisa e do objeto elevado à dignidade da coisa, definição de sublimação. A remissão à indeterminação é explícita quando Lacan afirma que "cada vez que falamos de causa, há sempre algo de anticonceitual, de indefinido"[123], ou "só existe causa para o que manca (*cloche*)"[124], ou ainda sobre o inconsciente freudiano que "se situa nesse ponto em que, entre a causa e aquilo que ela afeta, há sempre claudicação (*clocherie*)"[125]. Ou seja, a causa e a coisa se resolvem em Lacan pelo trabalho do negativo e até mesmo pela referência ao nada[126].

---

[121] Pierre Aubenque, *O problema do ser em Aristóteles* (trad. Cristina de Souza Agostini e Dioclézio Domingos Faustino, São Paulo, Paulus, 2012).

[122] Léon Robin, *La penseé grecque et les origines de l'esprit scientifique* (Paris, La Renaissance du Livre, 1923).

[123] Jacques Lacan, *O seminário*, Livro XI, cit., p. 27: "Cada vez que falamos de causa, há sempre algo de anticonceitual, de indefinido. As fases da lua são a causa das marés – quanto a isto, é claro, sabemos nesse momento que a palavra causa está bem empregada. [...] Isto também não quer dizer nada, há um buraco, e algo que vem oscilar no intervalo. Em suma, só existe causa para o que manca".

[124] Ibidem, p. 27.

[125] Ibidem, p. 27.

[126] Jacques Lacan, "A instância da letra no inconsciente ou a razão desde Freud" [1957], em *Escritos*, cit., p. 501: "A *coisa*, evidentemente ao se reduzir ao nome, cinde-se no duplo raio divergente,

Outros temas ontológicos em Lacan, como a relação entre universal[127] e particular, existência e aparência, uno e múltiplo, essência e permanência, estão submetidos à oposição maior entre Real e realidade e ao tratamento às vezes sucessivo, às vezes simultâneo, desses problemas em termos de linguagem, conceito, lógica e matemática. Ora, as divergências entre os comentadores de Aristóteles replicam exatamente a controvérsia entre esses níveis de análise no próprio texto do estagirita. Para Léon Brunschvicg[128], autor empregado por Lacan para formular a divergência entre proposição particular máxima e proposição particular mínima nas fórmulas da sexuação, há uma oscilação entre uma concepção matemática e outra biológica de silogismo, ou seja, na escrita lógica contra a linguagem natural que leva a uma oposição indecidível entre naturalismo da imanência e artificialismo da transcendência. Para Émile Boutroux[129], há uma contradição de base entre ser e devir, pois, se de um lado só há ciência do geral, de outro só existem indivíduos. Por toda parte, lógica e metafísica se encontram e se separam conforme a acepção dos termos ontológicos se mostra conceitual (como nas categorias), lógica (como nos silogismos), linguajeira (como nos *logon* discursivos), ética (como no *éthos* e no *páthos* retórico) ou matemática (como na problemática da unidade e da existência dos números). Os próprios termos primitivos da lógica, como "contradição", "verdade" e "proposição", estão submetidos à mesma deriva interpretativa[130].

Finalmente, quando Lacan afirma que o inconsciente não é ôntico, mas ético e pode ser apreendido em uma estrutura temporal, ele não está recusando a ontologia como um todo, como pensam alguns comentadores[131], mas a ontologia de Aristóteles. Bem ao contrário, trata-se de passar da afirmação de que não há ser para a de que o ser é negativo (falta em ser). Nisso reconhecemos que a negatividade primária na psicanálise remonta a sua teoria das pulsões (pulsão de morte), à tese do recalque (como juízos de negação) e à hipótese do inconsciente como *Unbewusst* (não sabido). O que dizer, então, da forma como Lacan coloca a decisão ética ao chamá-la de "insondável decisão do ser"[132], ao referir-se ao problema da escolha da estrutura ou da comensurabilidade entre loucura e liberdade a partir do ser do sujeito?

---

o da causa em que ela encontrou abrigo em nossa língua e o do nada ao qual abandonou sua veste latina (*rem*)".

[127] Idem, "Intervenção sobre a transferência" [1951], em *Escritos*, cit., p. 225: "Só existe progresso para o sujeito através da integração a que ela chega de sua posição no universal".

[128] Léon Brunschvicg, *Les étapes de la philosophie mathématique* (Paris, PUF, 1947).

[129] Émile Boutroux, *Aristóteles* (trad. Carlos Nougué, Rio de Janeiro, Record, 2000 [1886]).

[130] Jan Lukasiewicz, "Sobre a lei da contradição em Aristóteles", em Marco Zingano (org.), *Sobre a metafísica de Aristóteles* (São Paulo, Odysseus, 2009).

[131] Ricardo Goldenberg, *Desler Lacan* (São Paulo, Instituto Langage, 2018).

[132] Jacques Lacan, "Formulações sobre a causalidade psíquica", cit., p. 179.

Sim, muitas vezes problemas ontológicos de alta espessura mostram-se meras questões de linguagem[133]: Benveniste[134] demonstrou em um texto conhecido de Lacan que as categorias aristotélicas são apenas a expressão das figuras gramaticais da língua grega, mas outras vezes as questões de linguagem, como fala, são autênticos desafios corrosivos para os conceitos e para a lógica como linguagem escrita, e outras tantas vezes a lógica impõe restrições ao uso da linguagem e do conceito, como na tese ética de que não há metalinguagem.

Derrogar a necessidade do ser em sua identidade e essência não implica afirmar a impossibilidade do ser. Por isso, há em Lacan uma ontologia negativa, não uma ausência de ontologia, como ademais é textual: "Tenho uma ontologia – por que não? – como todo mundo tem, ingênua ou elaborada"[135].

Nessa medida ele não está tão só, como quer Cassin. Todo o projeto nietzschiano da reversão do platonismo até Foucault, Derrida e Deleuze procura uma solução para a ontologia da identidade em uma ontologia da diferença. O programa de Badiou[136], de entender a linguagem matemática como a única ontologia possível, é outra solução para o diagnóstico de Heidegger; nesse sentido, ele é a prova de que a matemática não é necessariamente antiontológica. A tradição crítica herdeira do idealismo alemão de Kant a Hegel, passando por Horkheimer e Benjamin, procura uma solução para a ontologia da positividade em uma ontologia da negatividade.

> Se os homens não precisassem mais se igualar às coisas, eles não necessitariam mais de uma superestrutura coisal nem precisariam se projetar como invariantes segundo o modelo da coisidade. A doutrina das invariantes eterniza o caráter mínimo da transformação e sua positividade, o mal. Nessa medida, a necessidade ontológica é falsa. Muito provavelmente a metafísica não desaparece do horizonte senão depois da queda das invariantes.[137]

O perspectivismo ameríndio desenvolvido por Eduardo Viveiros de Castro[138], que tenho tentado trazer para a psicanálise[139], notadamente para ler as teses sobre a sexuação, procura uma solução para a ontologia identitária e positiva.

---

[133] "Trata-se aqui daquele ser que só aparece no lampejo de um instante no vazio do verbo ser." Jacques Lacan, "A instância da letra no inconsciente ou a razão desde Freud", cit., p. 524.

[134] Émile Benveniste, "Categorias de pensamento e categorias de língua", em *Problemas de linguística geral I* (trad. Maria da Glória Novak, Campinas, Pontes, 1995), p. 68-80.

[135] Jacques Lacan, *O seminário*, Livro XI, cit., p. 73.

[136] Alain Badiou, *O ser e o evento*, cit.

[137] Theodor W. Adorno, *Dialética negativa* (trad. Marco Antonio Casanova, Rio de Janeiro, Zahar, 2009 [1967]), p. 89.

[138] Eduardo Viveiros de Castro, *Metafísicas canibais*, cit.

[139] Christian I. L. Dunker, *Mal-estar, sofrimento e sintoma*, cit.

Concordo amplamente com Cleyton Andrade[140] que talvez o interesse de Lacan pela língua e pelo pensamento chinês tivessem como horizonte a pesquisa de uma alternativa oriental para a metafísica do Ocidente. Também acompanho Safatle[141] e Badiou na ideia de que a ontologia lacaniana não é uma discussão sobre o ser, mas sobre negatividade e universalidade.

> Há na psicanálise lacaniana um acesso à ontologia, já que o inconsciente é este ser que subverte a oposição metafísica do ser e do não ser [...]. O inconsciente da pulsão, o isso, é este ser que só é pensável com uma ontologia fundada no negativo e é isso que Lacan tem em mente ao dizer que o inconsciente "traz ao ser um ente apesar de seu não advento".[142]

Cedo ou tarde, soluções metafísicas começam a gerar dificuldades, exercendo efeitos de poder e de bloqueio da crítica. O que mantém o pensamento de Lacan vivo e relevante para a filosofia contemporânea é justamente a peculiaridade de sua crítica da metafísica do sujeito, sua desconstrução do essencialismo em psicopatologia, sua instabilização do homem econômico-psicológico, sua oposição às práticas de alienação, adaptação e conformidade, mal justificadas por modelos naturalistas e realistas.

Ao mesmo tempo, o debate intralacaniano desenvolve-se com lentidão e pequena capacidade de criar problemas, justamente em virtude da suspensão da perspectiva crítica. Um momento de consolidação institucional e de formação da *doxa* lacaniana depara-se com as questões ontológicas suscitadas na exegese de seu ensino, deixando cada vez mais claras as objeções a Freud, quando se trata de metafísica. Com isso, o trabalho fundamental não pode apenas se basear na explicitação e no comentário de texto, tampouco na segmentação de unidades interpretativas ou na fixação de teses em contraposição simples, como se aqueles que percebem a problemática da ontologia em Lacan estivessem apenas e tão somente mal informados, "possuídos" pelo discurso universitário ou "tomados" por alguma paixão política nefanda.

Alguns contraexemplos que aparentemente invertem a disposição crítica da obra de Lacan podem ser encontrados no que chamamos de "processo de naturalização conceitual do gozo" ou na leitura idealista do significante, na absorção sociológica da função paterna, na crítica moral do capitalismo, na estetização do fim de análise, no formalismo lógico destituído de semântica ou semiologia e, principalmente, no uso metafísico da noção de Real (a suprema e primeira pergunta

---

[140] Cleyton Andrade, *Lacan chinês: poesia, ideograma e caligrafia chinesa de uma psicanálise* (Maceió, Edufal, 2015).
[141] Vladimir Safatle, *Grande Hotel Abismo* (São Paulo, Martins Fontes, 2012).
[142] Idem, *Lacan*, cit., p. 321.

ontológica). A crítica da linguagem em Lacan é, ao mesmo tempo, sua crítica da metafísica[143]. Todos esses problemas de uso e leitura de Lacan, sua discussão sobre o ser e o des-ser, sobre a existência e a não existência, parecem aglutinar-se na teoria da sexuação, e não é por outro motivo que ela tem sido o ponto de máxima disparidade e variância de leituras entre comentadores. Por fim, se teologia, ideologia e metafísica não são sinônimos de ontologia, é porque esta última discute o problema da fundamentação em geral, o que inclui fundamentação da ciência, da cultura, da lógica, da linguagem. Em geral a discussão começa pela oposição entre o dado e o construído, entre natureza e cultura, entre linguagem e mundo, mas, para Lacan, esse é um modo equívoco de colocar a questão ontológica, pois ela é triádica (Real, Simbólico e Imaginário), não dual, e começa pelo negativo, não pela positividade do ser, seja esta redutível ou não ao corpo:

> O termo "ontologia" pode causar estranheza nesse contexto. No entanto, antes de legitimar tal estranhamento, vale a pena perguntar se poderíamos pensar a ontologia não mais como o regime de *discursividade positiva* do ser enquanto ser, regime que, ao ser posto, tende a normatizar os campos da práxis ao determinar *a priori* a configuração de suas possibilidades. Ora, ao problematizarmos a relação entre positividade e ontologia, talvez se abra a possibilidade de pensá-la, ao contrário, como o regime que suporta a realidade daquilo que bloqueia o esgotamento do ser em uma determinação positiva. Nesse sentido, uma ontologia *negativa*, ou seja, um regime de pensar assentado sobre a realidade ontológica das experiências de negação, poderia ser o que estaria orientando as decisões clínicas lacanianas, assim como a direção que ele procura impor ao tratamento.[144]

As discussões sobre essência e aparência, sobre a natureza (*physis* ou *arqué*) do ser e os princípios de sua transformação, a teoria das causas, assim como as várias acepções da substância (*ousia*, *hypokeimenon*), de fato consagraram certo vocabulário na matéria. Contudo, há muitas outras formas de metafísica: a metafísica teológica medieval, a metafísica moderna do sujeito, a metafísica da história, a metafísica da ciência, a metafísica contida na ideologia etc. A história da filosofia é, em grande medida, a história da metafísica, mas não só. A metafísica tem uma história, e sem ela não conseguimos perceber sua verdadeira problemática ontológica subjacente, sua verdadeira materialidade social e política. Apoiar-se nas afirmações genéricas de Lacan sobre a filosofia, o discurso do mestre, o filósofo tapado e demais elogios é tão decisivo para o argumento quanto a imagem

---

[143] "*En d'autres termes, si j'ai essayé d'élaborer quelque chose ce n'est pas une métaphysique, mais une théorie de l'intersubjectivité*" [Em outras palavras, se tentei elaborar algo, não foi uma metafísica, mas uma teoria da intersubjetividade]. Jacques Lacan, "Interview", *L'Express*, 31 maio 1957.
[144] Vladimir Safatle, "A teoria das pulsões como ontologia negativa", *Discurso*, n. 36, 2007, p. 175.

freudiana do filósofo de roupão rasgado às voltas com os buracos do mundo foi eficaz para impedir que a psicanálise se tornasse objeto relevante para a filosofia[145].

A estratégia de definir campos é bastante problemática quando se trata de crítica da metafísica. Separar o que é filosofia e o que é psicanálise ignora que o que caracteriza as questões ontológicas é o fato de que elas se reapresentam transversalmente entre disciplinas, áreas, campos e práticas. É por isso que há uma crítica filosófica da ciência moderna. É por isso também que podemos perceber e criticar infiltrações psicológicas ou sociológicas na psicanálise. É por isso, ainda, que Lacan pode importar noções e conceitos que não são originários da psicanálise, como "verdade" e "saber", "sujeito" e "repetição", "existência" e "alienação".

Esclarecer compromissos ontológicos nos recoloca no debate com a ciência não porque nos torna imediatamente mais científicos, mas porque levanta questões cuja relevância aspira à universalidade e cuja explicitação pública, em linguagem comum, permite a apreciação de posições diferentes. Desdenhar problemas de fundamentação, apegando-se a um vocabulário de uso exclusivo ou a "áreas de atuação", amparado em um sistema de justificação com ênfase na autoridade textual, é característica histórica do pior tipo de metafísica. Por isso é tão importante voltar aos problemas de ontologia na psicanálise de Lacan – não para transformar a psicanálise em filosofia, mas para que ela seja ainda mais psicanálise.

Independentemente de nossa capacidade de explicitar ou tomar consciência de nossos compromissos ontológicos, eles se realizam no progresso de nosso discurso, seguindo a deriva histórica de significantes, conceitos e noções, participando de alianças e oposições discursivas que transcendem nossos condomínios epistemológicos e éticos. Elenco a seguir os principais pontos de acriticidade pós-lacaniana, derivados da ingenuidade no trato com a coisa metafísica[146].

O Real fora do tempo

Pensamos que o tempo é real porque a mudança é real. Seus acontecimentos devem ser predicados em séries ordenadas de acontecimentos no passado, no presente e no futuro, cada qual contendo um momento de verdade. Ocorre que o passado ou o futuro não podem ser, eles mesmos, uma propriedade do acontecimento

---

[145] Paul-Laurent Assoun, *Freud, a filosofia e os filósofos* (trad. Hilton Japiassu, Rio de Janeiro, Francisco Alves, 1978).

[146] Talvez tenha sido pela intuição desse conjunto articulado de problemas que Lacan percebeu a utilidade decisiva de um autor como Hegel. Menos que suas teses sobre a finalidade da história ou suas intelecções sobre a reconciliação entre filosofia e ciência natural, Lacan percebeu em Hegel a solução para um problema que os psicanalistas não estavam em condições de enfrentar: qual é a metafísica que a psicanálise precisa criticar em si mesma?

presente. Portanto, a representação do tempo é possível graças à exclusão do tempo real. Podemos escapar desse paradoxo considerando o tempo apenas pelas conexões entre sucessão e simultaneidade. Nesse caso, é possível argumentar a existência de temporalidades constantes, ainda que não tenhamos delas uma representação. Aqui o tempo existe, mas sua representação real é impossível[147].

Observemos agora como a lógica do significante presume uma temporalidade do tipo B, formada por posições, voltas e repetições diacrônicas ou sincrônicas. O real, ao contrário, envolve uma temporalidade de tipo A, com movimentações constantes entre o presente infinito e os passados e os futuros possíveis que ele engendra. A temporalidade de tipo A é histórica e dialética; a temporalidade de tipo B, lógica e estrutural. As duas convivem e confluem na definição do real em Lacan. Por isso o real é o impossível (na série B), mas também o contingente (na série A). Lembremos agora que, sumariamente, como todas as definições que Lacan oferece de real estão ligadas ao problema do tempo, mais que ao tema do espaço ou à sua representação, o real retorna ao mesmo lugar, o real é a repetição impossível, o real é o tempo entre a coisa e seu reencontro, o real é sem lei. Ora, a noção de real desenvolve-se, em Lacan, como uma crítica ao imanentismo do tempo. O real é racional, e o racional é real, porque ambos estão unidos na improvável e paradoxal contradição temporal aqui exposta. O real é um registro, e todo registro é uma forma de estar e reter o tempo. Todavia, o real representa o fracasso do registro enquanto memória e simbolização. Ele é um problema na função mesma do registrar (se usamos a escrita por referência) ou do contar (se usamos o número por referência), por isso será apresentado como "o que não cessa de não se escrever". O real é o nome de um paradoxo do tempo, não uma substância gozante a se realizar no espaço dos corpos individualizados.

Lembremos que a tríade Real, Simbólico e Imaginário nasce junto com os atos ou os processos de simbolização, imaginarização e realização[148]. Os registros compreendem uma relação no sentido hegeliano do tempo do conceito e, por isso, quando pensados fora da temporalidade, constituem um típico efeito metafísico. Pensar o Real apenas com a lógica ou como topologia, tamponando a questão ontológica, sem enfrentar sua ligação com o tempo, é um dos indícios da mais manifesta metafísica lacaniana. Alain Juranville[149], um dos primeiros filósofos a examinar de forma sistemática a psicanálise de Lacan, percebeu claramente esta intuição simples e originária em sua obra: o Real é o tempo.

---

[147] John M. E. McTaggart, *The Nature of Existence* (Cambridge, Cambridge University Press, 1927), v. 2.
[148] Jacques Lacan, "O simbólico, o imaginário e o real" [1953], em *Nomes-do-Pai* (trad. André Telles, Rio de Janeiro, Zahar, 2005).
[149] Alain Juranville, *Lacan e a filosofia* (trad. Vera Ribeiro, Rio de Janeiro, Zahar, 1987).

É importante não confundir a crítica da metafísica de Aristóteles com a recusa da ontologia. O programa de "esvaziamento do ser" presume uma ontologia, ainda que não seja a ontologia eleata. Lacan fala do ser do sujeito, da insondável decisão do ser (a escolha da neurose), do ser de gozo, do ser do homem (que não pode ser compreendido sem sua loucura), do ser de linguagem (que o torna homem), das paixões do ser, sem falar na gramática de oposições entre o *não ser* e o *não pensar* (que caracteriza o ato psicanalítico). E sem mencionar o "momento ontológico da angústia". Há muitas coisas presumidas na expressão "consistência do ser". Seu inverso pode implicar sua não necessidade (contingência), sua carência de unidade (divisão), sua não identidade (multiplicidade), sua perda ou ausência (alienação) e, por fim, sua não particularidade ou sua universalidade (singular).

Ora, tais inflexões metafísicas atuam insidiosamente sobre as práticas de leitura. Quando pensamos na leitura de textos ou sonhos, a crença na unidade do conceito e na subalternidade de seus predicados é um dos maiores indícios da presença da metafísica aristotélica. No entanto, é algo bem próximo disso o que temos naqueles que pretendem extrair o sentido do texto lacaniano, como se ele estivesse imune ao tempo, idêntico a si mesmo, esperando ser recolhido tão somente porque depende de letras que permanecem na página. Isso deveria nos levar a pensar que a psicanálise é uma espécie de cura para a metafísica da identidade, que habitualmente localizamos no estagirita, não que ela não possua nenhuma ontologia. Se há algo que a diferencia, é a presença de uma crítica da temporalidade e, consequentemente, da causalidade e da positividade do ser. Pois é exatamente na direção da repetição do mesmo que Lacan critica os leitores de Aristóteles.

> A prova está no sonho. Não há nada mais terrível que sonhar que se está condenado a viver repetidamente. Daí a ideia da pulsão de morte. Os freudoaristotélicos, colocando à frente a pulsão de morte, supõem Aristóteles articulando o universal e o particular, isto é, transformam-no em uma espécie de psicanalista.
> O analisante também faz silogismos se for o caso, ou seja, aristoteliza. E assim perpetua, Aristóteles, seu domínio. Isso não significa que ele esteja vivo, mas que sobrevive nos sonhos dos analisantes. Em todo analisante há um aluno de Aristóteles. Mas é preciso reconhecer que, de vez em quando, o universal toma lugar no gaguejar.[150]

Contrariando esse programa, o que chamamos de tendências metafísicas do lacanismo contemporâneo pratica exatamente o oposto em seu elogio "estético" e "lógico" ao real. Um real fora do tempo, positivo e indiferente à casualidade

---

[150] Jacques Lacan, "O sonho de Aristóteles", cit.

significante, um real sem história nem corte histórico, separado da ciência e, como tal, imerso no analogismo da linguagem ou do corpo.

O idealismo do significante

Uma segunda tendência metafísica lacaniana propõe uma espécie de retorno a Lacan, insistindo na fundamentação lógica ou linguística que teria atravessado sua teorização desde a antropologia de Lévi-Strauss até a linguística de Saussure e Jacobson e, posteriormente, as formalizações topológicas. Aqui a hierarquização coloca a matemática no topo, depois a lógica e daí o conceito, então a linguagem dirá que aqui não há lugar algum para o mundo, para a realidade, para o referente ou para o ser, senão o significado, ele mesmo sobredeterminado pelo significante. De tal maneira o argumento da primazia do significante transforma-se em uma ontologia do significante. Depois disso, há aqueles que sabem que se trata de significante e de seus limites, e há outros que creem e discorrem sobre a realidade do mundo, sobre o gozo dos corpos ou sobre a natureza das coisas como se elas "existissem por si mesmas", em referência à substância aristotélica. Mas, ao declarar que *não há* tal coisa como a substância antes, depois ou paralela à linguagem, fazemos um juízo de inexistência, semelhante ao "a mulher não existe" ou "o Outro não existe"; porém, desconhecendo o problema ontológico dos juízos negativos de existência, bem como sua relação com os modos de presença e permanência, estamos a declarar inexistências como os ateus que advogam a inexistência de Deus, em vez de sua indiferença em matéria de ciência.

A oposição, aqui presumida, entre o verdadeiro ser do significante-significado e o falso ser do imaginário-no-mundo é um caso conhecido da metafísica idealista, retomando o equívoco da falsa oposição entre idealismo transcendental e realismo ingênuo. O que está "dentro da linguagem" opõe-se ao que está "fora da linguagem", de modo análogo ao que pertence à razão e ao que está fora da razão, o que pertence ao ser (logos) e o que está fora dele. De um lado, o ser; de outro, o nada.

Contra isso, é preciso lembrar o hegelianismo de Lacan ao afirmar que o real é racional e o racional é real, ou seja, existe uma identidade especulativa entre o exterior e o interior, e esta é dada no tempo. Por isso é crucial não reduzir o lacanismo a uma crítica kantiana do empirismo. A ética do psicanalista não consiste em eliminar toda consistência de falas e referentes, em benefício de um jogo de linguagem, mas em postular que essa consistência é negativa, material e paradoxal, restando o desejo como resposta a sua indecidibilidade. Não se trata em absoluto de suspender a referência, mas de perceber que Lacan introduz uma referência negativa: o zero, o vazio, a falta, o nada. Essa referência negativa tem um papel crucial no pensamento de Lacan ao agir como função de causa, corte ou sobredeterminação. É o cerne de sua ontologia e, por isso, parte de uma crítica do conceito modal de necessidade (*ne-cessaire, ne-cesse pas*) como sucedâneo da proposição universal afirmativa (o ser necessariamente é) e culmina em aforismas ontológicos como "a mulher não existe", "não há relação sexual" e "o Outro não existe". A confusão entre a crítica da referência e a referência negativa aproxima a psicanálise do idealismo, lembrando o argumento de George Berkeley:

> Não existe nada mais fácil que imaginar, por exemplo, árvores num parque ou livros numa biblioteca, e ninguém para percebê-los. Mas o que é isso, pergunto, se não formar na mente certas ideias que denominamos livros ou árvores e, ao mesmo tempo, omitir formar a ideia de alguém para percebê-las?[151]

Com esse argumento, o bispo Berkeley pretendia nos convencer de que tudo o que existe são representações. Nada podendo saber como o mundo é, só nos resta se conformar com um mundo formado por nossos sonhos solipsistas. Assim como Freud falava em representações, Lacan nos levará a pensar essas unidades mais simples de significantes. Mas, ao contrário de Freud, que falava em realidade exterior, quantidade absoluta (Qn) e princípio de realidade, certa leitura idealista do significante esquecerá as implicações ontológicas da tese do *moterialisme* de linguagem enunciada por Lacan.

O problema dessa posição é que ela se interdita de afirmar que seu oposto está equivocado, ou seja, aquele que afirma que há algo fora, além ou aquém do discurso, como o Real, nunca pode estar realmente equivocado porque, no fundo, equiparamos a linguagem com o pensamento e este com o ser (logos). Se você se proíbe de dizer que o *ser existe*, você igualmente se impede de dizer que ele *não existe*. Temos aqui um caso de autoanulação do argumento. Cara eu ganho, coroa você perde. Examinar esse problema via comparação proposicional é um truísmo não verificável, até mesmo pela mais simples argumentação de Popper. É exatamente por isso que a teoria da sexuação em Lacan é ao mesmo tempo uma crítica dos limites da proposicionalidade em sua relação com a verdade e com o real. Como toda posição idealista radical, ela envolve a formulação de afirmações sobre situações que ela se proibiu de pensar.

Se de fato não há nada, exceto o ser do significante-significado, o ser da significância, não há por que nem como questionar aqueles que afirmam que há algo além ou aquém do significante e do significado. Eles falam sobre nada, sobre o vazio, sobre o que não existe, exatamente como Aristóteles se refere aos sofistas no Livro Gama da *Metafísica**. A afirmação do ser, seja qual for sua

---

[151] George Berkeley, *Principles of the Human Knowledge and Three Dialogues* (org. Roger Woolhouse, Londres, Penguin, 1988).
* Aristóteles, *Metafísica* (trad. Edson Bini, 2. ed., Bauru, Edipro, 2012). (N. E.)

materialidade ou forma, não autoriza nenhuma tese sobre o não ser. Ocorre que o não ser e suas inúmeras figuras fazem parte incontornável da ontologia lacaniana: des-ser, falta-a-ser (*manque-à-l'être*), o fala-a-ser (*parlêtre*). Quando reduzimos essa ontologia a uma forma qualquer de idealismo linguístico, ao propugnar que não existe *nada* fora do discurso, ou *nada* fora da linguagem, estamos novamente a discorrer inadvertidamente sobre o nada.

Se, de fato, só há significante, a crítica da metafísica excede seus limites ao afirmar a inexistência do universo extensional, do corpo e do sujeito (afinal, não é que eles não existem, é que eles são apenas significantes). Isso confunde determinação epistemológica (sobre o que podemos conhecer e operar) com pretensão ontológica (sobre o plano de existência e sua universalidade).

Somos obviamente afetados por processos dos quais não temos a menor ciência. Há coisas que não sabemos que sabemos, mas também há aquelas que não sabemos que não sabemos. Coisas que não pertencem a nenhum discurso, mas que, mesmo assim, nos afetam. Em Lacan, esse é o trabalho da verdade, que não se realiza como totalidade, em nenhuma forma de saber, que é a forma básica do discurso. Somos afetados por um tipo de negatividade chamada "objeto a" e pela hiância que este indica. A função de causalidade, a estrutura de encontro do objeto a, assim como a estrutura de porvir da verdade existem, mesmo que não se realizem na articulação significante. Observe-se aqui a razão de tantos enganos dos que insistem em pensar o Real sem o tempo. Que eu não possa saber disso antes do significante é um problema epistemológico ou um paradoxo lógico, mas não uma asserção ontológica. Para Lacan, o não ser, o que ainda não é, não se caracteriza apenas como forma inerte ou indeterminação anódina, mas como figuras ontológicas da negatividade.

Afirmar que o significado e a significação são apenas ilusões ideológicas implicaria supor que não haveria nada de real no sintoma, o que não é o caso. Ilusões fazem parte da realidade psíquica, dizia Freud, e somos afetados pelo Real ainda que ele seja impossível de nomear e ainda que essa afetação passe pelo significante, pela letra ou pela *lalangue*. A noção de real como impossível não tem por objetivo desontologizar a psicanálise, mas fixar sua ontologia como crítica da metafísica da identidade.

Em suma, não basta excluir o "ser da significação" para eliminar a produção da identidade. Subtrair o "ser do significado", reduzir o "sentido" ou curar alguém de sua compulsão a "ser entendido" não é curá-lo de sua "*onthologie*" (*honte*, vergonha). Ontologia não é sinônimo de metafísica, muito menos de psicologia, assim como metafísica não é sinônimo de filosofia, nem mesmo em Lacan. A alusão aqui é que Freud cunhou a expressão "metapsicologia" (*metapsychologie*) a partir do termo "metafísica" (*Methaphisik*) e sempre se envergonhou disso.

A naturalização do gozo

O idealismo significante encontra seu par metafísico no realismo do gozo. Autores como Miller[152], Nasio e Pommier têm concorrido para uma valorização generalizada do tema do corpo, do Real e da noção de gozo em psicanálise. Um segundo grupo de teóricos, como Melman e Lebrun, mobiliza-se para entender as transformações sociais e as movimentações históricas da prática e da teoria psicanalítica, buscando alianças que vão do marxismo à sociologia compreensiva. Em ambos os casos, encontramos desdobramentos da afirmação lacaniana de que a psicanálise comporta uma única substância, a saber: o gozo. De fato, a economia de prazer e desprazer, as modalizações da angústia, bem como as vicissitudes da satisfação e da dor, são difíceis de reduzir ao funcionamento intuitivo da linguagem.

Ora, essa fragilidade metafísica se apresenta sempre por uma espécie de inversão de método. Em Lacan, os registros, as ordens, os toros, a *hérésie*, Real, Simbólico e Imaginário são registros de quê? Ou, para enunciar o problema pela filosofia da linguagem, "quais são os referentes dessas expressões"? Os registros são registros da experiência humana, registros do ser falante, toros ou nós de realidade, mas nunca "registros de linguagem". Às vezes a linguagem aparece identificada ao registro simbólico, mas dizer que só temos "acesso" à coisa pela linguagem que a simboliza não implica que a coisa só exista na linguagem. Esses registros sempre aparecem e decorrem de categorias linguísticas antropológicas, nunca o contrário. Está aí a metafísica lacaniana: começar pelos registros, tomá-los como nossa filosofia primeira, subalternizar o significante aos registros.

Primeiro há o gozo, o real, o excesso; depois ele é pareado ou defletido em relação ao significante. Aqui é importante não confundir o argumento: não é porque o significante é a condição de acessibilidade, a materialidade básica, o esquema kantiano de Lacan, que só se podem "falar", "pensar" ou "escrever" o Real e o gozo a partir do significante. Por melhor que seja, esse é um argumento epistemológico, que versa sobre a possibilidade do conhecer, não sobre as possibilidades de existência (ou de consistência, ou de ex-sistência). Portanto, partir da exclusão do tempo e do idealismo do significante não é suficiente para fazer uma crítica radical da naturalização do gozo. Na mesma medida, parece-nos mais crítico empregar o método topológico de Lacan partindo da articulação lógica do significante[153] e daí deduzir o real, o simbólico e o imaginário, bem como o gozo enquanto noção real-simbólica (fálico) ou real-imaginária (não todo) ou discursiva (mais-de-gozar).

---

[152] Jacques-Alain Miller, *Los signos del Goce* (Buenos Aires, Paidós, 1998).
[153] Paulo Marcos Rona, *O significante, o conjunto e o número: a topologia na psicanálise de Jacques Lacan* (São Paulo, Annablume, 2012).

Deduzir o funcionamento do gozo inteiramente da noção de significante, sem observar essa diferença entre epistemologia e ontologia, parece ser o caso descrito por Grünbaum de um argumento por correspondência (*tally argument*), uma vez que o conceito de significante é distendido de tal maneira, acrescido de propriedades tão distantes das que lhe seriam estruturalmente pertinentes, que nada poderia lhe contrariar a partir de então.

Contra esse monismo significante, erguem-se a naturalização do gozo e sua incorporação a um sistema ontológico clássico. Há uma substância fixa una, ainda que inacessível. Esta não é a natureza, mas o gozo. Do outro lado do dualismo partícula-onda, encontra-se o significante, que traduz posições, pontos de vista e perspectivas sobre o gozo, como a forma molda a matéria, como as categorias apreendem a experiência. O excesso de gozo corresponde, então, a um déficit de significante, assim como a intrusão do real deve ser enfrentada por processos simbólicos. Há uma única substância e múltiplos pontos de visita, valores ou culturas (significantes-significados) sobre ela. A ontologia é fixa, a epistemologia é variável.

Contudo, quero crer que essa seja uma inversão metafísica da proposta lacaniana. Talvez se exprima melhor por uma ontologia variável, decorrente de sua característica negativa primária. Isso pode ser bem percebido quando pensamos nas propriedades não identitárias do gozo, a começar pelo fato de que ele não é uma experiência una.

Em Lacan, particularmente em sua teoria da sexuação, a disparidade de gozos depende de uma confrontação entre as noções lógicas de universalidade e existência. Isso deriva de mais uma volta na crítica da metafísica da identidade. E identidade usualmente comporta três propriedades: reflexividade, transitividade e simetria. O conceito de "não existência" não deve ser lido como apenas inexistência ou nada, mas como uma corrupção indecidível da relação dessas propriedades, que em geral convocamos para passar da *identidade* do ser para a *unidade* do ser, dois problemas historicamente diferentes.

Quando Lacan fala da diferença sexual, ele o faz de três maneiras distintas: 1) como irreflexividade entre os semblantes ou *shifters* "homem" e "mulher"; 2) como ausência de transitividade entre o gozo do lado homem (fálico) e o gozo do lado mulher (não todo fálico); e também como 3) dissimetria entre a mulher tomada como objeto a e sintoma no fantasma masculino e o homem tomado como devastação e como falo na mítica feminina. Essa crítica da identidade ocasiona uma perturbação do entendimento metafísico tradicional de unidade: não se trata de duas substâncias (*ousia*, substância ou essência), mas de uma dupla maneira de não ser: não-ser-um (ao menos-um) e não ser Outro (não-uma-que-não).

Assim como há uma crítica do conceito de conceito, há também uma crítica do conceito de conjunto, quando aplicado ao sexo. Eis uma questão ontológica: a passagem do uno ao múltiplo.

Ora, a resposta lacaniana corrompe a recomendação aristotélica de empregar a proposição particular sempre como mínima (existe pelo menos um), nunca como particular máxima (compreendendo o caso não existe nenhum). Ou seja, nem analogismo significante, nem naturalismo do gozo. Mas isso não faz da falha real algo empírico, muito menos torna o empírico algo que não seria lógico. O empírico é tão lógico quanto o conceitual, esse é um ponto central da crítica lacaniana da metafísica. A diferença dos sexos não é imaginária, mas simbólica. A diferença, que afinal é a lei mais geral do significante, organiza todas as empirias possíveis, permitindo que elas adquiram sentidos e valências culturais e particulares diversos. Mas será mesmo que o sujeito bidimensional não pertence a esse mundo tridimensional nem recebe deste nenhuma afetação, como argumenta Eidelsztein? Como ler, então, aquela que parece ser a hipótese central do seminário XX: "Minha hipótese é a de que o indivíduo que é afetado pelo inconsciente é o mesmo que constitui o que chamo de sujeito de um significante"[154]?

Percebe-se, portanto como o idealismo significante facilmente se inverte em realismo de gozo, assim como o analogismo relativista se transforma em naturalismo monista. Ao ver o corpo como unidade e o "ser como ser da significância"[155], introduzimos um dualismo de substância (gozo-significante) e perdemos a originalidade da ontologia lacaniana representada pelo movimento temporal do não ser ou do des-ser. Separar o Um do Ser é, de fato, uma operação antifilosófica, mas ela não é lá muito original, pois se apresenta em várias metafísicas da multiplicidade, por exemplo, nos empiristas, nos céticos, nos antifilósofos e nos pré-socráticos, como Heráclito.

"Marx e Lênin, Freud e Lacan não são parelhas no ser. É pela letra que eles acharam no Outro que como seres de saber, eles procedem dois a dois num Outro suposto.[156] [...] Parmênides estava errado e Heráclito tinha razão."[157]

Como se houvesse consenso filosófico de que o ser é uno, não múltiplo. Nisso o pensamento pré-socrático estaria para Lacan, assim como a metafísica ameríndia está para o pensamento de Lévi-Strauss.

---

[154] Jacques Lacan, *O seminário*, Livro XX: ... *Mais, ainda* (trad. M. D. Magno, Rio de Janeiro, Zahar, 1985 [1972-1973]), p. 194.

[155] "O pensamento é gozo. O que traz o discurso analítico é isso, que já estava começado na filosofia do ser – há gozo do ser. [...] O ser – se querem a qualquer preço que eu me sirva deste termo –, o ser que eu oponho a isso – desde suas primeiras páginas de leitura, simplesmente leitura [de *Ética a Nicômaco*] – é o ser da significância. E não vejo no que decepcionar os ideais do materialismo – digo aos ideais de sua épura – reconhecer a razão de ser da significância no gozo, no gozo do corpo." Ibidem, p. 96.

[156] Ibidem, p. 132.

[157] Ibidem, p. 155.

O estruturalismo lévi-straussiano deve ser compreendido como uma transformação estrutural do pensamento ameríndio: é a resultante da inflexão que este pensamento recebe ao ser filtrado por problemas e conceitos característicos da razão mítica ocidental (o mesmo e o outro, a substância e a relação, a semelhança e a diferença, o ser e o nada, o contínuo e o discreto, o sensível e o inteligível, a natureza e a cultura…), segundo um movimento de equivocação controlada, em equilíbrio instável, sempre ameaçado pela traição e pela corrosão.[158]

A novidade lacaniana está mais na separação entre o múltiplo e o des-ser[159] que na crítica da unidade do ser, do mesmo, da identidade, da natureza, do sensível e do contínuo. Isso ocorre porque a teoria do gozo é um ajuste de contas com duas figuras da infinitude: a infinitude deduzida e compreendida no finito (entre zero e um, por exemplo) e a infinitude capaz de criar uma nova forma de tempo. Essa segunda figura do infinito real é referida pela tese do "*y a de l'un*" (*Hálgoum*).

Há, portanto, uma crítica da unidade imaginária representada pelo amor (*Verliebtheit*) e pelas paixões do ser (amor, ódio e ignorância). Aqui o problema do gozo se desloca da questão ontológica do gozo da mulher para a tese epistemológica de que uma mulher pode gozar sem saber. Depois, temos a segunda crítica baseada na unidade simbólica da diferença sexual e do traço unário, no nível da identidade do sujeito. Finalmente, há uma crítica do Real como Um do Ser, de acordo com a ideia de que o "inconsciente é apenas um termo metafórico para designar o saber que só se sustém apresentando-se como impossível, para que, desta feita, ele se confirme como real"[160]. Ou seja, se o real se demonstra, se não pertence à natureza, se não é empiricamente cognoscível, isso não permite defini-lo como unidade nem como multiplicidade.

A naturalização do gozo não erra ao introduzir a noção de natureza ou um empirismo ligado ao corpo que trairia a lógica significante, mas ao deixar inquestionado esse conceito de natureza, reintroduzindo, assim, um Real sem tempo e uma oposição com um conceito idealista de significante.

A positividade do ser

É preciso uma atitude excessivamente dogmática e nominalista, ou até defensiva, para não reconhecer que uma psicanálise que apela para noções como as de verdade e ignorância, para os conceitos de *sujeito* e *existência*, para uma

---

[158] Eduardo Viveiros de Castro, *Metafísicas canibais*, cit., p. 233.
[159] Conforme "a posição subtrativa do ser" mencionada por Alain Badiou.
[160] Jacques Lacan, "Radiofonia", cit., p. 450.

interlocução ativa com autores como Heidegger e Descartes, para minúcias da filosofia antiga de Platão e Aristóteles, para místicos ocidentais e orientais como Lao-Tsé, para quase toda a tradição lógica desde Aristóteles até Frege, Gödel e Cantor, para história da ciência desde Galileu até Maxwell, não esteja, em alguma medida, dialogando com o que, convencionalmente, se considera metafísica. Sim, pensar contra é pensar criticamente, mas é essa crítica que define e comprova a afinidade entre filosofia e psicanálise.

É muita ingenuidade, e chega a ser inconsequência, dizer que uma psicanálise que enfrenta o problema do Real e do Um não está, de alguma forma, questionando as figuras ontológicas clássicas da universalidade e da necessidade. Eidelsztein[161] mostrou que Lacan emprega dezoito equivocações com a noção de ser[162], envolvendo desenvolvimentos neológicos e discursivos em dois períodos de adensamento.

Há uma insistência na estratégia neológica de Lacan de produzir aglutinações, reunir o ser com seu adjetivo ou substantivo em uma única expressão, empregando, para tal, o método descrito por Freud em *O chiste e sua relação com o inconsciente* como unificação de palavras[163]. Aqui a metafísica é criticada por meio de uma prática de linguagem, a prática da letra, que evita os contornos metafísicos do pior. Segundo Freud, um sistema fechado em si mesmo, refratário a qualquer realidade comum e inacessível aos não iniciados na repetição de seus conceitos. Seu único critério de verdade é a coerência conceitual. Paradoxalmente, isso é o que se pode chamar, no mau sentido, de "filosofia" também em Lacan. Uma filosofia na qual prática de linguagem, desequilíbrio do conceito de conceito e expressão formal das noções caminham juntos.

Quando as consequências desse ensino reverberam fora de nosso campo, como na filosofia política de Badiou, Žižek ou Laclau, isso recebe a reprovação destinada a usurpadores, popularizadores e massificadores. Quando suas práticas discursivas alcançam a teoria feminista, o marxismo ou a teoria *queer*, isso é percebido como desvio de propósito, não como efeito da radicalidade e virulência da proposta lacaniana. Contudo, o movimento realmente imperdoável acontece quando os novos desenvolvimentos da lógica, das ciências da linguagem e da antropologia são defletidos ou recusados em prol das afirmações de Lacan

---

[161] Alfredo Eidelsztein, *Otro Lacan*, cit.
[162] *Manque à letre* (falta-em-ser), *êtrepensant* (ser-pensar), *quelquêtre* (qualquer-ser ou algum-ser), *pensêtrer* (pensaser), *tantd'etre* (tanto-de-ser), *d(être)itus* (ser-dito, ser-detrito), *être-male* (ser-homem), *être-femelle* (ser-mulher), *désêtre* (des-ser), *parêtre* (pare-ser), *pén-être* (penetrar-ser), *être-haine* (ser-ódio), *êtrenel* (sereterno), *être-angel* (seranjo, ser estranho), *étrinitê* (ser-trinidade), *mêtre* (mestre-ser), *parlêtre* (fala-ser) e *psirlêtre* (ser-psi).
[163] Sigmund Freud, *O chiste e sua relação com o inconsciente* (trad. Fernando Costa Mattos e Paulo César de Souza, São Paulo, Companhia das Letras, 2017 [1905]).

sobre o que se dispunha nessas áreas na década de 1960. Aqui a letra de Lacan é chamada para denegar o espírito revolucionário de seu ensino, ao melhor sabor dos estudos metafísicos e sua característica reverência pelo texto sagrado. Aqui a mímica de seu estilo é empregada para encobrir a verticalidade de sua discussão com a ciência e a filosofia. É preciso encarar a metafísica e ajustar contas com o que nossos críticos perceberam antes de nós: a psicanálise comporta uma metafísica – aliás, como a ciência. Basta saber qual seria ela.

Por fim, apresento minha tese de que a epistemologia lacaniana envelheceu e não foi bem-sucedida, mas sua ontologia sim.

A epistemologia lacaniana tem dois momentos, bem descritos por Jean-Claude Milner[164]. No primeiro, Lacan é leitor de Koyré e Hegel, por isso entende que a ciência moderna é uma questão de escrita e invenção de conceitos. Por motivos semelhantes, a psicanálise depende do cristianismo, do individualismo moderno e dos paradoxos da cidadania decorrentes da Revolução Francesa. A luta entre o senhor e o escravizado é a alegoria hegeliana do processo histórico de individualização, assim como das figuras sociológicas da família e da posição que o pai nela ocupa. No segundo momento, Lacan é leitor de Frege e Joyce e reposiciona a psicanálise com relação à ciência e à modernidade. Aqui ele procura questionar o conceito de conceito, os limites da linguagem e a estabilidade das figuras clássicas da metafísica: substância, tempo e espaço, diferença e identidade. Se no primeiro tempo Lacan está relendo a metapsicologia freudiana, baseada na tripartição epistêmica entre ponto de vista tópico, dinâmico e econômico, em termos de Real, Simbólico e Imaginário, depois dos anos 1960 ele introduz uma nova antropologia, outra teoria do reconhecimento e outra filosofia da ciência e da história, baseadas em outra concepção e linguagem, representadas, respectivamente, pela teoria dos quatro discursos, pelas fórmulas da sexuação e pela topologia dos nós borromeanos.

Aquilo que alguns autores consideram o terceiro ou último Lacan (depois de 1973) não passa da tentativa de reunir esses dois aspectos distintos e, em certa medida, contraditórios de sua obra, a qual, do ponto de vista epistemológico, é nitidamente mais freudiana no primeiro momento que no segundo. O programa de formalização radical dos conceitos como matemas e da intuição matemática de paradoxos e impasses de escrita, a partir da linguagem de vanguarda como modelo, avançou muito pouco. Em parte, isso se deve às transformações na própria história da matemática, a partir dos anos 1980, e em parte pode ser atribuído ao próprio curso dos debates sobre fundamentação em ciências da linguagem em geral e das ciências humanas em particular. A grande disputa entre formalistas e intuicionistas perdeu relevância com a

---

[164] Jean-Claude Milner, *A obra clara* (trad. Procópio Abreu, Rio de Janeiro, Zahar, 1996).

chegada dos modelos em supercomputação, o projeto de redução da matemática à lógica se mostrou impraticável com a multiplicação indefinida de "novas" lógicas[165] e os grafos tornaram-se rotina na estruturação de *Big Data*.

Tornar a psicanálise uma verdadeira ciência formal, como alguns interpretam o programa epistemológico do segundo Lacan, significaria que ela prescindiria completamente da história, da psicopatologia, da psicologia do desenvolvimento, da antropologia e, aí sim, de qualquer consideração sobre o mundo ao qual se aplica. Fazer a crítica do mundo intuitivo, de imediato acessível aos sentidos, bem como à estética kantiana ou ao espaço newtoniano, não demanda uma pura ciência formal, apenas uma declaração de compromisso ontológico.

Entretanto, há algo de essencialmente freudiano na segunda parte do ensino de Lacan, a saber: a generalização da negatividade para o campo das pulsões (pulsão de morte), a crítica dos juízos de existência e valor, a objeção à filosofia da identidade, a problematização da perda da realidade, a mobilização da teoria das pulsões para pensar o conflito social, fornecendo-lhe uma ontologia política. Ou seja, Lacan abandona a epistemologia freudiana para acertar contas com suas intuições críticas no campo da ontologia. Por isso, paradoxalmente, suas contribuições para o debate ontológico acabaram subsidiando e secundarizando o debate epistemológico.

Surpreendentemente, foi esse também o rumo tomado pela própria filosofia da matemática, que discute cada vez mais a noção de compromisso ontológico, envolvido na consideração sobre, por exemplo, a existência dos números.

> *Ser é ser o valor de uma variável.* Isso não é usado para julgar uma entre outras ontologias, mas como "teste de conformidade" de determinada afirmação ou doutrina diante de uma ontologia padrão. Procuramos ligar variáveis em conexão com a ontologia, mas não é para saber o que existe, mas para saber o que dada proposição ou doutrina, nossa ou de outra qualquer, *diz que existe*.[166]

Fazer ciência, inclusive no sentido da aplicação das matemáticas a ela mesma, é cada vez mais declarar quais são seus compromissos ontológicos[167]. Declarar em que sentido uma doutrina, ao pressupor a existência de números, envolve soluções nominalistas ou platônicas, mas exige fundamentalmente uma atitude de compromisso, sobre o qual se apoiarão consequências de método e de fundamentação. De certa maneira, a fascinação exercida pela teoria da relatividade

---

[165] Evandro Luís Gomes e Itala M. Loffredo D'Ottaviano, *Para além das colunas de Hércules: uma história da paraconsistência de Heráclito a Newton da Costa* (Campinas, Ed. Unicamp, 2017).

[166] Ian Hacking, *Why Is There Philosophy of Mathematics at All?* (Cambridge, Cambridge University Press, 2014), p. 247.

[167] Ibidem, p. 248.

ou pela mecânica quântica decorre de ter sido nesses campos que se discutiu mais a sério a noção de compromisso ontológico; desde a convenção de Copenhague até a notação de Dirac, desde as teses de Einstein até a equação de Schrödinger, os problemas da física moderna cativam corações e mentes simplesmente porque mobilizam compromissos ontológicos ancestrais.

Digo que a epistemologia lacaniana fracassou porque a filosofia de Frege tomou outro rumo, inspirando a filosofia analítica. As estruturas sintáticas de Noam Chomsky[168], não uma "filosofia da linguagem habitada pelo sujeito", como queria Lacan, fizeram o progresso das ciências da linguagem. Depois de um início promissor com Michel Pêcheux e Algirdas Greimas, elas abandonaram a complexidade categorial lacaniana, na medida mesma em que os psicanalistas, com raras exceções, deixaram de ler linguística contemporânea.

Hoje, Frege, Cantor, Dedekind e a topologia fazem parte de um tipo de ciência e de entendimento da lógica que nenhum lacaniano está disposto a admitir. A lógica casou-se com a neurociência[169] e com a filosofia da mente[170], não com uma "prática da letra". Nenhum avanço foi feito na lógica, na matemática nem, muito menos, na topologia graças a Lacan. Inversamente, as ideias lacanianas têm se frutificado na filosofia, em particular na teoria política e nas ciências sociais, bem como na teoria estética e em algumas áreas da teoria dos discursos. Na antropologia, a psicanálise é um capítulo de sua arqueologia, ainda que várias ideias lacanianas pudessem ser reincorporadas em seu debate contemporâneo. Ao que parece, estamos mais preocupados em transmitir a psicanálise a psicanalistas, em sua área própria de existência e a seu campo interno de circulação, que em continuar o espírito de invenção e crítica da metafísica, presentes tanto em Freud quanto em Lacan.

Dito isso, pode-se entender a crítica lacaniana da metafísica aristotélica como uma crítica da positividade do ser, do "ser enquanto o que é". Isso não é falso, mas diz pouco sobre a potência da ontologia negativa em Lacan.

O fetichismo da transmissão

Poucos atentaram para o fato de que Lacan altera gradualmente a própria definição do que vem a ser psicanálise. Percebendo o modo como a psicanálise se

---

[168] Noam Chomsky, *Estruturas sintáticas* (trad. Gabriel de Ávila Othero e Sérgio de Moura Menuzzi, Petrópolis, Vozes, 2018).
[169] Steven Pinker, *Como a mente funciona* (trad. Laura Teixeira Motta, 2. ed., São Paulo, Companhia das Letras, 1998).
[170] John Searle, *O mistério da consciência* (trad. André Yuji Pinheiro Uema, São Paulo, Paz e Terra, 1997).

infiltrava na cultura ocidental, tomando parte em seus processos mais decisivos de individualização, como a educação, o trabalho, as artes e as modalidades de amor, Lacan expande a definição de psicanálise de sua acepção freudiana como um método de tratamento e investigação, ou seja, um ramo da medicina ou da ciência, para a tese de que ela é uma ética (*práxis*) e um discurso (logos). Ao fazer isso, reconhece, foucaultianamente, que a psicanálise saiu do controle dos psicanalistas. A fronteira epistemológica não garante imunidade metafísica.

O argumento de que o campo psicanalítico se refere à experiência dos psicanalistas e ao exercício de seu método no que concerne a sua área ou sua disciplina gera um último inconveniente. Analistas não escrevem, não publicam, não declaram nada na esfera pública. Eles atuam como psicanalistas com seus pacientes e tão somente. Mesmo Lacan dizia que se colocava como analisante em seus seminários. Então, o que eles fazem quando escrevem obras completas, proferem seminários ou redigem ensaios sobre metafísica da psicanálise? A resposta é: eles transmitem a psicanálise, o que é uma contradição em termos.

Qual é exatamente a diferença entre a transmissão da psicanálise e um professor transmitindo conceitos? Qual é exatamente a diferença, posto que estudos sobre conceitos ou matemas em psicanálise não acusam, por si só, a presença de um *psicanalista* (um psicanalista sem analisantes)? Ou estaríamos envoltos na mística de que só um analista está à altura de reconhecer outro analista? O que haveria de analítico na forma como alguém escreve livros ou compila ensaios? São os temas que ele aborda ou a forma peculiar de seu estilo? Funciona por autodeclaração ou pela eficácia da recepção? A hipertrofia da noção de transmissão, assim como a de estilo, é um dos traços mais salientes da metafísica lacaniana. Aqui voltamos ao primeiro mito metafísico, ou seja, o da unidade da psicanálise.

Não é a identidade de quem escreve nem sua adesão profissional ao campo da psicanálise, muito menos seu currículo Lattes, o que faz um psicanalista interrogar seus problemas como um cientista, discutir criticamente suas premissas como um filósofo ou dar testemunho de sua prática como um clínico. Há um equívoco pelos próprios argumentos, que nos fizeram admitir que o único ser é o ser do significante, não o do conceito ou o do conjunto empírico de psicanalistas e sua ontologia social.

Percebe-se, mais uma vez, o compromisso entre metafísica e política na expressão corrente "o analítico". Muitas vezes esta é empregada para designar um modo genérico de estar com os outros e operar trocas sociais, consoante com a ética da psicanálise. Noutras vezes isso designa um código moral de obediência injustificada. É assim que surgem os síndicos do "analítico", seus guardiões, suas regras tácitas e tão frequentemente opressivas em termos de lógica do reconhecimento. Pois, aos que não tiveram acesso ao "analítico", resta confiar naqueles que possuem a prerrogativa de reconhecer, segundo seu próprio personalismo, onde está e onde não está "o analítico". Com isso não advogo apenas mera dispersão, multiplicidade ou pluralidade do campo psicanalítico, mas defendo que "A" psicanálise não existe, porque ela é não toda.

Lembremos que quando Lacan usa a expressão "campo lacaniano", equivalente à teoria dos campos de Maxwell[171], ele faz alusão ao fato de que as equações de Maxwell permitem unificar as forças que compõem o universo da física[172]. Nesse mesmo momento, brinca com sua metafísica, dizendo que, se tivesse que escolher uma, seria a metafísica da luz. É uma aparente alusão ao dualismo partícula-onda, mas também uma metáfora para a tradição das luzes, ou seja, do Iluminismo (*Aufklärung*) e da crítica na qual ele declaradamente inscreve seus *Escritos*. Daí que muitos autores tenham mobilizado o pensamento de Lacan para enfrentar a crise de confiança na razão, na democracia e na palavra que caracterizou o avanço dos programas totalitários pelo mundo a partir de 2013.

A atitude onívora de Lacan tornou utilizáveis pela psicanálise qualquer teoria, conceito ou autor. Com isso, dissolvem-se separações clássicas entre teoria e prática, autor e obra, conceito e experiência, disciplinas e áreas. Dissolve-se o próprio conceito de teoria, substituído pelo de discurso, ensino, estilo ou ética. Esse é também o problema da substituição do conceito freudiano de formação (*Bildung*) pela noção lacaniana de transmissão (*transmission*). Nas últimas e decisivas vezes que Lacan emprega essa noção, em nenhuma delas encontramos qualquer desenvolvimento metapsicológico:

1) "A filosofia em sua função histórica é essa traição, eu quase diria, do saber do escravo para obter sua *transmutação* em saber de senhor."[173]

Ou seja, a filosofia como metafísica que se coloca no lugar do buraco da política, entre senhor e escravizado, expolia o saber escravo para torná-lo um saber de segunda ordem. Assim como o escravizado domina a natureza, o senhor domina o escravizado. Questão que se coloca agudamente na transmissão psicanalítica,

---

[171] Jacques Lacan, *O seminário*, Livro XVII, cit., p. 77.
[172] As formulações de James Clerk Maxwell (1865) unificam cerca de vinte equações de vinte variáveis, incluindo: 1) Lei de Ampère corrigida, uma equação de três componentes, 2) a Lei de Gauss para carga, descrita por uma equação, 3) a relação entre densidade de corrente total e de deslocamento, descrita por três equações, 4) a relação entre campo magnético e o vetor potencial, descrita por uma equação de três componentes, 5) a relação entre campo elétrico e os potenciais escalar e vetorial, descrita por equações de três componentes, que implicam a Lei de Faraday, 6) a relação entre campos elétricos e de deslocamento, descrita por equações de três componentes, 7) a Lei de Ohm, que relaciona intensidade de corrente e campo elétrico, descrita por equações de três componentes, e 8) a equação de continuidade, que relaciona a intensidade de corrente e densidade de carga.
[173] Jacques Lacan, *O seminário*, Livro XVII, cit., p. 19.

pois, como analista, estamos do lado do escravizado e, como pesquisadores ou ensinantes da psicanálise, do lado dos senhores. Entre essas duas posições, seria mais franco falar em dialética e contradição que remeter à polaridade unívoca do outro, como aquele a quem se destina a transmissão, seja no divã, seja na sala de supervisão. "Então, trata-se de fazer sensível de que maneira a *transmissão* de uma letra tem alguma relação com algo essencial, fundamental, na organização do discurso, qualquer que seja o saber do gozo."[174]

2) *Letra* é um conceito que alude a um programa de crítica do sentido e de rarefação da significação. Insere-se como mais um capítulo da crítica lacaniana do conceito de conceito, como cerne de sua antifilosofia. A letra pura é o matema, e esta seria a grande ambição do segundo programa epistemológico de Lacan; aqui a transmissão tem por objetivo apagar os efeitos ligados à pessoa, ao personalismo e ao grupo, bem como o sistema de identificações que prende os conceitos a seus enunciadores, gerando um sistema deformado de autoridade e obediência. A letra teria essa função de antídoto tanto pelo que convoca de público (a letra se escreve e passa ao público) quanto pelo sentido de que, como carta, sempre chega a seu destino – e ainda: a letra como potência de rasura e apagamento permite que o jogo da escrita funcione de forma subversiva em relação à racionalidade genealógica e aos poderes instituídos. "Naturalmente, ela [a criança] recebe a coisa, ela, sem saber que é por isso, recebe em sua primeiríssima infância, e este é um caso bem frequente de transmissão de desejo de saber, mas é algo adquirido de uma maneira totalmente secundária. [...] Esse desejo de saber, na medida em que toma substância, toma substância do grupo social."[175]

Um flagrante exemplo do emprego da noção metafísica de substância no contexto da transmissão simbólica, ou seja, uso social da palavra, tal como em "é essencialmente desta maneira que", é uma transmissão manifestamente simbólica, que Freud se refere a essa ideia de castração e à dimensão coletiva e social do saber[176]. Outra vez, o último Lacan reafirma o laço de castração e desejo com a transmissão simbólica.

3) "Há ainda assim uma coisa que permite forçar esse autismo, é justamente que *lalangue* é um assunto comum [...] é justamente onde sou capaz de me fazer entender por todo mundo aqui [...] é por isso que pus na ordem do dia

---

[174] Ibidem, p. 20.
[175] Idem, *Os não tolos erram/Os nomes do pai* (trad. Frederico Denez e Gustavo Capobianco Volaco, Porto Alegre, Fi, 2018), p. 205.
[176] Idem, *O seminário*, Livro XXIII: *O sinthoma* (trad. Sergio Laia, Rio de Janeiro, Zahar, 2007 [1975-1976]). Também em "a transmissão do Nome do Pai, ou seja, no que dá com a transmissão da castração" (idem, *O seminário*, Livro XVI: *De um Outro ao outro* (trad. Vera Ribeiro, Rio de Janeiro, Zahar, 2008 [1968-1969], p. 150).

a transmissão da psicanálise – é a garantia de que a psicanálise não se encaixe irredutivelmente em um autismo a dois'."[177]

Mais uma vez a noção de transmissão aparece ligada à passagem e ao compartilhamento do saber, sem que se defina explicitamente nada sobre a teoria ou o modo de saber próprio da psicanálise. Nada sobre formação de psicanalistas. Nada sobre a dimensão de formalização ou matema, apenas e tão somente o apelo à *língua comum*.

4) "Não sou daqueles que retrocedem ante o tema de sua certeza. O que me permitiu romper com o que estava congelado da prática de Freud numa tradição que claramente impedia qualquer transmissão."[178]

A declaração parece convergir para a ideia aqui defendida de que o que Lacan busca na filosofia é seu método crítico. Sua serventia é separar-nos da metafísica e seus efeitos de grupo, de fechamento ideológico e de reificação conceitual. Acrescento aqui a consideração de que o próprio projeto de formalização integral, seja pelo matema ou pelos impasses lógicos da matemática, seja pelo conceito e sua realização dialética, seja ainda pela transmissão pelo conceito prático da transferência ou da escrita, faz parte da perspectiva crítica representada pela ciência. No entanto, a evitação do caso clínico e das narrativas de sofrimento, assim como a identificação estilística com a retórica lacaniana, parece mais um giro formalista que não resiste à crítica política, que ao lado da ciência formam a banda moebiana da transmissão.

Lembremos que o conceito de formação nasce da consciência crítica do sujeito moderno sobre sua própria divisão. Pelo diagnóstico inicial de Schiller, caberia à estética reconciliar a potência ética da verdade com a ambição cognitiva de conquista do outro, do objeto ou da natureza. Goethe teria dado a este programa uma forma narrativa conhecida como romance de formação, ou seja, *a história de como me tornei quem eu sou*. Foi preciso Diderot, em sua ironia de *O sobrinho de Rameau*, para descobrirmos que nem sempre a formação terminará em uma obra de arte superior ou na mestria sobre si mesmo. De toda maneira, formação (*Bildung*), em sentido hegeliano, não é educação (*Erzihen*). A primeira envolve alienação tanto enquanto estranhamento (*Enfremdung*) como enquanto não reconhecimento (*Entäusserung*), depois autodilaceração do eu (*Entzweiunug*) e finalmente retorno rememorativo da consciência a si mesmo (*Selbstbewusstsein*). A formação psicanalítica como uma verdadeira formação do inconsciente envolve

---

[177] Idem, *Le séminaire*, Livre XXIV: *L'insu que sait de l'une-bévue s'aile à mourre* [1976-1977]. Staferla, p. 66. Ver também idem, *O seminário*, Livro XXIII, cit.

[178] "*Je ne suis pas de ceux qui reculent devant le sujet de leur certitude. C'est ce qui m'a permis de rompre avec ce qui s'était gelé de la pratique de Freud dans une tradition dont il est clair qu'elle tamponnait toute transmission.*" Idem, *Le séminaire*, Livre XXVII: *Dissolution* [1979-1980]. Staferla.

a transmissão, como processo social, tal qual no chiste, mas também a criação de um novo desejo.

A apropriação da noção de transmissão pelo pós-lacanismo, em estrita oposição à formação, serve a uma espécie de fetiche para justificar prerrogativas de uso e abuso do saber em jogo na psicanálise. Um franco efeito ideológico, cuja metafísica ainda está por ser desfeita.

Neste contexto, a tese lacaniana de que a metafísica tapa (*bouche*) o furo da política[179] torna-se cada vez mais uma ideia profícua. É a vingança do filósofo de roupão furado, tapando os buracos do edifício mundo. Só que agora ele saiu do quarto escuro e está iluminando os buracos do mundo político com sua antifilosofia e sua antimetafísica. Lacan elevou a noção de buraco à dignidade de uma consistência simbólica, assim como a de *ex-sistência* à dimensão de real. Por isso seria crucial que o lacanismo abandonasse a identificação entre metafísica e filosofia aristotélica, bem como seu entendimento variável, contingente e quiçá ameríndio da ideia ser.

---

[179] Idem, "Introdução à edição alemã de um primeiro volume dos *Escritos*", cit., p. 552.

3
Negacionismos*

De todos os conceitos propostos por Freud, a pulsão de morte é certamente o mais controverso. Há escolas de psicanálise que simplesmente o recusam, pelos mais variados argumentos: paradoxo biológico, contradição antropológica ou expressão biográfica mal analisada. Apresentada em 1920 como hipótese, a pulsão de morte colocou em pé de igualdade os poderes da libido e da sexualidade com as da destruição e da morte. A força da unidade, representada pelo amor, contra as potestades da agressividade e da desunião. A hipótese mais especulativa de Freud, como cientista e materialista, consistiu em dizer que a vida é um parêntesis entre dois estados inorgânicos. Por isso, haveria uma tendência de retorno ao estado anterior que explicaria o aparentemente gosto irracional do humano pela repetição, mesmo quando isso implica dor, desprazer e morte. Passados cem anos dessa proposição de Freud, notamos certas semelhanças salientes entre os motivos para introduzir essa hipótese e os descaminhos do governo Bolsonaro, que aparece, para muitos observadores, como errático e contrário a princípios elementares da razão e da ciência, mas também como autocontraditório e destrutivo diante de objetivos políticos elementares concernentes à autoconservação do poder.

A pulsão de morte foi introduzida[1] quando a Europa fazia o balanço da Primeira Guerra Mundial e reconhecia nela uma nova forma de matar. Mais impessoal e industrial, a tecnologia da morte é inflexão negativa e resultado dos próprios progressos da razão. No plano clínico, a pulsão de morte seria justificada por certos efeitos repetitivos de experiências traumáticas, nos quais, em vez de

---

* Ver também Christian I. L. Dunker, Rodrigo Gonsalves e Ivan Estevão, "Neopentecostalismo como gramática neoliberal de sofrimento", *LavraPalavra*, 19 fev. 2021; e Christian I. L. Dunker, "O mal-estar no século XXI", *Quatro cinco um*, 1º fev. 2021. (N. E.)

[1] Sigmund Freud, *Além do princípio de prazer* (trad. Maria Rita Salzano Moraes, Belo Horizonte, Autêntica, 2020 [1920], coleção Obras Incompletas de Sigmund Freud).

esquecer o que se passou, o paciente não consegue parar de lembrar e reexperimentar vividamente os sinais de angústia, reencenando, assim, o pior. Observando que somos todos, em alguma medida, traumatizados, isso representaria uma força permanente para não abandonarmos nossos sintomas. Descendo ainda mais ao nível do desenvolvimento da criança, a pulsão de morte explicaria por que parte substancial de nossa cultura, de nosso brincar e de nossos laços sociais depende de certa administração da agressividade e, portanto, da contenção, mas também da participação, de nosso *gosto por destruir*.

A epidemia de gripe espanhola, que começou em 1918 e levou uma das filhas de Freud, e o diagnóstico de câncer na mandíbula são usados às vezes para criticar a hipótese de pulsão de morte, reduzindo-a ao pessimismo pessoal de seu criador. Ainda que os termos sejam aproximativos, a emergência do bolsonarismo e, em particular, a reação de Jair Bolsonaro à epidemia de covid-19 sempre estiveram ligadas ao trauma. Seja pelo trauma da ditadura militar, com o qual Bolsonaro tem uma identificação transparente, seja pelo trauma representado pelo governo Lula, seja pelo retorno do perigo comunista, estamos na lógica da repetição sem elaboração.

Uma aplicação inovadora da hipótese da pulsão de morte é a análise de grupos e massas[2], na qual surgem identificações regressivas, psíquica e cognitivamente, originando uma cultura da pulsão de morte. Orientando a agressividade para o outro, instilando fantasias paranoicas, o funcionamento em massa faz os indivíduos se demitirem de seus próprios interesses e desejos em troca de acolhimento contra o desamparo, que é um estado psíquico decisivo para convocar a pulsão de morte ou defleti-la. As duas massas artificiais em que Freud exemplifica esse funcionamento são a Igreja e o Exército, casos em que o manejo da relação entre o eu e o eu ideal e a fraternidade constituída em relação ao líder, substituto do pai, tomado como objeto simultaneamente libidinal e agressivo, exigem a criação e a recriação de inimigos externos e internos. Chegamos, assim, a uma curiosa proximidade com duas instâncias mobilizadas pela prática do governo bolsonarista, militar e religioso, em uma retórica paranoica de campanha, depois transformada em método de administração, baseado na produção de inimigos e milícias da alma.

Outra função teórica da pulsão de morte é explicar por que muitas pessoas sentem angústia sem que nada justifique esse estado psíquico. Práticas de autopunição exploram o fato de que, na pulsão de morte, o delito satisfaz a culpa, ele não a cria. Essa foi a estratégia daqueles que, pressentindo a indeterminação no início do governo Dilma, fizeram emergir a retórica da culpa condensando traumas e lutos nacionais mal reconhecidos e mal elaborados: escravidão, corrupção,

---

[2] Idem, *Obras completas*, v. 15: *Psicologia das massas e análise do eu* (trad. Paulo César de Souza, São Paulo, Companhia das Letras, 2011 [1921]).

desigualdade e privilégio. Contudo, o que poderia ser objeto e alavanca de transformação, do ponto de vista da pulsão de vida e da simbolização, reverteu-se em repetição sem recordação nem elaboração: tortura, violência, menosprezo e retomada de privilégios ameaçados.

A pulsão de morte não é sinônimo de maldade ou crueldade; ela é sinônimo de gramática de negações. É o mais vasto e mais fundamental dos processos descritos por Freud em sua teoria do sujeito: esses processos emanam de negações mais simples (como o conflito de ideias) e de negações que comportam dentro de si outras negações (como a sublimação e as identificações). A pulsão de morte torna-se perigosa apenas quando se apresenta demasiadamente separada das pulsões de vida. Desfusão que mobiliza processos como idealização, cisão, projeção e narcisismo das pequenas diferenças. Quando idealizamos alguém como um mito dotado de poderes excepcionais, isso incita a divisão que predica bons e maus, nós e eles.

Uma segunda volta da pulsão de morte ocorre quando depositamos no outro aquilo que não conseguimos admitir em nós mesmos. A projeção do mal no outro, sua punição ou seu cancelamento, faz surgir um agradável sentimento de purificação. Essa des-mistura gera afetos de ódio e crueldade, vividos como ressentimento, ou seja, relacionados a afetos passados.

Por fim, quando substituímos as grandes diferenças – trazidas pela realidade e pelo Real – pelas pequenas diferenças de nosso grupo narcísico, eventualmente digital, fecha-se o ciclo que une a pulsão de morte com o negacionismo delirante. Nesse sentido, o vírus *não pode* ser real, letal e natural, pois isso afeta a função paranoica, o lugar do mito protetor. Redução do tamanho do mundo à extensão de nosso espelhamento. Isso nos ajuda a entender por que a política externa do bolsonarismo parece basear-se em uma identificação tópica, com Donald Trump como Ideal de eu, uma identificação regressiva, com o comandante Ustra no lugar de supereu, e uma identificação temporal com o combate cultural dos anos 1960, com Olavo de Carvalho à frente. Redução de nossas pretensões estratégicas e fetichização de nossa imagem como baluarte imaginário de resistência contra potências comunistas como a... Argentina.

Aqui é preciso registrar um detalhe importante: para que a morte não se torne um temor e para que a vida valha pouco, é preciso a permanente sexualização do discurso em torno das relações de dominação e obediência. Para Wilhelm Reich[3], isso explicaria por que os regimes totalitários precisam perseguir minorias e práticas sexuais. Elas são eleitas como símbolos do "excesso de prazer" que lhes teria sido retirado. Brincadeiras em torno da homossexualidade, *golden shower*,

---

[3] Wilhelm Reich, *Psicologia de massas do fascismo* (trad. Maria da Graça M. Macedo, 3. ed., São Paulo, Martins Fontes, 2001).

palavrões, bravatas de virilidade e ilações sobre o tamanho do pênis alheio não são apenas traços da loucura do personagem, mas condição estrutural para que aceitemos a trivialização do acesso a armas. Aquilo que deveria ser percebido como um perigo para a própria pessoa é lido como falo potente, signo de narcisismo exibicionista e virilidade imaginariamente protetiva. A pulsão de morte coliga forças antissociais como egoísmo dos interesses, moral da sobrevivência, destrato com a palavra, indiferença ao luto e brutalização contra os "fracos".

Chegamos, assim, ao enfrentamento da pandemia de covid-19 pelo bolsonarismo como outra grande aplicação do conceito de pulsão de morte, ou seja, entender por que o aumento do sofrimento não incita em nós um movimento de transformação. Isso ocorre porque, no fundo de todo sintoma, há uma paradoxal forma de satisfação. Aqui o circuito da pulsão de morte acopla o sadismo do supereu com o masoquismo do eu[4]. Quando isso ocorre, a vulnerabilidade do outro não gera em nós solidariedade e empatia, mas ódio e desprezo. Como se aquele estado de miséria e dependência do outro incitasse um reconhecimento traumático, do qual queremos imediatamente fugir. Como se cada um que não soube se salvar fosse um fraco pedindo seu próprio fim. Aqui a separação entre economia e saúde, com a qual o bolsonarismo enfrentou a crise sanitária, surge como ótimo exemplo da dissociação invertida entre pulsão de morte e pulsão de vida, com o agravante cruel de que a vida está do lado da economia, não do corpo real das pessoas.

Temos, então, a necropolítica tornada oposta à biopolítica. Nada poderia exemplificar melhor os perigos da dissociação entre pulsão de morte e pulsão de vida. A indiferença diante da perda de vidas é mitigada por números, curvas e interesses. Assim passamos do nível tácito, pelo qual um grupo se organiza para eliminar outro, para o nível explícito, em que "deixar morrer" gera uma satisfação sádica nos sobreviventes. Sobreviventes que a cada vez confirmam que são especiais, protegidos por uma força excepcional e delirantemente organizada.

A pulsão de morte desperta a tentação política de começar tudo do zero. Negar ao passado qualquer reparação ou dignidade, com exceção do passado que foi ele mesmo negação e destruição. A pulsão está além do princípio do prazer porque está além da regra utilitarista de otimizar a relação entre meios e fins, por isso aparecerá como irracional e despropositada. Uma verdadeira política pública, de Estado ou de governo, depende de um compromisso entre eros e tânato. Renúncia imediata de satisfação em troca de resultados futuros na realidade, promoção de ideais coesivos do narcisismo, combinada com a força coercitiva do supereu. Quando não conseguimos firmar planos de ação em torno da compra de vacinas ou campanhas sanitárias porque isso é sentido como limitação de

---

[4] Sigmund Freud, *O mal-estar na cultura e outros escritos de cultura, sociedade, religião* (trad. Maria Rita Salzano Moraes, Belo Horizonte, Autêntica, 2020 [1929]).

liberdade, ou quando encarnamos o supereu como universalização obscena de nossa própria moralidade, o sacrifício deixa de ser um meio para um fim e passa a ser objeto de sadismo ou masoquismo. A pulsão de morte, como sucedâneo do conceito lacaniano de gozo, incide no ponto em que o uso se transforma em abuso. Consequentemente, é o abuso de poder e a impotência da autoridade que caracterizam o discurso bolsonarista.

Aqueles que se acostumaram com certo cinismo na distribuição de funções entre moral e economia estão agora surpresos porque a ala ideológico-militar realmente governa. Não há compromisso com reformas, nem com a economia, nem com promessas de campanha, nem com o próprio ministro da Economia, porque o compromisso é uma figura de composição. Ela envolve negociação, troca e mediação. Isso caracterizaria a política como mistura entre exigências da pulsão de morte e pulsão de vida.

Freud descrevia a tarefa do ego como o condutor de um cavalo, dotado de forças muito superiores às suas, como as do id, e tendo de se conduzir por percalços e caminhos da realidade e, ao mesmo tempo, livrar-se das abelhas que representam sua consciência punitiva representada pelo supereu[5]. O governo Bolsonaro assemelha-se à perda da unidade desse conjunto pela ação dissociada entre eros e tânato: as abelhas picam todos que se aproximam, os cavalos andam cada qual para o lado que bem entendem, o ego passa o tempo a adular-se diante do espelho de suas multidões ignaras. Enquanto isso, a realidade da covid-19 pisa em todos nós.

Mas a doença pode exercer um poderoso influxo político ao ser enfrentada pela moral da sobrevivência dos mais fortes, não pela do bem comum. A novidade lacaniana nesse ponto é que o comum assim constituído pelo gozo é um comum não partilhável, não distribuível, não possível, exatamente como o caracterizam Pierre Dardot e Christian Laval[6] em sua reconstrução do conceito de comum. Para eles, o comum não é a vontade comum nem os bens comuns, tampouco a comunidade de origem, mas um processo de instituição. O comum tem menos que ver com o necessário e o possível que com o contingente, como categoria ligada ao futuro.

Laval e Dardot são cruciais para desconstruirmos a situação brasileira, retoricamente alimentada pela falsa oposição entre o Estado e o mercado. Ao identificarmos o estatal com o público e o público com o estatal, nós nos deixamos sem alternativa positiva e prática aos argumentos de austeridade que justificam e naturalizam o desmonte de direitos, a precarização de equipamentos e a predação de bens públicos. Essa autêntica terapia de reversão força uma escolha entre o Estado-público e a

---

[5] Idem, *Obras completas*, v. 16: *O eu e o id, "autobiografia" e outros textos* (trad. Paulo César Souza, São Paulo, Companhia das Letras, 2011 [1923]).
[6] Pierre Dardot e Christian Laval, *Comum: ensaio sobre a revolução no século XXI* (trad. Mariana Echalar, São Paulo, Boitempo, 2017).

possessão privada. Por trás dessa retórica, existe um argumento econômico: não há dinheiro para tudo e para todos. Começa, então, uma luta administrada para resistir ou se reapossar do Estado. A alternativa que Dardot e Laval nos apresentam ultrapassa justamente esse ponto. Criticando o paradigma estatista, que no Brasil tornou-se sinônimo agressivo de esquerda, eles nos mostram como essa é uma falsa escolha, precisamente porque, além do Estatal e do privado, há o comum. O comum que pode ser gerido e instituído de forma comum. O comum que subverte o binário formado por usuários de um lado e funcionários do outro.

1) É preciso construir uma política do comum, por meio da qual nossas instituições possam ser reconstruídas como instituições comuns; para tanto, seria preciso articular os regimes de reconhecimento e identificação verticais (institucionais) e horizontais (comunitários).

2) Deve-se contrapor direito de uso à propriedade. Hoje a propriedade é um conceito jurídico que determina o que significa possuir algo em detrimento de usar algo. É preciso introduzir entre a dialética do ter e do ser diferentes gramáticas do fazer: fazer corpo, fazer ambiente, fazer comum.

3) O comum é o princípio de emancipação do trabalho. Para isso, propomos uma crítica psicanalítica do neoliberalismo como individualização do sofrimento e gestão consecutiva do sofrimento administrado[7].

4) É necessário instituir empresas comuns, ou seja, suspender a confrontação simplificada e tornada moral e teológica entre os agrupamentos feitos para o lucro (empresas) e as instituições feitas para todos nós (Estado). O Estado, nesse sentido, é apenas um agente do capital com álibi adquirido pelo dever de "proteção" social.

5) A associação econômica deve preparar a sociedade do comum. Ou seja, fazer junto e engendrar uma nova forma de circulação do dinheiro não significa voltar ao socialismo de Proudhon nem ao cooperativismo em gramática de empresa.

6) O comum deve fundar a democracia social. Aqui, trata-se de elaborar a tensão entre democracia social, como processo institucional, jurídico e representativo, e democracia comunitária, como processo de inclusão, intensificação da cidadania e expressão do comum.

7) Os serviços públicos devem ser instituições do comum, que podem se federalizar e se internacionalizar, ou seja, o comum só pode se inscrever se for uma espécie de negação das nações específicas, isto é, outra forma de negação dos particulares, que não a que convencionalmente chamamos de "globalização".

Esse novo tipo de direito de uso que recria o que já existe não depende nem apela para a noção de bens comuns ou bens coletivos, pois não são objetos que se podem partilhar ou ceder, mas relações de uso, "Um rio não é um rio, mas a conexão

---

[7] Vladimir Safatle, Nelson da Silva Jr. e Christian I. L. Dunker (orgs.), *Neoliberalismo como gestão do sofrimento psíquico* (Belo Horizonte, Autêntica, 2021).

entre um rio e o coletivo que cuida dele"[8], diz João Pereira da Silva, ribeirinho morador de Altamira, no Pará, refugiado em seu próprio país depois da experiência de desapropriação de seu rio, o Xingu, por ocasião da construção da barragem da hidroelétrica de Belo Monte. Ailton Krenak parece comentar esse tipo de movimento da seguinte maneira: "É como se todas as descobertas estivessem condicionadas e nós desconfiássemos das descobertas, como se fossem todas trapaças"[9].

Quando pensamos na crítica do conceito de propriedade contido na ideia de bem comum, quando discutimos a práxis instituinte do comum e quando falamos dos limites entre o uso e o abuso, vem-nos sempre à mente a partilha de experiências desejáveis e potencialmente úteis; no entanto, é preciso pensar também no mal-estar comum, nos destinos daquilo de que não gostamos ou em que não nos reconhecemos e, ainda assim, faz parte de nossa experiência do comum. O neoliberalismo não é apenas uma proposta econômica, mas também uma moral que apreende o sofrimento como nova fronteira do "capital humano". Produzir anomia para vender segurança. Propor metas semestrais inalcançáveis para ter o pretexto subsequente a fim de realizar ajustes instrumentais. Produzir competição nociva entre os próprios funcionários para extrair mais produtividade. Demandar mais serviço do que um trabalhador pode atender para deixá-lo em estado permanente de déficit. Produzir medo para criar mais subserviência. Criar trabalhos sazonais e contratos precários para administrar a competição angustiada por uma oportunidade de emprego. Ou seja, fazer sofrer mais para render mais. Todas táticas que não foram inventadas pelo neoliberalismo, mas articuladas por ele como um projeto de unificação e gestão da vida em forma de empresa. Depois de interiorizada no indivíduo, essa nova lei torna o sujeito imune à experiência do comum, mas também incapaz de produzir laços de intimidade[10].

Talvez isso nos ajude a entender por que Lacan lê *Além do princípio de prazer*, de Freud, substituindo a natureza pelo sujeito[11]. Longe de ser algum tipo de antropomorfismo ou traduzir uma analogia entre natureza e cultura, o procedimento de Lacan assemelha-se mais a certo animismo crítico. Pensando assim, não parece uma ruptura tão forte o desvio lacaniano no capítulo em questão, quando ele comenta o projeto de Sade de uma reinstituição da natureza, mas também a consideração de que a pulsão de morte se articula em andares: o nível dos sistemas materiais, físicos ou viventes, e o nível da vontade de Outra-Coisa,

---

[8] *Eu + 1: uma jornada de saúde mental na Amazônia*, direção de Eliana Brum e Lilo Claretto.
[9] Ailton Krenak, *Ideias para adiar o fim do mundo* (São Paulo, Companhia das Letras, 2019), p. 65.
[10] Christian I. L. Dunker, *Reinvenção da intimidade: políticas do sofrimento cotidiano* (São Paulo, Ubu, 2017).
[11] Jacques Lacan, *O seminário*, Livro VII: *A ética da psicanálise* (trad. Antonio Quinet, Rio de Janeiro, Zahar, 1988 [1959-1960]), p. 260.

vontade de recomeçar com novos custos[12]. Percebe-se, com isso, o problema que é saber a qual escopo aplicar a regra pela qual se trata de *morrer* à *própria maneira*. Só por isso, a noção de morte, quando associada à destrutividade, extrapola o organismo e aplica-se a conjuntos históricos como o Estado e o indivíduo. Isso torna compreensível por que a pulsão de destruição "deve estar além da tendência de retorno ao inanimado"[13], mas também por que é possível o criacionismo e, ainda, por que a mulher pode ser colocada no lugar do ser do ente (*l'être dans l'étant*). São todos casos de constituições de unidades maiores que se soldam em identidades problemáticas: o organismo, a espécie, o gênero.

O último argumento que apresento aqui em favor dessa leitura da pulsão de morte como princípio transversal de dissoluções de unidades provém de uma afirmação particularmente incompreensível em um capítulo dedicado à pulsão de morte:

> A verdadeira barreira que detém o sujeito diante do campo inominável do desejo radical, uma vez que é o campo da destruição absoluta, da destruição para além da putrefação, é o fenômeno estético propriamente dito, uma vez que é identificável com a experiência do belo – o belo em seu brilho resplandecente, esse belo do qual disseram que é o esplendor da verdade.[14]

Ora, se a pulsão de morte for apenas um princípio natural de autodissolução do vivente ou se ela se constranger apenas às coordenadas da cadeia significante, não temos como explicar que o belo conte com qualquer poder de afetação sobre isso. O belo pode fazer barreira, ou melhor, delimitar um litoral e uma fronteira, justamente porque ele é uma forma de reconstituir unidades fora do princípio da propriedade individual. Ao que tudo indica, Lacan segue aqui a trilha que vai de Schiller a Hegel e depois a Nietzsche, que vê na experiência estética a recuperação de uma unidade perdida pelo progresso da razão institucional e partitiva. A experiência estética é algo cuja posse não se pode compartilhar senão como histórica e cuja singularidade cria uma forma de comum que não pode ser apropriada como pertencente a um indivíduo.

No fundo, essa leitura lacaniana da pulsão de morte poderia ser descrita como uma crítica da razão possessivista. Cada um – corpo, organismo, indivíduo ou forma de vida – morre ao próprio modo e no próprio tempo, porque a própria experiência se torna experiência comum. Contudo, para que isso seja de fato eficaz e clinicamente relevante, é preciso distinguir entre essa modalidade da destrutividade comum, pela qual uma unidade se junta com outras a fim de

---

[12] Ibidem, p. 258-9.
[13] Ibidem, p. 254.
[14] Ibidem, p. 259-60.

possuir uma unidade ainda maior, e uma experiência do comum que nega a individualidade que a constitui enquanto tal.

Em "Direção da cura e os princípios de seu poder"[15], encontra-se outro exemplo do raciocínio lacaniano. Depois de descrever os traços acumulados do caráter pré-genital como um irrealismo projetivo, que serve ao isolamento protetivo e à dependência, ele caracteriza, criticamente, a passagem para a forma genital como uma "necessidade de possessão incoercível, ilimitada, incondicional, comportando um aspecto destrutivo"[16].

Recuando mais, vê-se que a hipótese da transversalidade da pulsão de morte, incidindo sobre níveis distintos de conjuntos, permite entendermos também a maneira como Lacan incorpora o sistema hegeliano de negações. Hyppolite comenta:

> Por trás da afirmação existe o quê? Existe a *Vereinigung* [unificação], que é Eros. E por trás da denegação, o que há? O surgimento, nesse ponto, de um símbolo fundamental dissimétrico. A afirmação primordial não é outra coisa senão afirmar, mas negar é mais do que querer destruir.[17]

Atenção. Negar é mais que querer destruir, não menos. Isso significa que a destrutividade é uma forma incompleta ou precária de negação. A destrutividade é uma negação malfeita, não uma extrapolação da negação ou uma supernegação, como tendemos a interpretar. Isso tem consequências imediatas, se pensamos que fenômenos clínicos como negação e o fenômeno político do negacionismo encontram-se reunidos no conceito de patologias do social. Assim como a negação clínica se resolve pelo aprofundamento qualitativo da própria negação e não com sua inversão em afirmação, ao negacionismo político se trata de encontrar a posição em que realiza sua própria insuficiência no contexto do trabalho da negação e que o faz transparecer como afirmação reativa. Por isso, também o negacionista sofre do mal que pretende erradicar.

---

[15] Jacques Lacan, "Direção da cura e os princípios de seu poder" [1958], em *Escritos* (trad. Vera Ribeiro, Rio de Janeiro, Zahar, 1998).

[16] "*Tableau qui serait utile malgré son parti pris de confusion, s'il ne semblait fait pour servir de négatif à la berquinade 'du passage de la forme prégénitale à la forme génitale', où les pulsions 'ne prennent plus ce caractère de besoin de possession incoercible, illimité, inconditionnel, comportant un aspect destructif.*" [Quadro que seria útil, apesar de sua propensão à confusão, se não parecesse feito para servir de negativo da piegas 'passagem da forma pré-genital para a forma genital', na qual as pulsões 'não têm mais esse caráter de necessidade de possessão incoercível, ilimitada, incondicional, comportando um aspecto destrutivo']. Idem, "La direction de la cure et les principes de son pouvoir" [1958], em *Écrits* (Paris, Seuil, 1966), p. 606.

[17] Jean Hyppolite, "Comentário falado sobre a *Verneinung* de Freud", em Jacques Lacan, *Escritos*, cit., p. 897-8.

Negacionismos

Abordar o tema do negacionismo como patologia da democracia chama à interdisciplinaridade. Nesse contexto, um recente número da revista *The Lancet*[18] convocou a psicanálise a participar mais diretamente da luta contra os que são contrários à vacinação, os que não aderem a tratamentos médicos ou medidas sanitárias no contexto da pandemia. Assim como a reconhecer que não basta, nesse caso, uma correção cognitiva de crenças limitantes, de pensamentos circulares e déficits de informação cognitiva. Um negacionista é refratário à educação por que, por princípio, é ele quem quer nos educar, alertando-nos com teorias conspiratórias, denunciando e criticando os aparelhos de cuidado e instituições universitárias, da ciência e/ou da medicina.

Há uma controvérsia sobre os fundamentos epistemológicos da psicanálise: uma ciência, um método, uma arte, uma prática, um dispositivo de crítica. Por isso ela é tão dispersiva quando se trata de tomar posições de valência normativa e positiva. A psicanálise é um dos poucos saberes que se mobilizou historicamente para entender a paixão humana pela ignorância, pela alienação e pela resistência contra a emancipação.

A ideia aqui é que somos constituídos não só por aquilo que reconhecemos como próprio, e como imagem ou representação de nós mesmos, com a qual nos identificamos, mas também por aquilo que negamos. Estou falando de desejos, pensamentos, memórias, imaginações que nos acontecem. Em relação a eles, temos um juízo de negação, não admitimos e não queremos incluí-los em nós mesmos. Disso deduz-se nossa estrutura de divisão subjetiva, ou seja, somos seres em conflito, divididos, e não indivíduos bem realizados como átomos autoconscientes e autotransparentes. Somos divididos entre moral e desejos, entre o que somos e o que gostaríamos de ser, entre o que dizemos e o que gostaríamos de dizer, entre o Real e as expectativas de autorrealização para a qual nos formamos. O ponto de partida é o conflito, não a subjetividade pacificada, harmônica, idêntica a si mesma.

Dito isso, podemos entrar nas modalidades específicas de negação que vão nos levar em última instância a separar formas diferentes de negacionismo. Já vai aqui a ideia de que seria precipitado unificar os negacionistas, negando-lhes a diversidade de propósitos e funções pelas quais aderem politicamente à causa da negação.

Uma maneira mais drástica de negação foi descrita por Freud em relação aos processos psicóticos[19]. Na paranoia, na esquizofrenia e na melancolia, observamos

---

[18] Austin Ratner e Nisarg Gandhi, "Psychoanalysis in Combatting Mass Non-Adherence to Medical Advice", *The Lancet*, v. 396, 19 out. 2020, p. 1.730.
[19] Sigmund Freud, "Sobre a perda da realidade na neurose e na psicose" [1924], em *Fundamentos da clínica psicanalítica* (trad. Claudia Dornbusch, Belo Horizonte, Autêntica, 2017, coleção Obras Incompletas de Sigmund Freud).

sintomas negativistas. A tudo que lhe é proposto, o sujeito responde: "Não, não é isso". Essa atitude de negação, por exemplo, em algumas síndromes, beira o espantoso: "Não tenho mais pulmão, não tenho mais coração, não tenho mais cérebro. Na verdade, sou oco, não me reconheço mais como um corpo animado, morri e fui substituído por uma máquina ou talvez tenha sido invadido por um alienígena". No delírio das negações, ou síndrome de Cotard, um subtipo da melancolia, a pessoa sente que sua própria existência está sendo corroída pela experiência da negação. No delírio de Capgras, ou delírio dos sósias, variante da esquizofrenia, o sujeito nega a identidade do outro, que lhe é próximo e há muito conhecido, como uma esposa ou um filho: "Você não é aquela pessoa que eu amo, mas um substituto. Talvez um marciano tenha substituído seu corpo por outro. Você se parece em tudo com a pessoa, mas não é ela, e tenho certeza absoluta disso". A característica principal de um delírio não é seu ajustamento e sua adequação ao que pensa o comum das pessoas, mas o fato de ser uma crença ou uma convicção incorrigível; ou seja, é um fato de certeza, *não de verdade*.

Mas os delírios paranoicos é que têm maior poder de captura política. Neles o sujeito pode, por exemplo, inverter o sinal de uma relação de amor, inveja e admiração para o afeto de ódio. Não suportando amar tanto o outro, nós nos defendemos negando esse amor e convertendo-o em ódio. Uma vez que passamos a cultivar o ódio do outro, isso rapidamente justificará que, no fundo, é o outro que nos odeia e por isso ele nos persegue. É o delírio de perseguição. Eric Santner[20] e Elias Canetti[21] mostraram como a paranoia é uma doença do poder: eleição de indivíduos que reúnem sob si a atração da massa, a miniaturização daqueles que a compõem, a fetichização do corpo do líder, a necessidade de renovação e reinício e o sentimento catastrófico que coloca uma ameaça contra a ordem universal no horizonte. A paranoia gradativamente separa e expande seu princípio separador inicial: existem verdadeiras pessoas e quase pessoas, pessoas que por si mesmas não merecem existir, porque nos odeiam (quando na verdade somos nós que primariamente as odiamos). Daí a recorrente afinidade da política paranoica com a religião, daí a formulação de uma linguagem própria, que se torna cada vez mais interna e compreensível apenas pela própria massa. Mas há, ainda, outras formas de negação paranoicas: a negação de gênero, que origina o ciúme paranoico e sua obsessão pela homossexualidade e pelas variedades de uso do corpo e dos prazeres. Disso decorre também o complexo de traição do tirano e a negação por inversão, na qual, em vez de admitirmos nosso amor e nossa admiração por alguém, adquirimos a convicção de que esse alguém nos

---

[20] Eric Santner, *A Alemanha de Schreber* (trad. Vera Ribeiro, Rio de Janeiro, Zahar, 1997).
[21] Elias Canetti, "Dominação e paranoia", em *Massa e poder* (trad. Sergio Tellaroli, São Paulo, Companhia das Letras, 2008).

ama (erotomania). Essas duas formas de negação concorrem para a dissolução da fronteira entre público e privado, aparecendo com um excesso inapropriado de identidade. Por isso o líder político deverá ser também viril, masculino ou amoroso e severo como um pai; por isso ele se autoriza a falar com a massa usando palavrões e linguagem vulgar; por isso ele liga e confirma a ligação "pessoal" que existe com seu destinatário, uma ligação privilegiada que demanda sinais de autenticidade para se confirmar.

Mas há uma profunda diferença entre a paranoia clínica e a paranoia sistêmica, fabricada no contexto do poder político. A paranoia política depende de um discurso, não apenas da fala exuberante ou extravagante de uma pessoa. Um discurso é um aglomerado de ideias, valores, decisões, palavras que formam um dispositivo, definido por:

a) um suposto agente, um indivíduo que fala por todos, ou melhor, uma vestimenta ou um semblante que qualquer pessoa pode vestir quando ingressa e participa do discurso;

b) um destinatário que sanciona e colabora com a recepção desse discurso para torná-lo cada vez mais uma unidade agregadora de sentido;

c) a produção de um tipo de satisfação ou gozo, extraído da circulação e da reposição desse discurso. Em outras palavras, um discurso não se multiplica apenas como informação, mas como piada, que, quando passamos adiante, nos dá de novo uma pequena cota de satisfação repetida;

d) a verdade, ou seja, aquilo que o discurso esconde sob o semblante de seu indivíduo ou agente e funciona como ponto tácito de acordo, não revelado nem explicitado pelos participantes do discurso.

O paranoico, no sentido clínico, tem extrema dificuldade para fazer laço social e formar uma massa de apoiadores, porque ele não regula muito bem os efeitos do que diz, de modo a transformar seu discurso segundo paisagens políticas específicas. Por exemplo, afirmar que há um grande plano por trás de tudo é afirmar que os outros estão sendo enganados e que nós, ainda que não saibamos bem qual é o plano, estamos cientes dessa enganação. Isso significa gradualmente que a palavra depende mais *de quem diz* do que exatamente *do que está sendo dito*. O verdadeiro paranoico, cedo ou tarde, vai testar a verdade de sua crença contra a verdade da crença da massa, ao contrário da paranoia política, que vai ajustar o delírio de acordo com o gosto do "consumidor". Isso produzirá o efeito irresistível de que o líder nos escuta e de que estamos em um estado de comunhão e comunicação direta com ele. Ao contrário do paranoico verdadeiro, que logo se verá recolhido à condição daquele que "fala sozinho".

A negação psicótica é causa de grande sofrimento. Sofrimento que não conseguimos medir muito bem, mas que jamais nos passará como cínico, instrumental ou meramente oportunista. Por exemplo, no início de minha clínica, visitei uma paciente que perguntava com insistência quando o filho viria visitá-la. Sentia que ele estava em perigo e temia que alguém lhe fizesse mal. Depois de algum tempo, ela esclareceu que estava sem ver o filho havia muitos anos. Ele era pequeno e chorava muito à noite. Aquilo a irritava. Chegou a lhe oferecer um pouco de gelatina. No dia seguinte, ao jogar fora a embalagem da gelatina, ela percebeu que havia estampado na caixa um pequeno saci vermelho. Concluiu, de imediato, que aquilo era coisa do diabo. Angustiava-se imensamente pelo fato de ter dado aquilo para o filho, que agora tinha o diabo dentro de si. Passaram-se os dias e ela começou a ver cada vez mais que o filho tinha traços demoníacos: subia nas coisas, não parava quieto, chorava. Para curá-lo da possessão do saci, ela deu uma mamadeira com veneno de rato ao pequeno. Depois disso, não conseguia lembrar o que havia acontecido, mas esperava ansiosamente a visita de seu filho, quase quinze anos depois do ocorrido.

Temos aqui um tipo de negação que se assemelha a algo de irrealizado. Uma perda no nexo lógico entre dar veneno para matar o saci no corpo do filho e matar o próprio filho. O resultado é uma negação da realidade. A qualquer momento o filho pode aparecer, ela tem convicção de que ele está vivo, teme que tenha sido raptado definitivamente pelo saci, não pode aceitar sua perda, porque esta, em algum nível, não aconteceu. Mas, bem antes disso, ela incorreu em outra negação mais simples: estava irritada com o filho que a acordava à noite, e a ideia de que a gelatina estava envenenada chocou-se com a consciência de que, nesse breve sentido, poderia ter desejado que ele simplesmente parasse de chorar.

Agora vamos imaginar que, em cima dessa história trágica, infiltre-se um discurso de inflexão política que diz que existe uma conspiração vermelha para dominar o Brasil, conspiração da qual fazem parte as religiões de matriz africana, que querem raptar "nossas" mulheres e crianças, influenciá-las para uma sexualidade desviante ou corromper as virtudes da família.

O delírio ganha mais consistência e tem mais efeitos terapêuticos quando se expande como crença coletiva. Enquanto isso, a crença coletiva e sua rede de expectativas direciona o delírio, acrescenta-lhes detalhes, provas e contraprovas. Isso traz um efeito pacificador e identificatório, pois nomeia e narrativiza o mal-estar, explora ideias que não são apenas psicóticas, mas que, justamente por aparecerem em delírios psicóticos, captam, ao modo de um sismógrafo social, o sonho, a inquietude coletiva de uma época. Desde sempre, esse tipo de captura política assediou e impulsionou a emergência do fascismo.

Mas, no caso brasileiro, havia um ingrediente a mais. Um contingente substancial de pessoas que se viam excluídas do debate público, que viviam a política como uma espécie de novela por cujos últimos capítulos nos interessamos, como uma decisão de campeonato em busca de nosso voto, para uma nova onda quadrienal de participação. Entre 2013 e 2016, algo mudou nessa equação, e tendo a pensar que a linguagem digital exerceu forte papel nisso. Houve mobilização popular, uma exceção à regra do complexo político de Cinderela, seguida da inclusão de milhões de pessoas em um cenário real, no qual suas opiniões finalmente contavam para alguma coisa. Excluídos históricos, vozes pobres e miseráveis canceladas, minorias de classe, raça e gênero silenciadas, jovens que egressos da inclusão escolar ou ingressos no sistema de cotas universitárias, uma vez chamados ao jogo do debate público, muito compreensivelmente se inclinaram para a negação.

Paulo Freire dizia que, quando a educação não é libertadora, o sonho do oprimido é tornar-se opressor. Ora, quando a participação política não se faz acompanhar de cidadania e formação, o sonho do negado é tornar-se um negador. Mas esse tipo de negacionista é muito diferente da negação psicótica ou de sua instrumentalização política. Ele, no fundo, demanda mais inclusão, reagindo imediatamente à tomada de consciência de sua situação de desvantagem e alienação.

Aqui não estamos mais no campo da paranoia clínica nem da paranoia sistêmica, mas da negação como crítica malfeita, como revolta indeterminada e que, não obstante, precisa ser escutada e reconhecida. Estamos no campo de comunidades lidando com o aumento súbito de complexidade no mundo e da política como uma opacidade institucional poluída por hipertrofia de regras e regulamentos. As instâncias de mediação, como a justiça, os intelectuais, a imprensa, os artistas e até mesmo as novíssimas lideranças digitais, deixam de operar como terceiros, em posição simbólica, e passam a ser lidos a partir de agendas secretas e interessadas.

Um caso exemplar, nesse sentido, está representado pela ciência e pelo negacionismo como resistência à vacinação, uso de máscaras e adesão ao "tratamento precoce" à base de cloroquina e ivermectina. Todos sabemos que o complexo científico-tecnológico é capaz de produzir efeitos devastadores em termos ambientais e biopolíticos. A ciência, tal como ela opera real e concretamente a partir de redes de financiamento, circuitos universitários e publicações, envolve comunidades e instituições – logo, interesses e consensos. Todos sabemos que a ciência não é a única e eventualmente a melhor expressão da razão, bem como da importância de dispositivos éticos e críticos reguladores. As dificuldades para tornar a ciência e os cientistas mais equânimes do ponto de vista de raça e gênero, que ela possa incluir epistemologias do Sul e não apenas e hegemonicamente dos grandes centros europeus, norte-americanos e asiáticos, que ela possa levar em conta saberes tradicionais, inclusive a crítica psicanalítica da foraclusão do sujeito e da verdade, tudo isso parecia fazer parte do movimento de autorregulação dessa forma de saber.

Mas o negacionismo organizado, ainda que em pequenos grupos, como a reunião dos terraplanistas no Brasil, os que defendem a escola sem partido, os que negam o aquecimento global, o movimento bolsonarista antivacina, assim como o olavismo, não demanda real inscrição no espaço público ou reconhecimento pelas instituições científicas ou universitárias. Pelo contrário, excluir-se e ser excluído do debate, negar e ser negado pelas regras acadêmicas é necessário para cumprir a imagem de um saber extrassistêmico, não hegemônico e "paralelo" exigido pela retórica conspiratória. Nesse sentido, é uma retórica não democrática, pois evita disputar o espaço público, pretendendo derrogar sua legitimidade. Não se trata de "não faço parte de um clube que me aceita como sócio", mas de "não aceito esse sistema de clubes, com regras de ingresso e carteirinha de sócio", ou, em termos políticos, "não aceito o sistema de partidos, mas quero participar das eleições", ou ainda, na retórica eleitoral, "as eleições são uma fraude e a prova disso acontecerá se eu não for eleito".

Os negacionismos clássicos, como os movimentos revisionistas em história, cujo epicentro foi a discussão sobre a extensão e a natureza do extermínio de judeus na Europa durante a Segunda Guerra Mundial e, antes disso, a persistência do criacionismo cristão, pretendem atacar o próprio espaço público apontando exceções, diluindo o espaço público no espaço privado e denunciando a ciência como referência para a formação de políticas de Estado. Algo análogo a defender que os direitos humanos se subordinam aos direitos da família, como se o Estado e seu ordenamento jurídico fosse tão somente a generalização das leis autocráticas que subordinam filhos a pais. A ciência não é uma voz única que decreta, a cada vez, o resultado da razão monológica como verdade e autoridade.

Qualquer um que comece a consultar *papers* ou publicações científicas percebe que ciência é conflito. Ciência é feita de hipóteses. Por certo tempo, pode haver consenso, mas ele é passível de mudança e às vezes de inversões. A ciência é apenas o melhor saber disponível naquele momento, não um saber fechado, um saber concluído. No fundo, ela não enuncia propriamente verdades, e sim o melhor estado possível para o saber sobre determinada questão em determinado momento. Estou falando não somente da ciência, mas também de sua representação social.

Uma vez que a complexidade do mundo aumenta, há uma tendência a e uma janela política para aparecer um discurso que diz que essa complexidade é falsa, desonesta, ou que "existe uma trama por trás disso tudo". As ciências, inclusive as humanas, têm história, regras e práticas de reconhecimento que prescrevem critérios e convenções pelos quais um saber pode ser elevado à condição de conhecimento.

Mas a ciência não é a única forma de inscrição no espaço público. Quando Lacan afirmava que a psicanálise introduzia o nome do pai na consideração científica[22], com isso ele sugeria que a autoridade anônima e impessoal da ciência deveria ser capaz de submeter a crítica à própria autoridade do pai, como origem

---

[22] Jacques Lacan, "A ciência e a verdade" [1965-1966], em *Escritos*, cit., p. 889.

natural da autoria da lei. Aqui temos o negacionismo neurótico, que é essencialmente um pedido de reconhecimento. "Quero que você me prove que o homem chegou à Lua", ou seja, quero que considere que minha opinião é importante, quero que me convença, que me mostre que meu clique ou minha "curtida" têm valor e valem a pena. "Eu lhe peço que você recuse o que lhe ofereço porque não é isso."[23] Essa é a fórmula da demanda, segundo Lacan – ou seja, como não sabemos muito bem o que estamos pedindo naquilo mesmo que pedimos.

Especialmente quando pequenos, nós nos esforçamos por dizer "não" para o outro como forma de investigação dos fundamentos tanto da autoridade parental quanto das razões do desejo do Outro. Quando a criança diz "não" para os brócolis oferecidos por adultos, ela está perguntando duas coisas: 1) em nome de que devo aceitar o que você me oferece e 2) o que você realmente quer quando me oferece isso? É claro que essa birra pode evoluir para um sentimento paranoide de desconfiança em relação ao outro. Não é a paranoia clínica, nem a paranoia sistêmica, nem a instrumentalização política da paranoia, mas uma propriedade narcísica do eu neurótico. Diante de estados de falta de determinação simbólica ou de indeterminação real, o neurótico responde convocando o pai. E a negação é uma forma de fazer isso. Em vez de interpretar a transição das leis como momento de incerteza e anomia, inventamos um novo e mais poderoso semblante paterno.

Isso mobiliza diferentes teorias da transformação. A narrativa do objeto intrusivo interpreta que a indeterminação decorre de um objeto intrusivo. Tire o objeto, e sua vida vai melhorar. Isso não começou agora. A ideia de pôr a culpa no outro, no estrangeiro, na substância, no objeto fetiche, atravessa impérios, épocas, e está sempre disponível. Ela se desdobra na narrativa do pacto violado que interpreta o mal-estar como violação de acordos, compromissos e contratos e cuja forma degradada aparecerá nos discursos de reinvindicação vingativa, denúncia de traição ou corrupção. Objeto intrusivo e violação de pactos coincidem em uma narrativa anterior, que é a da alienação da alma. Nesse caso, perdemos a conexão entre passado, presente e futuro. O pacto que une a história contingente de nossos desejos desejados aos conflitos necessários de nosso presente, de modo a perspectivar futuros possíveis, pode ser rompido. Então vigoram os fenômenos de esquecimento, reificação ou fragmentação da própria experiência, mas também o sentimento de que nós mesmos nos tornamos estranhos a nosso corpo e nossas identidades. A quarta narrativa de sofrimento inclui as três formas anteriores e acrescenta-lhes a universalidade de nossas formas de inscrição na ordem simbólica: a linguagem, as estruturas de parentesco, a cultura, o gênero e

---

[23] Idem, *O seminário*, Livro XX: ... *Mais, ainda* (trad. M. D. Magno, 2. ed., Rio de Janeiro, Zahar, 1985 [1972-1973]), p. 152.

tudo o que se organiza como um sistema simbólico que define alianças e filiações, produções e trocas. A dissolução de unidades simbólicas do espírito, ou seja, nossa experiência de pertencimento a uma cidade ou uma família, de um corpo ou uma linguagem, de uma classe ou uma profissão. Demanda de um novo pacto, demanda de restituição de pertencimento, demanda de purificação, demanda de sentido, são todas demandas de outra coisa que se iniciam por um "não".

Esse negacionismo está ligado a uma ofensa narcísica. Uma ofensa narcísica continuada, persistente demais na história do Brasil, opõe e divide o país entre as pessoas que se incluem no processo institucional e as quase pessoas, segregadas, vivendo precariamente em semicidadania. Como se essas últimas tivessem desde sempre ouvido: "Você não é ninguém, não tem voz, não sabe nada, não estudou, não tem dinheiro, não tem família de origem, não tem berço". Um dos maiores níveis de desigualdade social, historicamente persistente, porém com baixa insurreição, insurgência e convulsões sociais, depende, em alguma medida, de uma ideologia que justifique tal diferença. A cultura de condomínio faz parte dessa ideologia, o discurso da democracia racial também, mas, sobretudo, o entendimento de que essa diferença se justifica pela educação.

Com frequência o negacionismo neurótico se desenvolve a partir de um sentimento de injustiça que evolui para o ressentimento. Por exemplo, diante de novas demandas feministas, um homem poderá retrucar: "Se você tem o direito de ser feminista, eu posso ser machista", negando que a posição de partida é desigual. Nesse caso, teremos um negacionismo que em baixas doses é simplesmente uma forma de crítica malfeita. A dúvida sobre uma nova forma de laço social redunda em negação. Muitas dessas pessoas não acreditam de fato que a terra seja plana ou que a igualdade de gênero é uma realidade; trata-se mais corretamente de crença interpassiva, ou seja, quando o outro acredita por nós. Por exemplo, muitas pessoas dizem que não acreditam em Papai Noel, mas enfeitam árvores, trocam presentes, comem peru, tudo isso apenas *para que as crianças acreditem*. De modo análogo, alguém pode acreditar, interpassivamente, que machista ou racista são os outros.

Há muitas pessoas que se sentem excluídas e buscam no espaço digital o reconhecimento específico do qual se veem privadas na "vida real". Menosprezadas, sentindo-se irrelevantes ou em déficit crônico de reconhecimento, essas pessoas se agrupam em torno da plataforma 4chan* nos Estados Unidos ou dos incels[24],

---

* Fórum de discussão baseado em publicações de texto e imagem. Em geral, os usuários são anônimos. (N. E.)

[24] Os *involuntary celibates* [celibatários involuntários] fazem parte de uma subcultura virtual cujos membros se dizem incapazes de encontrar um parceiro romântico ou sexual, embora o desejem. É uma cultura marcada por ressentimento, misoginia, misantropia, autopiedade, racismo e ódio a si mesmo, senso do direito ao sexo e violência contra pessoas sexualmente ativas. Assassinatos

uma subcultura virtual de homens, em sua maioria heterossexuais, que se definem como incapazes de encontrar uma parceira romântica ou sexual. Eles acham que as mulheres os estão punindo, porque não saem com eles, e preferem jogar videogame. Muitas vezes apelam para a agressividade, vestem-se de *vikings* ou personagens de internet. No fundo, comunicam uma mensagem bem clara: "Ninguém liga para mim mesmo, então vou tocar o bumbo".

Pensando nesses tipos de negacionismo psicótico, instrumental, sistêmico e neurótico como discursos, ou seja, formas de agrupamento e laço social, vemos que a abordagem ligada ao esclarecimento dos fatos, da afirmação de consensos, dotados de validação científica ou reconhecidos como políticas de Estado, não é suficiente para reverter o problema. Negacionistas se aproveitam, por exemplo, de *fake news* nas quais montagens de fatos verídicos conduzem a falsas conclusões.

A verdade não é uma acumulação de fatos e, muitas vezes, surge apenas do trabalho do negativo. Isso infelizmente revela certa ingenuidade crítica da ciência institucional que se tornou obcecada por evidências, como se revela no editorial da revista *The Lancet* que convoca uma parceria entre saúde pública, psicologia experimental e psicanálise para combater o negacionismo e a recusa de aderência ao tratamento médico no contexto de covid-19.

> Como a psicanálise pode nos ajudar a tratar o negacionismo e a não aderência massiva? Tanto epidemiologistas quanto psicanalistas resolvem problemas pelo aumento da consciência. Epidemiologistas resolvem problemas aumentando a consciência dos perigos para a saúde pública, a psicanálise aumenta a consciência sobre a própria falta de consciência das pessoas sobre suas defesas, que trabalham para colocar o perigo e a ansiedade para fora da consciência precisamente porque ele é difícil de encarar.[25]

Como se a ciência fosse apenas evidências. A condição de pós-verdade resulta da combinação de ingenuidade com excesso de confiança da ciência institucionalizada em suas próprias convenções e soluções "operacionais" para se traduzir em políticas públicas, acrescida ao desgaste dos programas críticos que enfatizaram o privilégio relativo do ponto de vista das estruturas de determinação (genes, ideologias e sistemas de interesse), desmentindo a crença ingênua na liberdade ou afirmando uma superdeterminação indemonstrada. Com isso, alternam-se os superpoderes do objeto e do sujeito. O objeto seria apenas uma tela branca em

---

em massa nos Estados Unidos foram cometidos por homens que se identificavam ou tinham relação com incels.

[25] Austin Ratner e Nisarg Gandhi, "Psychoanalysis in Combatting Mass Non-Adherence to Medical Advice", *The Lancet*, v. 396, 19 out. 2020.

que se projetam livremente quaisquer identificações ou o sujeito é apenas um receptáculo de determinações sociais, psíquicas, biológicas, e assim por diante[26].

Evidências são importantíssimas, mas a ciência é mais que o empilhamento de evidências, como se critérios de evidência fossem sempre evidentes para todos os objetos, como se o monismo metodológico fosse inquestionável e tais controvérsias não fossem, elas mesmas, parte da ciência e de sua história. Os fatos operam junto com relações entre fatos. Os fatos operam a partir do que poderíamos chamar de "registros ontológicos".

Neoliberalismo e neopentecostalismo

A eleição de Jair Bolsonaro para a presidência do Brasil, em novembro de 2018, caracterizou-se pela mobilização inédita de duas novas forças políticas: o ativismo digital nacional-armamentista e a militância evangélica neopentecostal. Esses grupos têm uma composição heterogênea quanto ao corte de classe, raça e gênero. Enquanto os ativistas digitais são majoritariamente homens, brancos das classes médias, com instrução superior, os evangélicos são 60% mulheres, 61% negros, moradores de periferias das grandes cidades, com frequência associados à nova classe média, subempregada ou precarizada do ponto de vista laboral. O enigma é como a nova aliança para o Brasil[27] conseguiu reunir dois polos do sétimo país mais socialmente desigual do mundo[28]. A classe média alta parece ter encontrado nessa aliança os anseios de proteção de privilégios, enquanto as classes baixas viram uma forma de proteção contra a crescente insegurança social. Ambas concordam em diagnosticar o Estado como traidor de uma aliança violada (a falsa promessa de crescimento), o alienador de crianças e jovens (com seu discurso sobre sexualidade e gênero), a instância intrusiva que impede a fluidez dos negócios e da economia (a incompetência na gestão) e uma falsa unidade simbólica sujeita a forte degradação moral (fonte permanente de corrupção). O discurso de ressentimento, catalisado contra o Partido dos Trabalhadores (PT), sintetiza a incapacidade do Estado, confundido com o governo, de proteger seus cidadãos. Um pacto impunemente violado redunda em ódio e vingança.

Enuncio, assim, a tese de que a ascensão da teologia da prosperidade no Brasil, neste início do século XXI, pode ser atribuída à instalação adiada

---

[26] Bruno Latour, "Por que a crítica perdeu a força? De questões de fato a questões de interesse", *O Que Nos Faz Pensar*, v. 29, n. 46, 2020, p. 173-204.
[27] Alusão ao nome do novo partido formado em 2019 por Jair Bolsonaro, "Aliança para o Brasil", cujo símbolo é um círculo formado por cartuchos de balas em forma retorcida.
[28] Ana Carla Bermúdez, Constança Rezende e Carlos Madeiro, "Brasil é o 7º país mais desigual do mundo, melhor apenas do que africanos", *UOL*, 9 dez. 2019.

do neoliberalismo e de seu antídoto. Ou seja, ao mesmo tempo a retirada de proteções associadas à cidadania, programaticamente definidas pela Constituição de 1988, e o deslocamento do universo protetivo para a família e a religiosidade neopentecostal. O empreendedor movido pela fé absoluta alia-se à mão divina do mercado da fé. Tudo funciona como se o narcisismo formado pela aderência na irmandade da prosperidade fizesse o raio divino da punição econômica e da miséria cair sobre os inimigos históricos ou, então, sobre os inimigos de ocasião.

Essa nova aliança também poderia ser organizada em função de seu entranhamento histórico no processo modernizador brasileiro. A primeira onda pentecostal[29] ocorreu por volta de 1910, com missionários de influência europeia que se fixaram no Norte do país e enfatizaram os costumes e os trajes tradicionais, bem como a força do Espírito Santo. A segunda onda[30], nos anos 1950, enfatizava os dons do Espírito Santo, como o falar em línguas (glossolalia), a cura e o exorcismo. Associava-se à capilarização da evangelização em áreas que o Estado brasileiro alcançava com dificuldade, além dos centros periféricos em urbanização acelerada. É preciso notar que, nessas duas primeiras ondas, encontramos movimentos progressistas importantes em torno da Confederação Evangélica do Brasil e do Movimento Estudantil Cristão, convergentes com a Teologia da Libertação, principalmente no que toca ao enfrentamento das injustiças sociais e da pobreza, e impulsionados em especial pelas ideias de Richard Shaull. "A novidade do pentecostalismo é que essa expressão de fé oferece aos marginalizados, desprezados pelas elites do poder, uma experiência de Deus empoderadora e imediata, que não depende necessariamente de qualquer mediação sacerdotal ou institucional."[31]

A acentuação da comunidade, assim considerada, impulsionou a superação do individualismo que caracterizou as duas ondas iniciais no Brasil, aproximando a teologia da economia, valorizando as histórias de conversão e sucesso. Isso teria aberto as portas para uma orientação messiânica, escatológica, mística e carismática, capaz de usar o empoderamento para gerar maior autoprivação, em atos de prova de fé, fortalecendo a figura de Satanás como inimigo tangível. Ao fim, isso acaba fundindo, pela interseção cotidiana da salvação, pelo fervor da cura e do falar em línguas, o mundo sagrado e o

---

[29] Congregação Cristã do Brasil (1910) e Assembleia de Deus (1911).
[30] Igreja do Evangelho Quadrangular (originalmente da Califórnia), Igreja Evangélica Pentecostal Brasil para Cristo e Igreja Deus é Amor.
[31] Raimundo César Barreto Jr., *Evangélicos e a pobreza no Brasil* (São Paulo, Recriar, 2019), p. 271.

mundo religioso. Como disse Rubem Alves: "A vida cotidiana se transforma em uma enorme liturgia cósmica"[32].

A terceira onda evangélica, de predominância neopentecostal e dispensionalista, começou em 1977[33] e concentrou-se no Rio de Janeiro, com a fundação da Igreja Universal do Reino de Deus, por Edir Macedo. Essa onda se caracteriza pela teologia da prosperidade e pelo neopentecostalismo de resultados. Se a primeira e a segunda ondas tinham uma retórica de proteção de valores, compreendendo um extenso domínio dos estudos bíblicos e da hermenêutica sobre o sentido do sofrimento, a terceira elege pastores em função do resultado alcançado na arrecadação de doações e dízimos. Se o evangelismo histórico e o pentecostalismo das primeiras gerações adotavam a Paixão de Cristo como narrativa mestre, a terceira onda reverte a função política e moral do sofrimento. De agora em diante, o sofrimento liga-se ao fracasso, à falta de fé e à incerteza na enunciação do próprio desejo no quadro da confissão positiva. "Pare de sofrer" procure o "pronto-socorro espiritual 24 horas", os programas de rádio ou televisão disponíveis.

A recusa do sofrimento torna-se um ponto de contraste comparativo com a Igreja católica. Observe-se aqui a abordagem realista e pragmática do sofrimento pelo neopentecostalismo. É preciso transformar o sofrimento em demanda e, em seguida, operacionalizar essa demanda em uma forma de sutura. Isso, além de fazer o devoto pensar em soluções, acalenta o processo de gestão do sofrimento como signo de uma fé imperfeita ou uma fé insuficientemente aperfeiçoada. O ponto central aqui é a doação daquilo a que estamos apegados para receber em dobro o que objetivamos em nossas preces.

Como já foi dito, a expansão da terceira onda, doravante chamada neopentecostalismo, é concomitante com a incorporação de um modelo neoliberal da fé: foco nos resultados, autoadministração dos processos, valorização das métricas de sucesso e, principalmente, financeirização da produção. Graças a essa combinação de elementos, a experiência da crença orienta-se para a explicitação de sua função autojustificadora. O fiel é estimulado a "provar" sua fé pelos "milagres" e pelas "bênçãos alcançadas". Isso faz parte da aprendizagem da retórica do testemunho, que, por sua vez, é parte de uma estratégia mais participativa junto aos fiéis. Estes cantam, dançam, narram dificuldades e conversões, tornam a fala em primeira pessoa uma dominante discursiva. Isso concorre para reproduzir, senão criar, uma experiência discursiva nova e atraente para as classes pobres em ascensão, o que ocorreu em especial nos governos Lula e Dilma – a experiência do sucesso biográfico.

---

[32] Rubem Alves, "O deus do furacão", em Richard Shaull, *De dentro do furacão: Richard Shaull e os primórdios da teologia da libertação* (São Paulo, Sagarana, 1985), p. 38.
[33] Igreja Universal do Reino de Deus, Igreja Sara Nossa Terra, Igreja Internacional da Graça de Deus, Igreja Mundial do Poder de Deus, Igreja Renascer em Cristo.

Dessa forma, uma torção interior ao pentecostalismo criou uma versão abrasileirada[34], pós-moderna, nacionalista e ostentatória da fé, em contraste com os valores iniciais da evangelização, de corte universalista e capaz de superar a territorialização particularista da crença. A carnavalização da fé não se fez, entretanto, sem a preservação do esqueleto funcional e protetivo da narrativa de expansão. Uso de contraceptivos, obrigação de fidelidade aos membros (por exemplo, em presídios), proibição de álcool e drogas, administração do sistema de casamentos e aconselhamentos de casais mostram como a expansão da teologia da prosperidade se enquadra como um capítulo bem-sucedido do que se considerou, no Brasil, uma "modernização regressiva". A carreira de pastor, escolhido por vocação e eficácia discursiva na arrecadação do dízimo, é o que organiza de fato a vida de milhares de pessoas que viram na Igreja do Reino de Deus uma ocupação possível no cenário de desemprego endêmico. Sem ensino pastoral, sem seminário nem qualquer preparação ou apoio psicológico, eles se submetem a jornadas extensas e insalubres, com metas opressivas e demandas intermináveis, como se estivessem em uma grande empresa, ou melhor, em uma empresa que precariza seus empregados, sem proteção trabalhista, impostos ou compromisso social.

Em 2007, 37% dos residentes da Baixada Fluminense declaravam-se evangélicos, contra 41% de católicos[35]. Desde então, os católicos perdem 1,8% de fiéis e os evangélicos ganham 0,8% de praticantes por ano, de tal maneira que, em 2032, o Brasil será um país predominantemente evangélico. Há duas mudanças importantes aqui, quando entendemos esse processo em termos de políticas discursivas. Em primeiro plano, uma mudança do lugar do sofrimento. Para o liberalismo clássico, o sofrimento deve ser evitado economicamente, pois prejudica o engajamento no trabalho e justifica medidas de proteção e uma moral (católica) baseada na culpa e no sofrimento como experiência expiatória. Em segundo plano, o sincretismo antropofágico com sua política de tolerância e orquestração de ambiguidades. Ora, para os neoevangélicos, assim como para o neoliberalismo, o sofrimento não deve ser evitado e, sim, produzido e administrado de modo a aumentar a produtividade ou o engajamento na fé. O trabalho moral reside justamente em explorar o sofrimento, próprio ou alheio, de modo a convertê-lo, no duplo sentido da palavra, em uma experiência produtiva e determinada de prosperidade, acumulação e ganhos. Isso se apoia em uma política de transferência e assimilação de todas as *narrativas da proteção* – de natureza institucional estatal, civil e até mesmo de saúde mental, em casos particulares da proteção evangélica e sua rede de suporte pragmático. Tal proteção não hesitará em recorrer à magia

---

[34] Pierre Sanchis, "As religiões dos brasileiros", *Horizonte: Revista de Estudos de Teologia e Ciências da Religião*, v. 1, n. 2, 1997, p. 28-43.
[35] Tatiana Carlotti, "O fenômeno evangélico em números", *Carta Maior*, 22 maio 2019.

e à contínua interpretação de que a sobrevivência já é, em si, um fato milagroso, o que não deixa de se confirmar autoperformativamente quando se é negro e morador de comunidades periféricas das grandes cidades brasileiras.

Antidemocrática, intolerante (ainda mais com espíritas e religiosidades de matriz africana), conivente com a violência, a narrativa da proteção é o complemento subjetivamente necessário de uma religião baseada no empreendedorismo. Esse é um ponto comum capaz de reunir grandes líderes do tráfico, membros de milícias e facções em um mesmo projeto de proteção compartilhada. A expansão da bancada evangélica, que cresce no Congresso Nacional e elege para prefeito o carioca Marcelo Crivella no Rio de Janeiro, em 2018, é outro exemplo dessa assimilação incorporativa das funções das instâncias protetivas. A afinidade com um Estado teocrático surge, assim, espontaneamente ao espírito.

Vejamos, então, como se dá essa combinação entre teologia da prosperidade e narrativas de proteção que confere unidade e coerência retórica aos cinco pontos que caracterizam habitualmente o neopentecostalismo de resultados[36]:

1) Valorização do empreendedorismo, combinando teologia da prosperidade, autoajuda moral e psicologia positiva, em uma disciplina do sucesso, que ao mesmo tempo explica a dinâmica do desemprego como dispersão e individualização do fracasso. *Deus não quer que você se arrependa, Deus quer que você seja rico.*

2) Sentimento de que a vitória depende do esforço pessoal. Apesar disso, a vulnerabilidade social é visivelmente enfrentada por meio da adesão a uma comunidade cultural, artística, esportiva e moral investida de valor pragmaticamente protetivo. Neopentecostais agem como uma comunidade de ajuda mútua, encontrando emprego, trabalhando na assistência social e na luta contra a fome. Estão presentes nos funerais, nas escolas, nos hospitais e nos presídios, bem como em todas as situações de exposição ao sofrimento.

3) Valorização da moralidade da família reduzida, com definição clara de papéis de gênero, o que protege contra crises domésticas e desequilíbrios de poder nas relações íntimas, ao mesmo tempo que a batalha espiritual reduz a separação entre o sagrado e o profano. O mundo celestial invade o cotidiano, com Deus produzindo milagres "geralmente de sobrevivência" no dia a dia. Um aviso para mudar de calçada, um atraso inesperado que protege do ladrão que espreitava à porta da casa, o encontro com alguém que nos faz companhia na longa e perigosa travessia urbana.

4) Redução da porosidade da identidade religiosa com crítica ativa de outras confissões e, ao mesmo tempo, prática de assimilação de traços de outras religiões,

---

[36] Christina Vital da Cunha, "Pentecostal Cultures in Urban Peripheries: A Socio-Anthropological Analysis of Pentecostalism in Arts, Grammars, Crime and Morality", *Vibrant: Virtual Brazilian Anthropology*, v. 1, n. 15, 2018.

principalmente o judaísmo, como uso do solidéu, reprodução do Templo de Salomão, venda do "cajado de Moisés", da "água santa do rio Jordão" e outras relíquias da Terra Santa.

5) Metáforas da guerra entre o bem e o mal, luta entre forças antagonistas, permitem reinterpretar personagens políticos, esportivos ou artísticos como membros de comunidades secretas que se enfrentam em busca do domínio da terra, da vinda do Messias e das catástrofes esperadas nas imediações do Juízo Final.

O novo fundamentalismo brasileiro é herdeiro da crise de nossa cultura em lógica de condomínio. A expansão do muro como estratégia de segregação da diferença social, a consequente invisibilidade e redução do convívio social heterogêneo, associadas a um tipo cínico de autoridade moral, conhecido como síndico, são os ingredientes da fantasia ideológica necessária para a invenção de um novo fundamentalismo cristão. Ao contrário dos fundamentalismos mais típicos que envolvem o retorno étnico racial a uma comunidade mítica de origem, o fundamentalismo brasileiro é antropofágico, anti-historicista e anti-intelectualista. "A Universal se apoderou de elementos judaicos de maneira efusiva, como nenhuma outra Igreja evangélica brasileira. Hoje ela parece um simulacro do judaísmo, o que provocou a crítica dos judeus ortodoxos."[37]

Essa "antropofagia" tem uma recepção ambígua, que oscila entre o sentimento de lisonja e o de apropriação indébita. Serve a uma aliança local com a tese da ocupação de Jerusalém como capital, mas apenas porque isso apressaria a vinda do Messias e a conversão dos judeus à evangelização. Edir Macedo foi condecorado por Ehud Olmert, então prefeito de Jerusalém, e por Moshe Katsav, ex-presidente e então ministro do Turismo de Israel, colocando-se como uma espécie de aliado natural do sionismo[38].

O sionismo neopentecostal parasita as questões originárias do sionismo do século XIX, sem a resposta da criação de um Estado judaico. Como Salo Baron[39], ele acredita mais em uma comunidade de destino político que na etnicidade; como Simon Dubnow[40], toma a Torá por um livro histórico, mas sem crítica arqueológica; como Heinrich Graetz[41], traduz o problema mítico da identidade coletiva em uma tarefa futura, que se completará teleologicamente pela realização do povo-messias. Como Theodor Herzl[42], está mais orientado para uma

---

[37] Gilberto Nascimento, *O Reino: a história de Edir Macedo e uma radiografia da Igreja Universal* (São Paulo, Companhia das Letras, 2019), p. 337.
[38] Ibidem, p. 237.
[39] Salo Wittmayer Baron, *A Social and Religious History of Jews* (Nova York, Columbia University Pressa, 1957).
[40] Simon Dubnow, *Historia judaica* (trad. Ruth e Henrique Iusim, Buenos Aires, Sigal, 1934).
[41] Heinrich Graetz, *Volkstümliche Geschichte des Juden* (Leipzig, Leiner. 1914).
[42] Theodor Herzl, *O Estado judeu* (trad. David José Pérez, Rio de Janeiro, Garamond, 1998).

comunidade econômica, mas, nesse caso, sem *kibutzim* ou equidade. A comunidade cívica, étnica, política e moral evangélica parte do Velho Testamento, com edição especial para a recomendação do dízimo em Malaquias, mas sua força se baseia na suspensão de todos os traços de pertinência em favor de uma lógica da ocupação e da dominação.

A teologia da prosperidade neoevangélica não é contra os direitos humanos, mas quer se apossar desse significante para justificar a própria moralidade. De igual maneira, desloca a autoridade para a Bíblia, mas ao mesmo tempo suspende a discussão sobre sua interpretação. Ao contrário da tradição protestante da qual emergem e da ancestralidade que as práticas de leitura adquirem nas religiões mosaicas, os neopentecostais incorporam canais de televisão, agências de turismo, bancos e financeiras, mas nenhuma escola ou universidade. Nesse mesmo contexto, e com semelhante estratégia, situam-se as sucessivas tentativas da Sociedade Psicanalítica Ortodoxa do Brasil – entidade evangélica que parasita e mimetiza institucionalmente uma sociedade de psicanálise, sem com ela guardar nenhuma relação histórica, biográfica, ética ou científica – de propor ao Estado a regulamentação do exercício da psicanálise, colocando-se a si mesma como fiel representante dessa prática[43]. Hoje, a bancada evangélica pressiona pela mudança da política nacional de drogas, no sentido de liberar a prática das inúmeras comunidades terapêuticas sob gestão evangélica.

A preocupação da teologia da prosperidade com o controle discursivo e institucional de setores como direitos humanos, políticas de família, saúde mental e psicologia é estrutural, não é acessória. Afinal, o anti-intelectualismo é necessário para deflacionar o saber laico sobre o sofrimento psíquico e colocar em termo de comparação as curas pelo Espírito Santo e as curas pela psicologia clínica. Isso se mostra discursivamente decisivo para que a narrativa de proteção social, representada pelo retorno à comunidade orgânica de origem e pela disciplina do sucesso, torne-se hegemônica. Afinal, as depressões e as ansiedades, as solidões e as angústias são os quadros em que a competição pela eficácia e eficiência assumem o valor mais direto de prova e testemunho.

Devemos acrescentar a esse cenário uma observação recorrente entre os clínicos, psicanalistas ou não, acerca da dificuldade de atender pacientes com forte ligação neopentecostal. Como toda crença, o neopentescostalismo representa um ponto de vista relevante a ser acolhido e respeitado como parte do tratamento. Mas, ao que parece, tais casos tornam-se de difícil aderência, pois, ainda que suspendamos juízos de valor, quando surgem questões de valência moral, estabelece-se uma competição ou uma comparação com a narrativa de proteção. Isso

---

[43] Maria Clarice Baleeiro, "Sobre a regulamentação da psicanálise", *Cogito*, v. 4, 2002, p. 81-7.

leva, sistematicamente, a uma tentativa de conversão do psicanalista pelo paciente, pois os procedimentos são de fato sentidos como equivalentes e comparáveis.

Ora, a recorrência dessa circunstância só evidencia, por outra via, a tese que estamos apresentando aqui e que agora pode ser reapresentada com a ideia de que a teologia da prosperidade se junta a uma narrativa da proteção, pois ambas são formas de psicologia. É essa psicologia o elemento comum às classes médias brasileiras, ameaçadas pela perda de prestígio social, decadência cultural e declínio econômico, mas também pelas massas neopentecostais que perceberam a importância da identidade para a lógica do reconhecimento social, o valor da cultura como signo de pertinência e a força da disciplina na organização da carreira profissional ou econômica. Tudo se passa como se a percepção correta e crítica da iniquidade da distribuição de recursos culturais, do acesso à educação de qualidade e dos traços de excludência institucionais na composição da cidadania brasileira tivesse se invertido em uma solução simples. Se toda cultura é relativa e tem direito natural a exercer suas prerrogativas, por mais postiça e instrumental que seja, então por que não inventar uma na qual os traços de pertinência possam ser adquiridos ou produzidos em conformidade com as posses e as necessidades dos envolvidos? Se toda educação reproduz traços de poder e submissão, por que aceitar o valor de mediação e autoridade do saber instituído por escolas e universidades? Se toda prosperidade econômica advém de uma espécie de fé na eficácia autoconfirmadora, por que a religião não poderia ser tratada autêntica e abertamente como negócio?

Daí que as críticas mais óbvias que o pensamento tradicional mobiliza contra o neopentecostalismo traduzam-se apenas em mais adeptos ou confirmações de ilações conspiratórias, ou seja:

a) Cristo pode estar, sim, atrás de uma arma, procurando defender seus interesses, pois estamos em guerra. Quem defende a paz, a tolerância e a benevolência quer nos convencer a permanecer pobres e explorados;

b) o negócio da religião é mais um negócio entre outros. Outras religiões se apresentam como hipócritas e inautênticas ao não querer reconhecer isso;

c) os interesses políticos e econômicos não são motivo de vergonha ou dessacralização, mas apenas meios pelos quais se realizará a conquista do Paraíso na terra, uma conquista que não é para todos, mas particular e exclusiva para os convertidos;

d) cada um é responsável pela criação de sua própria rede de proteção e redução de sofrimento. Aquele que não se entende como empreendedor da própria felicidade não negocia alianças e investimentos e não entende a nova lógica individualista e contratualista do sacrifício;

e) a democracia, assim como o mercado, não comporta todos. Ela pode ser uma experiência para aqueles que conseguem se colocar na rota da salvação particular, expandir e defender suas pretensões num mundo em que o universal se tornou apenas nosso negócio particular.

Como tentamos mostrar, o neopentecostalismo de terceira geração, assim caracterizado, é um neoliberalismo[44]. Retomemos parte de nossos argumentos. Um dos traços mais marcantes da forma religiosa incorporada pela expansão pentecostal em sua projeção neopentecostal é a utilização da "mágica", porém sob novos termos, como postula Arenari:

> Em outras palavras, uma mágica renovada adaptada às periferias urbanas e distinta da antiga mágica religiosa da vida rural. Na migração do campo para as cidades, o camponês pobre imerso na mágica sincrética do afrocatolicismo, onde santos e orixás compartilhavam o mesmo espaço, se converte ao pentecostalismo, mas mantém seu universo mágico onde Deus intervém no mundo diariamente, por meio da "operação de milagres, relacionados à cura, de suas vidas afetivas/sexuais e financeiras/profissionais. Não obstante, esse tipo de mágica renovada, que herdara as velhas tradições religiosas brasileiras, também foi capaz de adaptar suas promessas para a nova realidade social de sua audiência de fiéis. Sua promessa principal é ascensão social e, consequentemente, não de maneira secundária, acessando o mercado consumidor. Nesse novo mundo urbano, de modernização rápida e hegemonia crescente do discurso capitalista, o pentecostalismo oferece meios religiosos mágicos para a população excluída dos benefícios da promessa capitalista de acesso a tal universo.[45]

Cabe notar que a expansão neopentecostal ocorre em solidariedade com movimentos internos à própria Igreja católica, como a Renovação Carismática Católica, que também surgiu nos Estados Unidos, em 1967. O retorno à família se faz aqui em um contexto de renovação da liturgia, com padres cantores e captação ativa de fiéis, com experiências de retiros e acampamentos (*Curadas para Amar* ou *Por Hoje Não*, no contexto da Canção Nova) e participação em canais de televisão. Contrária à esquerda representada pela Conferência Nacional dos Bispos do Brasil (CNBB), a Renovação Carismática é um exemplo de como o conservadorismo alegre, autêntico e de alto desempenho precisa do contraste com as retóricas nas quais o sofrimento por si só salva.

Várias transformações ocorridas no Brasil no período de 1989 a 2019, aqui considerado corte histórico para a expansão do neopentecostalismo, podem ser evocadas em congruência com essa teoria da intercessão mágica no cotidiano.

---

[44] Rodrigo Gonsalves, Christian I. L. Dunker e Ivan R. Estevão, "Neopentecostalism as a Neoliberal Grammar of Suffering", *Continental Thought & Theory*, v. 3, n. 1, 2021, p. 65-86.
[45] Brand Arenari, *Pentecostalism as Religion of Periphery: An Analysis of Brazilian Case* (tese de doutorado em filosofia, Universidade Humboldt de Berlim, 2013), p. 168.

Notemos que, nesse período, o país viveu uma espécie de neoliberalismo mitigado, por meio do qual políticas de inclusão social e institucionalização, como a implantação do Sistema Único de Saúde (SUS), perfizeram a aplicação do programa da Constituição de 1989 e sua ênfase na ampliação da cidadania.

Por sua vez, a gestão econômica "neoliberalizou" áreas antes restritas da economia, como a telefonia e a educação universitária, deslocando o controle direto do Estado para agências reguladoras, autarquias mistas e demais órgãos controladores híbridos. Com o incentivo à economia de consumo das famílias, registrou-se uma grande mobilidade social: 42 milhões de pessoas passaram da miséria para a pobreza e da pobreza para a classe média trabalhadora. As classes altas concentraram ainda mais renda, e a classe média viu-se dividida entre o temor da aproximação das classes populares e o distanciamento progressivo dos verdadeiros ricos.

A mudança de classe altera drasticamente as narrativas de sofrimento. Os horizontes de desejo se transformam com a aproximação de ideais, o narcisismo das pequenas e grandes diferenças demanda novas formas de reconhecimento e distinção; a dissolução do indivíduo na massa anônima torna-se ainda mais problemática com a entrada da linguagem digital, disponível em escala de massa a partir dos anos 2010. A configuração do território, com sua sobreposição não simétrica ao espaço simbólico, tradicionalmente organizada pela geografia da cidade, com a Igreja em seu centro e as efemérides santificadas e os rituais organizando o tempo, foi substituída por uma fé permanentemente disponível pela televisão, na qual o lugar do culto é contingente. Os grupos neopentecostais se apropriaram de canais de televisão, jornais, editoras e mídias digitais. O fato psicológico crucial aqui é que, para as classes em transição, a experiência, por menor que seja, de que é possível mudar seu lugar no mundo promove uma alteração da suportabilidade do sofrimento. Perceber-se em um novo lugar – por exemplo, uma universidade, um aeroporto ou em uma situação de consumo – convida a uma nova métrica do mundo e uma consideração mais aguda sobre as condições pelas quais a transformação ocorre e quando ela não ocorre.

Os estudos de Jessé Souza[46] mostraram que, nesse ponto, a possibilidade de planejar o futuro e investir nele de forma ordenada, considerando sacrifícios calculados para obter uma nova posição, é crucial para alterar o arco desejante de uma família ou de um indivíduo. O neopentecostalismo aproveitou-se dessa situação, oferecendo uma gramática plausível para esse sofrimento, considerado agora sacrifício calculado. A condenação do consumo de álcool, a preocupação com a autoridade e o respeito no ambiente familiar e a observação moral das

---

[46] Jessé Souza, *Os batalhadores brasileiros: nova classe média ou nova classe trabalhadora?* (Belo Horizonte, Ed. UFMG, 2010).

decisões cotidianas, do gênero preferido de música aos cuidados com o corpo, introduziram uma narrativa de sucesso que oferecia proteção contra os destinos erráticos e perigosos daqueles que se separam da comunidade para iniciar uma carreira solo no crime ou na aventura do crescimento profissional.

Com a gradual mudança da política católica, que fazia do sofrimento um ponto de conexão, advogando uma teoria da transformação coletiva, na qual o sofrimento compartilhado era signo de identificação, como na Teologia da Libertação, nas comunidades eclesiais de base ou nos grupos de Esaú, ocorre um distanciamento com relação aos movimentos populares e uma despolitização da ação episcopal. Isso cria uma espécie de vácuo hermenêutico em torno da experiência do sofrimento. Se ele perde sua dimensão expiatória, o modelo do amor baseado na renúncia e no sofrimento oferecido por Jesus aos homens, é preciso criar uma nova gramática que conecte o sofrimento cotidiano com outra gramática de transformação. Essa gramática não aposta mais na salvação coletiva, pelo poder transcendente de proteção gerado pela fé, mas em uma individualização da salvação, na qual a religiosidade é mero meio e suporte. *"Pare de sofrer"*, enquanto articulação de demanda em um significante vazio, pode ser traduzido como: encontre um amor ou um emprego, cure-se de sua doença, recupere-se de sua dependência das drogas, liberte-se da condição de oprimido solitário.

A narrativa mágica como resposta efetiva às mazelas sociais provocadas pelas contradições estruturais da sociedade capitalista se apoia na eficácia dessa forma de vida em que há uma comunidade protetora, com obreiros dividindo seu capital social e cultural e funcionando como rede econômica de prosperidade. Em outras palavras, o milagre acontece porque ele é real, aqui e agora, não apenas uma promessa ou um evento raro e ocasional, que toca os escolhidos em uma vida *post mortem*. Neopentecostalismo e neoliberalismo conectam-se em uma mesma gramática na qual nenhum sacrifício deve ser feito sem uma perspectiva tangível de retorno.

O encapsulamento do objeto mágico, seu aperfeiçoamento enquanto produto a ser consumido pelos fiéis, dá-se pela promessa ostensiva do enriquecimento e da ascensão social, alinhando-se fundamentalmente à teologia da prosperidade. A reversão da reverência moral à pobreza coletiva é uma das características mais salientes e contrativas do neopentecostalismo. Isso nos ajuda a entender também por que seus adversários, no mercado da fé, serão as religiões de matriz africanas, menos individualistas e mais tradicionalistas.

> Esses aspectos da formação da sociedade brasileira, ou seja, a presença de uma massa de indivíduos excluídos em busca de inclusão social e uma forte tradição de religiosidade mágica na cultura popular, estabeleceram um terreno sólido e fértil para a expansão de uma religiosidade neopentecostal, que trouxe respostas

modernas às expectativas modernas. Portanto, o pentecostalismo e sua variedade mais dinâmica, o neopentecostalismo, formam uma religiosidade que se viu adaptada e produzida dentro dessas expectativas novas e puramente modernas. Em outras palavras, prometeu uma inclusão e uma ascensão há muito desejadas, de acordo com uma promessa terrena, não sobrenatural, em um paraíso *post mortem* e resultante de toda uma vida de sacrifícios. Para promover e "confirmar" essa promessa em um idioma apreciado por seu público-alvo, ele usa o idioma da religiosidade mágica.[47]

A religiosidade neopentecostal dissemina e propaga ideologicamente em sua narrativa mágica que a única solução possível é via inserção exasperada no capitalismo. A única modalidade possível de resposta está na submissão profunda ao algoz econômico e em nome de sua propagação travestida de "prosperidade". Com isso, suspende-se a divisão católica entre o sagrado e o mundano. O divino está em toda parte e em qualquer hora e lugar, sem intermediários privilegiados. Isso cria um empuxo brutal de individualização como processo de leitura do cotidiano, associado com a direção comunitária, com a baixa institucionalidade apontando regras gerais. O pastor neopentecostal é gestor de testemunhos, mais que intérprete de um texto sagrado. Por isso, ele não precisa de formação qualificada, seminários nem disputas teológicas. Enquanto o catolicismo parecia se especializar na fé universitária qualificada, com a reapropriação das pontifícias universidades católicas país afora, o neopentecostalismo apostava no livre empreendimento do saber teológico. Isso fermentava o espírito do criacionismo e o confronto de autoridades como mera questão de opinião e potência ou extensão de membresias.

A onda de neopentecostalização absorveu a retórica do sucesso numérico, como prova da força da fé. De acordo com o chamado para a evangelização, a conversão torna-se prova de seu próprio sucesso, assim como um produto muito vendido adquire propriedades que não possuía antes. Um detalhe crucial aqui é a baixa institucionalidade requerida para abrir uma igreja neopentecostal. Não são necessários anos de seminário e autorizações complexas, votos ou designações. Cada qual pode ofertar sua palavra, livremente, conforme sua vocação e *kerigma* [mensagem], abrindo uma igreja ou associando-se a igrejas já existentes, em um sistema similar ao *franchising*.

Muitas igrejas começaram a adotar os métodos neopentecostais de administração para se relacionar com o público crente[48]. A religião se assume como um pacote de serviços e compromissos em torno de uma forma de vida. Uma

---

[47] Ibidem, p. 168.
[48] Ricardo Mariano, *Neopentecostais: sociologia do novo pentecostalismo no Brasil* (São Paulo, Loyola, 1999).

forma de vida que alternativamente distingue o sujeito de sua diluição na massa, apontando-lhe um caminho de crescimento e um plano de carreira e oferecendo-lhe um suporte de identificação na comunidade. No caso do Brasil, essa forma de vida conseguiu reformular a unidade perdida entre linguagem, desejo e trabalho, colocando em seu centro um mandamento e uma promessa: "Pare de sofrer!". Esse sintagma declara indiretamente que o sofrimento é optativo e depende de uma escolha subjetiva, mas ele é posto em contraste direto com a narrativa católica até então dominante: "O amor em Cristo mostra-se pela imitação de sua capacidade de sofrer por nós".

O reencantamento vulgar da realidade, com restauração metafísica ajustada aos modos de vida, escutou a nova demanda pela ascensão social que passou décadas sem conseguir ser ouvida, nem mesmo por uma esquerda percebida como seita estranha que odiava o dinheiro. O horror a grupos religiosos que passam a operar empreendedoramente como empresas e igrejas geridas por administradores dentro de uma rede em cadeia, demonstrando toda a aptidão e o tino comercial que retroalimentam o projeto capitalista em sua busca típica pelo lucro, torna-se um critério de confirmação da fé. Pastores milionários, que se apresentam na retórica de CEOs ou patrões, ocupando um lugar "ambicionado", são uma heresia para a antiga religiosidade que ainda está presa ao fetiche do sofrimento. A crítica da riqueza, da ganância e do lucro torna-se a confirmação do "ponto de vista do inimigo", que parece "querer" a miséria, a pobreza e a vulnerabilidade.

Qual seria exatamente a diferença entre o batismo no Espírito Santo e as narrativas gerenciais em torno de monges executivos, leis espirituais de sucesso e testemunhos miraculosos de vida notáveis? A mesma incompreensão sobre o que faz alguém ascender em uma trajetória de ganhos inesperados, enriquecer na bolsa ou apostar na *start-up* correta aplica-se aos que serão salvos pela fé por meio de conversões erráticas e trajetórias improváveis.

É preciso reter aqui os critérios de verdade dessa gramática, basicamente concernida a casos de sucesso e testemunhos em primeira pessoa. No limite, isso nos levará à incompreensão sobre quem são os donos do dinheiro e do poder no Brasil, ou seja, a dificuldade que esse dinheiro tem de contar sua própria história – história em geral repleta de momentos "miraculosos" de favorecimento estatal, patrimonialismo, nepotismo, corrupção, clientelismo e transformação de vícios públicos em virtudes privadas. Temos aqui um confronto entre duas narrativas inconfessáveis movidas a testemunhos abertos. Uma disputa franca entre a "magia popular" e a "magia concentracionária", na qual ambos os lados reconhecem a mesma gramática de reconhecimento e à qual comparecem traços como o exibicionismo, a autoverdade e a ausência de terceiros capazes de exercer autoridade institucional, vale dizer, impessoal, como a determinação jurídica ou o saber universitário.

Os "pastores-patrões", como R. R. Soares ou Edir Macedo[49], não vivem apenas do dízimo, considerado um "investimento na causa", mas sim e principalmente da autoconfirmação pragmática da manifestação "divina" de sua riqueza. Esta não gera vergonha nem constrangimento, senão por parte dos que trabalham em uma gramática de sofrimento ultrapassada. Daí também que essa denúncia ou crítica sejam relativamente inúteis. O investimento na causa gera retorno efetivo em termos de segurança, proteção e obras de "infraestrutura moral" da comunidade neopentecostal. As práticas disciplinares realizadas e empreendidas pelas comunidades religiosas possuem e geram efeitos organizadores na vida dos envolvidos[50]. Logo, a preocupação e a atenção com as formações morais e de costumes, práticas e hábitos dos fiéis, configuram agrupamentos de reciprocidade[51] em suas trocas e não apenas uma postura estritamente mercadológica.

Nesse ponto, legitimidade moral, reciprocidade comunitária e defesa do empreendedorismo nos termos do capitalismo global financeirizado turvam-se como única possibilidade[52] no interior dessa gramática de sofrimento. Isso ocorre pelos motivos evidentes representados pelos casos de insucesso que se multiplicam a partir de 2013. Isso leva a uma fragmentação crescente do neopentecostalismo, até as atuais igrejas da "quebrada", mas também ao fenômeno de que sua unidade passa a depender cada vez mais do inimigo externo. Aqui é possível entender seu papel nas eleições de 2018 e sua força na aliança espontânea contra o petismo, do qual um dia foi aliado. É o Estado, com sua ineficiência, com seu institucionalismo opaco e seus políticos inautênticos, com suas mulheres "sujas" e seus meandros demoníacos, que impede a generalização do milagre. É o Estado, com sua ingerência sobre as famílias, sobre as crianças, sobre as mulheres, sobre os corpos (e seus gêneros) e sobre as escolas (com seus supostos partidos), que, em última instância, mostra-se o responsável pela falsa promessa de transformação.

Escrevendo certo por linhas tortas, essa interpretação confirma os limites da transformação operada pelo consumo e os perigos de mostrar a uma população faminta onde está e do que é feito o celeiro de provisões econômicas e culturais. Assim como os balanços maquiados, os títulos "podres" e as hipotecas imobiliárias, a religiosidade neopentecostal depende de uma teoria da prova dotada de alto poder de autoconfirmação pragmática.

---

[49] Ronaldo de Almeida, *A Igreja Universal e seus demônios: um estudo etnográfico* (São Paulo, Terceiro Nome, 2009, série Antropologia Hoje).
[50] Roberta Bivar C. Campos, *Emoção, magia, ética e racionalização: as múltiplas faces da Igreja Universal do Reino de Deus* (dissertação de mestrado em antropologia, Universidade Federal de Pernambuco, Recife, 1995).
[51] Kojin Karatani, *The Structure of the World History: From Modes of Production to Modes of Exchange* (Durham, Duke University Press, 2014).
[52] Brand Arenari, *Pentecostalism as Religion of Periphery*, cit.

O movimento de autonomização relativa, que se dá reciprocamente nas formas ideológicas em relação às formas econômicas, ainda mais quando prestamos atenção à religiosidade contemporânea, coloca no centro o papel do sofrimento. Se o capitalismo pré-financerizado fazia do sofrimento um destino que era preciso aceitar com resignação, controlar seus excessos improdutivos e projetar uma "emancipação da economia" capaz de superá-lo, o neoliberalismo inverte a função política do sofrimento. Sofrer é função de aumento de produtividade e desempenho. Estado, nação, governos e leis integram a religião enquanto discurso e economia de troca entre sofrimento e sacrifício, tornando-a homóloga à equação investimento-retorno. Se Benjamin[53] falava da perda da aura sagrada da obra de arte no contexto da reprodutibilidade técnica, e se o valor de culto (*kultwert*) em nome da publicização massificada era substituído pelo valor da exposição (*ausstellungswert*), aqui podemos falar em perda da aura do sagrado.

A primeira narrativa que o neopentecostalismo cria como prática de gestão envolve uma definição muito clara de quem somos nós e quem são os outros, os não evangélicos. Para tanto, serão mobilizados sinais aparentes da fé: formas de vestir, disposições estéticas e maneira de falar funcionarão como sinais de reconhecimento para outros evangélicos. Isso é decisivo para uma teoria que advoga que o mal vem de fora e é gerado por um objeto intrusivo, que se infiltra em nosso espaço simbólico: drogas, álcool, sexualidade, crenças estrangeiras. Tais objetos indutores do mal são interpretados como dotados de uma aura maléfica. É contra ele que a família deve se proteger, se constituir (contando, para tanto, com o apoio casamenteiro dos pastores). Há uma fronteira clara e definida entre "o que é de Deus" e o que "não é de Deus". Isso envolve formas estéticas, tipos morais, raças e disposições culturais.

A segunda narrativa de sofrimento está baseada na hipótese de que o sofrimento decorre de um pacto malfeito, violado ou que deve ser reconstituído. Aqui entram as conversões, as demonstrações públicas de fé e os testemunhos que criam uma realidade espacial e temporal. O contraste depende de avaliações permanentes, como nas empresas. O louvor e os agradecimentos especificam a grande aliança de Deus com seu povo em pequenos contratos parciais, com pequenos ganhos e eventuais bônus. Infortúnios, por sua vez, são remetidos a formas de desengajamento individual. O aumento do dízimo e as doações semivoluntárias funcionam no interior da narrativa de que, se o contrato está sendo respeitado por ambas as partes, os fins serão alcançados com sucesso.

A terceira narrativa mobilizada pela gestão neoliberal do sofrimento é seu dispositivo de criação de novos desejos. Para tanto, é preciso encontrar o que se quer, resgatar a história dos desejos e abrir o apetite anímico do crente para

---

[53] Walter Benjamin, "A obra de arte na era de sua reprodutibilidade técnica", em *Magia e técnica, arte e política* (trad. Sérgio Paulo Rouanet, São Paulo, Brasiliense, 1985).

novas realizações. Nesse caso, cada fiel pode entender-se como multiplicador da fé, agente ou empreendedor de novos negócios, potencializados por um público consumidor mais ou menos garantido. A narrativa da alienação da alma imprime o ritmo de autoridade e disciplina que devemos ter com os corpos, com nossos desejos e nossas aspirações. Narrativas desse tipo dependem de um senso de historicização, que justifica a posição desejante do sujeito em relação ao passado que a autoriza e a determina. Entra aqui uma nova hermenêutica bíblica, assemelhada aos manuais de autoajuda empresariais, na qual o Velho e o Novo Testamento são fonte inesgotável de alegorias e códigos de autojustificação.

A quarta narrativa envolve a produção de novas unidades simbólicas para substituir as que se encontram decadentes. Comunidades precarizadas, territórios devastados com populações vivendo em estado de refúgio ou em situações extremas, como os presídios brasileiros, podem encontrar aqui um território de pertencimento. Uma nova língua, representada pelo falar em línguas, uma nova cura, uma nova era advirá da batalha espiritual atualmente em curso contra o reino do "trevoso". Essa batalha é transnacional e capaz de gerar para qualquer um seu lugar heroico em um mundo de falsas notícias e personagens que são representantes de forças ignoradas. Ao romper a parede divisória entre o celestial e o mundano, é também o mundano que se torna palco de embates celestiais.

Teorias conspiratórias, hermenêuticas teológico-políticas e ações diretas no interior de formas instituídas, como a bancada da Bíblia, em associação com a bancada da bala, só fazem sentido nesse universo paralelo promovido pela narrativa da dissolução das unidades simbólicas. Se ninguém tem mais um lugar ao qual prestar fidelidade natural, é preciso descobrir de que é feito esse combate superior, no qual todos estão de saída entre iguais. Nem a ciência, nem o Estado, nem nenhum poder constituído pode desafiar o novo reino da fé.

É possível que o cenário religioso brasileiro se altere mais rapidamente do que pensamos com a entrada em jogo do que Angelica Tostes[54] chama de múltipla pertença religiosa. Ou seja, assim como o neoliberalismo parece estar às voltas com uma crise iniciada por volta de 2008, o neopentecostalismo parece perder a batalha contra aquilo que seria seu adversário mais básico: a ideia profundamente nacional de sincretismo, que não por acaso se manifesta de forma mais direta na religiosidade de matriz africana. É por esse elemento, não por suas ligações com a magia natural, que temos aqui um confronto de narrativas. A deriva de conversões, que caracteriza cada vez mais o percurso evangélico, tende a combinar modos simultâneos de culto e "rendimento". Por isso a importância de voltarmos as atenções para as narrativas neopentecostais e seus enlaces neoliberais.

---

[54] Angelica Tostes e Claudio de Oliveira Ribeiro, *Religião, diálogo e múltiplas pertenças* (São Paulo, Annablume, 2019).

A pergunta de Einstein a Freud

Ao fim da Primeira Guerra Mundial, o presidente estadunidense Thomas Woodrow Wilson lançou-se numa iniciativa precursora: fundar uma espécie de órgão representativo dos diversos países do mundo de forma que as diferenças políticas pudessem ser resolvidas em um foro diplomático e, assim, não fosse necessário apelar para o conflito bélico. Chamou-se Liga das Nações, foi instalada em janeiro de 1919 – duas décadas e meia, portanto, antes da criação da Organização das Nações Unidas (ONU) – e resultou em decepcionante fracasso. Esse órgão propunha-se como uma instância de mediação e manutenção da paz, mas não contava com a participação, àquela altura, dos já poderosos Estados Unidos. Por obra de seu Congresso Nacional, que temia a limitação de poderes evidentemente representada por tal iniciativa, os Estados Unidos retiram-se da instituição idealizada por seu próprio presidente. O paralelo com a posição inerme assumida pela ONU nos últimos conflitos mundiais e com a ausência diplomática estadunidense em certas questões políticas merece ser examinado.

Freud escreveu, em colaboração com o embaixador dos Estados Unidos em Viena e seu ex-paciente William Bullitt, uma análise da biografia de Woodrow Wilson[55]. Apesar das controvérsias sobre autoria e a precária qualidade editorial, Freud trabalhou efetivamente sobre a vida de um presidente, ainda vivo, que não lhe teria dado autorização para isso. Uma nova edição capaz de separar partes exatas da autoria de Freud das de Bullitt contém passagens como a seguinte:

> Um homem que perdeu sua mulher amada, enquanto não encontrar um novo amor, pode tentar substituir o objeto amoroso perdido por sua própria pessoa. (Vamos nos deparar com um exemplo instrutivo desse tipo de mecanismo na vida de Wilson.) O homem cuja passividade em relação ao pai não pode encontrar uma saída direta tentará obter ajuda por meio de uma dupla identificação.[56]

Não teria sido, portanto, a primeira vez que um psicanalista teceria considerações sobre os descaminhos e os efeitos da política de determinado presidente.

Uma das iniciativas da Liga das Nações foi a realização de um debate entre os principais intelectuais da época acerca da guerra e da paz. A troca de correspondências, sempre tornada pública, foi iniciada por Albert Einstein, que escolheu Freud como interlocutor. Nesse contexto, lançou-lhe a seguinte pergunta: "Como é possível que tais procedimentos [do Exército, da Igreja, da educação]

---

[55] Sigmund Freud e William C. Bullitt, *Thomas Woodrow Wilson: um estudo psicológico* (trad. Helena Lins de Barros, Rio de Janeiro, Graal, 1984 [1966]).

[56] Sigmund Freud, *Manuscrito inédito de 1931* (trad. Elsa Vera Kunze Post Susemihl, São Paulo, Blucher, 2017), p. 77.

consigam *despertar* nos homens tão *selvagem entusiasmo* [pela guerra], a ponto de sacrificarem sua vida?"[57].

Duas palavras chamam atenção na pergunta. Se Einstein fala em *despertar*, termo com o qual Freud assente, é porque se trata de algo que já estava lá, em estado latente, adormecido. Em outras palavras, a disposição para os atos selvagens não funciona pela inoculação de um agente externo, mas pela incitação de um agente interno dormente. A pergunta menciona, ainda, o despertar do *entusiasmo*. A palavra "entusiasmo" vem de *en theus siasmos*, ou seja, deus dentro de si (*en Theus*). E é exatamente por essa retórica que a teologia política carismática parece funcionar, afirmando e inflando a ideia de um deus interior que exige sua realização exterior.

Freud afirma que os motivos que levam à guerra são heterogêneos. Uma mistura de moções nobres e condenáveis, intenções preservadoras e destruidoras. Seu resultado depende mais de uma intolerância à combinação desses elementos que da prevalência de um deles, leitura que parece se aplicar admiravelmente ao contexto brasileiro contemporâneo.

Na verdade, o modo mais fácil de despertar o *entusiasmo selvagem* é produzir um inimigo comum, cujas intenções são unidimensionais: o grande satã de um lado e o mundo da restauração, homogeneamente composto por fanáticos e inimigos do Ocidente, do outro. Nisso recuperamos as condições homólogas pelas quais Trump se elegeu nos Estados Unidos, aproveitando a ressaca da guerra ao terror e da era Bush. Bolsonaro parasita essa operação de retorno ao pior, mas seu passado mítico é mais antigo: os anos da ditadura militar. De todo modo, Abu Ghraib e o coronel Ustra estão aí para mostrar a mesma simpatia pela tortura, a mesma leniência com o estupro, o mesmo entusiasmo nacionalista restaurador.

Tudo se passa como se o inimigo interno pudesse ser reunido em um inimigo comum externo cada vez mais amplo. Ou seja, ao contrário da democracia, na qual o que se expande é o campo da palavra e da participação no espaço público, o que se expande aqui é a extensão do inimigo externo, até conciliar-se com a narrativa da *grande batalha espiritual contra o trevoso*. Quanto pior o inimigo externo, maior a coesão interna que reforça a ligação entre os membros, baseada, agora, no ódio comum. Se seguirmos essa pista, veremos que uma comunidade se desfaz pelos mesmos princípios sobre os quais está erigida.

No caso das sociedades ocidentais, o Estado constitui o único executor legítimo da violência, única instância para a qual os indivíduos transferem seu poder. O terrorismo é, nesse sentido, o antípoda do Estado. Mas quando o Estado age pelas vias do terror, ou assim é interpretado, surge a ideia de que os indivíduos

---

[57] Idem, "¿Por qué la guerra?" [1932], em *Obras completas de Sigmund Freud* (Buenos Aires, Amorrortu, 1988). Ver também: "¿Por qué la guerra?", *L'Interrogant*, disponível *on-line*.

podem resgatar seu poder de violência, antes depositado em confiança. É essa promessa de restituição que parece caracterizar a incitação ao *entusiasmo selvagem*.

Sabe-se que a famosa conferência de Freud em Budapeste sobre os "Caminhos da terapia psicanalítica"[58], logo depois da Primeira Guerra Mundial, acusa o ponto de virada política de Freud em plena emergência da *Rote Wien* (Viena Vermelha). Impulso social-democrata para aumentar o acesso à saúde e a diminuição da pobreza, o engajamento dos intelectuais nessa tarefa reformadora envolveu a criação da clínica pública de psicanálise e colocou em cada pré-escola de Viena um psicanalista para escutar as famílias destroçadas pela guerra. Ao longo dos anos 1920, e mais acentuadamente com a ascensão do nazismo nos anos 1930, o campo de provas da psicopatologia psicanalítica migrou para a psicologia das massas. Os descaminhos da religião, da ideologia e das massas para o paradoxo da cultura concorrem para que esta seja apaziguadora e reguladora de nossos conflitos e ao mesmo tempo o indutor de sacrifício, renúncia e infelicidade que alimenta nossas neuroses. A cultura, que tanto nos promete com seus ideais de amor e progresso, pode facilmente ser objeto de ódio e destruição.

A pergunta de Albert Einstein sintetiza a questão política em Freud como persistência da violência no interior dos laços humanos, ainda que com o progresso da democracia. Em Lacan, isso representará um esforço de leitura e integração entre os três problemas cruciais desse momento freudiano: o retorno de ideias autoritárias, a repetição de retóricas fascistas e a ascensão do ódio contra a cultura. Identificação alienante, edipianização religiosa e segregação violenta serão, assim, os pontos de convergência da teoria do gozo, dos discursos e da sexuação. Há três precedentes freudianos importantes para esse desenvolvimento, que a pergunta de Einstein sintetiza, mas que vale a pena lembrarmos para entendermos as proposições lacanianas.

Em *Psicologia das massas e análise do eu*[59] (1921), Freud mostra como a tentação das ideias autoritárias estará sempre presente, sobretudo em momentos de alta complexidade e risco identitário, quando aumenta o impulso a nos entregarmos à identificação com o funcionamento de acasalamento entre massa e líder, tal como se esclarece. O texto será leitura obrigatória para os que tentam entender os caminhos do mundo digital. Nele, Freud analisa a formação de massas naturais e artificiais, como o Exército e a Igreja. No famoso capítulo VII, propõe os três tipos de identificação que encontraremos na clínica e na vida social: a identificação com o pai ancestral, a identificação com o desejo e a identificação regressiva (formadora dos sintomas). Aliás, a intrusão do pai na política, a descrição do modo como as massas acabam se identificando com o líder, colocando-o no lugar do Ideal, pareando e

---

[58] Idem, "Caminhos da terapia psicanalítica" [1918], em *Fundamentos da clínica psicanalítica*, cit.
[59] Idem, *Obras completas*, v. 15: *Psicologia das massas e análise do eu*, cit.

homogeneizando assim os "eus" no interior da massa, continua a ser uma descrição eficaz, tanto pela ideia de que o grupo funciona como forte ressegurador de nossa identidade quanto pela ideia de que nossa identidade se reforça pela adesão a um grupo com o qual mantemos relações fraternais. As massas digitais mantêm essa gramática, acelerando a tendência a suprimir responsabilidades. Seu movimento de cega identificação com o líder, a influência hipnótica que este é capaz de exercer sobre as massas, inclusive contrariando seus interesses, sua imunidade à contradição por argumentos, sua regressão cognitiva e seu fortalecimento pelo ódio ao inimigo externo continuam a ser fenômenos de valência política.

Em *O futuro de uma ilusão*[60] (1927), Freud examina a persistência das ilusões religiosas como fonte de consolo e segurança contra o desespero e o desamparo narcísicos, posta em confronto com as exigências maiores impostas pela ciência e pela razão, ao lado das quais o autor posiciona a psicanálise. O texto devia ser lido por todos os que se atordoam com os debates digitais e parecem aturdidos com a violência de certos grupos religiosos. Nele, Freud enfrenta um interlocutor religioso tomado pelas paixões. As satisfações narcísicas, propiciadas pelos ideais, são a base para o sentimento de que elas estão mal distribuídas e que quanto menor for a cultura com a qual nos identificamos, maior a destrutividade para com as outras – até o ponto da ficção de um único indivíduo que seria irrestritamente feliz com o cancelamento para si das restrições culturais: um ditador ou tirano. O desamparo dos homens, tendo a natureza em seu encalço, inclusive a natureza das doenças, daria o molde para a produção dos deuses. Mas a tese mais interessante para nosso tempo diz respeito ao fato de que a religião é um sistema de ilusões. Uma ilusão não é necessariamente um erro ou uma falsidade, pois ilusões são uma qualidade de nossas crenças, não de nossos saberes. Crenças dependem de determinado e necessário não sabido (um absurdo, por exemplo) e de uma estrutura de ficção (que cria um "como se" sobre o mundo).

Uma ilusão pode estar em contradição com uma realidade presente, mas não com uma descoberta futura. Contra isso, Freud declara que ignorância é ignorância: dela não advém qualquer direito a crer em nada, e o argumento da validade consolatória das ilusões deveria ser submetido à inspeção dos tipos de crença contidos em uma ilusão. Em geral, tais crenças são de natureza infantil. Ilusões que se mostram verdadeiras não são fáceis de encontrar, mas, como elas existem, abre-se a porta para o confronto e a disseminação de versões delirantes ou desejantes do mundo e dos fatos. Estamos aqui diante de um forte sortimento de considerações para enfrentarmos a cultura das *fake news* e da pós-verdade.

---

[60] Idem, *Obras completas*, v. 17: *O futuro de uma ilusão e outros textos* (trad. Paulo César de Souza, São Paulo, Companhia das Letras, 2014 [1927]).

O que Freud chama de "educação para a realidade" implicaria uma cultura que "não oprime mais ninguém" e a capacidade progressiva para "suportar que nossas expectativas se revelem como ilusões".

Finalmente, em *Mal-estar na cultura*[61] (1930), encontramos um mapa para entender como o discurso sobre o imperativo de felicidade pode nos levar ao ódio e as pequenas conquistas podem se inverter em grandes punições. O texto mais lido e citado de Sigmund Freud é um verdadeiro modelo crítico para uma teoria social antropológica e sociológica de um tempo, capaz de discutir nossa diferença em relação à natureza e a nosso processo histórico de individualização entre cultura e civilização. Começando por uma discussão ética sobre a felicidade, os métodos de evitação do sofrimento, da religião, até a intoxicação química ou estética, passando pela tecnologia – que cria as distâncias que ela própria acaba suprimindo –, ele chega à ideia de que a mesma cultura que nos protege do sofrimento é responsável por nosso sentimento de culpa e pela destrutividade que a caracteriza. *Mal-estar na cultura* é o texto definitivo sobre a patologia universal dos seres humanos. Os impedimentos à realização de nossas pulsões e os ideais que mobilizamos para isso seriam inarredavelmente a causa e o efeito reatualizador de nosso sofrimento. Contrapondo a gênese de valores como ordem, limpeza e beleza aos meios para sua realização, como justiça, liberdade e espírito de comunidade, Freud vai reatualizando seu diagnóstico sobre a cultura: *ruim com ela, pior sem ela*. Assumindo que sua análise se aplica à cultura totemista, ele aborda o papel do amor, da sexualidade e da relação entre os gêneros para culminar no caráter trágico das transgressões e das interdições que nos colocamos, fonte e origem de nossa atitude ambivalente com relação à própria cultura. Como sujeitos divididos entre a crueldade sádica do supereu e o masoquismo vitimista do eu, bem como entre a pulsão de separação, representada pela morte, e a pulsão de união, dada pela vida, descobrimos que a pior forma de lidar com o mal-estar é negá-lo como condição existenciária[62]. Daí será um passo para a transformação do medo em culpa, da culpa em ressentimento e do ressentimento em ódio pelo outro.

---

[61] Idem, *Mal-estar na cultura e outros escritos de cultura, sociedade, religião*, cit.
[62] Chamamos *existenciárias* as incidências do Real como repetição e impossibilidade estrutural em Lacan e as condições históricas e contingentes do mal-estar (*Unbehagen*) em Freud. O termo diferencia-se de *existencial*, como qualidade específica das proposições particulares, negativas e afirmativas, no contexto da lógica modal ou da lógica das proposições. Diferencia-se, ainda, da *ex-sistência*, expressão lacaniana que designa a dimensão do Real, como exterioridade, no interior da relação borromeana.

4
A psicanálise nos espaços públicos*

A oposição entre espaço público e espaço privado nunca frequentou o universo de conceitos e experiências da psicanálise. Como condição histórica da cisão característica dos processos de individualização que marcaram a modernidade, a noção de espaço público ou privado facilmente se traduziu na chave da oposição entre a casa e a rua. Pelo local de trabalho do psicanalista: o consultório particular ou a instituição de saúde. Quando falamos em espaço público, o conceito mesmo de espaço deveria ser mais bem qualificado. Espaço aqui não é apenas território ou geografia, no sentido em que falamos em praça pública ou propriedade particular. É certo que tanto na *pólis* grega quanto na *urbe* romana o direito do homem livre ou cidadão encontrava na *agora* ou na *civitas* sua expressão concreta, mas é preciso considerar que o espaço público é, antes de tudo, um espaço simbólico. Uma das primeiras contradições que se costumam observar no progresso histórico da ideia de democracia é que, à medida que avança em extensão de direitos e inclusão de novos atores, ela perde em termos de governança. "Será que o ideal de autogoverno dificulta que membros de um conjunto diverso de cidadãos convivam como iguais?"[1]

Apesar disso, alguém nascido na década de 1980 tem de 50% a 100% mais chances de considerar a democracia essencial que alguém nascido na década de 1960, que tem o mesmo patamar de apreço essencial pela democracia que alguém nascido na década de 1930[2]. Contudo, quando se compara, nos Estados Unidos,

---

* Este capítulo foi composto a partir de Christian I. L. Dunker, "A psicanálise nos espaços públicos", em Emília Broide e Ilana Katz (orgs.), *Psicanálise nos espaços públicos* (São Paulo, IP/USP, 2019).
[1] Yascha Mounk, *O povo contra a democracia: por que nossa liberdade corre perigo e como salvá-la* (trad. Cássio de Arantes Leite e Débora Landsberg, São Paulo, Companhia das Letras, 2019), p. 197.
[2] Ibidem, p. 132-3.

a importância de viver em democracia, 71% dos nascidos na década de 1930 a consideram essencial, contra apenas 29% entre os nascidos depois de 1980. Ou seja, à medida que se realiza como valor comum, a democracia perde força e é sobrepujada por outros valores, como crescimento econômico, ordem e segurança, confirmando que valores políticos também respondem à economia libidinal geral correspondente à falta e à perda. Como já assinalava La Boétie, a liberdade é um valor que só conseguimos apreciar propriamente quando a perdemos.

Talvez tenha passado despercebido como essa oscilação age de forma diferencial se pensamos a divisão entre espaço público e privado, considerando que a democracia é um conceito que se aplica apenas a instituições do espaço público sujeitas à pressuposição de igualdade entre cidadãos, não ao que se passa no interior da economia familiar de afetos e relações. Isso teria feito com que muitos não percebessem a importância da psicanálise para a teoria política, uma vez que ela trataria apenas do indivíduo, no que concerne a sua vida privada e em estado de intimidade. Ora, essa descrição não corresponde em absoluto ao entendimento lacaniano de sujeito, muito menos a seu fundamento na linguagem, que é, a um tempo, privada e pública, individual e social.

Estrutura do espaço público: esfera ou garrafa de Klein?

O que define um espaço, público ou privado, segundo a política é a natureza do interesse que o constitui e a extensão dos indivíduos que ele compreende. Do mesmo modo, o que define o espaço para a psicanálise é o desejo que o constitui e o sujeito que nele se realiza.

Lacan, em raro momento de discussão sobre a historicidade dos espaços, dirá que a antiguidade se caracteriza pelo espaço em forma de esfera, o macro e o microcosmo, ao passo que a modernidade cartesiana tem uma estrutura de garrafa de Klein, ou seja, uma estrutura na qual interior e exterior se comunicam em zonas de passagem e indeterminação.

> O pensamento cosmológico é fundado essencialmente sobre a correspondência não biunívoca, mas estrutural, o envelopamento do microcosmo pelo macrocosmo; que a esse microcosmo vocês o chamem como quiserem – sujeito, alma, *nous* [inteligência], que a esse cosmo vocês o chamassem como quiserem, realidade, universo, mas suponham que um envelopa o outro e o contenha, e que aquele que é contido se manifeste como sendo o resultado do cosmo, o que lhe corresponde membro a membro [...] a partir do momento em que se rompe o paralelismo do sujeito com o cosmo que o envelopa e que fez do sujeito, psique, psicologia, microcosmo. É a partir do momento em que introduzimos aqui outra sutura [a ciência moderna] e o que chamei, em outro momento, um ponto de amarração essencial

que é aquele que abre aqui um buraco [o *cogito* de Descartes] e graças ao qual a estrutura de garrafa de Klein então e apenas então se instaura.[3]

Para Lacan leitor de Koyré, o sujeito da psicanálise é o sujeito da ciência justamente porque este compreende uma inscrição em uma forma de linguagem: pública, compartilhável, capaz de responsabilidade ética e de estrutura racional.

Mas, se a psicanálise é filha da modernidade, se sintomas neuróticos têm por condição o lento e gradual declínio da função social da imago paterna, fonte e origem da autoridade, por que Lacan teria buscado em *Antígona* um modelo ético para a psicanálise? Por que teria insistido na figura trágica de Sócrates como efígie para o desejo atópico do psicanalista[4]? Isso antes de dizer que o melhor analisante seria o cético e que a psicanálise atesta a presença do sofista em nossa época. Observe-se que isso acontece em um ponto da obra em que ele teria se libertado da historicidade da experiência edípica, lida e reduzida à chave estrutural de organização da constituição do sujeito e de integração simbólica, função a um tempo humanizante, socializante e normalizante.

O comum e o coletivo

O problema crucial não é bem qual é a topologia do espaço público, mas como e por quem ele será ocupado. Maria Rita Kehl[5] nos lembra que a separação entre público e privado quer dizer coisas muito diferentes quando se pensa do lado do rico ou do lado do pobre[6]. Para o rico, isso significa civilização, discriminação entre interesses da pessoa e da coisa pública, redução do Estado. Para o pobre, significa descaso e demissão do Estado, reinstauração reiterativa do estado de escravidão. Para as populações periféricas, muitas vezes, a "rua já está dentro da casa [e] o público invade o privado não pelo excesso, mas pela falta"[7]. Contra essas reencarnações do bovarismo, ela retoma a imago do malandro como revalorização da amizade[8], da lealdade e do afeto. Com isso, distancia-se da crítica legalista, que vê o processo de segregação racial, de gênero e de classe apenas

---

[3] Jacques Lacan, *O seminário*, Livro XII: *Problemas cruciais para a psicanálise* (trad. Claudia Lemos et al., Recife, Centro de Estudos Freudianos, 2006 [1964-1965]), p. 53-5.
[4] "No laço social, as opiniões não adquirem um lugar se não são comprovadas por tudo o que assegure o equilíbrio da cidade, e a partir daí Sócrates não apenas não tem seu lugar nela, mas não o tem em lugar nenhum." Idem, *O seminário*, Livro VIII: *A transferência* (trad. Dulce Duque Estrada, Rio de Janeiro, Zahar, 1992 [1960-1961]), p. 18.
[5] Maria Rita Kehl, *Bovarismo brasileiro* (São Paulo, Boitempo, 2018).
[6] Ibidem, p. 84.
[7] Ibidem, p. 88.
[8] Ibidem, p. 96.

como luta pelo apossamento do Estado e pela consecução de mais e melhores leis. Aparentemente, a concentração do capital cultural, social e financeiro não será resolvida via denúncia e ressentimento, mas pela valorização do comum como experiência de compartilhamento. A lógica do condomínio não será desfeita apenas pela derrubada dos muros.

Diante dos sintomas sociais brasileiros – a iniquidade do pacto social, descrita por Hélio Pellegrino[9], o bovarismo, o condomínio ou nossa incapacidade de restaurar o sonho, como argumentou Tales Ab'Sáber[10] –, seria preciso propor uma ocupação que não fosse apenas a consecução de um suplemento de saber, ainda que crítico, mas uma ação direta que tocasse as três questões legadas por Lacan quanto à implantação da psicanálise na cidade: no imaginário, as identificações e seus efeitos de alienação em massa; no simbólico, o mito de Édipo, com seus efeitos na relação entre a subjetivação da lei em autoridade e em violência; e no real, a segregação, com seus paradigmas de invisibilidade, humilhação e morte.

Seria preciso pensar como segregação, pacto edípico e identificação concorrem para produzir a combinação entre biopolítica e a necropolítica brasileira, baseada na hipervisibilidade de certos corpos em contraste com o desaparecimento de outros[11].

O público e o político

Quero crer que a reticência dos psicanalistas em matéria de política tem menos relação com o temor de partidarizar a clínica e comprometer a neutralidade benevolente dos profissionais da área, identificando traços comprometedores, e mais com o fato de que participar do espaço público implica e compromete quem o faz com o campo político. Não há público sem político. Isso ameaça a unidade da psicanálise, pois esta dificilmente poderia se manter uma quando exposta aos compromissos de neutralidade do espaço público. Isso explicaria, adicionalmente, por que tanto Freud quanto Lacan se preocuparam tanto em qualificar e localizar a psicanálise no campo da ciência. Uma vez que não é arte nem religião, uma vez que não é política nem parte do Estado e seus dispositivos médicos, a única posição legível de inscrição para ela no espaço público seria a ciência. Ocorre que, entre o texto de 1917 de Freud sobre a psicanálise nas

---

[9] Hélio Pellegrino, "Pacto edípico e pacto social (da gramática do desejo à sem-vergonhice brasílica)", *Folha de S.Paulo*, set. 1983, Folhetim.
[10] Tales Afonso Muxfeldt Ab'Sáber, *O sonhar restaurado: origens e limites de sonhos em Bion, Winnicott e Freud* (tese de doutorado em psicologia, Universidade de São Paulo, São Paulo, 2001).
[11] Fábio Luís Franco, *Governar os mortos: necropolíticas, desaparecimento e subjetividade* (São Paulo, Ubu, 2021).

universidades e o texto de 1966 de Lacan sobre a ciência e a verdade[12], detectam-se mutações do lugar social da ciência. Uma mutação que afetou seu lugar de arbitragem ou, eventualmente, de tradução formal dos interesses que lhe conferia o atributo de autoridade. Esse declínio da função social da imago científica afeta sua caracterização como discurso e como servidão em relação à técnica. É por isso também que muitos psicanalistas se evadem da discussão com a ciência na mesma medida em que se evadem da discussão sobre políticas públicas.

Portanto, é crucial saber qual política para qual psicanálise. E, nesse sentido, há duas proposições importantes. A política pode ser considerada campo, um campo que se fecha ou se alarga, um campo inclusivo ou segregativo, um campo cujo vetor de expansão histórico se lê por meio do conceito de democracia. Participar do espaço público é reconhecer a política (*the political*) e, mais especificamente, reconhecer a democracia, antiga ideia pré-moderna, como sua regra de formação. É reconhecer que à regra da associação livre corresponde uma mimese social da livre associação.

Em outro sentido, a política não é só um campo, o campo do espaço público da diferença entre iguais, mas as políticas (*the politics*) são o conjunto desordenado de estratégias locais de transformação. Esse conjunto formado por classes de interesses e interesses de classe, por gêneros de sofrimentos e sofrimentos de gênero, por raças de mestres e mestres de raças, tem duas regras de constituição. Por um lado, há a luta por reconhecimento institucional e apossamento do Estado, tal como foi pensada tanto pela tradição liberal de implantação de indivíduos, de Locke ao neoliberalismo, quanto pela tradição crítica revolucionária, de Marx a Althusser. Por outro, podemos falar de estratégias políticas cujo fundamento não são as instituições, mas as comunidades, como queria Max Weber, ou grupos organizados, como queria Antonio Gramsci. Os discursos como matriz de leitura da hegemonia cultural discursiva podem ser contrapostos aos discursos como matriz de circulação do poder e das mercadorias.

Ora, a psicanálise se sai muito melhor enquanto discurso de sustentação da abertura do campo político que como prática de cura que ultrapassa a "*politics*" da saúde. Ela se torna uma experiência que não cessa de não se inscrever, seja no campo da política, seja como estratégia política. Isso ocorre porque ela se identifica como o resto, o rebotalho social, com aquilo que não tem nome, com aquilo que é excluído em sua voz ou em seu corpo. Isso não significa apenas uma afinidade espontânea com a crítica da moral sexual civilizada, considerada fator indutor de conflitos e coadjuvante na etiologia das neuroses. Isso ocorre

---

[12] Jacques Lacan, "A ciência e a verdade" [1965-1966], em *Escritos* (trad. Vera Ribeiro, Rio de Janeiro, Zahar, 1998).

por razões estruturais que tornam o desejo do analista dependente do trabalho de exteriorização das instituições e das comunidades que lhe deram origem.

Que tipo de política, para qual sujeito, em que regime de vínculo social e afeto hegemônico (desamparo), com qual *télos* ou finalidade são formadas as questões que Lacan enfrentou sistematicamente em seu texto sobre a "Direção da cura e os princípios de seu poder"[13], de 1958. É importante notar que o texto não foi intitulado "Orientação do tratamento e os princípios de sua autoridade", como bem poderia ter sido. Isso ocorre porque não estamos interessados no modo de produzir ou manter a autoridade que se problematiza na transferência, mas porque, se o princípio do poder é a palavra, a palavra é também algo que subverte a fronteira entre público e privado no litoral por meio do qual se constitui o comum. Observe-se que "fronteira" é um termo geopolítico que compreende uma abstração geométrica do território, ao passo que "litoral" representa uma espécie de fronteira móvel ou indeterminada que expressa melhor a ideia de comum-pertencer. A fronteira define pertencimentos. No litoral, como na praia, podemos achar conchas, que não são de ninguém e de todos, como discutiu são Francisco em seu debate com o papa Júlio II[14]. A noção de litoral foi desenvolvida por Lacan para indicar a atividade da letra separando e dividindo o saber do gozo[15].

Freud dizia que a anatomia é o destino e, nisso, ele parodiava Napoleão, que afirmava que a "geografia é o destino"[16]. Ora, Napoleão dizia isso no contexto da ligação entre a arte da guerra e a política. O tratado clássico de Carl von Clausewitz[17] sobre a guerra moderna começa com um amplo desenvolvimento sobre as condições do terreno em que a guerra e a batalha se dão. Lembremos que a noção de destino (*Schickshale*) aparece também na ideia de destinos da pulsão (recalcamento, inversão ao contrário, retorno à própria pessoa e sublimação). Portanto, geografia-anatomia é destino, não como fatalidade e determinação biológica, mas como lugar do conflito e campo de negações.

---

[13] Algumas traduções brasileiras escolheram traduzir o termo francês "*cure*" por "tratamento". Entendo que a escolha, além de não se justificar pela existência em francês da própria palavra "*traitement*", ou do sinônimo "*guérison*", igualmente descartados por Lacan, perde a rica semântica histórica ligada à tradição política da cura e da filosofia do cuidado de si, conforme discutimos em Christian I. L. Dunker, *Estrutura e constituição da clínica psicanalítica: uma arqueologia das práticas de cura, tratamento e clínica* (2. ed., São Paulo, Zagodoni, 2021).

[14] Giorgio Agamben, *Altíssima pobreza* (trad. Selvino J. Assmann, São Paulo, Boitempo, 2014).

[15] Christian I. L. Dunker, *Universalidade e existência* (São Paulo, Nversos, 2016).

[16] Tanto para a anatomia quanto para a geografia, portanto, vale a oposição fronteira-litoral, que, por sua vez, poderia ser aplicada a distinções como centro e periferia, mostrando por que, segundo a lógica do litoral, há sempre uma periferia do centro e um centro da periferia.

[17] Carl von Clausewitz, *Da guerra* (trad. Maria Teresa Ramos, 2. ed., São Paulo, Martins Fontes, 2003).

A psicanálise no espaço público os leva, assim, a uma posição dupla de subversão do espaço concêntrico de organização cosmológica que dividiria clara e distintamente o lado de dentro e o lado de fora da garrafa de Klein, o espaço público e o espaço privado. Para a psicanálise, essa não é a geografia e não é a anatomia do conflito. Ao mesmo tempo, a posição da psicanálise no espaço público envolve a consideração dos bloqueios da política, os fracassos de constituição de seu campo como campo onde o poder está na palavra. Tais fracassos são constantes: redução da política à expansão das comunidades (cujo epicentro é a família), transformação da política no campo infinito do diálogo e da negociação das razões instituídas, mutação da política em administração de recursos e ocupação do Estado. Ou seja, a psicanálise no espaço público examina a criação de condições de impossibilidade como forma de adiar ou evitar o encontro com o antagonismo social e os maus-tratos do conflito, cuja expressão é o sofrimento. Logo, a cura não pode ser, em hipótese alguma, a pacificação harmonizante ou adaptativa dos indivíduos, o conformismo normativo ou a resignação como mudança de lugar e função para o impossível. Pelo contrário, há diferentes propostas que apontam para a experiência psicanalítica, seja do tratamento, seja da formação, seja da vida comum na escola de psicanálise, como uma experiência emancipatória.

> Trata-se não apenas de lembrar como a psicanálise modificou a compreensão ocidental do que política significa, redimensionando o escopo da crítica social ao tematizar a sociedade inconsciente de si mesma. Trata-se de mostrar como ela nos permitiu pensar outras bases para o processo de emancipação social.[18]

Isso terá por consequência a crítica da normatividade que a psicanálise absorveu ou defletiu ao longo de seus mais de cem anos de existência. Assim como na experiência analítica de cada um não cabe a ela indicar um modelo ou padrão de conduta ou felicidade, mas reconhecer a potência da indeterminação, decorrente da solução de sintomas, da dissolução de transferências e resistências, que tem por efeito colateral a potência de produção de novas normatividades. A realização da política como emancipação da norma não precisa de uma política positiva. Daí a noção de *cura*, como noção política, ter se distanciado da ideia de *tratamento* como conceito ligado a uma estratégia. Charles Darwin dizia que o homem não pode criar nem impedir variações, mas apenas tentar selecionar, preservar ou acumular as que vão acontecendo. Assim também a psicanálise no espaço público tem por horizonte a ideia de não suprimir variações – ou seja, a diferença como razão constitutiva do campo –, mas apenas organizar séries transformativas, de si e do mundo.

---

[18] Vladimir Safatle, *Maneiras de transformar mundos: Lacan, política e emancipação* (Belo Horizonte, Autêntica, 2020), p. 161.

Ética e política

A história do pensamento sobre a ética pode ser dividida em duas grandes tradições. De um lado estão aqueles que defendem que a essência da ética reside no que move o ato: causas, motivos, intenções ou desejos. Ainda que sua ação seja contrária à moral instituída e estranha aos costumes ou ao *habitus*, ela pode ser ética porque ambiciona praticar uma lei que ainda não foi toda escrita. Por exemplo, quando Antígona desafia Creonte, o tirano de Tebas, porque quer dar a seu irmão Polinice um enterro digno, ela vai contra as leis e as regras da cidade, mas no fundo ela está com a razão ética, porque seus motivos são mais universais que os de Creonte, focado que está no respeito a tratos particulares. Antígona defende o princípio de que todos merecemos um enterro digno, ainda que tenhamos traído um pacto estabelecido – nesse caso, a alternância de poder entre os filhos de Édipo. É nesse sentido que a psicanálise afirma que o desejo humano é trágico por excelência, pois ele nos leva a cometer atos que podem levar ao pior do ponto de vista do bem-estar e da moral, mas que, ainda assim, estão investidos de valor e merecem reconhecimento.

A segunda concepção ética afirmará que as intenções são um péssimo critério; melhor seria pensar em consequências, efeitos ou resultados do que fazemos. Podemos enganar os outros quanto a nossas verdadeiras intenções. Por exemplo, podemos fazê-los acreditar que estamos rezando piedosamente quando, por dentro, estamos amaldiçoando o Todo-Poderoso. Pior, podemos enganar a nós mesmos, confundindo razões, motivos e causas, criando pretextos e racionalizações que justificam as piores imoralidades cometidas contra os outros e contra nós mesmos. Qualquer ato que se apresente como altruísta pode facilmente ser reconduzido a uma cadeia subterrânea de interesses egoístas. Em nossa cultura do espetáculo, há especialistas na arte do simulacro de pureza moral. Portanto, um critério ético muito mais seguro que as intenções são as consequências de nossos atos. Os efeitos objetivos de nossos comportamentos, seu valor agregado, individual ou coletivo, determinam a eticidade do ato. Nesse caso, a ética não cria um fragmento ainda não escrito de legitimidade, mas apenas resguarda que nenhuma transgressão tenha sido realizada. Voltando ao caso de Antígona, o fato de ela ter sido enterrada com seu irmão Polinice, por ordem de Creonte, garante que a lei foi cumprida e a ética pessoal e particular da família foi derrotada pela lei pública e universal do Estado. A justiça prevaleceu sobre a liberdade, e o módico preço a pagar é reduzir a ética à moral. Com isso, ficamos indefesos diante do fato de que alguém pode ser profundamente indigno, corrupto e imoral e, ainda assim, permanecer dentro da lei.

Ora, reduzir a ética à moral e à mera obediência dos costumes e das intenções parece um erro tão grave quanto reduzir a ética à política e à mera obediência ao direito e suas violações ou prescrições. Trocar nossa capacidade de produzir novos mundos pelo dever de conservar os antigos mundos é tão ruim quanto seu inverso. A psicanálise se comportaria como um híbrido entre essas duas posições ao afirmar que a ética envolve não apenas certa relação com o próprio desejo, mas também com o Real. Nesse caso, não vamos perguntar apenas pela relação entre ética e direito, mas pela precedência da política sobre a moral, entendendo que é a política que cria as leis. Estas não nos são dadas pelos deuses. Por isso a política é o campo do Real, entendido como antagonismo social circunstanciado na história, assim como a ética é o campo do desejo, entendido como antagonismo transindividual.

O que une os dois problemas e o que separa a ética das intenções e a ética das consequências é a mesma coisa, ou seja, a lei que une nosso desejo (possível ou contingente) ao Real (impossível ou necessário). Chegamos, assim, ao difícil problema da hierarquização da lei. Como suas múltiplas e diversas incidências podem operar em um mesmo mundo que é simultaneamente jurídico e ético, político e moral? Como escolher qual lei está em questão em cada caso? Da constituição ao regulamento do condomínio, das regras do jogo democrático aos ritos do Supremo Tribunal Federal, das leis de Newton sobre a gravitação à lei teológica do Juízo Final, como invocar a lei sem convocar ao mesmo tempo nossas intenções e as consequências de nossos atos?

Pensar em termos éticos é respeitar que a contradição entre as formas da lei nunca está totalmente definida. Viver com essa indecidibilidade é o que se chama democracia, o poder pela palavra. O contrário disso é imaginar que o poder e a autoridade não dependem mais da palavra praticada, mas de seus autores e atores: suas famílias, seus títulos de nobreza terrena ou celestial, seu caráter ou sua disposição de alma, seus amigos ou seus interesses particulares.

Nosso momento atual bem poderia ser lido pela equação de *Antígona*. De um lado, há uma série de argumentos que nos lembram Creonte. Operando dentro do "manejo das leis", dos "ritos e formas" das "regras e práticas", uma série de "elementos sabidamente suspeitos", incriminados direta ou indiretamente, levou a cabo, com as piores intenções, o emparedamento de Dilma Rousseff. Consideremos aqui o problema da intransparência das intenções. Não é possível saber quais eram as verdadeiras intenções dos movimentos sociais que saíram às ruas, nem da imprensa que cobriu os acontecimentos, nem mesmo do ex-juiz Sergio Moro, que desceu aos infernos para limpar as estrebarias de Áugias e depois foi varrido pelas mesmas águas.

Quando comparamos a razão judicialista que afastou Dilma Rousseff e manteve Michel Temer – apesar de atos de corrupção ostensiva nos portos ou nas cuecas – com o debate sobre o afastamento de Bolsonaro, a diferença é brutal. Assim como a contabilidade de mortos, a crise institucional, o desemprego e até mesmo a corrupção atestada em torno das vacinas durante a pandemia de coronavírus. Mas o que teria acontecido com o rigor do julgamento e da indignação? Não se trata apenas de mostrar incoerência; afinal, democracia presume mudança e concorrência entre diversas racionalidades jurídicas. É preciso entender essa gravitação moral como típica dos processos movidos pela culpa e pelo supereu. Eles têm, em geral, um efeito amnésico, correlato do gozo punitivo. É porque limpamos a sujeira que nos vemos incapazes de enxergar sua repetição.

Em um nível mais conceitual, podemos observar que o afastamento de Dilma privilegiou o consequencialismo. Apesar das boas intenções, inclusive ao usar o dinheiro das pedaladas para pagar benefícios sociais, ela teve de sair. A reticência no afastamento de Bolsonaro mudou o paradigma, ou seja, apesar das más intenções, ele deve ficar, ainda que tenhamos como consequência mais de meio milhão de vidas perdidas durante seu governo. Ou seja, ela saiu da lei, ainda que por bons motivos, e seus inimigos a puniram com a lei, ainda que movidos por maus motivos; ele saiu da lei pelos piores motivos – ademais, ostensivamente explicitados –, e seus amigos o protegem com a lei, fabricada para a ocasião, e ainda nos ameaçam com a manipulação eleitoral.

Para os consequencialistas, a retórica é outra. Independentemente de seus motivos, dos anseios populares ou democráticos, do plano liberal ou neoliberal, do empobrecimento ou da condução sanitária, devemos substituir o presidente porque não está rendendo como deveria ou porque atenta contra a democracia? Que exista uma lei que atende pela alcunha de "eleições e democracia", isso exprime apenas uma intenção de nossos antepassados, uma indicação genérica do que devemos buscar em nosso desejo, não o que devemos praticar com nossos atos.

Percebe-se quão fraco é o argumento dos consequencialistas se lhes retiramos o complemento obsceno. O direito pode afastar um presidente, mas a economia não. É preciso imputar-lhe a acusação de corrupto, mau-caráter, condenando a ele e a sua família (seus associados partidários) em nome de uma família melhor e maior: a nossa.

Nesse ponto, nossa leitura da tragédia de *Antígona* sofre uma reviravolta. Lembremos que é possível que Creonte tenha condenado Polinice não apenas porque este desrespeitara o pacto entre os irmãos, como diz a lei, mas porque ele próprio se beneficiaria do afastamento dos dois irmãos, tornando-se o rei de Tebas. Assim, ele e sua família – afinal, Antígona é noiva de seu filho Heron – se perpetuariam no poder, afastando os filhos de Édipo da linhagem real. Quando ele condena Antígona à morte, Heron se mata. Em função disso, sua esposa, que não era bela nem recatada, acompanha o filho perdido. A solidão é o destino dos que suspendem a democracia. Ao fim e ao cabo, não se tratava da vitória do princípio do Estado sobre o princípio da família, mas da punição trágica, imposta pelos deuses, contra aqueles que, em vez de buscar o universal contraditório entre atos e desejos, reduzem a política ao direito e a ética à moral.

É por isso que, na mitologia grega, Têmis, a deusa da justiça, foi criada lado a lado com Nêmesis, a deusa da vingança. Suas professoras foram as três Moiras: Cloto, Láquesis e Átropos, que regem nosso destino antes que as tragédias nos transformem em heróis de nosso próprio futuro. Lembremos que Cloto estende os fios com os quais tecemos nosso desejo, mas também as intrigas. Lembremos que Láquesis nos dá a contingência que cria o novo, mas também o momento oportuno do aproveitador. Lembremos, ainda, que é Átropos quem corta nosso destino ao meio.

Psicopatologia e política

As eleições de 2014 e 2018 foram precedidas por um acirramento discursivo sem precedentes no país em termos de mobilização de categorias da psicopatologia para caracterizar agentes, partidos e orientações políticas. Isso se tornou ainda mais dramático ao longo do governo Bolsonaro, aprofundando-se por motivos aparentemente pessoais, privados e particulares que afetam sua discursividade e sua capacidade de decisão de maneira pronunciada, até mesmo para não especialistas.

A disponibilidade de meios e a facilidade dos fins desencadeou uma espécie de loucura coletiva que dividiu famílias, amigos e comunidades. Nunca se falou tanto em política nos divãs, e os conflitos se alastram, catalisando relações entre professores e alunos, médicos e pacientes, empregados e funcionários. Transfigurações e epifanias se sucediam quando se descobria um novo colega "aecista" ou quando um pequeno gesto deixava farejar um "dilmista" nas redondezas. A coisa já vinha se anunciando desde as manifestações de junho de 2013, que mostraram, ao lado da renovação da esquerda, a emergência de um novo discurso conservador, cujo traço mais significativo é a suspensão do tradicional universalismo. Lembremos aqui que o apóstolo Paulo é conhecido como inventor do universalismo por ter interpretado a chegada do cristianismo como uma suspensão da antiga lei que dividia as pessoas entre gregos e judeus, entre mulheres e homens, entre escravos e livres[19]. Diante da nova lei, com a qual podemos nos medir e comparar, somos todos iguais e dissolvemos nossas particularidades de nascimento, de origem cultural, de gênero ou de condição social.

Discordo dos que pensam que a política deveria ser o espaço do debate neutro de ideias, sem a degradação representada pelo Fla-Flu eleitoral. O Fla-Flu está aí desde que há política, e o antagonismo que ele representa constitui a política como ocupação do espaço público, não sem violência. Há interesses e há diferença

---

[19] Ver, por exemplo, Carta aos Colossenses 3,11: "Nessa nova ordem de vida, não há mais diferença entre grego e judeu, circunciso e incircunciso, bárbaro e cita, escravo ou pessoa livre, mas, sim, Cristo é tudo e habita em todos vós".

de interesses. Ocorre que a nomeação dos "times" já é um ato político. Dividir as coisas entre direita e esquerda, entre progressistas e conservadores, entre liberais e revolucionários, exprime não só o lugar de quem propõe a geografia do problema, mas a teoria da transformação que este pressupõe. E o que teria mudado na eleição de 2018 para que o ódio e o ressentimento aparentemente assumissem o controle discursivo da situação?

Paulo Arantes[20] argumentou que esse fenômeno corresponde ao surgimento de uma *polarização assimétrica*, na qual há um lado que não está interessado em governar, mas em impedir que haja governo. O outro lado, o da esquerda moderada, está um tanto esgotado para definir que Brasil interessa ao conjunto paulino dos brasileiros. Teríamos, assim, um agrupamento que não quer mais esperar, que alterou a relação da política com o tempo e não está interessado nas próximas eleições como ponto de mudança. Ao mesmo tempo, uma esquerda incomodada de ter de apostar em uma plataforma de continuidade. Para quem conhece a expressão "vergonha alheia", adapte-se ao contexto definido por uma espécie de *inveja alheia*. Situação e oposição vivendo um drama de sinais de identidade trocados.

É o caso da madame que despede a empregada servindo-se do discurso de que virão tempos de crise e que ela não poderá arcar com os custos fixos de uma funcionária. Sendo sabido que a empregada havia votado em Dilma, a demissão transforma-se em uma descompostura moral contra o voto malfeito. Como se a empregada, ao eleger Dilma, tivesse levado a patroa ao ato de demissão. O medo do declínio social, a incerteza identitária que caracteriza a classe média, transforma-se cinicamente em um ato de bravura vingativa e afirmação de força política feita por outras vias. A chamada "elite branca" jamais havia sido confrontada tão abertamente quanto nessa combinação de cinismo, autocomplacência e complexo de adequação que veio a carregar semanticamente a palavra "coxinha". Nosso rico típico deixou de ser o ostentador consumista cuja autoridade depende da capacidade de impor humilhação e inveja ao outro, assim como o petista não é mais o pobre engajado na aliança operário-camponês-estudantil. O novo discurso do ódio generalizado começa pela interpretação de que até mesmo nossos inimigos são farsantes, dissimulados, pessoas que escondem o que "realmente são". Os petistas viraram "esquerda caviar", e os ricos viraram "coxinhas". Nesse novo mundo, não podemos confiar nem mesmo em nossos inimigos, corruptos e dissimulados, *black* ou *yellow blocks*, mascarados.

Isso é muito evidente nos epígonos desta nova era de ressentimento na política, que já vinha sendo anunciada pela nova direita conservadora. Figuras visionárias que perceberam com clareza que, diante dos perigos representados

---

[20] Eleonora de Lucena, "A nova direita surgiu após junho, diz filósofo", *Folha de S.Paulo*, 31 out. 2014.

pela diminuição da exclusão social e da desigualdade, seria preciso construir uma reação representada pela exclusão discursiva e por novas retóricas da diferença. Os que pensam diferente de nós não estão apenas em outro ponto de vista, mas são pessoas doentes que precisam ser corrigidas como indivíduos desviantes. E o ponto comum nessa exclusão é a redução de seus adversários a uma figura de irracionalidade. Não há por que argumentar com os "petralhas", porque eles "são" pessoas moralmente indignas. E, com petralhas, inicia-se uma associação englobante que vai do governo a todos os que votam no partido e termina em todos os que se recusam a "ver o óbvio" – inclusive a pobre empregada doméstica demitida. Eles estão possuídos por um estado de excepcionalidade em que foram destituídos da razão, do uso livre da vontade, e revelaram, assim, seu verdadeiro caráter. Ora, como psicanalista interessado na psicopatologia, salta aos olhos o uso sistemático e recorrente que esse discurso faz da noção de doença mental.

Debati com Rodrigo Constantino, Olavo de Carvalho e Luiz Felipe Pondé sobre o uso da violência e do rebaixamento do outro ao estado de loucura como argumento político, assim como com vários psicanalistas que advogam que o saber clínico não deve participar da política. Mas é preciso lembrar que as pesquisas sobre a desordem mental do adolescente subversivo e de sua família desestruturada, a perseguição ao manual de *psicopolítica*, invenção dos militares para justificar que a esquerda trabalhava com táticas psicológicas de manipulação e lavagem cerebral, estavam disponíveis como políticas discursivas policiais desde a ditadura militar. Lembremos o controverso psicanalista Karl Weissmann, que em 1964 publicou o livro *Masoquismo e comunismo*[21], no qual tentava mostrar que a mente do esquerdista sofria de desvio e disfunções que o levavam a agir contra si mesmo. Os mesmos argumentos retornam na retórica de Bolsonaro: o perigo sexual, a virilidade questionada, a família em risco e, com isso, o argumento psicopatológico. "A verdadeira *desordem psiquiátrica* é justamente esse esquerdismo doente que relativiza tudo e não encontra mais parâmetro algum de comportamento decente"[22].

Questionado sobre o fato de que nenhuma orientação política ou religiosa pode ser considerada imediatamente um transtorno mental[23], o autor, em sua resposta, usa expressões como "esquerdopatia" não como uma alegoria, uma metáfora ou um exagero retórico, mas como uma crença real de que as pessoas que pensam e votam à esquerda são "portadoras de um problema mental", elas sancionam realmente os milhões de mortes ocasionados pelos ditadores

---

[21] Karl Weissmann, *Masoquismo e comunismo* (São Paulo, Martins, 1964).
[22] Rodrigo Constantino, "Pedofilia: uma orientação sexual?", *Gazeta do Povo*, 31 out. 2013.
[23] Christian I. L. Dunker. "Ilustrando a barbárie", *Blog da Boitempo*, 7 jul. 2014.

cubanos, chineses ou cambojanos. E os petistas são psicopatas como eles. Em escala reduzida, são tão corruptos quanto a turma da operação Lava Jato da Petrobras. Confrontado com o fato de que a associação entre orientação política e diagnóstico de transtorno mental é repudiada explícita e veementemente, até mesmo pelos manuais mais conservadores em psicopatologia, como o *Manual de Diagnóstico e Estatístico de Transtornos Mentais* (DSM-V) e a *Classificação Internacional de Doenças* (CID-X), a resposta é:

> O psiquiatra Lyle Rossiter, por exemplo, sustenta que esse esquerdismo é, sim, um desvio de personalidade. Você não diria que os nazistas sofrem de certa patologia? Então orientação política não pode jamais ser patologia? Não tem nada a ver com comportamento decente? Nem mesmo no caso dos nazistas? Ou será que você, agora, vai adotar um critério seletivo para conviver com esse discurso relativista e hipócrita?[24]

Determinada orientação de personalidade, circunstanciada em um contexto social, mediada por alternativas politicamente definidas, pode favorecer a adesão a certas ideologias, mas aí – e este é o ponto – há personalidades autoritárias de direita e personalidade autoritárias de esquerda. O erro aqui é pensar que a personalidade autoritária, a psicopatia ou a personalidade antissocial liga-se necessariamente a um tipo de partido, religião, gênero ou raça. Todavia, o erro segundo, e mais importante, é inverter essa relação imaginando, então, que pessoas de tal partido ou orientação política ou religiosa, que coincidentemente não é a mesma que a sua, têm determinada compleição patológica específica. É assim que se engendra, discursivamente, um processo como a homofobia. É assim que se desdobram os fenômenos de preconceito contra grupos e classes.

Quem leu o excelente estudo de Daniel Goldhagen sobre *Os carrascos voluntários de Hitler*[25] ou passou por *Eichmann em Jerusalém*[26], de Hannah Arendt, sabe que as atrocidades nazistas não foram causadas pelo repentino nascimento de milhões de alemães acometidos de súbita psicopatia. Os carrascos voluntários que trabalharam em Auschwitz e Treblinka eram, no geral, banais funcionários de Estado, interessados em valores como conformidade, adequação e obediência. Pessoas que se sentiam irrelevantes, mas que podiam substituir essa irrelevância por um grandioso projeto coletivo, se obedecessem ao discurso correto. Ou seja, eles não sofriam de patologias diferentes de to-

---

[24] Idem
[25] Daniel Goldhagen, *Os carrascos voluntários de Hitler: o povo alemão e o Holocausto* (trad. Luís Sérgio Roizman, 2. ed., São Paulo, Companhia das Letras, 2002).
[26] Hannah Arendt, *Eichmann em Jerusalém: um relato sobre a banalidade do mal* (trad. José Rubens Siqueira, 17. reimpr., São Paulo, Companhia das Letras, 2014).

dos nós, mas foram "mobilizados" por um discurso. Um discurso que, como o do bom burocrata, os fazia adivinhar a vontade do mestre, produzindo uma escalada de violência institucionalizada. Um discurso que suspendia o universal pela divisão entre espécies: loucos e normais, homens e mulheres, bons e maus, judeus e arianos. Em outras palavras, os carrascos voluntários não eram pessoas *indecentes*, mas personalidades excessivamente orientadas para o que achavam ser a *decência* do momento. Passar de categorias clínicas e disciplinas psicológicas ou psiquiátricas para categorias morais como *decência* e *indecência* não é acidente. Isso remonta a uma antiga e errônea convicção de que transtornos mentais implicam rebaixamento cognitivo (expressões como "idiota" e "imbecil" nasceram no alienismo psiquiátrico) ou desvios de caráter que pactuam com uma moral duvidosa. Nada mais errado e nada mais preconceituoso. Aliás, vejamos como o psiquiatra Lyle Rossiter, caracteriza a esquerda antes de patologizá-la:

> Para salvar-nos de nossas vidas turbulentas, a *agenda esquerdista* recomenda a negação da responsabilidade pessoal, incentiva a autopiedade e autocomiseração, promove a dependência do governo, assim como a indulgência sexual, racionaliza a violência, pede desculpas pela obrigação financeira, justifica o roubo, ignora a grosseria, prescreve reclamação e imputação de culpa, denigre o matrimônio e a família, legaliza todos os abortos, desafia a tradição social e religiosa, declara a injustiça da desigualdade e se rebela contra os deveres da cidadania.[27]

O curioso nesse retrato, no qual nenhum esquerdista real se reconhece, é que ele não contém nenhum elemento clínico, apenas ilações morais, semelhantes às que são mobilizadas na onda de ódio que precedeu e sucedeu às eleições. O segundo elemento estranho é que o livro em questão chama-se *The Liberal Mind*, ou seja, "a mente liberal", não a mente esquerdista (*leftist mind*). Devemos tomar isso como uma confissão de que a mente liberal tem agendas esquerdistas? O terceiro acaso, absolutamente irônico, é que o grande caso de uso político da doença mental, historicamente denunciado, ocorreu na União Soviética dos anos 1950, onde se diagnosticava maciçamente "esquizofrenia progressiva" nos que discordavam de Stálin, antes de serem enviados aos *gulags*. Ou seja, a manipulação política da loucura presume que, uma vez diagnosticado, o sujeito é excluído do debate, nada dele se pode escutar, nenhuma razão ele pode ter – o que saiu da história da psicopatologia com Pinel, em 1807. Ora, isso é completamente arcaico, inclusive em termos de história da loucura. Outro procedimento equívoco é produzir diagnóstico coletivos, e aqui emana a profunda diferença entre

---

[27] Lyle Rossiter, *The Liberal Mind: The Psychological Causes of Political Madness* (St. Charles, Free World, 2006).

tecer considerações sobre a inimputabilidade política de Bolsonaro e patologizar coletivamente os bolsonaristas ou os petistas. Isso não é feito em psicopatologia desde Morel, que afirmava que os judeus ou os boêmios tinham uma degenerescência, ou Nina-Rodrigues, que detectou paranoia nos negros do Brasil, ou seja, procedimento inválido e inegociável. Todo diagnóstico é individual.

Contudo, o verdadeiro problema do discurso da nova direita conservadora e injustificadamente intitulada "liberal" não é o clamoroso erro de uso de categorias indevidas em um contexto de desqualificação do adversário. No caso da "esquerdopatia", isso é simplesmente ignorância. O problema é que esse discurso possui efeitos de incitação, desencadeamento e estímulo sobre nossas formas habituais de sofrimento e seus sintomas associados. O que esse discurso faz é nomear nosso mal-estar, atribuindo-lhe uma causa precisa e localizável: "Os esquerdistas e suas mentes doentias". Ele nos faz pensar nosso sofrimento como causado por determinado objeto intrusivo que veio, não se sabe de onde, perturbar nossa paz e harmonia. Podemos não acreditar na bobagem de que a esquerda é uma patologia mental, mas, mesmo assim, somos expostos e absorvemos essa lógica discursiva. A lógica que suspende o universal, a lógica antipaulina, não se faz em nome de nossa singularidade, mas em nome de nossas particularidades adesivas, do grupo que garante e certifica minha identidade. Contudo, a novidade nessa onda de ódio é que ela não age em nome da identidade de cada qual, ela não fala sobre a certeza de "quem somos nós", mas da certeza de quem é o outro. Surge, assim, a crença de que somos o que somos não porque pertencemos a este ou aquele clube, mas porque não somos do clube do vizinho. Clube, aliás, que não deveria ter direito à existência. Passamos a acreditar que a palavra não é mais um meio de transformação (quem vai discutir com loucos?), que a negociação de interesses não é mais possível (são desonestos em quem não podemos confiar) e que, como o Outro, estamos a jogar um "vale tudo fora das regras". Nós podemos fazer isso também... certo? Eis a atualização da lei de Gérson versão 20.20.

Nossa percepção, ainda que parcial ou equivocada, muda nossa relação com o mundo e a interpretação de quem são os outros com quem vivemos. Um discurso que pregue que só existem homens e mulheres, loucos e normais, judeus e gregos, ricos e pobres, nordestinos e sulistas, para em seguida perguntar "de que lado você está?", incidirá em todas as psicopatologias, transversalmente, extraindo de cada uma delas o que há de pior. Esse efeito de soma de todos os males acontece porque identificamos nossa própria divisão subjetiva com uma divisão objetiva no mundo, de tal forma que se torna tentador eliminar o polo do conflito que tanto nos assedia e nos faz sofrer. Silenciando o outro, tornando-o irracional, louco e desprezível, nós nos "normalizamos". Aderindo a um dos dois lados no qual o mundo se simplificou, demitimo-nos do trabalho e da incerteza de ter de escolher, como meros indivíduos, dotados de alma inconstante, em meio a uma geografia indeterminada. E assim esquecemos que o universal que nos constitui é exatamente essa divisão que nos torna pauliniamente seres capazes de loucura.

Público e universalidade

Do ponto de vista da estratégia, só é possível falar a partir de particulares; contudo, argumento aqui que, assim como a psicanálise mantém uma afinidade origem com a democracia no que toca ao campo da política, a psicanálise tem uma afinidade com as políticas universalistas no que toca à estratégia. Para Badiou, as políticas universalistas admitem, em alguma medida, um conceito forte de verdade.

> A verdade é diagonal em relação a todos os subconjuntos comunitários, ela não comporta nenhuma identidade e não constitui nenhuma identidade. Ela é oferecida a todos e destinada a cada um, sem que uma condição de pertencimento possa limitar esta oferta ou essa destinação.[28]

Assim como há um real em jogo na democracia, há uma verdade em disputa na universalidade. Esses seriam os dois crivos para pensar uma teoria geral da transformação em psicanálise, e, nesse ponto, a política não é um campo no qual podemos aportar coisas, mas uma experiência da qual podemos importar elementos para a prática. Além de advogar a transformação como um salto no vazio, sua eventual contribuição para o gerenciamento da crise de representatividade, ou para a crítica da biopolítica à participação da psicanálise no espaço público, tem sua dimensão em lutas específicas. Por exemplo, contra o estado terapêutico, descrito por Frank Furedi[29], e a cultura do amparo, é preciso lembrar que uma política que nos protege do Real nos leva de volta ao pior. A retomada feminista da cultura do cuidado também pode se reduzir a mais uma indústria de alienação psicológica, se não confluir para uma prática dos comuns.

O problema central acerca da presença da psicanálise nos espaços públicos remonta à distinção entre o espaço público e o interesse público, lembrando aqui que a noção de interesse é uma noção, ainda que menor, da metapsicologia psicanalítica. Interesse é a energia psíquica das pulsões de autoconservação, assim como a libido é a energia das pulsões sexuais[30]. Isso explica a garrafa brasileira de Klein: nem tudo que pertence ao espaço público pertence ao Estado, assim

---

[28] Alain Badiou, *São Paulo: a fundação do universalismo* (trad. Wanda Caldeira Brant, São Paulo, Boitempo, 2009), p. 18.
[29] Frank Furedi, *Therapy Culture: Cultivating Vulnerability in na Uncertain Age* (Londres, Routledge, 2004).
[30] Sigmund Freud, *As pulsões e seus destinos* (trad. Pedro Heliodoro Tavares, Belo Horizonte, Autêntica, 2013 [1915], coleção Obras Incompletas de Sigmund Freud).

como nem tudo que pertence ao interesse das empresas e das famílias pertence ao espaço privado. Há coisas, bens e interesses que pertencem ao espaço público e são do escopo privado, desde que o privado se desidentifique do interesse das famílias, assim como há bens e interesses que pertencem ao espaço privado e são do interesse público.

Escolas, centros culturais e patrimônios comuns estão nessa encruzilhada que subverte a equação: se *público = estatal*, logo *privado = empresarial*. Há um resto na equação. Um resto psicanalítico. Um resto que implicará pensar outra função e outra circulação possível para o dinheiro, mais além da correspondência entre público = gratuito e privado = pago. Essa é uma tarefa que a psicanálise traz junto com sua nova inscrição no espaço e no interesse público. Escolas privadas têm um interesse público. Museus privados têm um interesse público. Fundações públicas têm interesses privados. É essa subversão de uma oposição simples que a psicanálise leva ao espaço público, assim como seu entendimento artesanal sobre a circulação do dinheiro.

É nesse ponto que a política, como ocupação do espaço público, ultrapassa e contém as considerações sobre a política da psicanálise. É nesse ponto que a politização radical da ética, como defende Žižek, envolve uma tradução contingente dos princípios associativos, formados e reformulados pelo laço social entre psicanalistas, especialmente quando se considera a presença de processos como transferência, demanda e identificação no horizonte de convergência entre ética e política.

> A arte da política reside em insistir em uma determinada demanda que, embora completamente "realista", perturba o cerne da ideologia hegemônica e implica uma mudança muito mais radical, ou seja, que, embora definitivamente viável e legítima, é de fato impossível [...] um movimento político nasce de alguma ideia positiva em prol da qual ela se esforça, mas ao longo de seu próprio curso essa ideia passa por uma transformação profunda (não apenas uma acomodação tática, mas uma redefinição essencial), porque a ideia em si é comprometida no processo, (sobre)determinada em sua materialização.[31]

Ou seja, a história das críticas, das tentativas, das reformulações e das ilusões, institucionalistas e comunitaristas, realizadas pelos psicanalistas há mais de um século, é uma história que nos lega alguma experiência em um tipo de política que não perdeu sua zona de contato com a ética. Precisamos de pequenos modelos e experiências de referência, mas com a condição de que a ocupação do espaço público não seja apenas a generalização ampliada de tais experiências. Isso

---

[31] Slavoj Žižek, *O amor impiedoso (ou: Sobre a crença)* (trad. Lucas Mello Carvalho Ribeiro, Belo Horizonte, Autêntica, 2012), p. 104-5.

pode ser extraído da forma como psicanalistas pensam seu próprio movimento social, como institucionalização e discurso, o que faria a prova real da "hipótese psicanalítica", análogo teórico do que Badiou chamou de "hipótese comunista"[32].

Ora, se a hipótese psicanalítica é uma hipótese de universalidade, seu conceito de universalidade parece ultrapassar a mera dicotomia entre direitos universais e abstratos, que se prestam apenas a operações de mimese invertida, entre lei e regra, entre regra e caso, para naturalizar segregações e exclusões. A noção psicanalítica de exceção, a lógica do não todo e a ideia de um universal que compreenda uma existência que o nega, pode servir a uma crítica psicanalítica da política tal como a conhecemos.

---

[32] Alain Badiou, *A hipótese comunista* (trad. Mariana Echalar, São Paulo, Boitempo, 2012).

5
Grupo, classe e massa no espaço digital

No âmbito da política, conservadora ou progressista, há situações em que a sustentação do sujeito democrático se encontra ameaçada; a tais situações chamamos, anteriormente, "negações da democracia". As condições em que ocorrem compreendem correlatos psíquicos de certas disposições políticas, por exemplo, a capacidade de empregar a razão livremente em espaço público e o reconhecimento da palavra como meio para tratar conflitos, crises ou colapsos narcísicos de reconhecimento. Até onde aqueles que não pensam como "nós" são ainda sujeitos, capazes de liberdade e equidade diante da "nossa" lei.

Vimos também que há situações psicopatológicas em que deixamos de adquirir ou perdemos a capacidade do uso autônomo de "nossa" razão. Entre elas, concorrem aquelas mais ou menos permanentes, como delírios insidiosos e perdas específicas de leitura e compreensão da realidade, neuróticas, psicóticas ou perversas, mas também estados transitórios ou acidentais que podem interferir brutalmente na experiência política, ainda mais quando atingem a intrusão da vida privada na vida pública. É o caso, por exemplo, quando estamos apaixonados, hipnotizados ou sob o funcionamento de massa.

Nessas situações, suspendemos a crença na palavra como instância de mediação de conflitos, resistimos a escutar o outro e podemos nos lançar em atividades impulsivas, cujo objetivo é suspender o trabalho da lembrança e do pensamento (*acting out*). Bastaria pensar que um critério psicopatológico tão importante quanto o "acesso à realidade", que define a gravidade de nossos sintomas, é o tanto que eles nos impõem perdas ou limitações de liberdade. Haveria ainda um terceiro caso, quando está em jogo a perda ou a limitação da liberdade do outro. Muitas vezes isso pode ocorrer em função de um estado alterado de consciência, promovido pelo uso de substâncias psicotrópicas e – por que não? – de medicamentos. A maior parte dos crimes de assassinato nas grandes metrópoles brasileiras está ligada à criminalização das drogas ou aos chamados crimes fúteis, em geral realizados sob efeito de álcool. Tendemos a agrupar essas circunstâncias sob a égide da vida privada e da interferência e nos referir ao vago conceito de responsabilidade, juridicamente referido, para dar conta disso.

Responsabilidade, culpa e implicação

> Dizer que o sujeito sobre quem operamos em psicanálise só pode ser o sujeito da ciência talvez passe por um paradoxo. É aí, no entanto, que se deve fazer uma demarcação, sem o que tudo se mistura e começa uma desonestidade que em outros lugares é chamada de objetiva, mas que é falta de audácia e falta de haver situado o objeto que malogra. *Por nossa posição de sujeito, sempre somos responsáveis.* Que chamem a isso como quiserem, terrorismo. Tenho o direito de sorrir, pois não era num meio em que a doutrina é abertamente matéria de negociatas que eu temia chocar quem quer que fosse, ao formular que o erro de boa-fé é, dentre todos, o mais imperdoável.
> A posição do psicanalista não deixa escapatória, já que exclui a ternura da bela alma.[1]

Verantwortlichkeit, capacidade de responder ou *responsability*. O conceito envolve três noções conexas: *liability*, ou "confiabilidade"; *responsabilité*, de natureza mais ética; e *imputabilitá*, do italiano "imputabilidade", inscrição jurídica em contratos pelos quais se pode fazer frente e responder. Essa terceira conotação nos levou a pensar a responsabilidade como experiência individual em oposição à responsabilidade coletiva. A alusão ao terrorismo e à bela alma não deveria ser um obstáculo para o comentador, pois indicam a presença de Kojève e Hegel na formulação lacaniana. Assim como a expressão "boa-fé" é uma ironia à má-fé sartreana (*mauvaise foi*).

Hannah Arendt[2] se notabilizou pela crítica da noção de responsabilidade coletiva, defendendo que o emprego da expressão se aplica apenas a indivíduos. Ao pensar a responsabilidade como dependente da liberdade do indivíduo, ela deixa de lado três casos. O primeiro diz respeito às circunstâncias em que a liberdade do indivíduo pode estar suspensa ou indeterminada – por exemplo, imperícia, negligência ou imprudência. Nesses casos, há respectivamente um déficit de saber, uma desatenção ao que se sabe ou uma irreflexão sobre o que se sabe.

---

[1] Jacques Lacan, "A ciência e a verdade" [1965-1966], em *Escritos* (trad. Vera Ribeiro, Rio de Janeiro, Zahar, 1998), p. 873.
[2] Hannah Arendt, "Algumas questões sobre filosofia moral", em *Responsabilidade e julgamento: escritos morais e éticos* (trad. Rosaura Eichenberg, São Paulo, Companhia das Letras, 2004).

Mas há um segundo grupo que envolve indivíduos aos quais não se atribui plenamente, em sentido ético, jurídico ou político, a condição de sujeito. Por exemplo, crianças, presidiários, indígenas, loucos e quejandos. Só há responsabilidade quando há liberdade da vontade. Mas, aqui, levanta-se a objeção psicanalítica: o que fazer com o sujeito do desejo que não se constrange nem se subsume ao sujeito da vontade? O que fazer com as antinomias filosóficas da vontade livre?

O terceiro grupo é composto de coisas pelas quais nos responsabilizamos – por exemplo, objetos que são confiados a nós, a história que eles nos legam ou, ainda, o ambiente e a cultura que legamos aos que nos sucedem.

Notemos que o termo "responsabilidade" vem de *spondere*, "garantir" e "prometer". Garantir tem a ver com o passado e prometer tem a ver com o futuro, e ambos envolvem gestos de confiança na palavra. *Sponsor* significa "fiador", "fiança", "segurança". Garantia, o que garante. Responder é "prometer em troca".

Alain de Libera, em sua arqueologia do sujeito[3], aponta como teologia e filosofia se cruzaram para fazer nascer um sujeito que é simultanemanete experiência reflexiva de pensamento e instância agente da ação (eu), segundo duas propriedades – autorreflexão (transparência) e autofundação (autonomia) – e segundo dois horizontes distintos – o da representação e o da expressão. A isso devemos acrescentar a hipótese lacaniana, que é dupla, ou seja, o sujeito em psicanálise é ao mesmo tempo o sujeito da ciência, apresentado por Descartes, e ele se exprime segundo uma suposição, ou uma substância suporte, que encontramos em Aristóteles com a ideia de *hypokeimenon*.

Em Heidegger, por sua vez, há dois termos para esse dualismo: su-jetidade (pré-pronominal) e subjetividade (predicativa). Em Aristóteles, o *hypokeimenon* envolve dois traços distintos – atribuição e inerência –, conforme a predicação seja acidental ou essencial. Isso dará origem ao sujeito em sentido lógico, ao qual são atribuídas qualidades, e em sentido ontológico, cuja figura histórica são os atos do espírito. Lacan parece ter aplicado aqui uma dupla operação de negatividade – esvaziamento dos predicados e negativização do ser –, recuperando, assim, uma des-indentidade do sujeito no tempo.

É só na modernidade que o sujeito passa a depender de sua denominação e a relação com o corpo torna-se atributiva. Surge, assim, a ideia que condiciona a emergência moderna de responsabilidade como suposição de um sujeito que suporta um predicado, assim como toda ação supõe um agente.

O sujeito moral e o sujeito psicológico, próprios da modernidade, são derivações da tradição da atribuição e da ideia juridicamente posterior de imputação e acusação. Inversamente, o sujeito passa a se reconhecer como proprietário de

---

[3] Alain de Libera, *Arqueologia do sujeito: nascimento do sujeito* (trad. Fátima Conceição Murad, São Paulo, FAP-Univesp, 2013).

sua vontade e de seu corpo – no passado, no presente e no futuro. Essa identidade do sujeito é o que exigirá a noção de si mesmo como pessoa e, daí, pessoa jurídica capaz de inteligência, lei, felicidade ou desgraça (Locke) ou "substância individual de natureza racional" (Boécio)[4].

Fecha-se, assim, o arco que explica por que *responsabilidade* é prometer em troca e garantir. *To apropriate* [possuir, no sentido de trocar e vender] e *to own* [possuir, no sentido de reconhecer e confessar] são duas conotações distintas da *propriedade de si*. O atributivismo (a alma é uma propriedade do corpo) que restou de Aristóteles e o substancialismo de Descartes (a alma é uma coisa). O nada não pode ser sujeito – portanto, não pode ter atributos – nem causalidade. Isso concorre para uma afirmação de Lacan que contraria a ideia de que o sujeito é sempre responsável: "Sua descoberta [de Freud] foi ter soletrado, escandido o inconsciente, e desafio a dizerem que isso possa ser outra coisa que não a observação de que há um saber perfeitamente articulado, pelo qual, falando propriamente, nenhum sujeito é responsável"[5].

Portanto, o sujeito moderno pode ser caracterizado pelo encontro de três condições divergentes[6]:

1) sua denominação pelo acidente, ou seja, o uso ostensivo da forma pronominal "este" e de seu nome próprio;

2) a potência do agente, em relação ao qual ele responde e reage às consequências;

3) a forma do operador, concernente ao ato e à suficiência ética ou epistemológica do saber que condiciona a ligação entre juízos e atos.

Disso se depreende certa tensão entre o sujeito desde a hipótese do inconsciente, o sujeito desde o processo sociológico de individualização e o sujeito desde o progresso de sua relação com o conhecimento. Da fusão entre o sujeito do conhecimento e o sujeito sociológico nasce a categoria de saber. Da fusão entre o sujeito do inconsciente e o sujeito do saber nasce a hipótese do sujeito do inconsciente. Por isso a irredutibilidade do eu ao sujeito é tão importante em Lacan. Por isso também a ambiguidade entre o sujeito e a instância de ação é tão insistente no pensamento do mesmo Lacan. O agente da ação, da narrativa, das instituições ou da ética universalista ocidental é uma figura do "nós" herdeira do homem que sofre e que age, do "para todos" que clama por generalização de reconhecimento e de expansão, contra "pelo menos um". Surge, aqui, a culpa como transgressão da lei ou por agir em desconformidade com o desejo.

---

[4] Boécio, *Escritos* (trad. Juvenal Savian Filho, São Paulo, Martins Fontes, 2005), p. 165.

[5] Jacques Lacan, *O seminário*, Livro XVII: *O avesso da psicanálise* (trad. Ari Roitman, Rio de Janeiro, Zahar, 1992 [1969-1970]), p. 73.

[6] Flávio Dutra, "Sujeito e responsabilidade", *Associação Lacaniana de Brasília*, 6 mar. 2015.

Mas isso é um "nós" declarado em terceira pessoa ou em posição impessoal de "qualquer um". Esse é o sujeito político por excelência. No entanto, há algo que fala em cada um de nós mais além de cada um de nós e que poderia ser definido pela expressão "nenhum de nós não". Ou seja, trata-se de um universal negativo, sem traço de pertinência ou predicação, mas que não aponta apenas para a exclusão de um conjunto, e sim para a necessidade de dissolução do conjunto do qual se está excluído. Nesse caso, teríamos de aceitar também que a experiência da inclusão pode não ser um caso de insuficiência da lei, mas de impossibilidade da totalidade. Aqui teríamos o caso problemático do usufruto da lei, ou do "não todo" gozo da lei. Isso permitiria falar em um segundo tipo de culpa, não ligada ao que se sabe, mas ao que não se sabe, e que, mesmo assim, demanda de nós implicação. Ou seja, trair a lei do desejo, trair a implicação de gozo, pode nos acarretar culpa.

Isso não é uma coisa pensante cartesiana nem um atributo da essência aristotélica. O sujeito da psicanálise interessa à política porque ele não se reduz à responsabilidade nem à culpa, mas a um tipo de fidelidade com a experiência de uma verdade, que chamamos de "implicação". Essa coisa freudiana exige tanto uma posição em primeira pessoa, ou seja, um "eu sou isso", quanto um processo em terceira pessoa (um inconsciente, uma pulsionalidade) que depõe a primeira pessoa sem se reduzir a uma terceira.

Nos termos de Paul Ricœur[7], é um *si sem mesmo*, é um *ipso sem idem*. Pensar, assim como desejar e ser, é uma atividade impessoalmente pessoal. Essa antropologia do inumano no interior da psicanálise levou Lacan ao conceito de Coisa (*lachose*), capaz de incorporar a animalidade, o estrangeiro e o monstro que há em todos nós, sob condição de implicação subjetiva. Por isso também é ociosa a pergunta sobre o sujeito lacaniano ser interno ou externo à linguagem, ser partícula ou onda, ser causa ou efeito de linguagem. Essa não é a questão apenas sobre o sujeito desde a hipótese do inconsciente, mas também a pergunta sobre o que vem a ser o sujeito da consciência. Lembremos aqui a importância do "tornar consciente" para o programa clínico da psicanálise e para a tomada de posição de classe marxista.

O sujeito como substância e o sujeito como atributo, tomados como operação de não identidade, mas ainda assim de unidade, nos ajuda a entender o que significa, em sentido rigoroso e radical, um sujeito dividido. Um sujeito dividido entre o saber (atributivo e real) e a verdade (ficcional e substantiva) não pode prescindir de nenhuma de suas exigências. Isso permite entender por que não há duplicação do sujeito, pois poderíamos perguntar: se pela posição de sujeito somos sempre responsáveis, de que lugar somos responsáveis? Do lugar de sujeito do sujeito? Por isso, somos levados a recorrer à noção difusa de "ser do

---

[7] Paul Ricœur, *O si-mesmo como Outro* (trad. Lucy Moreira Cesar, Campinas, Papirus, 1991).

sujeito" ali onde haveria uma espécie de metarresponsabilidade. Por isso ele é ao mesmo tempo sujeito de ciência, sujeito ético e efeito Real. Com isso, podemos reconciliar três teses contraditórias:

1) se "sua práxis não implica outro sujeito senão o da ciência"[8], então ele está referido a "uma universalidade que contém uma existência que a nega"[9];

2) por nossa posição de sujeito, somos sempre responsáveis, segundo a hipótese de que "o indivíduo que é afetado pelo inconsciente é o mesmo que constitui o que chamo de sujeito de um significante"[10];

3) nenhum sujeito é responsável, porque sua implicação, no desejo e desde a pulsão, supera sua "insondável decisão do ser", e porque a culpa e a fantasia demandam permanente "retificação das relações do sujeito com o real"[11]. No fundo, o sujeito é sempre um efeito, um efeito de linguagem, nunca um agente autor.

Temos, então, três leituras do sujeito em Lacan, que o apresentam, respectivamente, em (2) como necessário, em (1) como impossível e em (3) como contingente, ou seja, conforme se o considere do ponto de vista da culpa trágica (1), da responsabilidade no processo histórico de individualização (2) ou como capaz de implicação para além de si mesmo (3). Mas ele é também capaz de uma ação de implicação para além de sua responsabilidade, ou seja, ele pode estar implicado em um significante, ainda que não saiba da extensão de sua responsabilidade nisso. Esse é exatamente o caso da democracia. Esta é uma experiência em devir, indeterminada e incompleta; envolve sentidos que o sujeito individual desconhece ou repudia, e, mesmo assim, ele pode facultativamente implicar-se. Seu oposto natural é tematizado por Lacan como o neurótico, ou o também chamado homem da culpa. Aquele que renuncia ao desejo pelo engajamento no trabalho, aquele que quer fazer as coisas em nome do bem, ainda que tenha de ceder de seu desejo, e contabiliza sua culpa a partir de álibis ou tapeação moralizante:

> Fazer as coisas em nome do bem, e mais ainda em nome do bem do outro, eis o que está bem longe de nos abrigar não apenas da culpa, mas de todo tipo de catástrofes interiores. [...] Não os distingo como duas espécies humanas [o homem comum e o herói] – em cada um de nós há a via traçada para um herói, e é justamente como homem comum que ele a efetiva.[12]

---

[8] Jacques Lacan, "A ciência e a verdade", cit., p. 878.
[9] Idem, "O aturdido" [1973], em *Outros escritos* (trad. Vera Ribeiro, Rio de Janeiro, Zahar, 2003), p. 450.
[10] Idem, *O seminário*, Livro XX: ... *Mais, ainda* (trad. M. D. Magno, 2. ed., Rio de Janeiro, Zahar, 1985 [1972-1973]), p. 194.
[11] Idem, "Direção da cura e os princípios de seu poder" [1958], em *Escritos*, cit., p. 179 e 604.
[12] Idem, *O seminário*, Livro VII: *A ética da psicanálise* (trad. Antonio Quinet, Rio de Janeiro, Zahar, 1996 [1959-1960]), p. 373-4.

É possível que Lacan busque paradigmas éticos da psicanálise na Antiguidade (*Antígona*), na transição para a modernidade (amor cortês) ou na estética antiga (criação a partir do vazio) para tentar tematizar o sujeito antes da divisão moderna entre sujeito ético e sujeito epistêmico, por isso ele é também um bom modelo para o sujeito político.

Isso pode passar por um paradoxo entre o sujeito aristotélico da atribuição ética e o sujeito cartesiano do conhecimento da substância. Mas seria "desonestidade objetiva" se reduzíssemos o problema da responsabilidade e do direito ao sujeito jurídico que isso representa. Não devo ser julgado como criminoso por minhas pulsões, assim como seria impróprio invocar o inconsciente como álibi que me torna inimputável. Quanto mais experimentamos a responsabilidade como egoica, personalista, mais convertemos a ética em moral e mais seremos acompanhados pelo afeto da culpa. Ao fim, a culpa é pouco transformativa, porque supõe que o Outro deseja nosso sacrifício, nossa penitência, não que à desculpa devam se seguir a reparação responsável e a implicação duradoura. Por isso, livrar-se da culpa, cobiçar sua localização, gozar de sua prática, gravitar compulsivamente entre a culpa individual e a piedade coercitiva são práticas que formam sujeitos desimplicados de sua responsabilidade.

A expressão "sociedade do espetáculo" foi criada por Guy Debord no contexto específico do manifesto situacionista, que pretendia reunir novamente a experiência estética e seu público, entendendo nisso um ato de implicação política. O problema dos grupos na sociedade do espetáculo é que parecer e ser tornam-se equivalentes em certo registro de identificação narcísica. Entre ser uma boa mãe e parecer uma boa mãe, há a incidência de um semblante, e entre o semblante e o sujeito insinua-se um modo de relação. A lógica comparativa dos grupos, a ideia de que a vítima coletiva se completa na imagem invertida de algoz inspira uma gramática de reconhecimento e uma política da culpa.

Culpa como sentimento moral e responsabilização como resposta jurídica formam as duas margens sobre as quais é preciso pensar o terceiro tempo da implicação. Tempo que parece faltar ao depressivo. Por isso, é preciso muito cuidado ao responder à (e subverter a) demanda de amor que sempre espreita a depressão narcísica. Ela replica o problema estrutural da autoridade na educação contemporânea. Uma autoridade constituída pela renúncia ao exercício do poder sempre poderá ser parasitada pelo gozo masoquista e seu costume de objetivar o sofrimento em reconhecimento. Não é por outro motivo que o discurso do depressivo na chave do discurso da universidade mostrará um sujeito em atitude funcional e burocrática diante da existência. Um discurso que funciona como desautorização de toda implicação possível, na medida em que converte responsabilidade em culpa e culpa em semblante de transformação.

Culpa coletiva: a massa

Tendemos a esquecer ou a evitar a lembrança de aspectos dolorosos de nós mesmos e de nossa própria história. Por isso, também a massa costuma ser o funcionamento que melhor se acasala com a projeção da culpa para fora e a criação sistemática de rituais de purificação, os quais tornam a culpa não apenas um pretexto para a repetição, mas uma forma de gozo. A descrição clássica do estado de massa, feita por sociólogos como Jean-Gabriel de Tarde e Gustave le Bon, envolve o contágio de afetos como os que se observam em uma multidão enfurecida, um exército em pânico ou uma assembleia de religiosos em comoção. No estado de massa, somos tomados por uma espécie de amnésia, de falsa coragem. Dizemos e fazemos coisas que nunca nos autorizaríamos se estivéssemos sozinhos com nossa consciência. Suspendemos a hipótese de que os outros são sujeitos como nós e os tratamos como objetos ou instrumentos de nossas crenças e interesses, destituindo-lhes a inclusão em nosso paradigma de humanidade. Dessa forma, transformam-se em estrangeiros que não falam nossa língua, em monstros que não seguem nossas leis e em animais destituídos de nossa racionalidade.

O conceito de democracia, dos gregos à modernidade, não envolve apenas o uso livre da palavra, a justiça na distribuição de cargos públicos e a igualdade perante a lei. Não basta termos eleição de representantes e instituições que não sejam moral e juridicamente culpados, que realizam as leis coletivas e consensualmente firmadas, segundo certo registro de responsabilidade, mas também uma perspectiva sobre o futuro com que nos implicamos. Há democracia quando reconhecemos que nem toda lei está escrita e decidimos, portanto, o caminho a tomar. Observe-se que, quando nos orientamos para o passado, é o afeto da culpa que emerge – e, junto com ele, a demanda de segurança, ainda que ao custo da violência. Nesse devir do conceito de democracia, há uma regularidade histórica importante. Com recuos e progressos, reconhecemos que a trajetória da democracia é a história da inclusão de mais sujeitos, daí que o ideal seja a realização da universalidade concreta dos projetos de emancipação. Uma democracia desse tipo, como Graeber[13] delineou, entendida como revolução do senso comum, deveria suspender o contrato produtivista, redistribuir a igualdade de acesso ao trabalho, empenhar recursos digitais para eliminar o trabalho morto da burocracia e criar espaços de comum.

Estas três condições negativas de risco para a democracia – a perda da liberdade da palavra, a restrição do outro como sujeito e a regressão da razão –, bem como a perspectiva positiva de realização do sujeito, foram examinadas por

---

[13] David Graeber, *Um projeto de democracia: uma crise, uma história, um movimento* (trad. Ana Beatriz Teixeira, Rio de Janeiro, Paz e Terra, 2015), p. 270-80.

Freud em *Psicologia das massas e análise do eu*[14]. Esse trabalho serviu de inspiração para muitos estudos sobre a ascensão de políticas autoritárias e totalitárias em situações experimentais[15], históricas[16] e cenários sociais específicos[17]. Para Freud, nossa dificuldade com a democracia poderia advir de três disposições psíquicas combinadas e favorecidas em situação de instabilidade política: a identificação de massa, a colocação de um líder como objeto de nosso ideal de eu e a emergência de formas regressivas e segregativas de amor. Esses três fatores compreendem ameaças psicológicas às condições históricas constitutivas da democracia. Deduz-se disso a diferença entre *democracia inclusiva*, que pretende ampliar o escopo dos que dela participam, e *democracia exclusiva*, que se resigna a manter ou reduzir a extensão do sujeito democrático no contexto do horizonte político. Excluir ou incluir depende de como negociamos nossa condição de indivíduos diante de formações de grupo, de classe e de massa, mas também de considerarmos a inclusão apenas uma experiência legal ou levarmos em conta outras experiências de reconhecimento.

As massas digitais facultaram um novo tipo de idealização na política, uma nova mítica e um novo tipo de carisma que permitem ao líder político confrontar discursivamente a institucionalidade no que se convencionou chamar de "antipolítica", representada por candidatos que se consideram contra o sistema e, mais especificamente, por práticas de governo orientadas para a destruição de direitos, como as que observamos no governo Bolsonaro. Quando nossos grupos de referência passam a funcionar ao modo de massas digitais e quando a idealização do líder torna cada um de nós um herói em potencial, os afetos assumem uma dinâmica segregativa.

A ação conjunta desses três movimentos redundou na explicitação de um programa político, eleitoralmente vencedor, que se baseia no ódio antipetista, antiesquerdista e anti-Estado, mas que colocou em prática pela primeira vez aquilo que os coronéis da ditadura apenas especulavam: a guerra cultural. Portanto, é injusto dizer que se trata de um anti-intelectualismo. Trata-se de uma revolução

---

[14] Sigmund Freud, *Obras completas*, v. 15: *Psicologia das massas e análise do eu* (trad. Paulo César de Souza, São Paulo, Companhia das Letras, 2011).

[15] Stanley Milgram, "Behavioral Study of Obedience", *Journal of Abnormal and Social Psychology*, v. 67, n. 4, 1963, p. 371-8; Philip Zimbardo, *O efeito Lúcifer: como pessoas boas se tornam más* (trad. Tiago Novaes Lima, 4. ed., Rio de Janeiro, Record, 2012).

[16] Hannah Arendt, *Eichmann em Jerusalém: um relato sobre a banalidade do mal* (trad. José Rubens Siqueira, 17. reimpr., São Paulo, Companhia das Letras, 2014); Daniel Goldhagen, *Os carrascos voluntários de Hitler: o povo alemão e o Holocausto* (trad. Luís Sérgio Roizman, 2. ed., São Paulo, Companhia da Letras, 2002).

[17] Edson Teles e Vladimir Safatle (orgs.), *O que resta da ditadura: a exceção brasileira* (São Paulo, Boitempo, 2010).

intelectual preventiva, como sugere o grupo de análise de conjuntura da Universidade de São Paulo (USP)[18]. Uma revolução dos espíritos que defendem o tosco como modelo estético, que defendem políticas de planejamento familiar baseados na abstinência sexual, mas que, sobretudo, exploram sua condição de excluídos do debate intelectual profissionalizado, acadêmico ou científico. Reunindo excluídos contra a elite cultural, hegemônica, branca e de esquerda, temos um movimento social popular de direita. Já que nunca houve democracia na periferia, por que não tentar outra coisa? Por que não deslocar o poder para aqueles que estavam na periferia do conhecimento nacional? Que isso acene para um modelo de democracia exclusiva ou excludente e que demande a consequente redução do sujeito democrático pode funcionar como deslocamento do saber-poder contra aqueles que se sentiam já excluídos em termos culturais. Anuncia-se, diante de nós, que a democracia não é *naturalmente* para todos, que é preciso reduzi-la para que funcione, reconhecendo de outro modo suas exceções.

Massas digitais

Agrupando-se artificialmente no Exército ou na Igreja, adotando para si um funcionamento de massa, o indivíduo comum se sente forte e poderoso. Seu discernimento cai. Ele se torna crédulo, impulsivo e excitável. Quando contrariado, emergem a certeza reativa e incorrigível, a suspensão de inibições, a regressão cognitiva e o ódio. Freud afirma que "as massas não têm sede de verdade", uma vez que esta depende da circulação da palavra; por isso, estariam sempre propensas à violência.

Podemos opor a massa anônima e tendencialmente irresponsável ao grupo[19] composto por pessoas que se reconhecem segundo dada responsabilidade

---

[18] André Singer et al., "Por que assistimos a uma volta do fascismo à brasileira?", *Folha de S.Paulo*, 9 jun. 2020.

[19] Em alemão, a expressão *Massenpsychologie* remete ao termo "massa" e acentua os estudos franceses sobre a mente coletiva e os afetos das multidões, com os de Gustave le Bon. Freud empregava a noção de massas artificiais para designar aquelas institucionalmente ordenadas. O termo "grupo", em conformidade com a tradução de "*group psychology*", aparece nos trabalhos de William McDougall, na tradição psicanalítica da Group Analysis, nos grupos operativos de Pichon Rivière ou nos grupos de trabalho de Wilfred Bion. Neste capítulo, adotaremos uma distinção baseada na teoria do reconhecimento de Axel Honneth, de que os grupos possuem uma dialética fundada na família, na pessoa e na amizade, ao passo que as massas se comportam em referência à razão institucional, individual e impessoal. A noção de comunidade, ou de comum, desenvolvida por Pierre Dardot e Christian Laval, *Comum: ensaio sobre a revolução no século XXI* (trad. Mariana Echalar, São Paulo, Boitempo, 2017), parece responder à função do sujeito que aqui empregaremos para abordar a relação entre o funcionamento de massa e o de grupos.

comum. Se as massas impõem estados alterados de afeto e consciência, grupos implicam trabalho de composição entre demandas de homogeneidade, ajustamento, diferenciação e singularidade. A economia de grupos, como famílias e comunidades, envolve rivalidades periódicas e estruturais. Não há coletivo sem luta pelo reconhecimento, como autoridade ou poder, como demanda de coesão ou expansão do grupo de pertencimento. Podemos dizer que, quando grupos se consolidam pelo que são, surge o narcisismo das pequenas diferenças, ao passo que, quando grupos mantêm a consistência de seu conjunto pelo que fazem, surge o narcisismo das grandes diferenças, que, ao modo de um infinito ruim, decompõe a identidade em diferenças cada vez menos produtivas e cada vez mais intensas. O narcisismo das grandes diferenças não foi tematizado por Freud, mas podemos pensar nele como a condição de acomodação identitária de um grupo como minoritário ou majoritário – a naturalização das relações de poder, o estado de apatia e resignação diante de grandes diferenças compõem uma identificação bem estabelecida.

Parece ser uma constante antropológica dividir grupos a partir de determinado número de participantes, o que, em termos, refletiria nossa capacidade de gerir diferenças, sem reduzir o outro a um tipo demasiadamente generalizado, criando, assim, um déficit de reconhecimento. Ao mesmo tempo, no narcisismo das pequenas diferenças são as diferenças que são desdobradas em versões cada vez menores e mais insignificantes de cada um. De tal forma que aqueles que são mais semelhantes e contíguos – aqui Freud cita portugueses e espanhóis, alemães do sul e do norte – têm mais propensão a se manter em rivalidade constante por diferenças cada vez menores.

Não devemos confundir o funcionamento de massa, que é baseado na redução de si e do outro ao anonimato, com a perda e a anulação da individualidade decorrentes do funcionamento de grupo, por exemplo, famílias e equipes de trabalho em que a história e os traços de cada um são preservados e definidos por sua relação com os outros. A tensão interna, centrífuga ou centrípeta, entre o funcionamento de massa e grupo opõe-se ao que se chamaria "consciência de classe". A classe, no sentido de Marx, é um conceito de outra natureza, porque não se define por predicados ou traços de posse, uso ou propriedade, ou de identidade e pertencimento. A classe é uma condição de efetuação, um fazer que tende à autodissolução. Assim com a economia da culpa e da desculpa é característica do funcionamento de massa e os grupos podem ser pensados a partir do modo como respondem e se responsabilizam diante de suas próprias regras de constituição, que reconhecem legítimas, a implicação é o conceito que exprime o coletivo definido pelo funcionamento de classe. Assim, cada indivíduo pode funcionar em estado de massa, grupo ou classe. Passar do ressentimento de classe para a luta de classes requer um conceito mais apurado de sujeito, capaz de distinguir culpa, como dimensão jurídico-moral; responsabilidade, como dimensão ético-desejante; e implicação, como dimensão política cosmopolita.

Muitos psicanalistas tentaram isolar as características de grupos que se orientam para o trabalho, para a tarefa ou para um fim comum, não para a manutenção nem para a exageração da própria identidade. Indivíduos lutam ao mesmo tempo por reconhecimento dentro de seus grupos de pertença e como parte de grupos que lutam entre si. Massas, por sua vez, supõem a dissolução dos interesses individuais, mas essa dissolução não conserva aquilo que foi negado, que se exprime pelos traços reduzidos do líder. Os grupos também envolvem identificação com traços; contudo, não tendem à dissolução, mas à estabilização em laços sociais, mais ou menos típicos: governar e controlar, educar e cuidar, questionar e sofrer ou analisar e criticar.

Essa configuração foi completamente alterada pela introdução da linguagem digital, que permitiu a formação e a aproximação de grupos separados e, ao mesmo tempo, a manipulação do anonimato, como observamos no funcionamento de massa, por meio de avatares, perfis falsos e algoritmos.

Entre 2013 e 2018[20], as redes sociais tornaram-se amplamente disponíveis para os brasileiros, introduzindo a experiência da massa digital para indivíduos não advertidos de suas peculiaridades. Isso não ocorreu apenas pelo transporte de grupos "naturais" para seu equivalente "digital", mas também pelo funcionamento, ascendente e acelerado, de grupos e coletivos, ao modo de comunidades, segundo a identificação típica das massas. À medida que o Brasil se digitalizava, ficava cada vez mais evidente o tamanho das massas excluídas do espaço público e da conversa política. As instituições enfrentavam dificuldades mortais para transportar autoridade e poder para esse novo território. A ideia de poder vertical, com sua lógica de lugares vazios e personagens em ocupação transitória, foi dando lugar ao fato de que o poder digital seguia outra lógica. Famílias empoderavam seus costumes e seus preconceitos, indivíduos excluídos organizavam-se em grupos de ressentimento e resistência, comunidades formadas pela identidade de gênero, raça e orientação sexual segmentavam discursivamente o consumo. Subcelebridades digitais emergiam enquanto lideranças do mundo real desapareciam, fazendo companhia aos antigos astros do cinema mudo e da era do rádio. Surgiram religiosidades digitais, grupos nativos de *gamers* e não apenas novas identidades, mas outra forma de produzir identidades pela mistura

---

[20] A internet começa a se popularizar como mídia de massa a partir de 2007, com o surgimento dos primeiros *smartphones*, mas somente em 2014 mais de 50% dos domicílios brasileiros estavam conectados à rede. Ver Marcelo Carvalho, *A trajetória da internet no Brasil: do surgimento das redes de computadores à instituição dos mecanismos de governança* (dissertação de mestrado em engenharia, Universidade Federal do Rio de Janeiro, Rio de Janeiro, 2006).

de consumo e manipulação aparencial: millenials, nerds, emos, hipsters, hikikomoris, herbs e hackers.

Entre 1992 e 2015, a expansão da democracia brasileira e o suporte discursivo digital redefiniu a gramática de reconhecimento entre indivíduos, grupos e massas. Nesse mesmo período, 42 milhões de pessoas passaram da miséria para a pobreza e da pobreza para a classe média[21]. Em 2018, 64,7% dos brasileiros tinham algum acesso à internet[22], com alto uso de redes sociais e suportes de conversação, majoritariamente via celular.

Esse processo ocorre de forma concomitante com a expansão da cidadania e do consumo, nos anos de lulopetismo, e está coligado ao aumento da mobilidade social e à consequente instabilidade identitária, com as novas exigências simbólicas de pertencimento de classe e seus signos de legitimação. Planos populares e bandas largas colocaram o uso nacional de redes sociais, como Facebook e WhatsApp, entre os mais altos do mundo[23]. O mercado do saber e das notícias tornou-se acessível e indiferente a antigas hierarquias e regras reguladoras. Vários efeitos imprevisíveis foram produzidos desde que a primeira geração de nativos digitais, nascida depois de 1995, emergiu como ator político. Novas comunidades, redes de apoio, de amizade, de solidariedade e de cooperatividade se reuniram em torno de plataformas, comunidades e influenciadores digitais. Surge, então, um novo sistema de reconhecimento, hierarquia simbólica e autoridade.

Se novas massas e novos coletivos digitais prescindem de ideais bem formados e imagens representativas, eles podem envolver traços de estilo, apresentação ou consumo ligados pelo contágio afetivo por efusão ou pela defesa coletiva contra a angústia. Coletivos agrupados em torno de teorias da conspiração e grupos reunidos contra um inimigo comum tornaram-se tão frequentes quanto pequenas sociedades que gravitam em torno de uma personalidade famosa ou uma subcelebridade criada por sua capacidade de reunir seguidores.

Logo ficou claro[24] que a vitória eleitoral de Bolsonaro contou com o uso das redes sociais como o WhatsApp, parasitadas por postagens anônimas, compradas e turbinadas por grupos privados. Independentemente da veracidade e da extensão desse fator, não se pode negar que sua campanha obteve sucesso graças ao universo digital. Isso se confirmou em um estilo de governança no qual postagens

---

[21] "A nova classe trabalhadora", Instituto Lula, s.d.
[22] Felipe Autran, "Brasil tem 116 milhões de pessoas com acesso à internet, diz pesquisa", *Tecmundo*, 21 fev. 2018.
[23] Paulo Higa, "Facebook tem mais usuários que WhatsApp no Brasil e chega a dois terços da população", *Tecnoblog*, 19 jul. 2018.
[24] Ver, por exemplo, Patrícia Campos Mello, *A máquina do ódio: notas de uma repórter sobre* fake news *e violência digital* (São Paulo, Companhia das Letras, 2020).

em redes sociais substituem lentamente assessorias de imprensa e demais mediações institucionais. Com isso veio a linguagem "*prúblíca*"[25] da internet para a comunicação direta do líder com sua massa. A combinação contingente de uso público e uso privado da linguagem é uma característica desse novo discurso político. Ele não trabalha tanto com novos vocábulos e estilísticas padronizadas, apesar da semântica coprofílica característica e do empuxo ao sexual, mas com uma oscilação calculada entre o ataque a inimigos políticos e a defesa baseada na consolidação imaginária de alianças. Quando está no ataque, a linguagem é pessoal e de baixo calão, como se estivesse em uma contenda privada ou comunitária. Quando está na defesa, o discurso bolsonarista mimetiza a retórica pública e institucional. Assim ele teria convertido a retórica lulista do oxímoro[26] (fazer e dizer duas coisas contrárias ao mesmo tempo) em uma retórica do mascaramento, da negação e do ódio administrado (fazer e dizer coisas contrárias em dois tempos).

A estratégia é de tal maneira eficaz que ninguém se ocupou em pensar as consequências desse tipo de irresponsabilidade com a própria palavra como caso de violação do decoro parlamentar. A linguagem "*prúblíca*" é um traço marcante das redes sociais, tanto quando olhamos para suas abreviações e idioletos como quando percebemos a intrusão de recursos imagéticos na escrita: *emoticons, stickers, memes* contêm uma combinação de sentido e de texto cujo efeito de indeterminação faz parte da composição de certo humor. Lembremos que essa oscilação aparece já no risco político do chiste que, ao mobilizar o que deveria permanecer silenciado, traz tanto o que recalcamos com dura conquista civilizatória quanto o que recalcamos por que carrega um fragmento de verdade transformativa censurada pelos modos hegemônicos de dizer.

Poucos notaram, entretanto, que juntamente com isso triunfou uma nova estrutura de grupos familiares em aplicativos de mensagens, submetidos a um funcionamento discursivo de massa, no qual a dimensão pública e a dimensão privada parecem em fusão oportunista. O fenômeno mais típico dessa regressão ao estado de massa é a impossibilidade de se fazer escutar por argumentos ou fatos, além da relativa irrelevância das fontes. No interior de uma batalha discursiva, o uso de *fake news*, de forma intencional ou ingênua, prevalece sobre quem tente "falar sério". Quando se pretende ironizar, satirizar ou diminuir esse tipo de linguagem, o argumento da impostura democrática entra em jogo: "Dizem que respeitam os outros, mas na primeira oportunidade se tornam tão agressivos, arrogantes, e convictos quanto acusam seus adversários".

---

[25] Condensação de "privado" e "público".
[26] Idelber Avelar, *Eles em nós: retórica e antagonismo político do Brasil no século XXI* (São Paulo, Record, 2021).

Isso levou a uma retórica de campanha e a uma divisão discursiva capilar entre os brasileiros que sobrecarregou ainda mais a travessia da pandemia do coronavírus. Os interlocutores repetem monólogos com crescente agressividade. A regressão ao funcionamento de massa, com sua estereotipia e sua certeza dogmática, produziu um extenso sentimento de divisão social, rompendo laços e dissociando relações.

Ideais e seus objetos

Mobilidade social, expansão do consumo e linguagem digital trazem consigo a redefinição de ideais. Cada vez que nos aproximamos de nossos ideais, seja porque nossos filhos ingressam em uma universidade, seja porque a família pode viajar nas férias, seja ainda porque podemos dedicar parte do orçamento doméstico aos cuidados com higiene e beleza, é preciso vivenciar o luto. Cada progresso implica também abandonar uma forma de vida que foi superada e, além disso, acomodar nossas aspirações de desejo a um novo cenário. A distância entre os ideais e os objetos é essencial para que os primeiros mantenham sua função simbólica organizativa para o desejo. Contudo, a experiência digital parece reduzir a distância entre eles, estimulando a ilusão subjetiva de que imagem e objeto se acasalam perfeitamente em ideais realizados de sucesso, consumo, felicidade ou beleza. Essa ilusão de adequação induz dolorosos efeitos de descompressão narcísica. Quando passamos de forma abrupta da experiência digital, com sua velocidade e sua aceleração típicas, para a vida real, o choque com camadas sobrepostas de preconceito, com dificuldades inesperadas e injustiças comparativas, torna-se muito mais doloroso e, por vezes, causa embolias traumáticas.

É possível que a descoberta da distância entre democracia ideal e democracia real tenha sido experimentada como traição e violação brutal de expectativas e promessas.

Se o processo foi percebido pela esquerda como aplicação seletiva da lei e pela direita como uma espécie de retomada legítima do poder, a realização do governo descreveu uma curva de perda progressiva e insidiosa de popularidade. Se isso seguiu alguma estratégia, foi a de tornar as massas aderentes e tendencialmente distantes da política um conjunto de grupos organizados e em estrutura miliciana. É o que se pode chamar de bolsonarismo não apenas como movimento de afinidade com um líder homônimo, mas como discurso, ou seja, um novo tipo de laço social.

Se do ponto de vista do progresso da democracia estávamos diante de um momento agudo de reformulação das regras do poder vigentes desde a redemocratização, do ponto de vista social corria o conflito agudo de reformulação de ideais e reconhecimento de novos sujeitos políticos, não mais definidos pela hierarquia representativa, mas por gênero, raça, idade, afinidade estética ou moral, em especial de natureza religiosa. Tal diversidade de polarizações foi logo reunida e reduzida em sua complexidade ao caso mais vasto e disponível, diminuindo, assim, a novidade a um esquema de oposições já conhecido e legível.

Por exemplo, bem antes da chamada polarização social, emergente a partir de 2013, a ciência já vivia ela própria polarizações entre ciências duras, as "verdadeiras" ciências, como a física, a química e a biologia, e as ciências humanas, como a antropologia, a sociologia e a psicologia. Autores como Kuhn, Feyrabend e Ian Hacking deslocam o caráter excessivamente normativo da ciência como um tipo abstrato de conhecimento, dotado de propriedades universais, decorrentes do uso da linguagem, dos conceitos e de sua relação empírica de verificação ou falseabilidade. Com a gradativa consolidação dessa objeção, surgiram compromissos metodológicos convencionalistas, "operacionais" ou meramente dissolvido na normatividade das revistas científicas e ranqueamentos universitários.

Dentro dessas áreas cresceu a percepção de que, assim como raça, gênero, classe e etnia atravessavam os próprios processos de justificação e reconhecimento na ciência. Um segundo nível crítico diz respeito à aparição de epistemologias do Sul, de contraepistemologias, pensamentos decolonial, feminista e diaspórico que denunciam o caráter arbitrário da ciência tradicional. O terceiro nível de polarização pode ser encontrado nos departamentos, com hierarquias draconianas e competição ferina para aumentar notas na Capes (e, com isso, alcançar mais benefícios e bolsas) ou estabelecer hegemonias temáticas, autorais ou então de tendências de pesquisa.

Desse modo, podemos entender a emergência da polarização, baseada no desdém com relação a fatos e falta de rigor na interpretação das ideias, como parte de uma percepção social de que a ciência é mais múltipla e dividida do que gostariam de admitir nossas vãs esperanças de autoridade unificada. Infiltra-se a tentação, que no fundo é demanda de reconhecimento, de que, se há divisão, por que eu mesmo não posso pleitear a validade de minhas crenças metafísicas pessoais? Afinal, se tudo pode ser customizado de acordo com a vontade do consumidor, por que a sanção e a legitimidade maior das ideias e das crenças não se submeteriam a esse mesmo procedimento?

Para enfrentarmos essa rede de problemas é interessante agregarmos os modelos propostos por Bramson e outros[27] a fim de entendermos as polarizações em geral. Eles distinguem nove tipos de polarização: espalhada, dispersa, por cobertura, regionalizada, em comunidades fraturadas, por distinção, por divergência, por consenso grupal e por tamanho da paridade. Para enfrentar essa multiplicidade, cruzaram-se três modelos baseados na difusão cultural, no consenso social e na estrutura de transmissão de crenças. Chegou-se, com isso,

---

[27] Aaron Bramson et al., "Understanding Polarization: Meanings, Measures, and Model Evaluation", *Philosophy of Science*, v. 84, n. 1, 2017, p. 115-59.

ao conceito de traços cardinais de polarização, que são as marcas materiais da fratura de uma comunidade. Por exemplo, "defesa da família" é um traço cardinal, pois hierarquiza as pessoas. Ainda que sejamos todos a favor da proteção de nossos laços, a expressão nominal subentende aqueles "inimigos" que "ameaçam a família". Como contraexemplo, a polarização por demanda de paridade, racial ou de gênero, responde a outro modelo matemático, e nenhum dos dois dá conta da polarização por regionalização. Ainda assim, há correlações regulares: por exemplo, um decréscimo na polarização como fratura comunitária (como a que vemos cada vez mais entre famílias brasileiras), que pode representar um acréscimo da polarização como consenso de grupo (por exemplo, pró ou contra a cloroquina). Contudo, essa última forma de polarização possui um curioso efeito de decréscimo sobre outras polarizações, como espalhamento, cobertura (superioridade) ou distinção (superioridade de hábitos culturais).

O modelo estrutural do balanço entre polarizações baseia-se na evolução dentro de um espectro cujo horizonte é a "extrema opinião absoluta". Ou seja, é como se o fenômeno da convicção fosse primário, daí ele incitar polarizações por divergência ou por consenso, mas não interferir nas polarizações por fratura na comunidade ou no tamanho da paridade.

Tira-se disso uma conclusão de potencial interesse para o contexto brasileiro e a localização da polarização científica dentro dele. A disputa em torno da polarização não é um confronto de teses, mas de luta entre modelos diferentes de polarização. A direita tende a agrupar polarizações espalhadas (anticorrupção), dispersas (empobrecidos apolíticos) e comunidades fraturadas (família), criando um "eles" que justifica a força reativa do "nós". A esquerda, por sua vez, cultiva polarizações por distinção (superioridade moral e cognitiva), por consenso grupal (partidos e movimentos sociais) e pelo tamanho da paridade (demandas identitárias). Mas aqui o vetor vai do "nós" para o "eles". Por isso as equações recíprocas não fecham: a direita ataca os esquerdistas acusando-os de corrupção e arrogância; inversamente, a esquerda acusa a direita de violência e vulgaridade.

Quando se trata de ciência, surge uma polarização diferente: as universidades são vistas como impostoras e regionais (daí a negação sistemática de nossas boas posições em *rankings* internacionais). Contudo, a pandemia de covid-19 fez a polarização progredir e questionar a política sanitária internacional, representada pela Organização Mundial de Saúde (OMS). Assim como professores, cientistas, artistas e jornalistas de esquerda representam uma elite sem quilate econômico, os empresários de direita seriam ricos incultos. Duas lógicas de polarização diferentes se opõem aqui: o regionalismo de direita e a distinção de esquerda. Tais lógicas são contraintuitivas na medida em que, para quase todos os outros tópicos, a esquerda tende a valorizar o local popular, enquanto a direita cultiva a hierarquia da distinção e do mérito.

Isso nos ajuda a entender por que professores, intelectuais e pesquisadores colocam à prova suas reputações científicas, como se suas opiniões ou suas convicções fossem independentes e desimplicadas de conceitos e consensos, quando se trata de política ou subsídios a políticas públicas. A profissionalização da pesquisa brasileira, feita à base de avaliacionismo e produtivismo, de condomínios departamentais e currais epistêmicos, cultivou o embrião de polarizações epistêmicas, mas criou também o efeito colateral de punir pesquisadores que participam do debate público, tentando traduzir ciência em práticas transformativas ou criticar políticas erráticas, regressivas e inconsequentes.

A polarização reflete o que Lacan chamou de agressivização do sentimento social de igualdade, sentimento próprio do aumento da percepção social de diversidade e expansão do cosmopolitismo. Lembremos que, para ele, a expansão da experiência democrática tem um efeito colateral, que são as "paixões fundamentais pelo poder, pela posse e pelo prestígio nos ideais sociais"[28]. A democracia periodicamente instabiliza e recria o valor dos signos sociais de prestígio pelos quais somos reconhecidos como indivíduos pertencentes a um grupo específico. A história da individualização na modernidade poderia ser recontada a partir da luta por reconhecimento, ou seja, pela deriva e pela substituição de ideais que se realizam nos verdadeiros indivíduos. A cada novo patamar da democracia é preciso redefinir, não sem conflito, a lei geral de reconhecimento e abrangência a quem é atribuída a condição de sujeito. É por isso que essa definição se faz acompanhar, sistematicamente, de tentativas de generalização de tais critérios a nações e culturas vizinhas.

Vimos que Lacan descreveu essa alternância entre democracia e tirania pela dupla operação que consolida uma hierarquia ordinal, na qual há cidadãos de primeira classe e outros de segunda, mas na qual, sobretudo, há *não cidadãos*. Esse preordenamento segue a gramática das exceções: o recordista, a estrela de cinema, o filantropo, ou seja, as "pessoas de bem". Do outro lado estão os meramente explorados em suas relações de trabalho. O ato de inversão em tirania consiste em um movimento que, depois de se ordenarem verticalmente as pessoas, as quase pessoas e as não pessoas, estabelece-se a competição horizontal como única regra. Tal movimento explica o ódio ao mérito, o declínio da confiança na igualdade de oportunidades (educação) ou da importância da igualdade de sobrevivência (saúde), no momento mesmo em que essas condições se tornavam universalizáveis entre os brasileiros. Florescem, então, os aproveitadores, os que "mamam nas tetas do Estado", a "elite folgada", que nada mais faz que levantar o ódio contra as exceções para produzir mais exceções. Isso dificulta perceber que os únicos que realmente se colocam como exceção à lei são os próprios multiplicadores de exceções. Conforme a definição de *lawfare*,

---

[28] Jacques Lacan, "Introdução teórica às funções da psicanálise em criminologia" [1950], em *Escritos*, cit., p. 147.

1) Uso estratégico do direito para fins de deslegitimar, prejudicar ou aniquilar o inimigo
2) Denúncias sem materialidade ou sem justa causa
3) Excesso de prisões preventivas, com uso de tortura ou delação premiada
4) Falsas incriminações
5) *Overcharching* [excesso de acusações]
6) Criação de obstáculos para os advogados que lutam contra arbitrariedades do Estado [excesso de prisões]
7) Propositura de ações judiciais para silenciar a liberdade de expressão e difundir o medo em quem pode opor-se publicamente ao *lawfare*
8) Criação de normas *ad hoc*.[29]

Em momentos como esses, emergem tipos sociais que encarnam e representam a diferença de individualização que está em disputa, como o juiz Sergio Moro. Sua herança parece representada nas iniciativas jurídicas de Augusto Aras (procurador-geral da República) e Kássio Nunes Marques (ministro do STF) contra o professor e crítico do governo Conrado Hübner Mendes[30].

O paradoxo do individualismo democrático encontra-se no descompasso entre seu processo e seus fins. Em outras palavras, os meios democráticos de simbolização, representados por instituições, regras sociais, recursos de linguagem e conceitos, parecem sempre muito atrasados em relação a nossas expectativas de realização de desejo, liberdade, igualdade e universalidade.

Forma-se, assim, uma espécie de disputa em torno das exceções, pois há indivíduos que parecem mais indivíduos que outros: o empresário empreendedor e o esportista fora de série; o filantropo, que representa a excepcionalidade moral; e a estrela, que é o caso ímpar na experiência estética, cujo talento singular é insubstituível[31]. Esses tipos são a expressão do mito do indivíduo realizado. Ele é o ponto simbólico que separa a lei que vale para todos e a que vale para alguns. Os que não realizam esse ideal ficam restritos a ser "mais um" em sua *servidão no trabalho*. São figuras sem qualidade, indivíduos definidos por sua substituibilidade. São pessoas sem distinção. Esse conflito imaginário entre heróis e "ninguéns", entre a elite corrupta e as pessoas comuns, parece ter encontrado seu apogeu na eleição de 2018.

A expansão da democracia criou, assim, um empuxo ao herói como lugar de excepcionalidade, induzindo a idealização de líderes, de um lado, e, de outro, o

---

[29] Cristiano Zanin Martins, Valeska Teixeira Zanin Martins e Rafael Valim, *Lawfare: uma introdução* (São Paulo, Contracorrente, 2019), p. 26 e 78-92.
[30] Mônica Bergamo, "Mais de 280 professores assinam manifesto em defesa de Conrado Hübner Mendes", *Folha de S.Paulo*, 26 jul. 2021.
[31] Jacques Lacan, "Introdução teórica às funções da psicanálise em criminologia", cit., p. 147. Grifo nosso.

sentimento de inadequação e fracasso. O Brasil em estado de aumento da tensão agressiva entre indivíduos força uma reorganização geral das identificações[32]. O impulso para a luta de prestígio e distinção criou uma espécie de negação da democracia recém-alcançada. Por isso, o bolsonarismo captou ao mesmo tempo o sentimento social contra intelectuais, artistas e políticos e o desejo de retorno a uma elite mais antiga, como o Exército, combinada com uma nova elite moral formada por pastores neopentecostais, artistas de vanguarda dispostos a entoar hinos wagnerianos, negros que não acreditam em racismo, assim como mulheres e crianças que estão seguras porque estão em "seus lugares". Por que escolher a democracia se eu a comparo a tornar-me livre empreendedor de mim mesmo?

No contexto do que alguns autores chamam de "cansaço"[33] ou "morte da democracia", Tocqueville já havia observado que, na Revolução Americana de 1776, o progresso da democracia deixou para trás a comunidade e as tradições que a tornaram possível, produzindo um efeito de individualismo, egoísmo e indiferença[34]. No sistema democrático, tornamo-nos cada vez mais estranhos a nossas comunidades de origem. Por isso, os discursos de natureza teológica ou religiosa que enfatizam a importância de nossa comunidade de origem são, tendencialmente, antidemocráticos. Eles afirmam uma espécie de lealdade primária e natural que a verdadeira democracia coloca sempre à prova.

A promissora democracia digital, com milhões de novos participantes, sofreu um duro golpe quando as instâncias que detêm a mediação simbólica, ou seja, aqueles que cuidam da palavra e do conflito, como imprensa, Judiciário, artistas e intelectuais, sofreram abalos consideráveis em termos de autofinanciamento e reputação social. Isso parece ter alterado a representação da ciência e do sistema de distribuição dos saberes instituídos. Por exemplo, descobrir que a ciência tem diferentes posições, igualmente válidas, sobre determinado problema desfaz a aura de sua autoridade vertical, e os fundamentos de seu poder podem levar ao enfrentamento de uma pandemia com tratamentos "alternativos", precoces, assim como à exploração das vacinas enquanto potencial fonte de corrupção "emergencial".

Isso leva à tentação de considerar que outras ideias, aquelas ligadas a crenças seculares, também poderiam ser elevadas à condição de participantes legítimas do

---

[32] Lacan diz: "Essas estruturas, nas quais uma assimilação social do indivíduo, levada ao extremo, mostra sua correlação com uma tensão agressiva cuja relativa impunidade no Estado é muito perceptível para um sujeito de uma cultura diferente [...], aparecem invertidas quando, segundo um processo formal já descrito por Platão, a tirania sucede à democracia e efetua com os indivíduos, reduzidos a seu número ordinal, *o ato cardinal da adição*, prontamente seguido pelas outras três operações da aritmética". Idem. Grifo nosso.

[33] Jacques Rancière, *O ódio à democracia* (trad. Mariana Echalar, São Paulo, Boitempo, 2014).

[34] Aléxis de Tocqueville, *A democracia na América* (trad. Neil Ribeiro da Silva, 2. ed., São Paulo, Itatiaia, 1977).

jogo do conhecimento. Se há aspectos ainda não concluídos na teoria darwiniana da evolução, não haveria também espaço para o criacionismo? Não se trata da ciência ela mesma, mas de sua representação social. A internet aproximou as pessoas comuns do funcionamento da ciência, desfazendo o mito de unidade e consenso da ciência, bem como da autoridade do cientista.

A tensão agressiva e imaginária não tardou a responder em espelho regressivo, altamente sensível ao discurso demagógico: "Se você pode ser feminista, eu posso ser machista; se você pode defender a causa dos negros, eu defenderei a branquitude; se pode haver passeata LGBTQIA+, por que não uma dedicada ao orgulho hétero?".

O que se ignora nesse procedimento de equivalência é justamente que a causa feminista ou antirracista visa a incluir pessoas que estão de fato e de direito excluídas da democracia, ao passo que os argumentos reversos defendem uma democracia exclusiva e customizada. Ou seja, uma democracia definida por seu sujeito passado confronta-se com uma democracia definida por seu sujeito futuro.

Afetos segregativos

Se para Freud a tendência ao funcionamento de massa é um obstáculo à democracia, como regime de livre uso da palavra e da razão, Lacan acrescenta a esse cenário o problema da luta por distinção e reconhecimento. A expansão da democracia é interpretada de modo ambivalente como perda de privilégios para alguns e conquista de novos direitos para outros. Surge, assim, uma disputa pela excepcionalidade, que separa alguém da massa por seus dotes e seus méritos individuais, mas também pelo pertencimento a um grupo particular: a estrela, o recordista, o filantropo e o criminoso. Percebe-se como o exemplo do criminoso enquanto figura de excepcionalidade acaba respondendo pela gramática de inversões típica da retração democrática. O ex-presidente Lula foi preso e aparentemente derrotado por outra figura de excepcionalidade, o ex-juiz Sergio Moro, que, por sua vez, criou a excepcionalidade dentro da excepcionalidade ao não afastar Michel Temer da presidência da República, acabando ele mesmo afastado. As alternâncias do Supremo Tribunal Federal levaram a um fato análogo, mas inverso, que resultou na recuperação da condição de elegibilidade de Lula, concomitante com um novo patamar de institucionalidade.

A situação de aumento da percepção social de igualdade, de acesso de novos sujeitos à expressão política e de reconhecimento institucional de excluídos torna tentadora a hipótese de remetimento de decepções e infortúnios ao "outro", entendido como excepcionalidade ilegítima. Tem-se, então, o ódio contra aquele que teria "roubado" parte de meus direitos.

Sabe-se que, em situações traumáticas ou de alta complexidade, nas quais o aparelho psíquico não dispõe de recursos para simbolizar as experiências que tem diante de si, quatro atitudes são mobilizadas: a negação da diferença, o silenciamento da história, a afirmação de um único ponto representativo de lembrança e a tendência à repetição do trauma.

A negação nos incita a reconfirmar nossas crenças e agir dissociativamente em relação àquilo que sabemos, segundo a fórmula "sei muito bem algo, mas continuo a agir como se não soubesse", o que torna o sujeito eclético ou refratário à contradição. A reafirmação de um ponto dogmático de certeza opera de forma complementar. O procedimento consiste em fazer crescer o número de concordantes, aumentando, com isso, o sentimento de verdade, o que reassegura a identificação do sujeito com o grupo. Nesse ponto, o processo democrático brasileiro confrontou três afetos distintos no campo conservador: a indiferença, o ódio ambivalente e o ódio segregativo.

Aqueles que defenderam genuinamente uma democracia conservadora são, por tradição, indiferentes aos costumes alheios. Preocupados com a própria comunidade de origem, advogam a indiferença, não sem crueldade, como afeto político fundamental. É a moral do sobrevivente e da linguagem específica, compreendida apenas por aqueles que fazem parte do heroísmo discursivo[35]. Isso, por um lado, aumenta a tolerância com a diversidade dos costumes e, por outro, torna menos perceptível ou urgente a diminuição das desigualdades sociais.

Já os pseudoconservadores[36] experimentam ódio instrumental diante da diversidade. Neles convive uma ambivalência entre a identificação de grupo e a de massa. Amam a lei que os protege, mas odeiam a que os restringe e limita. Líderes populistas, de esquerda ou de direita, com frequência se aproveitam desse sentimento para se apresentar como representantes da lei pessoalizada. E aí se cria uma figura paterna, a quem devemos incondicionalmente obedecer em troca de segurança; caso contrário, a lei se inverterá de modo punitivo ou persecutório. Quanto mais idealização houver da mítica parental familiar, maior a necessidade de destinar o ódio a grupos e comunidades não semelhantes a nossa família e aos valores de nossa comunidade. O pseudoconservador oscila entre uma identificação de grupo (com os amigos) e uma identificação de massa (com os inimigos). Na ascensão de Bolsonaro, porém, o pseudoconservador exerceu um papel decisivo ao associar-se com os 15% de fascistas que se agruparam ao seu redor. Interessados apenas em concessões neoliberais, foram facilmente cativados pela divisão que se opera no bolsonarismo entre o discurso moral e o discurso da eficácia e do desempenho. Dessa forma, é importante salientar que

---

[35] Victor Klemperer, *LTI: a linguagem do Terceiro Reich* (trad. Miriam Bettina Paulina Oelsner, São Paulo, Contraponto, 2009).

[36] Iray Carone, "A personalidade autoritária: estudos frankfurtianos sobre o fascismo", *Sociologia em Rede*, v. 2, n. 2, 2012.

a narrativa do ministro da Economia e a narrativa da ala ideológica e olavista do governo compõem um mesmo e único discurso, que já estava em progresso antes da eleição como um dos principais axiomas do neoliberalismo a separar a economia do resto da vida, em especial da política, para depois justificar decisões econômicas imorais sem ter de pagar as consequências por isso.

O maior risco para a democracia brasileira reside na emergência de discursos que se ajustam ao que Theodor Adorno chamou de "síndrome fascista"[37], cujo afeto dominante é o ódio segregativo. Aqui, a mera existência do outro, que não experimenta os mesmos valores e não goza da mesma maneira que "nós", torna-se uma ofensa perturbadora. É assim que ele deixa de ser um indivíduo singular e passa a valer pelo grupo a que pertence e, enfim, se desumaniza na massa informe. Venerar, supersticiosamente, um líder em atitude de submissão acrítica e estereotipada é a contrapartida desse processo. Dessa forma, a excepcionalidade legítima se posiciona do lado do sujeito, autorizando a emergência de afetos segregativos contra a massa inimiga. Há uma redução dualista das pessoas, como líder-seguidor ou vencedor-fracassado, bem como uma projeção essencialista do inimigo[38]. Aqui predomina a identificação de massa e uma espécie de reação hipnótica de ódio que age por contaminação. Esse deslizamento acontece em raciocínios do tipo: se o governo do PT sediou casos de corrupção, as pessoas que simpatizam com ele são automaticamente defensoras da corrupção – no fim, elas mesmas corruptas –, defensoras da Venezuela e de Cuba, defensoras de assassinos e – por que não? – potenciais assassinas. A contiguidade do ódio passa do PT para o comunismo, deste para o esquerdismo, o gênero, a ideologia e daí para qualquer sintagma que contenha o termo "social". Até por isso, no julgamento de alguns, o Partido Nacional Socialista de Hitler torna-se automaticamente de esquerda.

O golpe é perfeito, pois cria animosidade contra o pouco de Estado de bem-estar social e de redução da desigualdade que se obteve até então, vestindo-o com o manto do inimigo comunista. Expressões como "esquerdopatia" deixam de ser alegoria, metáfora ou exagero retórico, tornando-se parte da crença delirante de que as pessoas que pensam e votam à esquerda estão sancionando e endossando milhões de mortes ocasionadas por ditadores cubanos, chineses, soviéticos ou cambojanos. Uma vez percorrido esse circuito de ilações, essas pessoas merecem ser odiadas e punidas, elas têm uma deficiência de caráter.

O desejo de retornar ao tempo da ditadura militar, os elogios ao coronel torturador Ustra e toda a parafernália de precariedades antidemocráticas que

---

[37] Theodor W. Adorno et al., *The Authoritarian Personality* (Nova York, Harper & Row, 1950, série Studies in Prejudice).
[38] Douglas Garcia Alves Júnior, *Dialética da vertigem: Adorno e a filosofia moral* (São Paulo, Escuta, 2005).

caracterizam o discurso de Bolsonaro[39] adquirem, assim, uma funcionalidade para o pensamento de massa e para a gramática segregativa de afetos. A troca infantilizante, que transfere ao pai todos os poderes e a ele se submete o indivíduo em troca de segurança, ajusta-se ao figurino antidemocrático ao convencer o eleitor de que suas convicções morais em "bons valores" e tudo o que caracteriza as "pessoas de bem" constituem um elemento protetivo natural contra as mazelas da pobreza e da violência social. A crueldade e a violência serão aplicadas aos outros.

O sujeito democrático

O risco antidemocrático depende de um molde específico que liga o pior, sempre disponível em nosso modo de funcionamento normalopático, às condições sociais precárias de nossa institucionalidade. O Brasil bolsonarista adotou a aurora como símbolo, retomando a velha temática nazista do despertar de uma nação (*Errwachts*). Isso se realizou por meio de um judicialismo pedagógico, baseado na redução do escopo daqueles considerados sujeitos, mas também pelo ataque a nossa capacidade de sonhar. Note-se que é sempre em nome do realismo e da urgência de acordar e fazer alguma coisa contra o pior que o pior vem sucedendo discursivamente. O judicialismo reduz a democracia a um conjunto de regras formais que submetem a ética e a política. Ele catalisa o sentimento de impunidade e desigualdade diante da lei em uma caça às exceções e aos privilégios. É um judicialismo pedagógico, porque serve de modelo para as demais relações de autoridade: professor, médico, líder religioso. Com isso, a aplicação da lei é paradigmaticamente criminal, deixando de lado as que agem fora dessa excepcionalidade, como as leis trabalhistas e as de direitos sociais.

Encorajando a intolerância e a violência, manifestadas pela retórica do armamento, do policiamento ostensivo e do Exército no poder, esse discurso possui um efeito capilar e imediato que autoriza a opressão às populações vulneráveis por grupos majoritários. Provavelmente isso não ocorrerá por meio de atos institucionais de arbitrariedade, mas pela terceirização da violência, em particular de ações agressivas praticadas por seus partidários. Nesse sentido, a expressão "excludente de ilicitude"[40] parece ser chave, e com ela o próprio presidente libera a violência para seus eleitores e apoiadores.

A propensão a atacar as liberdades civis, intelectuais, artísticas e da imprensa crítica e a tendência a limitar o uso da palavra e do corpo, seja pela judicialização,

---

[39] Clóvis Saint-Clair, *Bolsonaro: o homem que peitou o Exército e desafia a democracia* (Rio de Janeiro, Máquina de Livros, 2018).

[40] "Excludente de ilicitude" é a exceção que permite que cidadãos e policiais possam recorrer a atos tipificados no Código Penal, como furtar, roubar ou matar, sem que seja considerado crime.

seja pela degradação moral, completam o quadro da passagem antidemocrática que o Brasil poderá enfrentar. A redução do sujeito democrático nos levou a uma espécie de democracia tutelada, praticada pelo Judiciário, pelo Exército e, diretamente, por grupos econômicos. Por exemplo, caso haja acentuado déficit fiscal, o governo pode depender do sistema bancário privado para adquirir recursos financeiros. O adiamento das reformas tributária, administrativa e política mantém a contenção vivida por empresários e bancos, sem que, dessa vez, haja a ocupação formal de cargos no governo.

Muitos argumentam que o conceito de fascismo acarreta mais dificuldades do que nos ajudam a entender os riscos que a democracia enfrenta – e não só no Brasil. É correto dizer que muitos dos traços do fascismo histórico, associado com os totalitarismos dos anos 1930, encontram-se ausentes em nosso cenário. Mas, se queremos pensar a história da democracia como um progresso não linear e contínuo, devemos incluir seu antípoda mais claro, sem que isso carregue uma exageração que nos impeça de ver suas formas atualizadas.

Em trabalho anterior, caracterizei a democracia brasileira como uma democracia de condomínios, uma experiência institucional e comunitária baseada na demissão tácita ou explícita do Estado em relação a certas formas de vida[41]. Esse estado de democracia reduzida, acessível apenas aos que se protegem entre muros, convive com a massa excluída e segregada de maneira resignada, apesar dos efeitos progressivos da violência e da anomia social. Tal modelo lida com a lei administrando seletivamente, por meio de síndicos ou gestores, certos favores e reprimendas. O condomínio é, sobretudo, um funcionamento de grupo que relega a massa à condição indiferenciada de "quase pessoas", aquelas que vivem do outro lado do muro da democracia e da cidadania.

A ascensão de discursos e práticas antidemocráticas no país deve muito à desmontagem do pacto condominial, pelo qual ilhas de cidadania artificial mantinham massas segregadas entre muros simbólicos e síndicos administrando interesses públicos em benefícios privados, sob a sombra da imagem de um Brasil cordial e racialmente democrático. O avanço de direitos civis e a ampliação da cidadania, configurada pela implantação da Constituição de 1988, a revelação do mutualismo entre Estado e empreiteiras e as novas demandas de ocupação do espaço público forçaram os muros do condomínio para um novo tipo de autoridade e um novo pacto social. No entanto, o sistema manteve um regime de controle liberal da economia, com ocupação do Estado por grupos historicamente patrimonialistas. A pauta comportamental ou identitária passou a representar cada vez mais a esquerda como "defensora do social", enquanto a direita permanecia

---

[41] Christian I. L. Dunker, *Mal-estar, sofrimento e sintoma: uma psicopatologia do Brasil entre muros* (São Paulo, Boitempo, 2015).

confinada nos espaços econômicos e em seus embaraços trabalhistas, tributários e previdenciários. Formava-se um tipo de governabilidade baseada na pseudor-realização de interesses públicos: empreiteiras decidindo obras de infraestrutura, políticos negociando cargos em interesses privados, segregação de vasta parte da população atrás de muros.

Esse pacto condominial parece ter entrado em crise quando o funcionamento de massa se impôs ao dos grupos organizados no último processo eleitoral. A mudança da retórica defensiva para o discurso ofensivo por parte da direita conservadora brasileira indica que a colonização ideológica do outro tornou-se objetivo estratégico. Não mais a indiferença e o medo, mas o ódio e a culpa comandam nossa economia de afetos políticos.

A democracia tutelada, cujo sujeito é exclusivo, não inclusivo, é para quem pode pagar. Ela não coloca em risco apenas a perda de direitos, mas advoga a implantação acelerada de uma nova política econômica. Nesse sentido, não é acaso Bolsonaro ter sido eleito com uma agenda bífida, ostensivamente neoliberal na economia[42] e explicitamente conservadora nos costumes, mas cuja realização, até o momento, não passou de uma farsa. Assim como o discurso do bolsonarismo tenta se realizar institucionalmente, o discurso neoliberal e o discurso da nova política aproveitam a crise do neoliberalismo para criar outra coisa.

A encruzilhada que a democracia brasileira enfrenta coloca, de um lado, o retorno a um Estado que protege e reforça laços de condomínio, definidos por grupos investidos de poderes excepcionais, e, de outro, a recente ampliação da democracia a um número considerável de sujeitos cujos direitos serão agora reduzidos. Fica a pergunta se nos chocaremos contra muros mais duros e contra síndicos mais cínicos ou se recobraremos a importância de processos institucionais de longo prazo, que se realizam por meio de políticas públicas. A partilha dos bens econômicos, culturais e sociais para todos ou para alguns será cada vez mais um desafio para o sujeito democrático.

---

[42] A primeira aplicação historicamente conhecida do neoliberalismo deu-se em 1973 no Chile, depois que o general Augusto Pinochet depôs o presidente Salvador Allende e chamou para a sua diretoria de orçamento o economista e professor universitário em Chicago Jorge Selume Zaror. Isso ajuda a entender a força do anticomunismo no discurso neoliberal. Selume enriqueceu, aproveitando-se da reforma previdenciária que ele mesmo propôs. Entrou no "negócio" universitário e escolar chileno, que ele mesmo abriu ao "livre mercado", tornando-se uma das pessoas mais ricas do país. Paulo Guedes, o superministro de Bolsonaro, estudou economia na mesma universidade, trabalhou com Selume nos anos 1980 e voltou ao Brasil para se tornar proprietário de uma universidade. Ver Rocío Montes, "O laço de Paulo Guedes com os 'Chicago boys' do Chile de Pinochet", *El País Brasil*, 31 out. 2018.

6
Políticas de identidade

Entender as relações entre psicanálise e políticas de identidade requer especificar cada conceito. Ainda que estivessem presentes desde sempre, tais políticas foram formalizadas depois do conceito de políticas culturais e em conjunto com a valorização de uma divisão anterior entre cultura e sociedade.

> Em vez de simplesmente endossar ou rejeitar o que é simplório na política da identidade, devíamos nos dar conta de que temos pela frente uma nova tarefa intelectual e prática: a de desenvolver uma teoria *crítica* do reconhecimento, que identifique e assuma a defesa somente daquelas versões da política cultural da diferença que possam ser combinadas coerentemente com a política social da igualdade.[1]

Uma noção firme de igualdade deve pensar tanto a redistribuição econômica quanto o reconhecimento. Privação e desrespeito andam juntos na experiência da injustiça; contudo, nas lutas por reconhecimento a estratégia mais comum é a diferenciação do grupo, ao passo que na luta por redistribuição há um grande trabalho para desdiferenciar aqueles que deveriam ser aliados. Trata-se não apenas de negar e afirmar traços de pertencimento a uma raça ou uma classe, assumidos de partida, mas de observar que durante o percurso transformativo aqueles que se organizaram para expressar uma diferença – de raça, etnia ou gênero – destacam-se em potenciais posições orgânicas ou comunitárias de representação, enquanto os que lutam pela ampliação da representação de seus interesses de classe (por exemplo, no sistema de instituições) acabam indiretamente os expressando com seus corpos.

Coletividades bivalentes, segundo definição de Nancy Fraser, são aquelas nas quais convivem má distribuição econômica e desconsideração cultural.

---

[1] Nancy Fraser, "Da redistribuição ao reconhecimento? Dilemas da justiça numa era 'pós-socialista'", *Cadernos de Campo*, v. 15, n. 14-15, 2006, p. 231.

Classe e gênero combatem juntos pelo fim da discriminação das condições de diferenciação negativa no trabalho, ou seja, para "acabar com esse negócio de gênero"[2], a fim de que o gênero não seja um marcador negativo para o mundo das trocas econômicas. Algo análogo poderia ser dito da situação de classe e raça, marcada pela divisão social do trabalho e pela distinção racial na distribuição dos recursos. Raça e gênero deveriam ser abolidos como traços distintivos nesse universo de discurso, assim como orientação sexual e, no limite, qualquer traço que constituísse, confirmasse ou naturalizasse a desigualdade no âmbito do trabalho e da produção. Temos aqui, indiretamente, certa noção de como deve operar a democracia no mundo da produção: oportunidades iguais, educação equitativa, restrição de monopólios e hiperacumulação. Nesse contexto, políticas de identidade traduzem-se em políticas afirmativas de cotas, acessibilidade, expansão de direitos, transferência de renda e correção de privilégios. Trata-se de incluir, ativamente, aqueles que se veem excluídos ou segregados do mundo da produção.

Consideremos agora o caso das mulheres negras que, diante do aumento da visibilidade de sua condição de raça, necessária para a luta de inclusão, têm sua condição cultural de reconhecimento ainda mais prejudicada. Pensemos, ainda, no movimento *queer*, que, ao contrário da política de inclusão bem-sucedida ou malsucedida de gays e lésbicas, luta para que o próprio binarismo homem-mulher, heterossexual-homossexual, seja suspenso. O objetivo não é consolidar a identidade gay, mas a dissolver. Como argumenta Fraser, os *remédios afirmativos* precisam positivar o grupo para que o Estado o reconheça e promova sua equidade; os *remédios transformativos*, ao contrário, visam a desestabilizar o pertencimento por traços para pensar um reconhecimento negativo. "Negativo" aqui não quer dizer desprestígio ou minoração, mas uma forma de reconhecimento que não se refira à lógica da inclusão segundo traços de pertencimento a um conjunto, mas à criação de novos tipos de conjuntos.

Nesse sentido, podem ser alinhados com as políticas transformativas universalistas, que visam a promover o bem-estar social e a ampliação dos direitos humanos para todos, "sem criar classes estigmatizadas de pessoas vulneráveis, vistas como beneficiárias de uma generosidade especial"[3]. Transformação remete ao modo como estruturas sociais se modificam no tempo longo, ao passo que afirmação responde à urgência de medidas imediatas. A *redistribuição transformativa* presume uma concepção universalista e igualitária da moralidade entre as pessoas, ao passo que a redistribuição afirmativa pode implicar uma concepção particularista e recolocar, de maneira invertida, a equação moral entre as pessoas.

---

[2] Ibidem, p. 235.
[3] Ibidem, p. 238.

O problema da transformação e da ação como duas maneiras diferentes de lidar com conjuntos já havia sido intuído por Frantz Fanon.

O branco está fechado na sua brancura. O negro na sua negrura. [...] Na verdade, pensamos que *só uma interpretação psicanalítica do problema negro pode revelar as anomalias afetivas responsáveis pela estrutura dos complexos*. Trabalhamos para a dissolução total deste universo mórbido.[4]

Observemos que a pergunta seminal de Fanon não é o que é ser negro, mas "o que quer o homem negro?", considerando que, para ele, o homem é apenas a possibilidade de recomeço e negação. Em resposta ao livro de Octave Mannoni[5], ele dirá que este esqueceu que o malgaxe não existe mais, pois passou a existir como o europeu. Existência para Fanon não quer dizer sobrevivência factual, mas experiência de reconhecimento simbólico.

No fundo, estamos diante de uma oposição real entre duas estratégias: aumento de representação e expansão da democracia institucional *para todos* e aumento da expressão de determinados grupos excluídos, sub-representados pelo processo do *para todos*. Há alguns que não estão incluídos na democracia formal parlamentar do tipo que temos hoje majoritariamente em vigor pelo mundo. Como reconhecer esses alguns? Podemos dizer que constituem tipos naturais, na acepção de Ian Hacking[6], ou seja, não são convenções, mas diferencialidades universalmente recognoscíveis. Estamos aqui no conceito positivo de raça ou no primeiro termo do dispositivo sexo-gênero. Contudo, segundo o mesmo autor, existem ainda tipos sociais criados pelo uso nominalista dinâmico da linguagem. Eis o conceito político de identidade, de acordo com o qual a noção de alguém presume a existência de algum traço de pertinência ou reconhecimento diferencial.

No primeiro caso, alguns designadores rígidos permitiriam acusar a existência desse *algum* como *pelo menos um* elemento do conjunto. No segundo, ainda que de modo contraintuitivo, esse *algum* pode ser virtualmente *qualquer um*. Processos afirmativos lidam com a identidade reconhecendo artificialmente, politicamente, *alguns* como *pelo menos um*; processos transformativos entendem a identidade como constructo artificial, reconhecendo *alguns* como *qualquer um*. Ora, toda a diferença consiste em olhar para o universo discursivo de referência considerando o presente e o passado, que precisamos urgentemente corrigir, ou enfatizando a relação entre o presente e o futuro, que precisamos processualmente transfor-

---

[4] Frantz Fanon, *Pele negra, máscaras brancas* (trad. Renato da Silveira, Salvador, Edufba, 2008), p. 27.
[5] Octave Mannoni, *Prospero and Caliban: The Psychology of Colonization* (Michigan, University of Michigan Press, 1990).
[6] Ian Hacking, *Ontologia histórica* (trad. Leila Mendes, São Leopoldo, Unisinos, 2009).

mar. São duas racionalidades para as quais talvez não exista um bom termo de conciliação. MacIntyre[7] observou que, na origem da ideia de democracia, tendo por referência Péricles, encontram-se quatro perspectivas diferentes: a da justiça considerada em relação aos cidadãos e aos de fora da cidade, a luta dos indivíduos por seus sistemas de interesse e o bem comum, a retórica do convencimento e seus limites ou suas condições e a da oposição entre intenções e acontecimentos imprevistos, a fortuna (*tichê*) e a má fortuna (*distychia*).

É razoável supor que cada uma dessas racionalidades compreenda sua própria metapolítica de identidade. Contudo, isso significa reconhecer que a inclusão representativa tem implicações diferentes da inclusão expressiva, mas também que as retóricas têm incidências diferenciais quando se considera a formação de lideranças no interior de seus sistemas de interesses locais e quando se trata do bem comum ou da reparação. Em outro texto, MacIntyre[8] tenta mostrar que, como consequência desse problema, chegamos sistematicamente a oposições entre comunidade e instituições. Isto é, encontraremos um uso indeterminado da noção de representação. Primeiro, para designar o processo pelo qual alguém me substitui simbolicamente, na consecução de meus interesses e desejos; nesse caso, dizemos, por exemplo, que os deputados representam o povo, mas também que um gerente representa uma empresa ou um ator representa um papel. Segundo, para indicar o modo como alguém expressa a si mesmo, criando pragmaticamente uma diferença que representa a diferença que aquele testemunhou por um ato; nessa situação, dizemos, por exemplo, que Jesse Owens ou Pelé representam uma conquista para o reconhecimento da população negra ou que Anne Frank representa o sofrimento do povo judeu. Como meu amigo Cláudio Thebas, palhaço profissional, costuma dizer: "Um ator representa um papel, e um palhaço é – no sentido que exprime sua própria miséria e vulnerabilidade".

Se essas duas racionalidades atravessam e definem as políticas de identidade, o primeiro problema seria conceber uma dissociação ou um desgarramento entre elas, como se pudéssemos falar de inclusão econômica sem mediações necessárias para que esse reconhecimento institucional (representativo) se tornasse reconhecimento comunitário (expressivo).

Isso gera uma reconfiguração do que entendemos como campo da política. Esta passa a ser não só um conceito normativo, referido à forma de ocupação

---

[7] Alasdair MacIntyre, *Justiça de quem? Qual racionalidade?* (trad. Marcelo Pimenta Marques, São Paulo, Loyola, 1988).

[8] Helder Buenos Aires de Carvalho, "Comunitarismo, liberalismo e tradições morais em Alasdair MacIntyre", em Manfredo A. de Oliveira, Odilio A. Aguiar e Luiz Felipe Sahd, *Filosofia política contemporânea* (Petrópolis, Vozes, 2003).

representativa do espaço público, mas também um conceito autoperformativo, ou seja, definir o que é política é, em si, um ato político. O sistema eleitoral, o ordenamento jurídico, os partidos e os sistemas de governo formam nossa representação intuitiva da política. As imagens de revolta e os momentos de transformação ou fundação também compõem a imagem que fazemos dela. Slavoj Žižek talvez tenha sido o primeiro a perceber, em meados dos anos 1980, que a tensão entre democracia e neoliberalismo deveria ser entendida por uma teoria do gozo (alienação fantasmática ao objeto) e uma nova concepção de sujeito (dividido e mais além do indivíduo).

Até os anos 1990, os psicanalistas, como qualquer outro agrupamento da sociedade civil, faziam política ao se inscrever no espaço público como atores, com suas escolas e suas políticas associativas, mas também por sua forma particular de ocupação da esfera pública nas universidades, na imprensa, nas artes ou no debate intelectual. Divididos entre funções profissionais e a condição de cidadãos, podiam ser oprimidos por ditaduras, colaborar com torturadores ou denunciadores, resistir ou participar de movimento políticos[9]. Por combinações, associações e parasitagens, a psicanálise participava das políticas públicas, porém com uma exceção notável: o repúdio a ser reconhecida pelo Estado.

Esse entendimento mais ou menos convencional de política exclui e define um contracampo contável daquilo que não é política: a vida privada das pessoas, a ciência, a arte e a religião, bem como a cultura de maneira geral, não são atividades políticas. Gostaria de fazer um pequeno condensado do que poderia ser um conceito tradicional de política, tendo por centralidade a noção de representação, e a crise desse modelo, com a ascensão do conceito de expressão, virada que não foi indiferente à própria participação da psicanálise como discurso e dispositivo crítico. Será importante ter em mente que esse mesmo conceito de representação (*Vorstellung*) é o conceito-chave e básico da metapsicologia freudiana. Freud o recebeu de associacionistas ingleses como Stuart Mill, bem como de Immanuel Kant, em chave epistemológica; no entanto, como tentarei mostrar, o mesmo conceito é fundamental para a filosofia moderna.

Representação e expressão

Vimos que, a partir dos anos 1970, cresce a consciência de que o conceito de representação como fundamento da política é insuficiente para representar o desejo das pessoas. Usei, intencionalmente, duas vezes a palavra "representação" porque acredito que a crise do conceito convencional de política advém

---

[9] Rafael Alves Lima, *A psicanálise na ditadura civil-militar (1964-1985): história, clínica e política* (tese de doutorado em psicologia clínica, Universidade de São Paulo, 2021).

da descoberta da importância do representante, que não é uma representação, como nos acostumamos a ler com a crítica lacaniana do representante da representação (*Vorstellungsrepräsentaz*) freudiano[10]. Ernesto Laclau[11] fez dessa noção a luz da noção lacaniana de significante. Para esse teórico argentino da escola de Middlesex, os movimentos sociais precisam ser pensados além da dimensão de classe, definida pela posição que ocupa no circuito produtivo e reprodutivo da economia, incluindo as formas que reúnem pessoas em torno de uma demanda. No entanto, a demanda se transforma quando é nomeada por um significante ou defletida por uma negação. Ao mesmo tempo, ela produz um efeito de identidade orientada para a inscrição e o reconhecimento dessa demanda. Daí que em determinado processo transformativo exista certa oscilação entre a representação de seu conjunto ou de sua finalidade e os processos ou os movimentos que levam a isso. Por isso a função do líder freudiano não é apenas de representar o objeto no lugar do Ideal de eu de seus súditos, mas manter a distância entre fins e meios, entre nós e eles. Assim como o analista mantém a distância entre sua suposição como objeto de demanda amorosa e seu lugar na transferência de saber, as transformações coletivas dependem de uma indeterminação capaz de manter a unidade do projeto sem a reduzir ao conjunto das identificações que o tornam possível.

Lélia Gonzalez percebeu o problema das relações entre identidade e linguagem como um caso agudo da diferença entre a produção simbólica do significado (cultural) e a produção linguística do significado (estrutural), dois aspectos diferentes reunidos no conceito inicial de Outro em Lacan, mas que não foram revisitados nos momentos posteriores de seu ensino de modo a assimilar a dimensão sexual e de gozo do Outro[12]. Para tratar dessa disjunção, ela propôs dividir o conceito lacaniano de função entre funções de primeiro grau, referida ao Real (estruturas de repetição, univocidade, traços de simetrias conjuntivas e disjuntivas), e funções de segundo grau (relações transformacionais metafóricas e metonímicas). As de primeiro grau implicam exclusão do sujeito, como na antropologia e na linguística; as de segundo grau presumem a inclusão do sujeito, como na psicanálise e na literatura. Ademais, ela propôs considerar, além das três pessoas gramaticais (eu, tu, ele), a função da quarta pessoa, lugar de inscrição da não pessoa – do inumano, diríamos –, entre os

---

[10] Jacques Lacan, *O seminário,* Livro XI: *Os quatro conceitos fundamentais da psicanálise* (trad. M. D. Magno, 2. ed., Rio de Janeiro, Zahar, 1988 [1964]).

[11] Ernesto Laclau, *A razão populista* (trad. Carlos Eugênio Marcondes de Moura, São Paulo, Três Estrelas, 2013).

[12] Lélia Gonzalez, "A propósito de Lacan", em *Por um feminismo afro-latino-americano* (Rio de Janeiro, Zahar, 2020), p. 344.

dois modos do simbólico. A "não pessoa que permite as demais" é designada em amefricano[13] pela expressão *ôme*:

> É *ôme* essa pessoa não pessoa que vai melhor indicada no termo francês de *personne*: ao mesmo tempo pessoa, máscara e *ninguém*: quem põe o *ser aí*. *Ôme* é o zero, grau zero da personalidade, primeiro número na razão de Frege, quarta pessoa (por nosso ocultamento), primeira pessoa, em zero, por desvelamento.[14]

Entre o sujeito do enunciado (eu sujeito gramatical) e o sujeito da enunciação (eu como *shifter* ou *dêixico*), haveria o sujeito da denunciação, o *ôme*, o *Dichter* (poeta). A denunciação se indicia pelo gerúndio e convidaria a uma "hermenêutica da des-integração"[15]; ou seja, nem uma demanda performativa, nem a restituição da identidade do sentido, mas uma pontuação do intervalo entre "o que se diz" e "como se diz". Ele não é somente um efeito do significante nem se manifesta apenas em ato, mas corresponderia a uma instância ausente em Lacan: a de um sujeito expressivo coletivo equivalente ao "nós".

Para Lacan, o que representa um significante para outro significante pode ser um sujeito. A teoria do lugar vazio ocupado por um representante, que é sua representação simbólica incorporal e neutra, começa a ruir. Refiro-me aqui à teoria de Claude Lefort[16], que entendia que a democracia depende de lugares simbolicamente vazios ocupados por sujeitos reduzidos a sua função de representação, assim como, homologamente, a função do psicanalista não deve se confundir com a pessoa que a ocupa. Mas essa abstração de um sujeito sem corpo, de um representante sem expressão, essa recusa da diferença expressiva daquele representante, persiste como ponto não abordado na política e na clínica tradicional[17]. Ora, a reintegração da noção de corpo na filosofia política deu-se por vários caminhos ao mesmo tempo: a crítica de Frantz Fanon

---

[13] "Para além do seu caráter puramente geográfico, a categoria de amefricanidade incorpora todo um processo histórico de intensa dinâmica cultural (adaptação, resistência, reinterpretação e criação de novas formas) que é afrocentrada, isto é, referenciada em modelos como: a Jamaica e o akan, seu modelo dominante; o Brasil e seus modelos iorubá, banto e ewe-fon. [...] Desnecessário dizer que a categoria de amefricanidade está intimamente relacionada àquelas de pan-africanismo, *négritude*, *afrocentricity* etc." Idem, "A categoria político-cultural de amefricanidade", em *Por um feminismo afro-latino-americano*, cit., p. 122.

[14] M. D. Magno, "O Shifter e o Dichter", citado em Lélia Gonzalez, "A propósito de Lacan", cit., p. 344.

[15] Ibidem, p. 347.

[16] Claude Lefort, *A invenção democrática: os limites da dominação totalitária* (trad. Isabel Loureiro e Maria Leonor Loureiro, 3. ed., Belo Horizonte, Autêntica, 2011).

[17] João Felipe G. de Macedo Sales, *Corpos que escutam: função e campo do corpo do analista na experiência psicanalítica* (tese de doutorado em psicologia, Universidade de São Paulo, 2021).

ao esquecimento da raça como fator de reconhecimento e existência; a crítica de Angela Davis ao fato de que o feminismo continuava a ser indiferente às mulheres negras; Stuart Hall mostrando que a identidade não é um conceito homogêneo quando considerado do ponto de vista da subalternidade e quando considerado uma abstração de predicados; Donna Haraway indicando que a própria ciência é um discurso orientado por políticas discursivas que privilegiam certas identidades, não outras.

Retornemos ao segundo motivo para a mutação e gradual crise do conceito clássico de política a partir dos anos 1970. Note-se que a dinâmica de conflitos e sua regulação, segundo participações periódicas e regradas, segundo a luta pela ocupação do espaço público, definido por instituições, não consegue acompanhar a velocidade e a intensidade da produção de novas formas de desejo. A ideia de que o voto como ato que é praticado a longos intervalos de tempo e decide instâncias de representação institucional seria a essência da democracia começa a ser contraposta à ideia de que a política deve ser uma prática cotidiana, infiltrada nas relações ordinárias e envolvendo o que Adilson Moreira chamou de "dimensão psicológica da cidadania racial"[18]. Nessa dimensão, incluem-se as experiências de pertencimento social, do lugar onde se formam as individualidades morais e do território onde se praticam os direitos intersubjetivos, ou seja, as políticas de identidade rompem a fronteira clássica entre o público e o privado. "A prática democrática requer a existência de uma cultura pública igualitária, o que só pode ocorrer quando não há impedimentos para a criação de um senso de solidariedade democrática entre membros de uma comunidade política."[19]

Isso evidencia que não podemos mais pensar a política como ocupação do espaço público organizado apenas por uma geografia de instituições. O que significaria rever o paradigma de que não há política fora da instituição e que não há política fora da demanda organizada na forma partido. Ora, o que surge como alternativa a isso são, então, antes de políticas de identidades, políticas de reconhecimento. Mas o que significa reconhecer um ator como um ator político fora de sua vinculação com instituições e gramáticas de representação que estas carregam consigo? A primeira ideia é que ficam de fora pessoas, comunidades orgânicas, grupos e massas artificiais. Só pode ser mais que isso.

Os verdadeiros processos de reconhecimento não serão recognições do que existia antes. Há uma diferença de natureza entre recognição e reconhecimento. Os verdadeiros processos de reconhecimento serão uma produção e uma metamorfose

---

[18] Adilson José Moreira, *Pensando como um negro: ensaio de hermenêutica jurídica* (São Paulo, Contracorrente, 2019).
[19] Ibidem, p. 279.

generalizada. Eles colocarão em mutação tanto quem é reconhecido quanto quem reconhece, fazendo emergir o que até agora não existia.[20]

A experiência de reconhecimento não envolve apenas agentes expressos por semblantes, mas também atos reais de reconhecimento e o efeito de transformação das coordenadas simbólicas. O problema já havia sido localizado por autores como Slavoj Žižek[21], com sua teoria do ato político, e Yannis Stavrakakis[22], com sua tese sobre o horizonte ontológico das identificações (que sustentam significantes vazios para viabilizar demandas e implicam exclusão e inclusão alternadas do sujeito e do objeto a). Ambos mostram como Lacan seria um caminho para superar o dualismo moderno que nos levou a opor o realismo ao construtivismo.

Revalorizar a teoria lacaniana do reconhecimento, enfatizando sua importância nos últimos momentos de seu ensino, reatualizar o uso clínico e antropológico da noção de estrutura, bem como rever o horizonte político das noções de Real, Simbólico e Imaginário, foi objeto do programa de pesquisa no Laboratório Interunidades de Teoria Social, Filosofia e Psicanálise (Latesfip) da Universidade de São Paulo. Uma revisão da psicopatologia psicanalítica nos fez propor também uma categoria transversal, objeto de uma diagnóstica crítica, ou seja, o sofrimento. No fundo, uma tentativa de integrar as demandas expressas pelas políticas de identidade: sofrimento de gênero, sofrimento de raça, sofrimento cis, homo, hétero, trans, sofrimento de classe. Entendemos que o sofrimento é função inversa aos ideais, proporcional ao reconhecimento e dependente de sua transitivação narrativa: ele se intensifica ou se dilui conforme sua nomeação se ajusta ou se distancia de nossos ideais narcísicos, transforma-se conforme atos de reconhecimento simbólico e coletiviza-se ao modo de identificações veiculadas por narrativas como instrumento da partilha social de afetos. Com isso, procuramos reler a concepção de interseccionalidade, corrente entre as políticas de identidade, focando esse tipo específico de experiência que envolve, do ponto de vista psicanalítico, a construção de uma unidade entre identificação, demanda e transferência.

Ao contrário do conceito interseccional tradicional, de conotação jurídica, o sofrimento só pode ser somado, comparado ou hierarquizado como demanda. As identificações que ele engendra podem ser, como vimos, agregativas e centrífugas, quando pensamos em afetos como indignação, solidariedade, ódio e coragem, ou individualizadoras e centrípedas, quando mobilizam afetos como

---

[20] Vladimir Safatle, "Prefácio", em Susan Buck-Morss, *Hegel e o Haiti* (trad. Sebastião Nascimento, São Paulo, n-1, 2017), p. 11.
[21] Slavoj Žižek, *O mais sublime dos histéricos: Hegel com Lacan* (trad. Ver Ribeiro, Rio de Janeiro, Zahar, 1991).
[22] Yannis Stavrakakis, *Lacan & the Political* (Londres, Routledge, 1999).

vergonha, culpa humilhação e desrespeito. Contudo, as transferências que o sofrimento habilita o tornam sempre, do ponto de vista clínico, submetido à lei geral da equivalência entre todos e outros sintomas, ainda que alguns possam causar mais dor e outros menos. Chegamos, assim, a duas formas mais extensas que caracterizam o sofrimento na modernidade:

1) Os sofrimentos causados pelo excesso de *experiências improdutivas de determinação*, como são as gramáticas de reconhecimento de raça, orientação sexual, gênero ou etnia, mas também todas as que podem nomear conjuntos perfeitos com traços de pertinência saturados, como identidades condominiais, nomeações ostensivas, significantes tomados como nomes próprios.

2) Os sofrimentos causados pelo *déficit de experiências produtivas de indeterminação*, como são as gramáticas de reconhecimento das vidas normalopáticas, atomizadas, excessivamente integradas ou adaptadas[23]. O sofrimento não possui a mesma estrutura clínica do sintoma. Ainda que certos sintomas apresentem incidência maior sobre certas identidades, como a depressão em negros, a ansiedade em mulheres, o abuso de substâncias como álcool e tranquilizantes em desempregados, o sofrimento incide sobre uma forma de vida, enquanto o sintoma incide sobre um indivíduo. No entanto, e este é o fato crucial, o sofrimento, quando é mal reconhecido (negado, denegado, ocluído, desautorizado), quando é mal narrativizado (silenciado, inibido, censurado), quando é mal transitivado (individualizado, estigmatizado, estereotipado), tende a se transformar em sintomas. Em outras palavras, o sofrimento é uma encruzilhada transformativa: diante dele, temos de escolher se transformamos o mundo, se transformamos nosso laço com o outro ou se transformamos a nós mesmos – e o sintoma é uma maneira de fazer esta última possibilidade acontecer. Isso explica por que tantos ativistas e militantes encontram nas próprias experiências de sofrimento inspiração para engajamento em lutas políticas. No entanto, uma vez constituído o sintoma, tais práticas, envolvendo a economia da identificação em grupos, massas e classes, possui efeito apenas parcial na mitigação do sofrimento sintomático, transformando o egodistônico em egossintônico (adaptação), impulsionando inibições e esquivas, anestesiando o conflito ou modulando a realidade ambiente e a paisagem mental.

Do ponto de vista político, as demandas possuem duas inflexões diferentes, conforme se observa a face representacional ou a face expressiva da nova política. No primeiro caso, a política se traduz em políticas inclusivas, ou seja, a ampliação do espaço democrático de cidadania como um espaço definido logicamente pelo operador: *para todos*. No segundo, a política olha para as exceções, para os

---

[23] Christian I. L. Dunker, *Mal-estar, sofrimento e sintoma: uma psicopatologia do Brasil entre muros* (São Paulo, Boitempo, 2015).

sintomas representados por falsas inclusões, baseadas em *falsos universais*. Isso significa que não é apenas a lei que cria exceções; estas podem invocar reformulação da lei enquanto figura prática do que chamamos aqui de universal. Ou seja, não somos apenas sujeitos que fazem exceção à representação para todos, somos também sujeitos expressivos e exceções à própria regra da representação. Além disso, tendo essas duas condições como referência, poderíamos falar em sujeitos singulares (*Einzeln*), para usar uma categoria hegeliana que encontra vários correlatos insuspeitos em Lacan.

Identidades neoliberais

O terceiro ponto-chave para entendermos a mutação da noção de política no contexto da pós-modernidade cultural é o neoliberalismo, implantado pela primeira, em 1973, como método de governo extensivo na ditadura de Augusto Pinochet, no Chile. A partir de então, partidos e pensadores políticos de esquerda passaram a enfrentar os efeitos da economia globalizada: flexibilização transnacional da produção, foco no consumo, financeirização do capital, desregulação e desproteção do trabalho, redução do papel do Estado, empresariamento como forma de individuação. Todos esses pontos convergem, de uma forma ou de outra, para o conceito de identidade. Por exemplo, o reconhecimento da identidade cada vez mais segmentada do consumidor, o nome da marca (*branding*) como determinante fundamental do valor das empresas, marketing voltado para a experiência e a vinculação identitária do trabalhador com a empresa e a carreira como fator de realização e felicidade. Restou ao pós-marxismo a pauta da defesa do "social", de um lado, e, de outro, o acolhimento das políticas de identidade sob um fundo de humanismo ecológico geral.

Fredric Jameson mostrou como o pós-modernismo, enquanto movimento cultural de assimilação da polifonia de estilos, neutraliza a diferença política em um achatamento das utopias e uma redução das narrativas. O pós-modernismo compreende um multiculturalismo, ou seja, um esforço para entender e conciliar a multiplicidade de culturas, sob o *chassi* comum de um mesmo modo de produção. A versão à esquerda desse fenômeno introduzirá na luta política a crítica da linguagem, sobretudo ao importá-la para os movimentos sociais estadunidenses dos anos 1980: as filosofias agora chamadas pós-estruturalistas de Foucault, Derrida e Lacan. O "politicamente correto" emerge como uma espécie de filho bastardo do encontro dessas duas tradições marcadas, posteriormente, pela apropriação discursiva descomprometida de sua história conceitual.

O pós-moderno, entretanto, busca rupturas, busca eventos, em vez de novos mundos, busca o instante revelador depois do qual nada foi mais o mesmo, busca um "quando-tudo-mudou", como propõe Gibson, ou melhor, busca os deslocamentos e as mudanças irrevogáveis na representação dos objetos e no modo como eles mudam.[24]

Ora, a assimilação de uma identidade cada vez mais transitória e desapegada era o esperado para um capitalismo em globalização, no qual as regras de produção e as reorientações de consumo assumem uma dimensão cada vez mais desterritorializada e volátil. Isso se tornou ainda mais generalizado após a queda do muro de Berlim, em 1989, sendo interpretado nos termos de um fim da história e de uma suspensão da lógica do conflito. Surge a ideia de uma reinvenção da política como metamorfose do Estado, em vez de uma racionalidade especializada, o retorno da vocação, do talento e da revolução cognitiva, em vez de greves e maioria parlamentar, bloqueios, suspensão da polarização esquerda-direita e luta por consenso normativo[25]. Começa o processo de subpolitização de professores e intelectuais como parte do declínio da cultura do especialista.

Compreende-se disso certa versão problemática das categorias de identidade e sofrimento. Ambas formam fronteiras de recaptação da forma mercadoria. Como se àqueles que não restasse outra coisa senão vender sua força de trabalho fosse possível ainda vender ou agregar a própria identidade e capitalizar seu sofrimento. Em outro lugar tentamos mostrar[26] como a gestão do sofrimento – farmacológica, psicológica ou coorporativa[27] – torna-se uma das faces do neoliberalismo, erigindo a depressão[28] como modalidade compulsória de sintoma.

Paulo Arantes[29] fez uma anatomia comparada da emergência dos discursos sobre identidade como parte da ideologia francesa exportada para os Estados Unidos nos anos 1980 e retransmitida ao Brasil a partir dos anos 2000. Houve, como se vê, um atraso cronológico importante na recepção brasileira da tradição crítica anglo-saxônica, notadamente da teoria feminista de quarta geração, da teoria *queer*, da teoria decolonial, dos estudos culturais. Quando esses trabalhos

---

[24] Fredric Jameson, *Pós-modernismo: a lógica cultural do capitalismo tardio* (trad. Maria Elisa Cevasco, São Paulo, Ática, 1997), p. 11.
[25] Ulrich Beck, "A reinvenção da política: rumo a uma teoria da modernidade reflexiva", em Anthony Giddens, Scott Lasch e Ulrich Beck, *Modernização reflexiva: política, tradição e estética na ordem social moderna* (trad. Magda Lopes, 2. ed., São Paulo, Ed. Unesp, 2012).
[26] Vladimir Safatle, Nelson da Silva Jr. e Christian I. L. Dunker (orgs.), *Neoliberalismo como gestão do sofrimento psíquico* (Belo Horizonte, Autêntica, 2021).
[27] Como se tentou mostrar em idem, o discurso e o modo de vida coorporativo nas empresas e nas instituições, a partir da implantação do neoliberalismo, consiste fortemente em administrar, no duplo sentido do termo, o sofrimento para aumentar a produtividade.
[28] Christian I. L. Dunker, *Uma biografia da depressão* (São Paulo, Planeta, 2021).
[29] Paulo E. Arantes, *Formação e desconstrução: uma visita ao Museu da Ideologia Francesa* (São Paulo, Editora 34, 2021, coleção Espírito Crítico).

começam a ser traduzidos em larga escala, eles chegam por aqui já filtrados pela recepção norte-americana da arqueologia, da desconstrução e da própria psicanálise. Como bem observou Jones Manoel[30], isso acabou produzindo uma espécie de descontinuidade com a tradição brasileira de crítica marxista, de luta antirracismo, de feminismo e – por que não? – da própria psicanálise. Não são ideias fora de lugar, mas ideias colhidas fora de seu tempo, postas em relação de corte e oposição com a própria tradição crítica brasileira, que agora se torna patriarcal, universalista, elitista, colonial e branca como pela indisponibilidade de outros interlocutores. Acrescente-se ao caldo a disseminação da linguagem digital e a ampliação da nossa população universitária, e temos a pior das políticas identitárias, a da branquitude empregando o adjetivo "identitário" não só para recriminar os discursos de engajamento particularista, ressentimento racial e justificação reversa do machismo, mas também se apoiando na retórica crítica da identidade para reassegurar os direitos de identidade da família, do macho branco e da elite meritocrática. Levados ao confronto de identidades, apesar do "Ele não", a derrota de 2018 foi monumental.

Democracia de corpos

Para visibilizar as políticas de identidade, do ponto de vista da psicanálise, seria preciso fazer uma crítica do conceito de identificação. Elas deveriam reconhecer a função essencial do corpo e, com isso, a economia de gozo que ele envolve; ao mesmo tempo, deveriam conter um dispositivo de reversão da identificação. Esse dispositivo está presente em toda tradição crítica de inspiração hegeliana: trata-se do movimento que cria conceitos e conjuntos articulados com a dissolução de conceitos e conjuntos. Um movimento de apoio concreto do desejo em identificações, idealizações e sublimações, que é seguido por um tempo de separação, perda e desfusão de gozo.

Isso se traduziria em um embate entre quatro grandes metapolíticas de identidade.

Primeiro, há aquela que cria um fulcro de liberdade nas identidades flexíveis, que se pode compor e comprar livremente, as identidades brancas apresentadas como transparentes e universais, porque aproblemáticas. Essa política identitária se divide em um lado que abrange o que é "para todos" – inclusive as massas, as gentes de bem, o "todo mundo", a branquitude, as elites – e um lado em que se instalam as exceções, definidas pela contraprova do "há um que não" – recordistas, estrelas, celebridades, mártires e histórias de luz e contraluz. Essa foi a política

---

[30] Jones Manoel e Gabriel L. Fazzio (orgs.), *Revolução africana: uma antologia do pensamento marxista* (São Paulo, Autonomia Literária, 2019).

descrita por Lacan como a origem da reaparição periódica da tirania, ou seja, a organização cardinal da sociedade (todos como números) seguida do corte ordinal (onde a diferença emerge por meio de regras injustificadas).

O segundo grupo de políticas de identidade parte da generalização das exceções, forma um novo universal, definido pelo "não há nenhum que não". Aqui estão as massas excluídas, as quase gentes, os ninguéns. Nesse nível, falamos na redução de preconceitos e estereótipos que antecipam significação sobre indivíduos tipificados. Trata-se de arbitrar certa integração das exceções à regra, mas sem modificar os termos pelos quais as exceções foram produzidas nem incluir as transformações interseccionais nas modalidades de sofrimento que elas carregam. Aqui podemos lembrar os argumentos do feminismo negro[31], que observou a inclusão social das mulheres na primeira parte do século XX sem observar que as mulheres que passam a adquirir reconhecimento e equidade equivalem a um tipo de mulher, a mulher branca de classe média.

Em terceiro lugar existem as políticas daqueles que fazem resistência e percebem os limites do próprio esforço de inclusão e exclusão, de nomeação e apagamento. Aqui estamos na objeção de Fanon a Hegel e no problema de ser reconhecido por uma gramática de reconhecimento que não é a sua[32]. Percebendo que a inclusão pode gerar novas e contínuas formas de segregação e opressão, essa política tenta corrigir o identitarismo por meio de uma teoria mais complexa da subjetividade, capaz de fazer a crítica do essencialismo e da lógica das identificações. Emergem, então, contracategorias como *queers*, estrangeiros, inumanos, errantes, apátridas, monstros, marginais e místicos que são *não todos* parte de algo.

Em quarto lugar, podemos hipotetizar a existência de políticas de identidade que levem em conta um conceito não identitarista de identidade – e consequentemente de identificação – e que estejam orientadas por táticas antipredicativas. Nesse caso, trata-se de reabilitar o universal como universal negativo ou fraturado, no interior do qual a diferença e a exceção tornam indiferentes os traços de pertinência ou impertinência racial, de gênero e de cultura, porque a diferença que as engloba e as nega ao mesmo tempo, que é a diferença de classe, teria sido suprimida.

Temos, então, quatro – não apenas duas – posições diante do universal: o universal falso e o verdadeiro, o universal positivo e o negativo. É, portanto, na combinação prática das políticas de identidade, em sua tradução em estratégias transformativas e táticas afirmativas, que se pode decidir pensar um novo modelo de democracia. Esse modelo deve lutar contra exclusões e segregações políticas, silenciamentos de fala e voz, sub-representatividades estética, epistêmica e ética, como déficit de reconhecimento em termos de expressão comunitária, mas deve

---

[31] Angela Davis, *Mulheres, raça e classe* (trad. Heci Regina Candiani, São Paulo, Boitempo, 2016).
[32] Franz Fanon, *Pele negra, máscaras brancas*, cit.

reconhecer profundamente que não é possível democracia com desigualdade social na distribuição da renda e dos bens culturais e sociais coletivos.

No entanto, se olhamos para essas quatro formas de pensar a formação de identidades, percebemos que duas delas são positivas (*para todos* e *um que não*) e duas são negativas (*não todos* e *não há nenhum que não*). Em cada caso, uma espécie de decisão estabelece o que é o campo do político (*the political*) e, consequentemente, as regras de inclusão para quais políticas (*politics*) podem ser reconhecidas e quais práticas serão vistas como "não políticas". Isso significa radicalizar o princípio do reconhecimento de tal forma que ele é aplicado a si mesmo na criação do campo político. Essa decisão tem de ser tomada a cada vez. Isso nos leva a Chantal Mouffe[33], que, examinando o problema do populismo em tempos de globalização, recuperou a lógica do decisionismo desenvolvida nos anos 1940 por Carl Schmitt e Alexander Kojève. A radicalização do problema da definição autoperformativa da política do político encontra, assim, um segundo nível.

Chegamos ao que se poderia chamar de "democracia dos corpos". Uma democracia que tem menos que ver com a representação e mais com aquilo que foi historicamente excluído do domínio da representação, que é a expressão. Corpos são expressivos porque têm traços que manifestam seu pertencimento imanente a um campo político. Lembremos que na Grécia Antiga, berço do conceito de democracia, corpos de mulher estavam excluídos da ágora, assim como estrangeiros, escravos e demais etnias que não conseguiam provar seu pertencimento ao grupo dos fundadores da Hélade. Isso significa que a democracia é fundada não só pela palavra, mas também pela exclusão dos corpos. É conhecida a história de Demóstenes, padroeiro da fonoaudiologia, que não conseguia defender sua tese na disputa verbal pública porque era gago. Mesmo que todos soubessem que os fatos depunham a seu favor, e em favor de seu pai, sua tese não foi recebida e acolhida enquanto ele não pôde bem enunciá-la, mostrando domínio perfeito de seu corpo.

Ainda refletindo sobre o problema do falso universal da modernidade, vemos que certos corpos foram sistematicamente pré-reconhecidos e super-reconhecidos. Processos de discriminação, opressão e segregação de raça, classe, gênero, orientação sexual e etnia sempre dependeram de uma teoria da corporeidade para afirmar que certo tipo de diferença os incapacitava para o exercício do poder. Gramáticas determinam o valor de traços ou predicados de corpos, de maneira a subalternizar politicamente essas identidades a outras identidades prevalentes. Confirmando a tese freudiana de que o ego é, antes de tudo, um ego corporal[34],

---

[33] Chantal Mouffe, *Sobre o político* (trad. Fernando Santos, São Paulo, WMF Martins Fontes, 2015).

[34] Sigmund Freud, *Obras completas*, v. 16: *O eu e o id, "autobiografia" e outros textos* (trad. Paulo César Souza, São Paulo, Companhia das Letras, 2011 [1923]).

temos de reconhecer que, na aurora da modernidade, é precisamente o corpo, o sonho e a loucura que são excluídos para que a identidade do sujeito possa se constituir como sujeito da representação.

Isso significa que o peso proporcional da identidade vertical (representacional-inclusiva) tende a ser tensionado pela identidade horizontal (comunitária-expressiva). De modo análogo, as teses de Rita Segato[35] mostram como o reconhecimento pelo Estado é sempre indeterminado e indeterminante em relação à demanda simbólica reconhecida. O direito de grupos étnicos se tensiona com os direitos do Estado e sua soberania, os direitos das mulheres são percebidos como aspirações morais e demanda de *status*, que, por sua vez, contrariam a soberania dos direitos "humanos universais", percebidos como direito masculino, guerreiro e territorial.

A noção lacaniana de semblante[36] pode nos ajudar a entender esse problema, pois permite localizarmos a "percepção que temos do agente de um discurso", ou seja, a individualização de que "alguém fala" por trás do discurso, agindo como sujeito suposto, ausente ou eclipsado de sua corporeidade. O semblante é um compósito heterogêneo de letra e significante, de natureza e artificialidade, que cria determinada aparência cuja expressão pode ser reconhecida e captada por um discurso. E a estrutura elementar do discurso é que um significante representa um sujeito para outro significante, deixando um resto ou um produto característico para cada discurso dessa operação.

Podemos dizer isso de outra maneira, mobilizando a noção de interseccionalidade: como conjugação de modos de sofrimento, ela não responde à lógica da somatória de exclusões (raça, gênero, classe, orientação sexual, etnia) nem a uma hierarquia entre elas, mas a um sistema dinâmico de compensações e passagens em que o semblante muda conforme o discurso, ainda assim integrando diferentes narrativas de sofrimento. O semblante é interior a cada política de identidade e sempre pode ser mais ou menos efetivamente reconhecido e nomeado. Mas ele não corresponde jamais a uma aparência fixa, posto que discurso dependente, o que nos permite reposicionar o debate sobre o colorismo no âmbito das lutas antirracismo e o lugar dos não binários nas lutas LGBTQIA+.

Por isso também a biopolítica, descrita por Foucault para a domesticação e a homogeneização dos corpos no contexto da emergência dos Estados modernos, não pode ser inteiramente deduzida ou integrada à necropolítica, descrita por Achille Mbembe[37] como prática da devastação e do deixar morrer no contexto

---

[35] Rita Laura Segato, *Las estructuras elementales de la violencia: ensayos sobre género entre la antropología, el psicoanálisis y los derechos humanos* (Buenos Aires, Prometeo, 2003).

[36] Jacques Lacan, *O seminário*, Livro XVII: *O avesso da psicanálise* (trad. Ari Roitman, Rio de Janeiro, Zahar, 1992 [1969-1970]).

[37] Achille Mbembe, *Necropolítica* (São Paulo, n-1, 2018).

de processos coloniais. Ou seja, a endocolonização não é apenas um desdobramento simétrico e complementar da exocolonização. Isso ocorre porque a biopolítica depende da política representacional, e a necropolítica, da negação da expressividade. No primeiro caso, a disputa se dá para formar e definir o campo da Política; no segundo, para consagrar uma política que não ousa dizer seu nome porque justamente exclui povos e populações inteiras, cuja dignidade de existência fica fora de consideração.

Entender a identidade como efeito da contradição, tanto da contradição política histórica – que, não reconhecida, subjugou certas identidades e não outras no percurso da modernidade – quanto da contradição no interior de uma mesma identidade entre suas funções políticas progressista e conservadora, aproxima a perspectiva da psicanálise de outras teorias críticas da identidade, como a escola de Frankfurt e o pós-estruturalismo francês. Essa crítica acompanha o próprio pensamento feminista, em suas diferentes ondas, deflacionando cada vez mais o papel da feminilidade. Na passagem do pensamento pós-colonial para o pensamento decolonial, Gayatri Spivak propõe a noção de essencialismo estratégico para se referir ao caráter necessariamente provisório das identidades políticas. Na passagem de *gays and lesbians studies* para *queer studies*, a confiança na categoria de gênero se vê abandonada. Em todos esses casos, temos uma espécie de desconstrução da consistência ontológica intuitiva das categorias de base – mulher, negro, gênero – para sucedâneos críticos não essencialistas. Essa desconstrução preliminar é uma condição para pensar as políticas de identidades não hegemônicas como estratégias, ou seja, como políticas à procura de uma Política.

Os movimentos de identidade colocam para os partidos políticos e para as instituições tradicionais um problema estrutural em termos de representação de suas demandas, cruzando o debate epistemológico e uma composição política. Com frequência demandas de reconhecimento epistêmico são condicionadas à reprodução de narrativas padrão. Inversamente, demandas de reconhecimento político apresentam-se como sanções expressivas.

Isso recoloca o problema das relações entre psicanálise e políticas de identidade nos termos de *qual política queremos*. Lembremos agora que o campo político, representado pela tradição democrática, nasce pelo uso livre da palavra entre iguais. Palavra que presume o conflito ao mesmo tempo que se coloca como mediação para sua resolução, cujo fracasso é a violência. Essas duas condições encontram um análogo psicanalítico: a associação livre com a interpretação sob transferência. A diferença consistiria no fato de que, enquanto a psicanálise se desenvolve no espaço privado, a política é consubstancial ao espaço público. Olhando mais de perto, percebemos que tanto a psicanálise quanto as políticas de identidade fazem a crítica da separação entre público e o privado. Tanto uma quanto outra consideram que o "pessoal é político" e se desenvolvem na franja de intrusão do privado no público, e vice-versa. Denunciar que essa divisão é mais normativa do que a gente pode imaginar, que essa fronteira é feita de processos de negação, exclusão, repressão, recalque e censura, é uma tônica da psicanálise. Denunciar a manipulação dessa fronteira opera exceções que produzem silenciamento, opressão e trauma, é uma tônica das narrativas autobiográficas de resistência, de Sojourner Truth[38] a Toni Morrison[39], de Angela Davis[40] e Audre Lorde a Grada Kilomba[41], de Ana Maria Gonçalves[42] a Conceição Evaristo[43], passando por Sueli Carneiro[44]. Em todos esses clássicos vemos a força da narrativa em primeira pessoa, apropriando-se e expressando a própria experiência de sofrimento e transformação.

Políticas de identidade e modelos críticos

Quero salientar a contemporaneidade da psicanálise como dispositivo de crítica, notadamente entre autores dos anos 1970. Vale lembrar que o ensino de Lacan é contemporâneo aos *cultural studies*, ao feminismo negro, aos movimentos pelos direitos humanos, à luta antimanicomial, à luta ecológica, bem como ao pós-marxismo da *New Left Review* ou das tendências althusserianas e gramscianas e pós-estruturalistas. Lembremos a presença de feministas francesas como Luce Irigaray, Michèle Montrelay e Hélène Cixous nos seminários de Lacan[45], a importância do estádio do espelho e da teoria da alienação em Fanon e o forte agrupamento de epistemólogos marxistas entre seus alunos (Milner, Miller, Badiou). Todas essas tendências recusaram, de uma forma ou de outra, a extraterritorialidade da cultura em relação à política. Algumas, por exemplo, falam de uma política do sintoma, outras vão falar de uma política do desejo e outras, ainda, de uma política da recusa do exercício do poder.

Poderíamos retrogradar do argumento para a tese de que, se "o inconsciente é a política", ele é também o avesso da identidade, seja ela universal, seja ela particular. Isto é, ali onde o inconsciente aparece, o que se apresenta é o fracasso da identidade: a divisão (do sujeito), a fragmentação (do ego), a diferença imanente do pensamento (penso onde não sou, sou onde não penso), a contradição

---

[38] Sojourner Truth, *E eu não sou uma mulher?* (trad. Carla Cardoso, São Paulo, Íma, 2020).
[39] Toni Morrison, *O olho mais azul* (trad. Manoel Paulo Ferreira, 2. ed., São Paulo, Companhia das Letras, 2019).
[40] Angela Davis, *Uma autobiografia* (trad. Heci Regina Candiani, São Paulo, Boitempo, 2019).
[41] Grada Kilomba, *Memórias da plantação* (trad. Jess Oliveira, São Paulo, Cobogó, 2019).
[42] Ana Maria Gonçalves, *Um defeito de cor* (26. ed., Rio de Janeiro, Record, 2006).
[43] Conceição Evaristo, *Becos da memória* (São Paulo, Pallas, 2017).
[44] Sueli Carneiro, *Escritos de uma vida* (São Paulo, Jandaíra, 2019).
[45] Rafael K. Cossi, *Lacan e o feminismo: a diferença dos sexos* (São Paulo, Zagodoni, 2020).

(com o desejo e o sintoma) e até mesmo a parte corporal (objeto a) refratária à integração na mesmidade, identidade ou ipseidade. De certa maneira, a identidade é um peso a mais que a análise deve aliviar no sujeito. Os traços aos quais nos identificamos devem ser reduzidos ao mínimo como condição de abertura para o desejo. Mas isso não significa a mesma coisa quando estamos diante de uma identidade de classe, raça ou gênero transparente, porque hegemônica, nem quando se trata de uma identidade que fixa marcadores de exclusão social, de segregação real e de identificação com algo que já pertence ao que é negado, recusado ou desautorizado pelo recalque representado pela lei. Nesses casos, o traço de pertencimento é também predicado de exclusão, o traço de resistência é também signo de resistência política, como assinalou Derrida[46].

O resultado nos faz perguntar qual Lacan e qual psicanálise queremos para responder ao estatuto político do inconsciente. *A Política* se relaciona psicanaliticamente com *as políticas*, assim como o universal se relaciona com o particular. Ou seja, nem apenas a inclusão dos particulares em um universal pré-constituído, nem a expansão indefinida dos particulares.

Real, Simbólico e Imaginário

Lacan distingue a psicanálise em intensão (com "s" mesmo), que designa sua prática clínica, da psicanálise em extensão, que se refere a sua presença na *pólis*. Ressalto o uso da noção política de *pólis*, não de *urbes* ou *civita*, nesse contexto. Essa é a maneira mais simples de traduzirmos aqui as noções de espaço privado e espaço público. No entanto, em vez de dizer que há entre elas uma separação, uma fronteira ou uma divisão, Lacan argumenta que a relação entre intensão e extensão é de transferência – a transferência, por suas peculiaridades de fala historicizante, em relação pessoal, orientada para o tratamento do sofrimento. Isso deveria incluir, desde sempre, o sofrimento de gênero, raça, classe, orientação sexual, estrangeiridade, e assim por diante. Ocorre que, nessas situações, é preciso uma clínica discursiva, no sentido em que é no interior do laço social organizado pelos discursos que se pode falar em semblante. É o semblante que demanda escuta quando se está no discurso do mestre, no discurso do universitário ou no discurso da histeria, compreendendo aqui figuras recognoscíveis do racismo institucional e do racismo científico, do machismo estrutural ou do complexo colonial (entre discurso do mestre e discurso universitário). Isso quer dizer que a transferência ou a passagem entre intensão e extensão não ocorre só entre o interior do consultório e o exterior da praça pública, mas também no espaço de escuta, entre discursos e, principalmente, entre os três discursos nomeados aqui e o discurso do psicanalista.

---

[46] Jacques Derrida, *Resistências del psicoanálisis* (3. reimp., Buenos Aires, Paidós, 2010).

Lacan[47] coloca três condições para a psicanálise em extensão – portanto, três horizontes que servem para orientar uma potencial política da psicanálise –, deflacionando, como vimos anteriormente, a unidade da própria psicanálise: o mito edipiano, as identificações e a segregação.

No Simbólico, isso significa enfrentar o tema do pai e da família como fonte e origem da autoridade, segundo a hipótese do complexo de Édipo. Desde *Anti-Édipo*[48], publicado em 1974 e que, aliás, criticava o excesso do modelo representacional ligado à alegoria do teatro, emergiu uma objeção à psicanálise como teoria patriarcal. Não vou me alongar nesse debate intrincado, mas acompanho a tese de Safatle[49] de que, desde o início, Freud elabora uma crítica do patriarcado. A crítica talvez mais pertinente seria aquela que ataca os fundamentos da antropologia psicanalítica como excessivamente totemistas, imaginando a oposição naturalismo-totemismo como único sistema aceitável para pensarmos modelos de troca sociossimbólicas. Em trabalhos anteriores[50], venho questionando tanto a exclusividade da antropologia totemista em Freud, pela mobilização de uma antropologia potencialmente animista presente em textos como *O infamiliar*[51], quanto a combinação com outros modelos de família e de ligação entre sexualidade e aliança, como os descritos pela antropologia pós-estruturalista.

No Imaginário, trata-se de retificar o conceito de identificação. Ora, esse conceito é vasto e complexo e envolve várias modalidades de identificação, desde a identificação primária como primeiro laço de afeto com o outro até a identificação regressiva que participa da montagem do sintoma e a identificação histérica que se dá com o desejo. Toda identificação envolve um traço unário (*einziger zug*) que coordena sua ligação com outras identificações ao modo de uma repetição. Em outro texto[52], propus que, ao fim de seu ensino, Lacan indica uma quarta identificação, chamada também de sexuação, que pode ser lida de modo cis, ou seja, identitariamente tendendo a uma unidade vertical e necessária-possível entre semblante, modalidade de gozo e fantasia, ou de modo contraidentitário, no qual

---

[47] Jacques Lacan, "Proposição de 9 de outubro de 1967 sobre o analista de escola" [1967], em *Outros escritos* (trad. Vera Ribeiro, Rio de Janeiro, Zahar, 2003).
[48] Gilles Deleuze e Félix Guattari, *O anti-Édipo* (Rio de Janeiro, Imago, 1976).
[49] Vladimir Safatle, *Maneiras de transformar mundos: Lacan, política e emancipação* (Belo Horizonte, Autêntica, 2020).
[50] Christian I. L. Dunker, *Mal-estar, sofrimento e sintoma*, cit.
[51] Sigmund Freud, *O infamiliar* (trad. Ernani Chaves, Rogério Freitas e Pedro Heliodoro Tavares, Belo Horizonte, Autêntica, 2019 [1919], coleção Obras Incompletas de Sigmund Freud).
[52] Christian I. L. Dunker, "Semblante, gozo e fantasia: por uma transleitura da sexuação", em Mariano Daquino (org.), *A diferença sexual: gênero e psicanálise* (trad. Maria Claudia Formigoni, São Paulo, Aller, 2017).

esses três planos se intersectam de modo contingente-impossível. Temos aqui um problema: saber se todas as leituras da identificação em psicanálise devem conter, elas mesmas, uma concepção identitarista de identificação ou se podemos falar em uma noção não identitarista de identificação[53].

Quanto ao Real, seria dar uma resposta ao tema da segregação, explicitamente referido pela experiência histórica dos campos de concentração. Poderíamos dizer: discriminação no Simbólico, preconceito no Imaginário e segregação no Real. O objeto a, situado entre os três registros, conferindo unidade e consistência borromeana ao conjunto, é um elemento fundamental para pensarmos o corpo em psicanálise. Mais além do corpo falado ou fantasiado, do corpo morto, para além do *corpo representado*, há o *corpo expressivo*, o corpo fora do corpo, por onde circula o gozo. A metapsicologia da segregação avançou menos que as discussões sobre a identificação e sobre o complexo de Édipo. Então, eu diria, se as identidades são sempre sintomáticas, algumas são também sinthomáticas (com "th"), na medida em que anelam determinado RSI (Real-Simbólico-Imaginário). Qual é a diferença?

Nesse sentido, não seria possível aguardar a formulação de *ao menos uma política que não seja identitária*, entendida como horizonte possível da democracia? A pergunta revela indiretamente que toda forma de política esconde uma política de identificações – e algumas delas precisam afirmar a identidade como ponto estratégico, enquanto outras podem continuar a usar as identidades supostas, transparentes ou incorpóreas, com seus efeitos de discurso. É próprio do processo de produção da identidade por identificação que as identificações não sejam harmoniosas. Se a hipótese do racismo estrutural é pertinente, isso significa que as políticas tradicionais têm uma política de identidade invisível operando em seu interior – a política da branquitude[54].

Se o eu é como uma cebola, com camadas e mais camadas e nada no cerne, o caráter é o semblante que temos da cebola como esfera bem constituída, com cabelos em cima, como se fosse uma mônada. Lembremos que se essa cebola nos faz chorar quando a descascamos, é por ser formada por camadas de sofrimento interseccionais que, vistas de fora, não revelam as superfícies históricas que se acumularam sob ela. As identidades são sintomáticas no sentido de que são reminiscências de conflitos, são formadas por lembranças que encobrem e revelam seus elementos constituintes. Nesse sentido, a psicanálise é uma política contraidentitária, porque visa a extrair cada uma dessas camadas, examiná-las em

---

[53] Idem, "Hegel Amerindian: For a Non-Identitarian Concept of Identification in Psychoanalysis", *Crisis and Critique*, v. 4, n. 1, 2017.
[54] Lia Vainer Schucman, *Entre o encardido, o branco e o branquíssimo: branquitude, hierarquia e poder na cidade de São Paulo* (São Paulo, Veneta, 2020).

detalhes e depois disponibilizá-las como vestimentas ou escafandros, com diria Eduardo Viveiros de Castro a propósito do uso do corpo entre os ameríndios[55].

Talvez a psicanálise engendre uma política por vir, uma política que possa advogar, por um lado, a superação das identidades representativas, enquanto plano de produção de desigualdades, e, por outro, o reconhecimento irrestrito de todas as identidades, enquanto plano expressivo dos semblantes. Contudo, as identidades não se distribuem uniformemente no campo do sofrimento. Há um conflito entre sintomas que são egossintônicos e sintomas que são egodistônicos. Há identidades que fazem sofrer a si e há identidades que fazem sofrer o outro. Há identidades normalopáticas e há identidades que são virtualmente patologias do social[56]. Há políticas de identidade baseadas na presunção do gozo alheio, interpretado como excessivo, vivido como intrusivo e potencializado por registros autoritários, totalitários ou fascistas. Ou seja, uma coisa é pensar a identidade a partir de sua força coesiva, inclusiva e resistencial, outra é pensar a identidade como um princípio que vai se acasalar com a segregação. Um traço distintivo, do ponto de vista psicanalítico, para ler as políticas de identidade é verificar que tipo de afeto elas mobilizam. Nesse sentido, o debate encontra uma redução de sua potencialidade quando a culpa parece ser o afeto hegemônico.

Nesse cenário tão dismórfico, a psicanálise tem uma política cujo horizonte é afirmar a importância da indiferença às distintas modalidades de gozo, enquanto práticas da vida privada que não deveriam ser objeto de sanção nem restrição pública. O que está em jogo em uma demanda de reconhecimento nunca é a legitimidade de uma prática de gozo, mas por que aqueles que a ela se ligam sofrem consequências discriminatórias, preconceituosas e segregativas.

Universais e existenciais

A psicanálise costuma ser caracterizada como uma teoria universalista, o que quer dizer que seu entendimento de cultura e sociedade presume condicionantes semelhantes, que a hipótese do inconsciente não comporta fronteiras e que sua noção de pulsão é genérica o suficiente para compreender todos os tipos de constituição sexual conhecidos. Em geral teorias desse tipo buscam em seu auxílio mediações necessárias para entender os particulares sobre os quais se detém. No entanto, a teoria psicanalítica não se reduz a sua psicopatologia, pois pretende lidar com a diferença radical que caracteriza cada sujeito como uma exceção ao universal que o torna possível. Contudo, como mostrou Edward Said,

---

[55] Eduardo Viveiros de Castro, *A inconstância da alma selvagem* (São Paulo, Cosac Naify, 2002).
[56] Vladimir Safatle, Nelson da Silva Jr. e Christian I. L. Dunker (orgs.), *Patologias do social: arqueologias do sofrimento psíquico* (Belo Horizonte, Autêntica, 2018).

a psicanálise não surge nem se desenvolve como mera expressão do pensamento iluminista, europeu, patriarcal, branco, masculino e heterossexual, mas como tematização das franjas, das negações e da periferia desse projeto, inclusive sua obstinada crença no pensamento da identidade:

> Mais ousada é a exemplificação profunda de Freud do *insight* de que até para as mais definíveis, as mais identificáveis, as mais obstinadas identidades comunais – para ele, esta era a identidade judaica –, existem limites inerentes que as impedem de ser totalmente incorporadas em uma, e apenas uma, Identidade.[57]

O universalismo moderno representou um corte com a Antiguidade, que, gradativamente, substituiu a teologia familiarista pela representação cujo horizonte se tornou a emancipação como uso livre da razão em espaço público. Nesse processo, a antiga noção de democracia foi retraduzida, ganhando novos contornos, mas sempre tencionada com o avanço da forma indivíduo como modelo hegemônico de subjetivação e com a expansão do capitalismo como modo de produção do valor, compreendendo a fetichização da mercadoria, a divisão social do trabalho e a alienação da consciência organizando a extração de mais-valor. O que chamamos de política na modernidade sempre esteve dividido entre os sistemas de interesses particulares e a expansão da inclusão democrática a grupos antes excluídos: negros, mulheres, estrangeiros. Contudo, essa inclusão se revelou cada vez mais parcial, incompleta e, na prática, não universal.

Esse desequilíbrio entre o igualitarismo teórico – expresso, por exemplo, pela Declaração Universais dos Direitos do Homem – e a prática de perpetuação de diferenças inaceitáveis pode ser pensado por meio da noção de estrutura. Uma estrutura é um universal, ainda que histórico ou transformável, mas, em seu interior, somos condicionados a não perceber seus efeitos. É o caso do racismo estrutural, assim definido: "O racismo é uma decorrência da própria estrutura social, ou seja, do modo 'normal' com que se constituem relações políticas, econômicas, jurídicas e até familiares, não sendo uma patologia social nem um desarranjo institucional. O racismo é estrutural"[58].

Diante disso, uma política identitária crítica e democrática deveria apontar: "este que *não está* inscrito nesse universal", por ser negro, por ser gay, por ser mulher, por ser trabalhador, é exceção, realmente existente, que contraria o universal. Ora, tais exceções são individualizáveis justamente porque são exceções. No entanto, com frequência confundimos a oposição entre universal e particu-

---

[57] Edward Said, *Freud e os não europeus* (trad. Arlene Clemesha, São Paulo, Boitempo, 2004), p. 81.
[58] Silvio Almeida, *Racismo estrutural* (São Paulo, Pólen, 2019, coleção Feminismos Plurais), p. 50.

lar (individual) com a oposição uniforme (total) e diferença, bem como com a oposição entre comum e próprio (semelhante). O universal é um modo de ser, o comum é um modo de ter, o uniforme é um modo de fazer. O universal é uma qualidade do conceito, que pode aparecer como nominal ou real, ao modo de um ato ou uma potência. O comum é um atributo do dom e da distribuição no mundo; pode acontecer de modo aberto (democracia) ou fechado (totalidade), ao modo da intimidade ou da solidariedade. O uniforme é uma noção ligada à produção e, consequentemente, a uso, posse e propriedade. Ao apóstolo Paulo costuma-se atribuir a origem do universalismo, com sua conhecida proclamação de que a partir da chegada de Jesus não há mais gregos nem romanos, homens nem mulheres, eleitos nem excluídos. Notemos que nesse gesto estão contidas três acepções de universal: ele liberta os sujeitos de seus laços de origem (língua, família e comunidade), suspende a diferença (poderosos e ímpios) e obriga os indivíduos a se esvaziarem de sua individualidade (opinião, posição).

> "Não há judeu nem grego, não há escravo nem livre, não há homem nem mulher, pois sois um em Cristo Jesus." Com a supressão da distinção entre gregos e judeus, cai aquela dos dois discursos que Paulo estabelece em contraste para fazer deles a alternativa doutrinal do Antigo Mundo (*Epístola aos Coríntios*, I, 17-8): o da integração (pela sabedoria) e o da eleição (pela mensagem).[59]

Aqui se coloca um ponto fundamental para o diálogo entre as culturas, pois não há notícia clara de outras civilizações que tenham engendrado um conceito de universal semelhante, isto é, que tenham pensado a si mesmas como uma cultura em alteridade interna, parasitada pela não identidade, assim como tenham previsto e incluído outras culturas como parte de seu próprio processo e de sua identidade vindoura.

A força da ideia de democracia não está em qualquer de seus predicados positivos, nominais ou reais, mas no fato de que ela persistiu historicamente, incluindo outras modalidades de comum e de diferença. Como se a ideia de *para todos* prescrevesse a existência vindoura de particulares como exceções e, consequentemente, sua própria destotalização.

A partir disso, tendemos a considerar o universal apenas a soma dos particulares ou a impostura dos que se fazem seus porta-vozes. Isso pode induzir processos pelos quais minorias têm seus predicados, suas experiências e suas demandas expropriados, sem o devido reconhecimento. Ou seja, a *apropriação cultural* é um processo de uniformização e captura de diferenças, instrumentalizadas para fins estranhos aos que se propunha, sem reconhecimento de seu processo de existência histórico

---

[59] François Jullien, *O diálogo entre as culturas: do universal ao multiculturalismo* (trad. André Telles, Rio de Janeiro, Zahar, 2009), p. 76.

ou social, sem letramento racial, para usar a expressão de France Twine[60]. Pode ser diferenciada da *assimilação cultural*, por meio da qual as diferenças culturais gradualmente se tornam comuns, por exemplo, por antropofagia ou pelo que Adorno chamou de indústria cultural. Haveria também processos de transformação do Outro simbólico, que aparecem como *universalização cultural*; por meio deles, as estruturas sociais se transformam. Universalizar, portanto, é o contrário de tomar um traço ou elemento e torná-lo compulsoriamente homogêneo, impô-lo normativamente como uniforme, para representar todos os modos de expressão.

Reconhecimento

É muito importante para a questão brasileira das identidades reconhecermos que as posições em debate não estão previamente em equidade e igualdade. Essa é uma ideia que ressoa com a assimetria entre falantes e não é estranha à psicanálise. Os efeitos de alienação, (des)centramento, desapossamento de si, próprios da hipótese do inconsciente, implicam que o indivíduo falante não é senhor em sua própria morada. Isso pode ser confundido com outras assimetrias, hierarquias, regras de silêncio e fala que governam as relações discursivas entre identidades hegemônicas e subalternidades[61].

Quando identidades hegemônicas falam, tendemos a individualizar a enunciação naquela pessoa, diferenciando-a; quando uma identidade subalterna fala, a ideologia tende a fixar a enunciação ao semblante coletivo, tornando falante apenas um representante de grupo. Para enfrentar esse problema, surgiu o conceito de lugar de fala como sucedâneo de "um ponto de vista feminista". Entendo que se trata, sobretudo, de uma tática para desequilibrar hierarquias reificadas e impedir expropriação de sofrimento e identidade. Ao mesmo tempo, é uma forma de individualizar a voz única e resgatar o poder da autodefinição. Isso não significa que só os negros podem falar sobre racismo, mas que, se os brancos o fizerem, devem prestar contas a seu lugar de fala como brancos e, nessa cena política, não há lugar neutro, transparente ou representante da razão universal. Lugar de fala soa, assim, como um conceito que enfatiza a expressividade do sujeito, não necessariamente sua representatividade[62].

Se o lugar de fala é prerrogativa daquele que passou pela experiência e, portanto, pode expressá-la com propriedade, propomos o lugar de escuta como o correlato

---

[60] France W. Twine, "A White Side of Black Britain: The Concept of Racial Literacy", *Ethnic and Racial Studies*, v. 27, n. 6, 2004, p. 878-907.
[61] Gayatri C. Spivak, *Pode o subalterno falar?* (trad. Sandra Regina Goulart Almeida, Marcos Pereira Feitosa e André Pereira Feitosa, Belo Horizonte, Ed. UFMG, 2010).
[62] Djamila Ribeiro, *O que é lugar de fala?* (Belo Horizonte, Justificando/Letramento, 2017).

dessa prerrogativa[63]. Aqui devemos distinguir seriamente a simpatia como domínio das identificações autorizativas do domínio da empatia, como partilha da diferença e da indeterminação. Empatia não é apenas colocar-se do ponto de vista do outro – o que, como vimos, pode ser uma usurpação –, mas ir além do ponto de vista. Aliás, *ponto de vista* é uma expressão que vem da geometria e da teoria da perspectiva. Somos mais que um ponto de vista. A começar por termos dois olhos, não um – logo, sofremos o efeito da paralaxe das perspectivas. Somos mais que um ponto de vista porque o ponto de vista é um lugar da consciência. O outro não é uma consciência representativa, ele tem um corpo, calça sapatos, veste couro, manca ou envelhece. Portanto, há um Outro no outro. Um estranho, um desconhecido que fala, tem voz e inconsciente. A empatia não é só o ponto de vista do outro, a escuta e a consequência do Outro no outro. É preciso que isso nos afete de maneira específica para traduzir a mensagem que nos chega em resposta transformativa e transferencial. Lugar de escuta é de onde acolhemos a mensagem, às vezes indeterminada do outro, além de nossa própria identidade, além de onde nos identificamos, além de quem somos, como meros e vãos pontos de vista. Vãos, fendas, por onde nosso vazio e nossa falta podem finalmente dizer e reconhecer algo além de objetificar, tipificar, ajuizar; ou seja, identificar o outro. Isso forma um ato verdadeiro de reconhecimento real, ato que, quando acontece, nega e conserva a disciplina discursiva da norma identitária e sua política de falso reconhecimento.

Em texto recente, Jodi Dean[64] esclarece bem como a empatia, presente no conceito esquecido de camarada, pode renovar o ativismo e a militância contemporâneos, com frequência consumidos pela lógica da aliança instrumental: contágio de imagens, possessão narcísica de lugares e denuncismo ou cancelamento. Tais efeitos subsidiam-se fortemente na economia da culpa. Aliás, muito da falta de simpatia para com a ideia de políticas identitárias vem da percepção de que essa atitude, no fundo, constitui para si uma espécie de privilégio discursivo.

Surge, então, outro sentido de política de identidade: que uso precisa ser feito da identidade para se poder ocupar o espaço público? Lembramos que o modelo para espaço público, na modernidade, começa pelo *para todos* e sua tríade de figuras: universal, comum e uniforme[65]. Isso nos permite decompor as políticas de identidade em certa unidade composta por um programa epistemológico, que, apesar de resgatar saberes tradicionais, pretende ser reconhecido pelo sistema universitário-científico, um projeto de participação no debate público que obje-

---

[63] Christian I. L. Dunker e Cláudio Thebas, *O palhaço e o psicanalista: como escutar os outros pode transformar vidas* (São Paulo, Planeta, 2019).

[64] Jodi Dean, *Camarada: um ensaio sobre pertencimento político* (trad. Artur Renzo, São Paulo, Boitempo, 2021).

[65] François Jullien, *O diálogo entre as culturas*, cit.

tiva o aumento de representatividade proporcional e uma estratégia de resistência à uniformização que envolve ações afirmativas, compensatórias ou reparativas.

Se a política do simbólico corresponde a outra forma de ocupação do espaço público e se no imaginário cabe uma crítica do papel das identificações, o ponto de maior convergência entre psicanálises políticas de identidades é a segregação no Real. Uma política que tenha o Real em seu horizonte deve reconhecer, a cada vez e em seu próprio tempo, essa existência que nega o universal. Reconhecer e nomear essa exceção que constitui e desfaz o Real, a que também chamamos de verdade.

Se observarmos os escritos de Lacan sobre a prática clínica, veremos que são todos, sem exceção, textos que abordam o problema do poder no interior da situação analítica. O caso mais óbvio é "Direção da cura e os princípios de seu poder"[66], mas isso pode ser igualmente verificado em "Variantes do tratamento padrão"[67], "Para além do "princípio de realidade""[68] e, de modo mais agudo, em "O aturdido"[69]. Portanto, Lacan antecipou a tendência de se perceber o problema do poder fora do escopo óbvio da política como representação e tematizou o poder onde ele estaria neutralizado: no espaço íntimo, pessoal, a vida privada das pessoas.

A segunda antecipação lacaniana é certamente a mais radical. Ele propõe a existência de uma comunidade de exceção, capaz de representar, por si só, a incompletude e a inconsistência de todas as comunidades. Quero crer que isso veio do surrealismo e do modo como se desenvolve em seu interior o modelo do ato poético como ato transformativo por excelência. Ele ousa criar um modelo empírico para o que seria uma comunidade de destino pós-edipiana, pós-identificatória e pós-segregatória; ou seja, a Escola. Que isso não tenha se realizado, que ele a tenha dissolvido, que seu passe não funcione, tudo isso são apenas evidências do tamanho da comunidade experimental que ele propunha.

A Escola é uma comunidade por vir, esse é o compromisso legado por Lacan. Obviamente seria uma política para além da biopolítica e da necropolítica, que são, hoje, a alternativa obscena que governa nossas escolhas representativas. A Escola se opõe ao capitalismo e ao higienismo não porque se alinha a seu contrário, mas porque se compõe como política do desejo e do despertar. Ela critica a economia política do privilégio e do escabelo não porque quer voltar ao tempo das substâncias desencarnadas, evadidas do espaço público, mas porque critica a topologia desse espaço: este não é uma esfera como queria Habermas, mas uma garrafa de Klein.

---

[66] Jacques Lacan, "Direção da cura e os princípios de seu poder" [1958], em *Escritos* (trad. Vera Ribeiro, Rio de Janeiro, Zahar, 1998).
[67] Idem, "Variantes do tratamento padrão" [1955], em *Escritos*, cit.
[68] Idem, "Para além do 'Princípio da realidade'" [1936], em *Escritos*, cit.
[69] Idem, "O aturdido" [1973], em *Outros escritos*, cit.

Branquitude

Imagine que você está andando por uma rua conhecida, prestes a chegar em casa depois de um dia de trabalho, antes ou depois da pandemia de coronavírus. As horas passadas em trens, ônibus ou automóveis eram cansativas, mas também eram momentos de respiro subjetivo, quando era possível sonhar, meditar sobre outros mundos ou simplesmente se deixar obsedar por palavras malpostas e diálogos imaginários infinitos. Imagine que, em um desses momentos, você escute uma voz dizendo: "Ei, você aí!". Sente que esse pronome "você" quer dizer "eu", o que é um tanto inusitado, porque a voz é desconhecida e porque você se sente acusado, com frio na barriga, como se tivesse feito algo errado. Você é convocado a dar explicação, justificativa ou resposta, mas sem saber muito bem de qual lugar responder, porque não interpreta de qual lugar essa voz o chama. O fato é que você se identifica como o sujeito do chamado. É fato também que algumas pessoas identificarão esse instante de medo com experiências traumáticas e recorrentes de violência real, enquanto outras serão angustiadas por lembranças de assédio, e outras ainda serão invadidas por fantasias indutoras de intenso sofrimento. Essa convocação funciona como um gatilho[70] – que pode vir em qualquer palavra, por exemplo, naquela forma característica como escutamos nosso nome próprio (pronunciado com aquele "sabor", digamos, crítico-materno), ou até mesmo no silêncio. Mas o fato último é que ela incide de maneira diferencial quando se é negro ou branco, rico ou pobre, mulher ou homem, nativo ou estrangeiro, jovem ou idoso. Nesse caso, é como se fôssemos forçados a escutar (ou silenciar) o traço de pertinência a um conjunto, coercitiva e compulsoriamente.

O filósofo Louis Althusser chamou esse processo de "interpelação" e mostrou que ele funciona produzindo relações de poder e autoridade. A interpelação se apoia em um saber tácito, ou ideologia, que nos obriga a saber quem somos, a saber como devemos posicionar os outros e a nos reconhecer compulsoriamente em certos significantes. É por meio da interpelação que esperamos que determinado *tipo de pessoa* fale, decida e comande e que *outro tipo de pessoa* escute, aprenda e obedeça. Códigos de vestimenta e alimentação, estilos de consumo e uso da linguagem, assim como signos de economia de prazer e satisfação, são atravessados por interpelações ideológicas. Estas funcionam sempre de forma mais ou menos inconsciente, determinando saberes não explicitados que naturalizam relações de poder e opressão. Com a chegada da linguagem digital, surgem novas gramáticas de interpelação baseadas no medo de ficar de fora (*fear of missing out*), no empuxo ao ódio, no narcisismo digital ou na convocação identificatória induzida por algoritmos.

---

[70] Christian I. L. Dunker, "Droga, comercial ou pornô na web dão 'gatilho'? Saiba o que isso quer dizer", *Blog do Dunker*, 31 jul. 2020.

Um bom exemplo nacional de interpelação é a expressão "Você sabe com quem está falando?", usada para intimidar o interlocutor. A expressão apela para o fato de que nunca sabemos exatamente com quem estamos falando. Inversamente, sempre podemos estar fazendo algo errado. Olhando bem de perto, encontraremos uma nódoa de culpa. A interpelação se aproveita da indeterminação estrutural do lugar de escuta para criar efeitos de dominação. O fato de não sabermos quais vozes e quais lugares são interpelados em nós nos obriga a escolher onde receber e como fazer tramitar a mensagem, o que é particularmente repressivo quando o tom é crítico, recriminatório ou intimidativo. Usualmente fazemos isso mobilizando nossa própria fantasia inconsciente, ou seja, respondendo do lugar que é fonte em nós de vulnerabilidade, inferioridade e fragilidade. Foi assim que o grande psiquiatra e pensador negro Frantz Fanon foi interpelado por uma criança quando chegava a Paris, vindo de sua Martinica natal: "Mamãe, olhe o preto, estou com medo!"[71]. A partir dessa interpelação, ele inicia um percurso crítico e engajado sobre o modo como a segregação racial opera nos sujeitos e na sociedade.

Educações e subculturas violentas apoiam-se com frequência em interpelações como: "Posso não saber por que estou batendo, mas ele sabe por que está apanhando". A interpelação age silenciando, mas também incitando ou obrigando a falar, por isso seu traço característico é a violência no uso das palavras e no rastro de discurso que elas deixam. Uma pergunta é interpelativa não apenas quando seu enunciado ofende o interlocutor, mas também quando sua enunciação usa a determinação (que força a identificação com um traço) ou a indeterminação (que se serve do já sabido ideológico) para criar constrangimento ou impotência. Em ambiente digital, o efeito de interpelação pode ser produzido pelos comentários que criam uma atmosfera de enunciação, na qual enunciados aceleram sua força e sua contundência.

Determinadas palavras ou significantes tornam-se problemáticos justamente porque se situam na confluência histórica como marcadores de interpelação. A controvérsia em torno do "politicamente correto" não é uma disputa sobre quem detém a norma, mas uma luta contra os efeitos interpelativos da linguagem, contra a naturalização de contradições e conflitos, paralisando o sentido de seu movimento transformativo. Uma coisa importante na interpelação é que ela sempre se vê acompanhada e reforçada por relações de poder já em curso, tanto ao determinar "tipos de pessoas" quanto ao indeterminar a enunciação das posições de raça, classe, gênero e etnia. A interpelação usualmente reforça a opressão e a segregação que já recaem sobre os grupos minoritários e deve ser criteriosamente separada das estratégias de resistência que se interpõem a ela e,

---

[71] Frantz Fanon, *Pele negra, máscaras brancas*, cit., p. 105.

em última instância, tentam interpretá-la. Por isso, contra a interpelação, frequentemente mobilizamos invocações, ou seja, traços de pertinência onde nós mesmos nos reconhecemos.

Ora, a linguagem digital acentuou de modo dramático os efeitos corrosivos da interpelação, embaralhando a fronteira entre esta e a crítica[72]. Passamos da fala para a escrita como se não houvesse hiato entre elas quando o assunto é enunciação. Passamos também da fala-escrita em modo público para sua expressão privada; consumimos manchetes e conclusões, deixando de lado processos e contextos.

Isso é o que usualmente se descreve como ambiente tóxico da internet, onde violência, denúncia e acusação interpelativa tornam-se regra. Mas esse mesmo espaço digital deu suporte para que vozes historicamente oprimidas e silenciadas pudessem ocupar certos espaços públicos (ou ambiguamente públicos), encontrando meios para uma experiência inédita de reconhecimento. Dessa maneira, a violência da interpelação ideológica encontra uma superfície de contato com a violência crítica expressa em demandas de reconhecimento: por exemplo, o exercício da inversão estratégica de lugares entre as "pessoas tipo" que falam--mandam e as "pessoas tipo" que escutam-obedecem. Isso não é o mesmo que dizer: "Se você pode ser feminista, eu posso ser machista", inversão ideológica que supõe que já estamos em um estado de igualdade e equidade que permitiria livre alternância e confronto de posições, em um ambiente em teoria neutro de privilégios. Teríamos de distinguir a violência tóxica e interpelativa da violência que nos faz ver as razões da violência, justamente para nos estranharmos com ela. Isso é muito difícil na situação digital, que suprime a corporeidade em presença e a substitui por uma corporeidade discursiva. O corpo no discurso digital forma facilmente unidades agressivas contra algo ou alguém. Deivison Nkosi detalhou bem esse processo quando tratou da oposição de raça.

> O que Fanon quis dizer com "a violência desintoxica", ao lado da afirmação "o que queremos é libertar tanto o branco de sua brancura como o negro de sua negrura", é que a luta contra o identitarismo branco, se for levada até as últimas consequências, será acompanhada de incômodos incontornáveis, que, pelo menos, no calor da batalha, terão o efeito colateral de devolver temporariamente para o colonizador o mal-estar que a sua simples presença, enquanto colonizador, impôs durante séculos.[73]

No ambiente digital, isso pode se tornar uma batalha que reproduz a violência interpelativa de parte a parte. Perguntas pertinentes se expressam em

---

[72] Christian I. L. Dunker, "Quem tem medo do cancelamento?", *Gama*, 26 jul. 2020.
[73] Deivison Nkosi, "Às vezes, a crítica à crítica da crítica é apenas, ausência de autocrítica: sobre a realeza negra, a psicanálise e a crítica ao duplo", *Blog Nkosi*, 31 ago. 2020.

enunciações ofensivas. Pedidos de esclarecimento tornam-se rituais de expiação. Questionamentos pertinentes tornam-se ofensivos e degradantes quando se apoiam em interpelações de identidade. Paisagem de xingamentos, com nebulosas narrativas de autoconfirmação, pode fazer do exercício do "colonizador trocando de lugar com o colonizado" apenas uma ocasião para mais violência entre os que compartilham interesses e projetos convergentes. Quando se invocam as mais simples retomadas e modalizações, isso apenas confirma a retórica da desculpa e da justificativa.

Há propriedades formais da linguagem digital que concorrem para isso. Primeiro, ela propicia um alto nível de anonimato flutuante por meio do qual uma voz pode se apresentar alternadamente como pseudônimo, robô e perfil falso ou como voz remetida a um corpo identificável, dotado de adversidades, história e ancestralidade. O segundo problema é que mensagens escritas podem traduzir muito mal a relação entre o que se diz (enunciado) e a forma de dizer (enunciação). Usamos caixa-alta para gritar, *emojis* para caracterizar emoções, *stikers* para indexar a enunciação, *memes* para criar atmosferas, sem falar em significantes de "alta definição" para marcar posições políticas, estéticas e morais. A individualização da mensagem e a redução do conflito ocorrem na medida direta da polarização sem síntese (cancelamentos[74], *unfollows*, exclusões) e na razão inversa ao número de participantes. A intensificação de afetos, hostis ou admirativos, a tipificação dos envolvidos e a convicção baseada em ódio e culpa acentuam a diferença de potência entre vida real e virtual.

À inconsequência com os efeitos sobre o outro, gerada pelo anonimato, assim como a tentação da covardia, trazida pelo funcionamento em massa digital, soma-se o capital de identidades gerado pela acumulação de traços de pertinência, que força a hegemonia de discurso a se replicar indefinidamente, com reduções periódicas de camadas de diversidade e heterogeneidade. Talvez estejamos apenas no meio de um processo de transformação, diante de um mundo demasiadamente desigual, para o qual temos a impressão de acordar tarde demais, e outro mundo para o qual nos sentimos ainda despreparados.

---

[74] Christian I. L. Dunker, "'Deixar de seguir': como post no Instagram expôs a cultura do cancelamento", *Blog do Dunker*, 22 maio 2020.

7
Políticas de gozo

Os mesmos anos 1970-1980 que assistiram a uma reconfiguração do campo político e à emergência do neoliberalismo criaram um conjunto de novas figurações da democracia. A hipótese da colonização de novos universos, a ida à Lua, a corrida espacial e a existência de formas de vida extraterrestres fundiram-se narrativamente num ícone daqueles tempos: *Jornada nas estrelas**, de Gene Roddenberry. Concebida para a televisão e depois levada aos cinemas, a série inaugurou o que poderíamos considerar um ciclo longo de aventuras de super-heróis em outros mundos, primeiro com *Star Wars*** e *ET****, nos anos 1980-1990, depois com Marvel e DC Comics, nos anos 1990-2010, até a chegada de *Coringa*****, de Todd Phillips.

Em 1966, no ápice da Guerra Fria e da cortina de ferro, *Jornada nas estrelas* tinha uma tripulação multicultural: Hikaro Sulo, o navegador oriental; Pavel Chekov, o navegador russo; Uhura, a operadora de comunicações negra; Montgomery Scott, o engenheiro escocês; Leonard McCoy (Magro), o médico inglês; Christine Chapel, a enfermeira nórdica; e James Kirk, o comandante americano. Havia ainda Spock, o híbrido – meio humano, meio vulcano –, sobre quem pairavam dúvidas quanto à extensão de sua humanidade e, principalmente, de sua "humanidade afetiva", posto que os vulcanos se caracterizam

---

* Roteiro e criação de Gene Roddenberry. A série original foi ao ar de 1966 a 1969, produzida pela Desilu Productions. (N. E.)
** Lucasfilm e George Lucas, *Guerra nas estrelas* (título em português) [filme]. Produção de Lucasfilm 20th, direção de George Lucas. Estados Unidos, 1977. Duração: 2h5min. (N. E.)
*** Universal Studios e Steven Spielberg, *ET, o extraterrestre* [filme]. Produção de Universal Studios, direção de Steven Spielberg. Estados Unidos, 1982. Duração: 2 horas. (N. E.)
**** Bradley Cooper, Emma Tillinger Koskoff e Todd Phillips, *Coringa* [filme]. Produção de Bradley Cooper e Emma Tillinger Koskoff, direção de Todd Phillips. Estados Unidos, 2019. Duração: 2h2min. (N. E.)

pela ausência de afetos, emoções ou sentimentos. O roteiro deixava clara a mensagem ideológica em tempos de Guerra Fria e multiculturalismo: todas as culturas, inclusive as inumanas ou semi-humanas, até mesmo aquelas ainda desconhecidas e vindouras, poderiam conviver na aventura, desde que o capitão fosse estadunidense. A missão exigia uma regra fundamental: não interferir no destino das civilizações encontradas pelo caminho. Obviamente, isso colocava em questão o sentido problemático da ideia de não interferência, a começar pela profunda "interferência" que o contato com os inumanos gerava nos tripulantes. Vários dos experimentos promovidos pela filosofia da mente encontravam expressão narrativa na série: um homem embutido em uma máquina, capaz de se comunicar acendendo luzes alternadas; a duplicação do capitão Kirk, dividido entre lado bom e lado mal; ilusões, deformações e demais estados mentais alterados causados por substâncias; asteroides, seres híbridos ou colonos humanos abandonados em planetas distantes; sem falar nas réplicas idênticas da Terra, mas em tempos passados (faroeste, da Segunda Guerra Mundial...).

A série se presta a introduzir um dos conceitos mais polêmicos e controversos de Lacan: o gozo. Ao contrário do prazer, que encontra limite nas fronteiras de cada corpo e da satisfação que envolve a experiência individual da mente – seja individual, seja grupal –, o gozo depende de uma substância extracorpórea e de um sentido transindividual. Ela também se presta a exemplificar como, nos anos 1960, a esquerda psicanalítica afigurava-se enquanto proposta de libertação erótica[1], ao passo que, a partir dos anos 1980, ela se confrontou, cada vez mais, com a perspectiva de se tornar uma linha auxiliar na libertação das identidades. Assim também poderíamos recuar a antes de 1968, quando a esquerda psicanalítica se colocava, em projetos como o freudo-marxismo, pressionada pela libertação da opressão de classe. Hoje, quando se considera a vulnerabilidade social a partir das figuras do economicamente inativo, do solitário e do estereotipado[2], vemos que é o conceito de gozo que alcança melhor essas três dimensões.

O gozo como circulação extracorpórea

O gozo é uma experiência que envolve a suposição, a interpretação ou a leitura do corpo do outro – este, que tanto se parece quanto é, a um só tempo, corpo estranho que, enquanto progride ou regride em sua relação de erotização e dor, sofrimento

---

[1] Paul A. Robinson, *A esquerda freudiana: Wilhelm Reich, Geza Roheim, Herbert Marcuse* (trad. Álvaro Cabral, Rio de Janeiro, Civilização Brasileira, 1971).
[2] Maria Izabel Sanches Costa e Andrea Maria Zöllner Ianni, *Individualização, cidadania e inclusão na sociedade contemporânea: uma análise teórica* (São Bernardo do Campo, UFABC, 2021), p. 99-100.

e silenciamento, aparece diversas vezes como estranho a mim mesmo. O primeiro beijo, o primeiro orgasmo, talvez a primeira dor, a primeira menstruação ou a primeira gravidez criam marcas que transformam o corpo em outro. Marcas que demandam um retorno, capaz de caracterizar o desejo como retorno aos traços de percepção deixados pelo encontro transformativo com o outro. Marcas que Lacan chamou de letra e que são pontos sentidos como pontos de intrusão do Outro – intrusão da carne sobre o corpo. Aliás, "carne"[3] é um conceito medieval para designar esse corpo próprio, mas exterior, entrando e povoando o corpo que se acreditava um, tornando-o outro. Mas o corpo não tenta buscar essas marcas de percepção apenas em si mesmo e na memória inconsciente; ele tenta também reencontrar, comemorar, restituir ou retomar essas marcas de satisfação no corpo do Outro. Nesse sentido, o corpo-organismo o faz por comparação, identificação, projeção, extração ou extrusão do gozo suposto ao Outro. O problema que remanesce aqui é saber se o Outro realmente goza – e como.

O gozo, por ser uma circulação extracorpórea, supõe a existência de uma espécie de órgão nosso, que, não obstante, vive fora de nós. Assim também existe a possibilidade inquietante de que nós mesmos sejamos tomados, usados, abusados ou parasitados, apenas como um órgão para circulação do gozo alheio. Esse órgão foi chamado por Lacan de "objeto a", causa do desejo e condensador de gozo, assim como a substância circulante entre corpos, carnes e organismos foi chamada de "gozo". Ou seja, temos órgãos à procura de corpos, não apenas corpos sem órgãos, como queriam Deleuze e Guattari[4]. Ainda que a passagem real de substâncias de um corpo ao outro seja uma metáfora, ela exprime os efeitos reais que essa comunicação impõe a um corpo quando seu saber sobre outro corpo se altera, assim como um dia Marx disse que "o dinheiro tem agora amor no corpo"[5].

Durante uma cirurgia, é possível realmente fazer o coração bater fora do corpo ou o sangue circular por máquinas que recompõem suas propriedades. A tese de Lacan é que essa circulação ocorre por meio de significantes, letras, dizeres e modalidades de uso da linguagem que afetam os corpos. Mas essa afetação ocorre de acordo com duas perguntas diferentes: o que o Outro quer? E como isto goza?

---

[3] Christian I. L. Dunker, Heloísa H. A. Ramirez e Tatiana C. Assadi (orgs.), *A pele como litoral: fenômeno psicossomático e psicanálise* (2. ed., São Paulo, Zagodoni, 2021).

[4] Gilles Deleuze e Félix Guattari, "Com criar para si um corpo sem órgãos", em *Mil platôs* (trad. Ana Lúcia de Oliveira, Aurélio Guerra Neto e Célia Pinto Costa, Campinas, Editora 34, 1980).

[5] Karl Marx, *O capital. Crítica da economia política*, Livro III: *O processo global da produção capitalista* (trad. Rubens Enderle, São Paulo, Boitempo, 2017), p. 443: "O capital é agora uma coisa, mas, como tal, é capital. O dinheiro tem agora amor no corpo. Tão logo é emprestado ou investido no processo de reprodução (na medida em que rende ao capitalista ativo, como a seu proprietário, juros separados do ganho empresarial), crescem seus juros, não importando se ele dorme ou está acordado, se está em casa ou viajando, se é dia ou noite".

Esse processo entre corpo, carne e organismo, uma vez que o que caracteriza o corpo desde o início é o fato de que ele morre, tem a estrutura de uma jornada, ou seja, ele nunca está *todo dado*, mas é, como dizem os ameríndios brasileiros, uma construção permanente e aberta de uma espécie de roupa de si.

Freud descreveu as teorias sexuais infantis como essa jornada de pesquisa e investigação da criança sobre a sexualidade. Uma jornada em que hipóteses, provas e encontros que acontecem durante o caminho mudam substancialmente o próprio corpo dos envolvidos. Foi o que Lacan chamou de "construção da fantasia" e que não é um processo interrompido e fixado na infância, mas que se desdobra nessa pesquisa, às vezes malconduzida, do gozo do Outro como solução para as cócegas intrigantes acarretadas pelo gozo de si.

Civilizações de silício, em vez de carbono, humanoides incorpóreos, ilusões materiais de corpos deformados, espectros sem forma ou imagem, errantes celestiais robóticos ou maquínicos, deformações corporais causadas por isolamento, radiação, desterro, solidão. Seres que eram exatamente como nós, mas se transformaram em animais, projeções especulares em forma mimética, corpos mortos com mente que lhes sobrevive, civilizações em adoecimento, estertores que se apresentam em formas desafiadoras para o reconhecimento humano. A primeira tarefa da tripulação do capitão Kirk ao entrar em contato com uma nova forma de vida era descobrir sua unidade de contagem, ou seja, saber se estavam diante de indivíduos como nós, de animais, ou seres múltiplos interligados, ao modo de colônias de plantas ou fungos. Ao fim poderia tratar-se apenas de inumanos: coisas, máquinas ou computadores controlando um planeta abandonado. Era um cientista que pilotava imagens animadas de seres ilusivos ou uma "inteligência" incorpórea? Podia até ser que um planeta como um todo, ou um asteroide, respondesse como uma única forma de vida.

É exatamente isso que Lacan chama de "semblante", ou seja, uma unidade heterogênea que comanda um discurso. Uma unidade que pode ser composta pela mistura entre atributos reais e imaginários, significantes e letras, leis e disposições, dotada de vontade própria ou alienígena. O semblante é uma unidade a partir da qual nosso gozo circula pelo Outro. Nessa circulação, o prazer e a satisfação supostos no Outro podem alterar significativa e realmente nosso próprio gozo. Um semblante dá a unidade de contagem para o cálculo do gozo[6]. Cada discurso coloca um termo no lugar do semblante: o significante mestre nos casos do discurso do mestre, o significante do saber no discurso da universidade, o sujeito dividido no caso do discurso da histeria e o objeto a como semblante de objeto a no discurso do psicanalista. No entanto, esse significante mestre varia conforme o estado de nossa relação com o Outro, particularmente em

---

[6] Christian I. L. Dunker, *O cálculo neurótico do gozo* (2. ed., São Paulo, Zagodoni, 2020).

momentos de crise ou em situações de aliança: ele pode ser representado, em termos narrativos, pelo "eles" que me perseguem na situação paranoica, por "animais e outros inumanos, com exceção do meu pet", por "todos aqueles que não são nós", por "nós desta família", pelo conjunto "homens" ou pelo particular "aquelas mulheres", por "negros" ou "por este negro singular", pelos "estrangeiros em geral, mas não este" ou "por esta família nordestina vizinha"; conjunturalmente, até por "certo *líder populista*". Em regra geral: *dize-me quem perturba teu gozo e direi que fantasia te governa*.

Quando Carl Schmitt percebeu que a política começava pela distinção entre amigos e inimigos e que essa partição procede da divisão entre escravos e senhores, ele percebeu também a importância das políticas do gozo. Para ele, as noções de identidade e representação estão nas fronteiras do espaço que define a política. O princípio identitário nos leva à democracia direta, o da representação à democracia por delegação (*Vertretung*); a segunda funciona pela prática de que "alguém está no lugar de outro" (*Repräsentation*) e atua no espaço público. A primeira remete ao litoral do privado, cujo limite é a possessão como aquilo que resiste em cada um de nós a se inscrever enquanto qualidade representável[7]. Não é apenas o indivíduo, mas a forma como ele possui a si mesmo. Classicamente, isso nos leva ao corpo como primeira propriedade (Hobbes, Locke), mas, com a hipótese do gozo, devemos começar pelo contrário, ou seja, o corpo como nossa primeira impropriedade.

Nas inúmeras batalhas e lutas propostas em *Jornada nas estrelas*, encontramos a ideologia tradicional, do bem contra o mal, da supremacia do humano branco colonizador. Mas, como nos campeonatos esportivos, não basta ganhar: há uma satisfação especial em derrotar um grande e tradicional inimigo. Essa satisfação adicional pode ser causada, por exemplo, pela raiva imposta ao adversário, de tal maneira que o prazer de ganhar é quase tão grande quanto imaginar como o outro está vivendo a derrota. É um exemplo do que se poderia chamar, com Lacan, de "a--mais-de-gozar". Quando nos ensinam que é preciso saber perder (ou seja, suportar o gozo do Outro), assim como saber ganhar (ou seja, não vencer de forma que o outro sinta isso como abuso), estamos no centro da impossível educação do gozo.

Afetos, emoções e sentimentos

A valorização dos afetos na política talvez seja parte da assimilação da importância do gozo para uma democracia possível. Para Freud, afetos são sempre experimentados no eu, e o eu é, antes de tudo, corporal. Afetação indica não apenas nossa capacidade de receber estímulos, mas a autoafetação que o outro produz em nós. Essa

---

[7] Jean-François Kervégan, *Hegel, Carl Schmitt: o político entre a especulação e a positividade* (trad. Carolina Huang, São Paulo, Manole, 2006), p. 326-34.

duplicação dos afetos, como uma espécie de simetria desdobrada entre eu-mundo e eu ativo-eu passivo, pode ser, então, traduzida em uma inclinação para a ação e não apenas como uma passividade receptiva, ou seja, vai ser transformada em ação, em moto, como indicam as seis emoções básicas (medo, raiva, alegria, tristeza, nojo, surpresa). Os afetos podem ser inibidos em sua fonte, transformados qualitativamente em outros afetos ou mutados em angústia. É o sinal (*Spur*) de angústia que Lacan traduziu por signo, ou seja, aquilo que significa alguma coisa para alguém.

Há, ainda, um terceiro tempo dos afetos, que é quando eles, vertidos em emoções, impedimentos e embaraços e combinados com angústia, podem ser partilhados socialmente como sentimentos. É o caso paradigmático do amor – e do luto. Também são sentimentos *unheimlich* [infamiliaridade], inveja ou culpa, humilhação, desrespeito e solidariedade. O programa teórico de Axel Honneth[8] mostra que patologias do reconhecimento engendram dificuldades políticas dependentes desses três tempos, pelos quais a circulação de gozo opera entre sujeito e outro. Por isso a teoria lacaniana do gozo começa pela afirmação de que "o gozo do Outro, que eu disse simbolizado pelo corpo, não é signo de amor"[9]. Ou seja, o gozo não é união nem inversão de atividade em passividade, não é ódio nem qualquer tipo de demanda de ser amado. Talvez o gozo aconteça no espaço delimitado entre a angústia, o amor e o desejo. Ainda que ele possa parasitar cada uma dessas situações pela repetição, pelo excesso, pelo abuso, pela intensificação, o gozo se experimenta "fora de si" os afetos "dentro de si".

Assim também o ato de generosidade multiplica a experiência de satisfação para além da troca social que impõe dar, receber e retribuir. O gozo pode ser interrompido ou revertido novamente em prazer ou satisfação pela intercessão de experiências como a angústia e a dor, mas também por meio do trabalho do desejo e do significante, uma vez que esse trabalho altera a relação de transferência, identificação e demanda entre os seres, e com isso o saber inconsciente se transforma.

A passagem de afetos a emoções e de emoções a sentimentos está coordenada pelo que denominamos gramática de reconhecimento, ou seja, o semblante que nos dá a unidade de contagem inicial e a forma como essa unidade evolui em sua própria reificação (dando consistência ao outro como Outro) ou dissolução (fazendo ex-sistir o furo no Outro). Daí a importância de não reduzir o reconhecimento à intensificação de predicados, ou seja, de uma *teoria do reconhecimento antipredicativo* e da superação da forma pessoa-indivíduo na determinação do gozo. "Que afetos podem levar indivíduos a se implicarem com o que não tem

---

[8] Axel Honneth, *Pathologies of Reason: On the Legacy of Critical Theory* (Nova York, Columbia, 2009).
[9] Jacques Lacan, *O seminário,* Livro XX: ... *Mais, ainda* (trad. M. D. Magno, 2. ed., Rio de Janeiro, Zahar, 1985 [1972-1973]), p. 54.

a forma da pessoa, do Eu nem a forma do comum, do que fundaria uma partilha do comum, mas com o que tem a forma do impróprio, do que funda uma partilha baseada no que não se configura nunca como minha propriedade?"[10]

Para Safatle, esse afeto fundamental seria o desamparo (*Hilflosichkeit*); no entanto, ainda que este possa ser um horizonte de convergência para os afetos da perda e da negatividade, que representam a castração, podemos propor que também a troca de afetos ligados a situações contingentes seja um elemento importante para a lógica política. Desativar a hegemonia da culpa e do medo, bem como o ressentimento, enquanto fixação da impotência e recusa à partilha do comum, é estratégia política importante para a democracia.

Uma variante possível das gramáticas de reconhecimento seria, nesse sentido, a crítica da cópula entre unidade e identidade de gozo. Isso poderia se exprimir, por exemplo, no reconhecimento da fragmentação (*esquize*) dos afetos. O caso axial aqui é *Frankenstein*, de Mary Shelley[11]. A criatura sem nome, referida a seu criador Victor Frankenstein, é desamparado e solitário. Representa o colapso interno do mito familiar, quando incorpora os inumanos em seu interior. Esse mito familiar é a primeira extensão projetada da identidade corporal que o transformará em mito individual. Corpo, espécie, gênero, família, classe, filo – na antiga classificação biológica das espécies, encontramos a série produtora e indutora de políticas de identidade e de recusa da diferença. No fundo, porém, *Frankenstein* é uma imagem muito mais realista que essa sucessão de englobamentos perfeitos do conjunto de seus traços predicativos – formados às pressas para evitar a morte, com pedaços informes, precários, em busca de uma solução para o enigma da origem. Solidão, isolamento, precariedade e devastação. Note-se como a experiência fundamental do corpo é a do monstro, não a do cientista: inadequação, estranhamento, hibridização. Por isso, o gozo é sempre abusivo, excessivo e mal localizado. Isso se mostra também na série histórica do gênero, depois que Boris Karloff fez a passagem da literatura para o cinema[12]. O sensacional nessa série é que ela contém a própria "frankensteinização" de Frankenstein; ou seja, ela repete e degrada os conjuntos, subvertendo-os: mudança de gênero, agregação do cômico involuntário em *A verdadeira história de Frankenstein**, terminando

---

[10] Vladimir Safatle, *Circuito dos afetos: corpos políticos, desamparo e o fim do indivíduo* (São Paulo, Cosac Naify, 2015), p. 39.

[11] Mary Shelley, *Frankenstein* (trad. Cláudia Lopes, 5. ed., 11. imp., São Paulo, Scipione, 2011). Ver, a esse respeito, Slavoj Žižek, *Em defesa das causas perdidas* (trad. Beatriz Medina, São Paulo, Boitempo, 2011).

[12] O filme *Frankenstein*, estrelado por Boris Karloff e com direção de James Whale, é de 1931.

* Ian Lewis, Hunt Stromberg Jr. e Jack Smight, *A verdadeira história de Frankenstein* [filme]. Produção de Ian Lewis e Hunt Stromberg Jr., direção de Jack Smight. Estados Unidos 1973. Duração: 3h3min. (N. E.)

na paródia *O jovem Frankenstein** e na tragédia *Blade Runner***, que se presta a enunciar o herói contemporâneo. A regra é que o corpo em sua inadequação a si mesmo precisa, ainda assim, ser reconhecido.

Fazer corpo

Desde a teoria dos monstros marinhos, descrita no século II por Luciano de Samósata, considerado o fundador da ficção científica – um dos gêneros discursivos em que melhor se percebe por que a verdade tem estrutura de ficção –, há basicamente três grandes narrativas sobre o gozo: a viagem, o corpo e a cidade. Nesse contexto, *Viagem à Lua* (Georges Méliès, 1902)***, *Metrópolis* (Fritz Lang, 1927)**** e *Alphaville* (Jean-Luc Godard, 1965)***** são três clássicos sobre o gozo como uma experiência de ocupação que depende da maneira pela qual nossas formas de vida interpretam o espaço, a arquitetura e o urbanismo.

Frankenstein (Mary Shelley, 1818), "O horla" (Guy de Maupassant, 1886)[13], *O fantasma de Canterville* (Oscar Wilde, 1887)[14], *Drácula* (Bram Stocker, 1897, adaptado para o cinema em 1922, sob direção de Friedrich Wilhelm Murnau)[15], *A noite dos mortos-vivos* (George Romero, 1966)******, *Blade Runner* (Ridley Scott, 1982) e Odradek (Franz Kafka, 1920)[16] compõem narrativas sobre o fato de o gozo presumir uma experiência de fragmentação (fissura da unidade), alienação

---

* Michael Gruskoff e Mel Brooks, *O jovem Frankenstein* [filme]. Produção de Michael Gruskoff, direção de Mel Brooks. Estados Unidos, 1974. Duração: 1h46min. (N. E.)

** Michael Deeley e Ridley Scott, *Blade Runner: o caçador de androides* [filme]. Produção de Michael Deeley, direção de Ridley Scott. Estados Unidos, 1982. Duração: 1h57min. (N. E.)

*** Georges Méliès, *Viagem à Lua* [filme]. Direção de Georges Méliès. França, 1902. Duração: 14 min. (N. E.)

**** Erich Pommer e Fritz Lang, *Metrópolis* [filme]. Produção de Erich Pommer, direção de Fritz Lang. Alemanha, 1927. Duração: 1h56min. (N. E.)

***** André Michelin e Jean-Luc Godard, *Alphaville* [filme]. Produção de André Michelin, direção de Jean-Luc Godard. França, 1966. Duração: 1h39min. (N. E.)

[13] Guy de Maupassant, *125 contos* (trad. Amilcar Bettega, São Paulo, Companhia das Letras, 2009).

[14] Oscar Wilde, *O fantasma de Canterville* (trad. Rubem Braga, 10. ed., São Paulo, Scipione, 2011).

[15] Bram Stocker, *Drácula* (trad. Marcia Heloisa, Rio de Janeiro, Darkside, 2018).

****** Russell Streiner, Karl Hardman e George A. Romero, *A noite dos mortos-vivos* [filme]. Produção de Russell Streiner e Karl Hardman. Estados Unidos, 1968. Duração: 1h36min. (N. E.)

[16] Franz Kafka, "Preocupações de um pai de família", em *Blumfeld, um solteirão de mais idade e outras histórias* (trad. Marcelo Backes, São Paulo/Rio de Janeiro, Paz e Terra/Civilização Brasileira, 2018).

(suposição do gozo Outro), intrusão (retorno do gozo do Outro ao sujeito), pacto de violação (mediação do gozo pelo desejo), apropriação e desapropriação do corpo (gozo como apossamento e abuso).

Já as narrativas de viagem, como *Jornada nas estrelas*, mas também *Ulisses* (James Joyce, 1921)[17], *Moby Dick* (Herman Melville, adaptado para o cinema em 1956 por John Huston)[18] e *Stalker* (Andrei Tarkovski, 1979)* indicam como o gozo é um processo de transformação, criação, fazimento e desfazimento de corpos. "Ser", "ter" e "fazer", eis os termos da produção do gozo nas narrativas, que podem se articular com os discursos lacanianos do mestre, da universidade, da histeria e do psicanalista.

Vê-se, assim, como fazer corpo, no contexto em que este comporta semblantes e afetos, compõe as narrativas políticas desde os mitos de colonização até o *Leviatã*[19] de Hobbes, e o corpo social de Montesquieu.

O problema representado pela economia do gozo para a democracia é que, ao contrário do desejo, ele não pode ser partilhado por uma referência proporcional com relação à lei. Desde a Antiguidade, a democracia se caracterizou pelo tratamento do conflito pela palavra, de tal forma que esta se consolida em leis que comandam nossos processos de institucionalidade e governo. As leis são, portanto, como os sintomas: uma espécie de compromisso entre diferentes sistemas de interesse representa o melhor compromisso possível na disputa por meios e fins na distribuição do poder. No horizonte da cidadania, as leis incidem igualmente sobre todos, ainda que "todos", como vimos, possa variar bastante ao longo da história. Os desejos se objetivam em demandas, que se transferem a representantes, que deveriam funcionar de modo vazio de significado, desencarnados de significação e impessoalmente ativos, o que torna o processo sujeito a um número crescente de equívocos, mas também de correções e regulações desses equívocos.

O mesmo não se dá com o gozo. A começar pelo fato de que a lei pode ser sentida como a expressão apenas da vontade de um grupo ou um semblante no qual não me incluo. Isso segue para o fato de que existem indivíduos que se aproveitam da lei para gozar com ela contra os outros, e há indivíduos que não conseguem reconhecer a universalidade da lei, a não ser pelo fato de que ela exerce

---

[17] James Joyce, *Ulisses* (trad. Antônio Houaiss, 15. ed., Rio de Janeiro, Civilização Brasileira, 2005).
[18] Herman Melville, *Moby Dick* (trad. Berenice Xavier, São Paulo, Abril, 2010).
* Andrei Tarkovski, *Stalker* [filme]. Direção de Andrei Tarkovski. União Soviética, 1979. Duração: 2h41min. (N. E.)
[19] Thomas Hobbes, *Leviatã* (trad. João Paulo Monteiro, Maria Beatriz Nizza da Silva e Claudia Berliner, 2. ed., São Paulo, Martins Fontes, 2008).

efeitos de opressão sobre o sujeito. Por isso, ainda que haja equidade de direitos, não haverá jamais equidade de gozo. Interesses gerais e interesses particulares são semblantes constituídos diferencialmente por posições subjetivas distintas e muitas vezes não proporcionalizáveis.

Amartya Sen[20] sintetizou muito bem a epopeia de *Jornada nas estrelas* em relação aos paradoxos do gozo em uma pergunta bem simples: "Quem *é nosso vizinho?*". Sua teoria das capacidades capta os incomensuráveis do gozo: heterogeneidade entre pessoas, diversidades de ambientes, variações de clima social e diferenças de perspectivas relacionais. Seu vizinho não é necessariamente aquele que vive na porta ao lado, mas aquele que você escolhe ou aquele que o escolhe, segundo as disposições da fantasia de cada qual, para sua economia de gozo, ou seja, para *fazer corpo*. Vejamos como isso funciona à luz de um dos principais axiomas de Lacan sobre o gozo: *o gozo só é acessível na escala invertida da lei do desejo*[21]. Imaginemos que a lei do desejo admita três enunciações, conforme o semblante que supomos e conforme uma interdição, digamos, óbvia para o desejo: por exemplo, não fumar.

1) É proibido fumar, se os outros se opõem.
2) É proibido fumar na presença de outros.
3) É proibido fumar em lugares públicos.

No primeiro caso, posso localizar no outro, meu vizinho e presença imediata, as razões de minha perda de satisfação, mas, ainda que não o diga, o fato de ele poder enunciar a lei em seu favor ou contra mim confere-lhe um direito a mais, um gozo a mais, portanto. No segundo caso, o outro é mais impessoal e não tem de declarar a lei de modo que eu me sinta "gozado" inadvertidamente. Em paralelo, o semblante coletivo "outros", "quaisquer outros", começa a demandar uma nomeação e, eventualmente, é aquele que está passando naquela hora em que o mais ardente desejo de fumar se insinua em mim. É claro que ele não o faz de propósito; aliás, ele nem sabe que eu fumo. Mesmo assim, sinto-me privado de um fragmento de gozo de tal maneira que, na primeira oportunidade que me deparar com um passante anônimo e dispuser de uma lei interditiva, eu a executarei contra o outro, extraindo de volta o fragmento que me foi extraviado. Entra em ação aqui a ideia de que quanto mais genérica e impessoal a lei, menos efeitos de ressentimento e vingança ela acarretará. Então, tenho de me contentar com o cartaz me encarando, por exemplo, em um restaurante, dizendo a mim e a todos os outros: "*É proibido fumar*". Mas o caso é que os outros não fumam; portanto, tendo a perceber essa

---

[20] Amartya Sen, *A ideia de justiça* (trad. Denise Bottmann e Ricardo Doninelli Mendes, São Paulo, Companhia das Letras, 2011), p. 350.
[21] Jacques Lacan, "Subversão do sujeito e dialética do desejo no inconsciente freudiano" [1960], em *Escritos* (trad. Vera Ribeiro, Rio de Janeiro, Zahar, 1998), p. 841.

lei como injusta, invasiva e desnecessária – afinal, se pudéssemos ter um acordo a cada vez, segundo as pessoas realmente envolvidas, todas gozariam mais.

Voltamos à situação 1 e agora sabemos que o gozo da liberdade não se converte perfeitamente no gozo da justiça. Seus procedimentos para mitigar o problema são válidos, mas parecem mais impedir curtos-circuitos graves que realmente pretender uma democracia que reconheça em seu interior o problema crucial do gozo. Focalizar comparações, reconhecer a pluralidade de princípios, facilitar reexames, admitir soluções parciais, distinguir diversidade de interpretações, favorecer argumentações precisas e públicas, todos são mecanismos semelhantes à lei geral da não intervenção nas outras civilizações, o que é constantemente desmentido pela própria descoberta de uma nova civilização. No fundo, tudo seria mais fácil se as pessoas se mantivessem no limite e na solidão de suas próprias fantasias, de modo indiferente ao gozo alheio. Ocorre que essa é também uma fantasia, uma fantasia coletiva chamada "mito individual do neurótico". Mas isso parece tão inexequível quanto reunir os dois princípios de justiça indiana *niti* (adequação dos comportamentos aos arranjos institucionais) e *nyaya* (conceito abrangente de justiça realizada)[22].

Por toda parte, ilusões provocadas pela grande hipótese sobre a qual se desenvolve a ficção científica: não sabemos quem é nosso vizinho. Sua forma pode não ser a projeção da nossa. Nossa própria forma não é a única. Nossa própria forma não é idêntica sequer a nós mesmos. Isso permitiria sincronizar a leitura de Lacan com Judith Butler. Os gêneros são performances de semblantes, efeitos de verdade de determinada estrutura de ficção, destituída de essência ou forma original. Não estamos sós.

Portanto, para pensar uma política do gozo como capítulo fundamental de uma política dos gêneros e das orientações sexuais, seria importante, em primeiro lugar, preservar a noção de conflito estruturado por ficções e, em segundo lugar, pensar as identidades como semblantes e estes como modos regulares não apenas de representação, mas de expressão. A forma como alguém anuncia e traduz seu gozo em afetos, faz a partilha social desses afetos em sentimentos ou generaliza as próprias práticas de satisfação e prazer, como lida com a circulação de seu prazer entre espaços público e privado, como impõe seu próprio gozo aos outros na forma de um exercício de poder, ou ainda suspende esse exercício, transformando-o em autoridade, delimita um campo que se poderia chamar de políticas de gozo. Sua problemática descende do que Foucault chamou de "uso dos prazeres". Para a política clássica, o bom representante deveria excluir de suas decisões tudo aquilo que participasse do campo dos prazeres, da satisfação e do gozo, porque essa dimensão nos levava ao âmbito privado, e não público, da experiência do sujeito e do exercício da representação. É também nessa direção que devemos

---

[22] Amartya Sen, *A ideia de justiça*, cit., p. 50.

entender as insistentes declarações de Foucault de que o Estado devia ficar "fora disso", o fato gozo torna-se decisivo para entender o hiato democrático do ano 2016. Isso decorre de o gozo implicar considerar o indivíduo fora de si, ou seja, a partir da interpretação que ele faz do prazer do Outro.

Uma análise rápida sobre as razões por que as democracias morrem[23] nos dirá que isso acontece quando as regras explícitas e tácitas que compõem as normas democráticas são violadas (ataque a instituições), quando há impulso de negação da legitimidade de oponentes políticos (transformados em inimigos), quando há violência como meio de tratamento de conflitos (leniência) e quando há tendência à restrição de liberdades dos oponentes (intolerância) e da livre circulação da palavra e da crítica (censura). Essas quatro condições formam uma definição prática do gozo: uso da lei como instrumento de opressão ou segregação, transformação do vizinho em inimigo, instrumentalização ou rebaixamento de outras formas de vida e unificação maciça do discurso. Talvez a crise da democracia possa ser interpretada como uma situação em que as instituições e as regras criadas no horizonte do desejo e da admissão da diversidade como conflitiva entre interesses descobrem a contraface do desejo, que é o gozo.

Talvez uma política democrática do gozo deva começar pelo questionamento do que significa *ter* um corpo. Devíamos, de início, admitir que o corpo não é nossa propriedade mais íntima, manipulável, governável, que funciona como massa plástica livremente deformável, mas comporta estranhamento, resistência e impropriedade. Longe de ser garantia de unidade e identidade ontológica, o corpo comporta uma espécie de inadequação ou indeterminação a si que justifica e nos faz entender a necessidade de sua circulação extracorpórea no corpo alheio. É preciso, sobretudo, nos desfazermos da compreensão metafísica de que nosso corpo é, antes de mais nada, uma forma. A *livre-iniciativa* começa pela hipótese de que nosso corpo é o "capital" que nos resta, e sua força de trabalho é o que podemos vender. É um problema de formas, forma mercadoria, forma fetichizada, boa forma, má forma.

Estranhamentos e impropriedades

Vem em nosso auxílio, então, este quase conceito que Freud[24] extrai de um dos protótipos da ficção científica, ainda no século XIX, que é o romance de terror,

---

[23] Steven Levitsky e Daniel Ziblatt, *Como as democracias morrem* (trad. Renato Aguiar, Rio de Janeiro, Zahar, 2018), p. 106-12.

[24] Sigmund Freud, *O infamiliar* (trad. Ernani Chaves, Rogério Freitas e Pedro Heliodoro Tavares, Belo Horizonte, Autêntica, 2019 [1919], coleção Obras Incompletas de Sigmund Freud).

especificamente "O homem da areia", de E. T. Hoffman[25]. No conto, há duas narrativas cruzadas: a do medo infantil que o protagonista tem do lendário homem de areia, raptador de crianças e indutor do sono, e a da paixão inexplicável e alienada do protagonista por uma boneca mecânica, Olímpia. Entre as duas narrativas, a enigmática morte do pai. Freud usa o conto para falar de um tipo de estranhamento, inicialmente considerado uma forma infantil e animista de angústia.

Ele analisa a expressão alemã *unheimlich*, que se comporta como uma espécie de oximoro e expressa em suas variações de uso e contexto o sentido contrário de sua literalidade. Em alemão, *heim* [casa, lar, família] deveria se opor a *unheim* [estrangeiro, não casa, infamiliar]. Contudo, *unheimlich* designa justamente a aparição do estrangeiro dentro do familiar ou do familiar naquele que é estrangeiro. O termo pode indicar a proximidade da distância e a distância da proximidade; o que deveria estar morto e inanimado e aparece como vivo, animado e dotado de propriedades de uma pessoa; e, finalmente, o que deveria permanecer oculto e em segredo, mas vem à luz e torna-se sabido por todos.

As tragédias tebanas de Sófocles, que inspiraram a psicanálise de Freud e de Lacan com *Édipo rei* e *Antígona*, uma focada na cidade e outra focada no corpo, aguardam um terceiro capítulo, *Édipo em Colono*, que trata do estrangeiro e da viagem.

Escrita dezoito anos após *Édipo rei* e *Antígona*, o terceiro volume da trilogia conta o que aconteceu com Édipo entre as duas primeiras. Depois de cego, ele faz sua jornada para o leste, na companhia de Antígona, murmurando "*me phynai*" [melhor não ter existido]. A primeira etapa da viagem, a travessia do deserto, termina no bosque de Colono, nas proximidades de Atenas. Arredor, subúrbio, ainda não na cidade, mas também não fora dela. Eis o herói nesse lugar de passagem, de entrância, de fronteira. Lá é recebido pelos anciãos como perigo potencial: estrangeiro e viajante. Amaldiçoado pelos deuses, certamente trará o pior. É quando sua filha, Ismênia (irmã de Antígona), traz a notícia do oráculo de Delfos (o mesmo que previra a maldição de Tebas), que afirmava que a cidade que abrigasse o corpo de Édipo seria protegida pelos deuses. "Venho para oferecer-te meu sofrido corpo; ele é desagradável para quem o vê, mas o proveito que te poderá trazer torna-o mais valioso que o corpo mais belo."[26]

Desterrado, sem lugar e segregado em vida, passaria a ser signo de proteção para o lugar que o acolhesse em morte. Interessado nesse benefício, Teseu, o rei de Atenas, manda construir um santuário para Édipo e o defende das tentativas de Creonte de levá-lo de volta a Tebas. Seu próprio filho, Polinice, assume o trono de Tebas, planejando trazer o pai de volta.

---

[25] Ernst Theodor Hoffmann, *Contos fantásticos* (Rio de Janeiro, Imago, 1993).
[26] Sófocles, *A trilogia tebana: Édipo rei, Édipo em Colono, Antígona* (trad. Mário da Gama Kury, Rio de Janeiro, Zahar, 2002), p. 135.

Entre Tebas e Atenas, entre Ismênia e Antígona, entre Polinice e Eteócles, entre Teseu e Creonte, *Édipo em Colono* é a tragédia do exílio, do marginal, daquele que está além da perda e da recuperação de um lugar, mas que se tornou ele mesmo "sem lugar".

> Filha do velho cego, a que lugar chegamos, Antígona? A que cidade? De que povo é esta terra? Quem irá oferecer a Édipo sem rumo uma mísera esmola? Peço tão pouco e me dão menos que esse pouco e isso basta-me; de fato, os sofrimentos, a longa convivência e meu altivo espírito me ensinam a ser paciente.[27]

Se *Édipo rei* é a tragédia do sofrimento gerado pelo pacto e por sua violação e se *Antígona* é a tragédia daquela que denuncia a insuficiência da lei, *Édipo em Colono* é a verdadeira história da dissolução da unidade simbólica do espírito pelo corpo. Apátrida, em estado de exceção, imigrante sem destino, Édipo está além e aquém da lei. *Édipo em Colono* (de onde deriva a palavra "colônia") são os loucos, os indígenas, os sem-terra, os desterrados sem lugar.

É por isso que a tão cobiçada morte de Édipo é coberta de mistério. Como Enoque e Elias, Édipo talvez tenha sido tragado para o interior da terra ou então desapareceu simplesmente. Essa indeterminação pode ser atribuída em parte à maldição que Édipo desfere contra seus filhos. O motivo de sua ira não está muito claro para os comentadores; no entanto, há um escólio do verso 1.375 que sugere que a maldição decorre do fato de que os filhos habitualmente lhe traziam alimento proveniente de sacrifícios, uma omoplata, por exemplo. Em determinada ocasião, os filhos, por afronta ou esquecimento, trazem-lhe uma coxa (alusão ao patronímico familiar)[28]. Édipo se enfurece e roga a praga contra os filhos.

Observe-se como a praga envolve uma antropofagia simbólica, como se os filhos esquecessem o significante que marca a própria linhagem. Mas há uma segunda leitura, que afirma que a maldição decorre da cobiça que os filhos demonstram em relação ao poder do lugar, o poder que adviria da hospedagem funerária do corpo de Édipo. Daí ele próprio ter escolhido manter em segredo o lugar onde descansaria ou onde seria sido tragado para o interior da terra a fim de se reunir aos monstros ctônicos inumanos (como Esfinge e Píton).

A tumba de Édipo, assim como a de Moisés, está vazia. O fundador do "nós" é estrangeiro, seu corpo é impróprio. Mas sua ausência não deixa de ser causa eficiente na narrativa. Assim também, o trono de Tebas torna-se um trono transitório, de posse precária e sazonal. Ao contrário das duas peças anteriores, *Édipo em Colono* distancia-se da oposição entre o excesso (*hibris*) e o erro (*hamartia*) na composição do destino (*moira*). Édipo se torna um homem cego,

---

[27] Ibidem, p. 102.
[28] Ordep Serra, *O reinado de Édipo* (São Paulo/Brasília, Universa/Editora UnB, 2007), p. 539.

envelhecido e prudente (*phrónesis*), que não mais luta contra seu destino ou contra as leis da *pólis*.

É a experiência de estranhamento, juntamente com a teoria do gozo, como crítica da precedência da identidade sobre a não identidade. É a descoberta de que a própria casa, o corpo próprio, pode conter essa substância estrangeira que vem do outro ou vai para o outro e é chamada "gozo". No lugar mais seguro da casa, ali onde dormimos, e até mesmos em nossa própria cama, reduto íntimo da propriedade mais segura, ali mesmo surge o estranho devastador: sonho, sexo, invasão e devastação do medo do escuro e da solidão.

O estranho não é sempre estrangeiro, mas pode ser íntimo e familiar. Introduzimos aqui a dimensão contingente da incerteza quanto à identidade de si com o Outro e do outro com o sujeito. Daí a narrativa do medo infantil se cruzar com a narrativa do amor obcecado e trágico de Coppola por Olímpia: Coppola não consegue perceber que o outro é feito de outra matéria, máquina, objeto. E essa "não percepção", essa "não diferença", é o que o faz se apaixonar por si através da boneca mecânica, que o faz retomar seu próprio medo infantil, mas agora no quadro de um experimento científico. Ao fim de seu texto, Freud reconhece que algumas das fantasias envolvidas no fenômeno do estranhamento podem não ser de extração narcísica, mas apontam para possibilidades ainda irrealizadas da relação com o outro. Esses mundos possíveis podem, enfim, adquirir uma valência política para o horizonte da democracia.

Voltemos a *Jornada nas estrelas*, que pode ser um paradigma da repetição ideológica da operação de colonização, ou seja, um retorno às jornadas de Francisco Magalhães, Thomas Cook ou Vasco da Gama, que abriram caminho para a exploração, no duplo sentido do termo, de novos povos e novas terras. Ela pode ser lida como a projeção das atuais relações de poder, de gênero e das estereotipias identitárias, mas agora em mundos vindouros. Essa autêntica colonização do futuro subsidia a hipótese de insuficiência predatória da habitação terrestre – ela transporta armas, torpedos fotônicos e *phasers* para uma "missão de paz". Quem dirá que, depois da nave Enterprise, não virão outras naves, agora do tipo empresas "Interprice", para devastar e colonizar novos planetas?

8
O discurso do capitalista: espectros de Marx em Milão

O discurso do psicanalista

A única vez que Lacan escreveu o discurso do capitalista, na forma de matema próprio e diferente do discurso do mestre, foi em Milão, em 12 de maio de 1972, na conferência que tinha por título "Do discurso do psicanalista"[1]. Lembremos que, em março do mesmo ano, Lacan havia empregado, pela primeira vez, o nó borromeano para dar forma à estrutura da demanda. Uma fase de seu ensino em que a teoria dos quatro discursos se entranha com os desenvolvimentos sobre sexuação e anuncia-se a nova formalização baseada na topologia dos nós. Além disso, estamos em um momento em que Lacan comenta com frequência o impacto da publicação de *Escritos*, em 1966[2], e suas subsequentes traduções para o italiano, o espanhol, o japonês e o alemão, como se refletisse sobre sua passagem para a condição de "autor" translinguístico, com os problemas quiçá não imaginados de recepção de suas idiossincrasias linguísticas, em contraste com o contexto excepcionalmente particular de produção de suas ideias em forma de seminários orais. Sabe-se que a audiência de Lacan naquela noite estava marcada pela fragmentação do movimento psicanalítico italiano, pela radicalização política e pelo marxismo que, ao lado da referência à linguagem, parecia compor a linha de base da recepção para seu discurso no grupo milanês.

---

[1] Para os fins deste comentário, utilizaremos a tradução de Sandra Regina Felgueiras, cotejada com o texto original em francês: Jacques Lacan, "Discours de Jacques Lacan à l'Université de Milan le 12 mai 1972", em *Lacan en Italie (1953-1978)* (ed. bilíngue, Milão, La Salamandra, 1978), p. 27-39.

[2] Ver Denise Merkle, "(Ré)écriture du discours psychanalytique lacanien en traduction", *Psychanalyse et Traduction: Voies de Traverse*, v. 11, n. 2, 1998.

Lacan começa saudando a quantidade de jovens presentes e desculpando-se por falar em francês sobre o discurso do psicanalista. Menciona que durante anos fez outras pessoas falarem em seus seminários, mas acabou renunciando a isso antes de anunciar que falaria *du discours psychanalytique* [discurso psicanalítico] e deveria comentar a publicação de *Escritos* e o comentário de Giacomo Contri: "Esses famosos escritos [...] não foram feitos para substituir meu ensino"[3].

Lacan divide *Escritos* entre a parte que seria anterior a seu seminário, que naquela altura tinha vinte anos e continuava a ser o pivô do que ele trouxera para o discurso psicanalítico, e destaca o "O estádio do espelho como formador da função do eu", referindo-o ao tempo em que ele ainda pertencia à International Psychanalytique Avouée, ou seja, Psicanálise Internacional Reconhecida[4]. Na verdade, ele se referia à International Psychoanalytical Association (IPA).

O termo *avouée* procede de *avoué*, auxiliar jurídico ou procurador, profissão ligada à oficialização institucional de títulos. A troca faz surgir, por contraste, a expressão "Internacional Psicanalítica", uma alusão potencial à Segunda Internacional, Internacional Socialista ou Internacional Operária, a lendária organização de partidos socialistas e operários criada por Friedrich Engels no Congresso Internacional de Paris, em 14 de julho de 1889, e extinta em 1916. A Segunda Internacional continuou o trabalho da Primeira Internacional, dissolvida nos anos 1870. Durante os anos 1960, diversas internacionais proliferavam, em especial na Itália, no contexto da tomada de posição em relação aos partidos comunistas oficiais, ao modelo chinês e, depois, albanês. Portanto, a ideia de uma "Internacional Psicanalítica" cruza a história da psicanálise com a do marxismo, tendo como eixo a questão da legitimidade revolucionária da experiência leninista, do revisionismo soviético stalinista e das diversas tentativas de rever os fundamentos do socialismo, à luz das ideias de Trótski (por exemplo, na Terceira Internacional, ou Internacional Socialista). Ao qualificar ironicamente a IPA como Internacional "oficial", Lacan se posiciona diante do auditório como contrário à corrente legitimista representada pelos partidos comunistas, ainda que o caso italiano seja excepcional quanto a essa geografia.

Essa espécie de sincronização entre Marx e Lênin e Freud e Lacan teria sido proposta por Louis Althusser no âmbito da formulação de sua teoria da ideologia e sua concepção de ciência. Para o orientador de Alain Badiou, Jacques-Alain Miller, Jean-Claude Milner e demais integrantes do grupo da revista *Cahiers pour l'Analyse* [Cadernos para a Análise], a relação entre materialismo histórico e materialismo dialético dependia de certo entendimento da relação entre teoria e prática, e essa relação, por sua vez, exigia uma teoria do sujeito que o marxismo

---

[3] Jacques Lacan, *Lacan en Italie*, cit., p. 27.
[4] Idem.

clássico parecia incapaz de oferecer. Ora, é exatamente o que Althusser vai encontrar em sua leitura de "O estádio do espelho", texto que incidentalmente foi escolhido por Lacan para representar o pivô do momento que antecede seu ensino.

Lacan segue seu introito mencionando que os textos subsequentes a *Escritos* concentram os achados dos seminários, ano a ano:

> [O que] não deixa de ser, em suma, uma péssima forma de reunir um público. Primeiro, é muito difícil a noção de público. Vou me arriscar a lembrar que, quando dessa publicação, me entreguei ao jogo de palavras de chamá-la *poubellication* – vejo que há pessoas aqui que sabem o que é a palavra *poubelle*. Nos nossos dias, com efeito, há uma enorme confusão entre o que é público e o que é lixeira.[5]

A tese recupera a ideia de que a cultura é o esgoto da civilização, ou seja, tornar público é, no fundo, expelir, jogar no lixo. Nessa condensação entre *public* [público] e *poubelle* [lixo], ele satiriza também a obsessão dos escritores e dos universitários por ver sua obra publicada. Retorna aqui à oposição entre o "meu ensino" e "os famosos escritos", como se identificasse seu ensino com a dimensão oral, pessoal e direta, desinteressando-se de preocupações com sua obra, seu legado ou sua posteridade. Ao mesmo tempo, um dos traços mais notáveis de seu ensino é o caráter público de seus seminários, bem como a ideia de tornar a Escola de Psicanálise uma experiência referida tanto à formação e à comunidade quanto a uma instituição, ambas inscritas, portanto, no espaço público. "É por isso também que recuso as entrevistas, porque, apesar de tudo, a publicação de confidências é o que faz uma entrevista. Consiste inteiramente em abordar o público no nível da lixeira."[6]

Aqui se esclarece como a *poubelle*, exemplificada pelo discurso da entrevista, na qual se fala de coisas privadas e pessoais, corresponde à redução do público ao lixo. Lembremos que, desde Kant, o espaço público é onde se pode exercer a razão e alcançar a maioridade e, por generalização, o esclarecimento (*Aufklärung*).

Diz ainda Lacan: "Não se deve confundir a lixeira com o púbis [*la poubelle avec le pubis*]. Não tem nada a ver. O púbis tem muitas relações com o nascimento da palavra público"[7]. Ele poderia ter dito que a confusão se dá entre *public* e *pubis*, com a subtração do "l" e a troca do "c" pelo "s", mas, em vez desse caminho, ele retorna à lixeira (*poubelle*), ressaltando que é ele que tem que ver com o lixo, não o "púbis", parte do corpo que em geral mantemos coberta, nas imediações dos genitais. De fato, o termo "público" (*publique*) aparece em 1239, em

---

[5] Ibidem, p. 28.
[6] Idem.
[7] Idem.

francês: "Concerne ao povo e seu conjunto coletivo social e político e aparece ao Estado como uma pessoa administrativa"[8]. O termo procede do latim *publicus*, propriedade de todos e de uso geral, bens do Estado e lugar público, mas também *publico*, confiscar, tornar propriedade do Estado. No entanto, a condição de participante como pessoa reconhecida em direito público remetia à aparição dos primeiros *pubes*, pelos que caracterizam a puberdade (*púberes*): pelo direito romano, alguém poderia pegar em armas desde que tivesse "penugem" (*pubes*), fosse ela barba, fossem pelos pubianos.

Inversamente, a noção de privado (*privatus*) não se refere apenas aos que permanecem no espaço da casa, mas àqueles que estão privados de sinais corporais de maioridade. Confirmamos, assim, a ideia de que "público" e "púbis" têm algo em comum, mas "público" e "lixo" não.

> Houve um tempo em que o público não era a mesma coisa que abrir o privado e no qual, quando se passava ao público, se sabia que era um desvelamento, mas agora não se desvela mais nada já que tudo está desvelado. [...] *Escritos*, enfim, são suficientes para que se possa elucubrar alguma coisa que corresponda verdadeiramente a meu discurso (*vraiment à mon discours*). O auditório (*l'auditoire*) e a editoria (*l'éditoire*).[9]

Nesse ponto, interrompe-se a explanação preliminar sobre a linguagem e introduz-se a noção de discurso: "É preciso lembrar algo que faz parte da experiência do psicanalista. Que ele faça como se não soubesse nada está ligado a uma necessidade de discurso que está escrita lá no quadro"[10].

Trata-se da noção lógica de necessidade como categoria preliminar a toda definição possível de discurso. A arte de construir um discurso é a arte de estabelecer um universo de necessidades. Cada discurso faz "um" a sua maneira: governar, educar, fazer, desejar, analisar. Mas, dentro ou fora de cada discurso, há uma não relação que se repete. Cada discurso cria um semblante para suportar sua verdade e apresentar-se com aparência de unidade. Daí a pergunta sobre a existência ou não de um discurso que *não* fosse do semblante, tanto no sentido genitivo subjetivo, de que *não* tivesse no semblante uma ficção de agente, autor ou soberano, quanto no sentido de genitivo objetivo, de que *não* criasse a ilusão de um universo de discurso.

Mas quando se espera um resumo do que foi trabalhado até então sobre a teoria dos discursos, aparece, escrito na lousa, um quinto discurso, o discurso do capitalista:

---

[8] *Le Nouveau Petit Robert* (Paris, Le Robert, 1995).
[9] Jacques Lacan, *Lacan en Italie*, cit., p. 28.
[10] Ibidem, p. 31.

Discours du Maître

$$S_1 \longrightarrow S_2$$
$$\frac{\ }{\$} \times \frac{\ }{a}$$

Discours de l'Université

$$S_2 \longrightarrow a$$
$$\frac{\ }{S_1} \times \frac{\ }{\$}$$

Discours de l'Hystérique

$$\$ \longrightarrow S_1$$
$$\frac{\ }{a} \times \frac{\ }{S_2}$$

Discours de l'Analyste

$$a \longrightarrow \$$$
$$\frac{\ }{S_2} \times \frac{\ }{S_1}$$

Discours du Capitaliste

$$\$ S_2$$
$$\frac{\ }{S_1} \times \frac{\ }{a}$$

O discurso do capitalista não procede dos movimentos fundamentais de progressão ou regressão a partir do discurso de base, do inconsciente, que é o discurso do mestre. Ele é uma mutação gerada por uma operação imprevista no discurso do mestre, a saber, a transposição da barra que faz a separação entre o significante mestre, na posição de semblante, e o sujeito barrado, na posição da verdade. Há uma inversão entre significante mestre e sujeito barrado, o que muda a ordem dos elementos do discurso. Não se trata mais de uma ordem fixa e, portanto, de um regime de necessidade simbólica que vai do (1) significante mestre, (2) significante do saber, (3) objeto a e (4) sujeito. Isso acarreta a criação de uma única rota de circulação: semblante → verdade → outro → produção → semblante. Temos aqui uma circulação fechada, enquanto os outros quatro discursos são formados por duas circulações. No discurso do mestre, em sua progressão para o discurso da histeria ou sua regressão para o discurso da universidade, bem como no discurso do psicanalista, que progride do discurso da histeria, há uma circulação fechada: verdade → semblante → outro → produção → semblante. Outra circulação aberta e bífida: verdade → semblante ou verdade → outro. A circulação aberta transforma-se na circulação fechada até que se obtenha o quarto de volta pelo qual um discurso se transforma em outro. Ora, essa dupla alternância (fechado/aberto) e (verdade [semblante/outro]) não se dá no discurso do capitalista.

A maior parte dos comentadores desse texto insiste que no discurso capitalista o objeto a torna-se acessível diretamente ao sujeito (sem a mediação do significante), a alienação torna-se instransponível e a verdade deixa de ser um lugar abrigado. Tríade de asserções que define o capitalismo como crença de complementação pelos objetos e perpetuação do gozo mortífero. Ou seja, um capitalismo sem antídoto, sem história e que serve como crítica moral de nossas formas de vida.

Contudo, o mais enigmático é que, após mencionar os discursos previamente escritos na lousa, Lacan enuncia o sintagma-chave de um texto vindouro conhecido como "O aturdido": "Que se diga como fato permanece esquecido por trás do que é dito no que se ouve. Essa afirmação, que é assertiva por sua forma, pertence ao modal por aquilo que permite de existência"[11].

Esse enunciado escrito na lousa, na sequência dos cinco discursos, só é efetivamente comentado na resposta à última pergunta do encontro. Ele envolve dois planos de consideração: o da *modalidade* lógica, caso em que o que se diz inscreve-se como necessidade, impossibilidade, contingência ou possibilidade, e o da *existência*, caso que é inusitadamente conexo com a história.

> É um efeito da história que nos interroguemos não sobre o nosso ser, mas sobre a nossa existência: que eu penso "logo sou" – entre aspas "logo sou". Ou seja, aquilo a partir do que a existência nasceu, é lá que somos. É o fato de *que se diga* – quer dizer, que está atrás de tudo o que se diz – que é algo que surge na atualidade histórica.[12]

Duas formas de temporalidade: a da demanda em sua forma lógica modal e a epocal da história, onde a "existência nasceu". Pensamento e ser, entre eles a linguagem expressa pelo que se diz. Aqui está a chave para entendermos por que, depois de falar durante quatro anos sobre o discurso Lacan, devemos introduzir duas noções tampão para ligar os discursos com a sexuação: o dizer e o dito.

Observa Lacan: "É um uso perfeitamente exemplar da ambiguidade no nível da estrutura geral – *transformacional*, hein?"[13]. Eis o ponto-chave da introdução do quinto discurso em sua conexão com a teoria do dizer e do dito. A ambiguidade entre o caráter estável e sustentável dos quatro discursos e o caráter insustentável e transformacional do quinto discurso.

O discurso neoliberal

Uma hipótese simples nos remete ao fato de que essa é uma das interpretações possíveis para o pós-Maio de 1968. Lacan estaria percebendo um deslocamento na função do que ele mesmo descrevera como discurso do mestre, em função de

---

[11] Ibidem, p. 32. A formulação é ligeiramente diferente da que encontramos em "O aturdido": "Que se diga fica esquecido por trás do que se diz em o que se ouve. Este enunciado, que parece ser de asserção, por se produzir em uma forma universal, é de fato modal, existencial como tal: o subjuntivo com que se modula seu sujeito é testemunha disso". Jacques Lacan, "O aturdido" [1973], *Outros escritos* (trad. Vera Ribeiro, Rio de Janeiro, Jorge Zahar, 2003), p. 448.
[12] Ibidem, p. 39.
[13] Idem.

alterações na economia? Estaria pressentindo a chegada do neoliberalismo, que seria implantado pela primeira vez, na prática, como política de Estado no Chile de Pinochet, um ano depois da conferência em Milão? Observemos que os trabalhos de Foucault sobre o impacto neoliberal como nova forma de vida datam da segunda metade dos anos 1970: *Em defesa da sociedade* é de 1975-1976, *Segurança, território e população* é de 1977-1978, e *O nascimento da biopolítica*, de 1978-1979*.

Seria possível argumentar que, ao corromper tantas regras de produção dos discursos, o discurso do capitalista, na verdade, não seria um discurso na acepção própria e correta do conceito em Lacan. O traço fundamental valorizado por esse argumento é que o quinto discurso se apresenta como insustentável. Ele não se sustenta em astúcia: "Não estou dizendo de jeito nenhum que o discurso capitalista é medíocre; pelo contrário, ele é loucamente astucioso. Loucamente astucioso, mas destinado a explodir [...] porque é *insustentável*"[14].

O termo "sustentável" é decisivo para entendermos a diferença desse discurso para os outros quatro. Nas perguntas que encerram essa intervenção, há um sucedâneo da ideia de "sustentação" que é a noção de "suporte" para designar o objeto a[15]. Em outra passagem das perguntas finais, ele chega a afirmar que "a personalidade é a maneira pela qual cada um subsiste diante desse objeto"[16].

Temos, assim, a hipótese imediata de que o nome dessa operação de inversão entre o significante mestre e o sujeito bem poderia ser "personalidade". Ser alguém, no sentido de ter uma identidade pela qual se fazer reconhecido, pode ser descrito como um tipo de identificação no qual um significante mestre troca de lugar com o sujeito. Se isso é correto, vemos que o neoliberalismo e a capitalização de identidades, sejam elas expressas por segmentação de consumo, sejam expressas por lutas políticas identitárias ou pela acentuação da "personalidade sensível" como forma de acesso ao novo tipo de biopoder, se confirmariam na escrita dos discursos. Sustentar e astuciosamente mudar de personalidade definiriam, assim, uma das estratégias de subjetivação do neoliberalismo, aliás, já anunciada por autores como Guy Debord[17], Fredric

---

* Ed. bras.: *Em defesa da sociedade* (trad. Maria Ermantina de Almeida Prado Galvão, 2. ed., São Paulo, WMF Martins Fontes, 2012); *Segurança, território e população* (trad. Eduardo Brandão, São Paulo, Martins Fontes, 2008); *Nascimento da biopolítica* (trad. Eduardo Brandão, São Paulo, Martins Fontes, 2008). (N. E.)

[14] Jacques Lacan, *Lacan en Italie*, cit., p. 36.

[15] "É isso que se chama objeto a. O objeto a é o verdadeiro *suporte* de tudo que vimos funcionar e que funciona de maneira cada vez mais pura para especificar cada um em seu desejo." Ibidem, p. 38.

[16] Idem.

[17] Guy Debord, *A sociedade do espetáculo* (trad. Estela dos Santos Abreu, Rio de Janeiro, Contraponto, 1997).

Jameson[18] e Slavoj Žižek[19], para citar diagonalmente três gerações do marxismo cultural interessadas na paixão de curar nosso excesso de identidade[20].

Lembremos que, em 1973, com a força-tarefa liderada por Robert Spitzer, começa o processo de purificação e expurgo da psicanálise em relação ao *Manual diagnóstico e estatístico de transtornos mentais* (DSM). A separação entre psicanálise e discurso psiquiátrico hegemônico, processo no qual a noção de personalidade substitui gradualmente o conceito de neurose, pode ser sincronizada com a passagem do modo de vida liberal ao capitalismo neoliberal. Uma forma de vida em que o estado de exceção é a regra e tanto a produção quanto as identidades não podem mais ser pensadas como sustentação e mudança, caso e regra, lei e transgressão, mas como flexibilidade conveniente e permanente da sustentação de discursos e seu apagamento.

"Sustentar", "suportar", "subsistir" são significantes que pertencem à mesma série no discurso do Lacan. Série que se opõe a termos como "cair", "deixar cair", "desmanchar", não se "sustentar" e "suspirar". Por exemplo, a transferência pode e deve ser sustentada pelo psicanalista, mas ao fim o objeto a deve cair para que ela se dissolva ou se desmanche.

Entre o sustentar e o deixar cair, temos um termo que aparece seis vezes na conferência: "derrapagem" (*dérapage*). A derrapagem do significante dentro dos discursos faz com que o discurso mude, passando do mestre ao universitário ou ao histérico. O discurso do capitalista, ao contrário, parece ser a manipulação premeditada, acelerada e controlada dessa derrapagem, e esta é sua astúcia e sua invenção neste momento específico do capitalismo tardio.

A construção dos quatro discursos, desde o seminário *De um Outro ao outro*[21], começa pela ideia de que um semblante se *sustenta* em uma verdade. Sustentar ou suportar escreve-se por meio da barra, que anteriormente designava a negação do recalque, mas agora passa a se referir à noção de sustentação. Todo discurso é, no fundo, um problema de sustentação. O discurso como aparelho de gozo é uma forma de permanência como sistema de trocas. O discurso como laço social é questão de percurso e reencontro. O discurso como necessidade lógica envolve a sustentação da coerência, da autorreferência e da contradição. Por fim,

---

[18] Fredric Jameson, *Pós-modernismo: a lógica cultural do capitalismo tardio* (trad. Maria Elisa Cevasco, São Paulo, Ática, 1997).

[19] Slavoj Žižek, *O sujeito incômodo* (trad. Luigi Barichello, São Paulo, Boitempo, 2016).

[20] "A paixão de curar, curar de quê? É isso que nunca se deve questionar. Em nome de que se considera alguém doente? Em que um neurótico é mais doente do que um ser normal, dito normal?" Jacques Lacan, *Lacan en Italie*, cit., p. 30.

[21] Idem, *O seminário*, Livro XVI: *De um Outro ao outro* (trad. Vera Ribeiro. Rio de Janeiro, Zahar, 2008 [1968-1969]).

o discurso como forma poder chama o problema da sustentação da autoridade ou uso do significante mestre.

Lacan aponta em seguida para a diferença entre discurso do mestre e discurso do capitalista, salientando que este é insustentável, ou seja, para ele não se aplicam as mesmas características estruturais dos quatro outros: "O discurso capitalista está aí, vocês podem vê-lo... uma pequenina inversão simplesmente entre o S_1 e o $ [...] basta para que tudo vá às mil maravilhas, não poderia ir melhor, mas, justamente, vai rápido demais, se consome, se consome tão bem que se consuma"[22].

Há três novidades aqui. A inversão entre significante mestre e sujeito, que não deixa de lembrar o tema da ideologia como inversão entre real e ideal; a aceleração, ou seja, um mesmo processo em outro ritmo de troca gera alterações estruturais; e o consumo, que, quando se aperfeiçoa, se consuma, ou seja, radicaliza o sentido próprio do termo consumir, que é destruir, esgotar, acabar, gastar até o fim (*consumere*, em latim). Ora, a caracterização do discurso capitalista a partir do consumo, em oposição a sua clássica definição como modo de produção, concorre para a hipótese de que Lacan é sensível a essa mutação do próprio capitalismo, da matriz liberal para a matriz neoliberal. Para Vladimir Safatle[23] e Dany-Robert Dufour[24], isso justificaria a passagem do supereu freudiano – que diz "não" e proíbe o gozo – ao supereu lacaniano – que diz "goza" (consuma), "trabalhe" (funcione) e "goze" (trabalhando).

Por uma esquerda que não odeie o dinheiro

Há muito tempo venho observando certos comentários críticos no que diz respeito à circulação de dinheiro no contexto do campo progressista. Revistas de cultura são criticadas por ambicionarem ganhar dinheiro com o conteúdo que produzem, em vez de disponibilizá-lo gratuitamente. Ciclos de conferências com palestrantes internacionais e custos elevados de produção são criticados por cobrarem valor de entrada, ainda que módico. Mesmo na universidade pública em que leciono, a Universidade de São Paulo (USP), os alunos acham uma afronta ter de comprar livros em vez de usufruir livremente de cópias ou PDFs. É o jeito básico e cotidiano de protestar contra o capitalismo onde ele parece mais próximo de nós, ou seja, nas trocas comerciais, em especial no espaço dos *campi* universitários em que queremos fazer valer o ensino público e gratuito.

---

[22] Jacques Lacan, *Lacan en Italie*, cit., p. 36.
[23] Vladimir Safatle, *Lacan: a paixão do negativo* (São Paulo, Editora Unesp, 2006).
[24] Dany-Robert Dufour, *A arte de reduzir cabeças: sobre a nova servidão na sociedade ultraliberal* (trad. Sandra Regina Felgueiras, Rio de Janeiro, Companhia de Freud, 2005).

Notei uma piora na situação quando vi três pessoas que vendiam café e pequenas refeições no *campus* da USP serem expulsas, sob aplausos, porque estavam praticando comércio irregular no local, fora das normas técnicas de construção e sanitárias. Sim, deveriam passar por editais, fazer frente a exigências e adequações tarifárias, mas quanto custa estar em dia com o Estado? De minha parte, não conseguia deixar de ver três pessoas negras, periféricas, duas delas mulheres, desempregadas, que faziam parte de nossa comunidade havia anos, sendo expulsas por força da lei e pelo "excesso de capitalismo". O gosto amargo na boca aumentou quando vi meus alunos mais favorecidos pegarem seus carros para comer fora do *campus*, enquanto os mais pobres se viam privados de seu "rango" mais barato e acessível. Ali onde antes todos comíamos juntos, mesmo que irregularmente, restava agora um lugar limpo e vazio, resultando na desertificação do espaço público.

O problema assumiu outra proporção quando participei, recentemente, de um seminário sobre urbanização e educação no qual se discutiu um paradoxo que atravessa a cidade de São Paulo. De um lado, há uma zona central, que vive na legalidade, com alvarás e arquitetos, regras de zoneamento e "Habite-se". Locais onde perduram práticas tácitas de ilicitude e corrupção, com grupos privados, associados a interesses públicos, dominando bairros inteiros, negociando e empreitando. De outro lado, há uma São Paulo informal, que é a que mais cresce. São os puxadinhos, as lajes, as ocupações, as construções irregulares e os arremedos de construção. Nela o dinheiro circula sem recibo, as inspeções são raras e, via de regra, o contato com o Estado sofre do mesmo efeito punitivo e "civilizatório" que vi na pequena lanchonete da Faculdade de Psicologia.

Moral da história: há algo profundamente equivocado quando tratamos pequenos comerciantes, que empreendem um negócio tentando sobreviver ao caos do capitalismo neoliberal, em especial quando guardam alguma relação com a educação, a cultura ou a saúde, de forma disciplinar e discursiva semelhante a uma grande indústria ou corporação, cujo representante nunca estará na nossa frente.

O efeito que quero descrever é mais ou menos o seguinte: como o capitalismo não é tangível em seu núcleo, ele nos força a atacar sua periferia, porque é com ela que conseguimos contato. Com isso, ele cria um colchão adicional de segurança para si, com divisões infinitamente pequenas entre as periferias. Isso transforma a consciência de classe em sentimento de grupo e dissemina a moral do ressentimento contra ricos, privilegiados e elites. Logo, aquele que prospera e avança, acumulando dinheiro, torna-se um inimigo traidor. Essa ilação fez a festa da narrativa evangélica da teologia da prosperidade simplesmente com a fagulha moral de que "não há nada errado com o desejo de enriquecer".

A chegada da linguagem digital e o imenso repertório de conteúdo disponibilizado de modo gratuito mudaram a representação social do capitalismo, ou seja, a ideologia. O enfraquecimento das formas históricas de luta, baseadas em sindicatos e organização de trabalhadores, bem como a percepção de que há pessoas com muito mais dinheiro que o razoável, trouxe-nos a essa posição de resistência que, por falta de nomeação mais rigorosa, chamo de "esquerda que odeia o dinheiro". A desagradável notícia é que não há ninguém que esteja fora do capitalismo e, portanto, que se coloque legitimamente no alto da montanha condenando a miséria do mundo, tal qual a bela alma de Hegel. Isso começa a acumular curtos-circuitos quando a narrativa liberal-conservadora traduz essa atitude em hipocrisia, mentira e, dali a pouco, mau-caratismo. Ocluindo a discussão sobre suas formas e sua história, sobre sua incidência diferencial entre identidades, inclusive a identidade de privilegiados e periféricos, a esquerda tem como tarefa propor outra maneira de fazer circular o dinheiro, não apenas ocupar o Estado para ser sócio no tipo de capitalismo que ele propõe e no tipo de ocupação do espaço público que ele legisla.

Por trás da esquerda que odeia o dinheiro não encontramos Marx nem Adorno, tampouco Losurdo ou Žižek, mas uma espécie de crítica moral do capitalismo. Tudo se passa como se o problema da forma mercadoria pudesse ser reduzido às atitudes de pessoas ruins, gananciosas e hedonistas que sofrem de uma ambição descontrolada. Isso leva ao desejo de ter desenfreadamente mais do que se pode gastar. E coloca a esquerda no lugar discursivo de quem quer limitar o gozo, reduzir o excesso, conter a liberdade e restringir experiências de satisfação – tudo isso ligado ao dinheiro.

Como se o problema da alienação fosse apenas a falta de educação formal. Como se o problema do mais-valor se resumisse a um ajuste na distribuição dos salários. Como se a divisão social do trabalho fosse assunto de recursos humanos. Não sou especialista em Marx, mas acho que Sabrina Fernandes e Jones Manuel poderiam nos ajudar com este problema: o dinheiro é mercadoria, e mercadoria como equivalente de valor, cuja referência é o ouro. Coisas aparentadas ao dinheiro, como notas de crédito, promissórias e outros papéis não lastreados, são também dinheiro? Nesse caso, a circulação de dinheiro em pequenas quantidades, entre pequenos negociantes, seria algo bem diferente do dinheiro de empresas que vivem de seu valor de marca, de suas aplicações imateriais na bolsa ou no sistema financeiro. Para Marx, o dinheiro é unidade de medida de valor e meio de circulação, podendo ser entesourado, usado como meio de pagamento ou tornando-se equivalente geral do valor pensado em escala mundial[25].

A "convertibilidade não se revela na caixa do banco, mas na troca cotidiana", nas relações mais convencionais de intercâmbio. A vinculação econômica

---

[25] Francisco Teixeira e Fabiano Santos, "Dinheiro e moeda em Karl Marx", *A Terra é Redonda*, 2 fev. 2020.

"permanece, por conseguinte, requisito de todo dinheiro cujo título o faz um signo de valor, isto é, o iguala, como quantidade, a uma terceira mercadoria"[26]. Portanto, se queremos saber a posição do dinheiro, precisamos entender como ele circula medindo ou mediando o valor nas relações cotidianas. Ora, essas relações não se dão apenas entre indivíduos abstratos, segundo uma única forma de sociabilidade que se poderia chamar "capitalismo".

É contrassenso que menos de quinhentas pessoas no mundo possuam mais dinheiro do que seria necessário para sanar o problema da fome na África. No entanto, não me parece que o incentivo à generosidade das pessoas resolva o problema. Aliás, doações vultosas e fundações têm investido muito nessa matéria sem os resultados esperados. Mas aqui, outra vez, deixamos de lado o ponto crucial sobre a relação entre as pessoas quando se trata dessa circulação. Para um olhar de sobrevoo, essa relação não importa: se são amigos ou inimigos, se são próximos ou distantes, se são parentes ou rivais. Se invertemos a conta e achamos que tudo que é dinheiro tem forma mercadoria, em vez de que tudo que tem forma mercadoria é expresso em dinheiro, sancionamos que o circuito antropológico da troca independe das relações sociais concretas e, no limite, reduzimos tais relações à exploração. Pode valer para o atacado, mas talvez não funcione no varejo.

Há duas maneiras de entender a relação entre desigualdade social e luta de classes. Na primeira, identificamos duas classes: a da burguesia e a dos trabalhadores. Eles estão em luta até que a segunda se sobreponha à primeira. Nesse caso, definimos uma classe pela acumulação de riqueza e posse dos meios de produção e a outra pela pobreza e pela necessidade de vender sua mão de obra. Contudo, isso nos leva a pensar os indivíduos numa relação de inclusão do tipo gênero e espécie: este é burguês, este outro é trabalhador. Com isso, mantemos a crença da forma indivíduo e a consistência da classe como conjunto contável de elementos a partir de predicados.

A segunda maneira de pensar essa relação é reconhecer que só existe uma classe[27], a burguesia, e esta se reconhece e se conta a si mesmo como composta por indivíduos anônimos, que realizam operações livres de trocas, regidas por contratos impessoais, no interior da qual a distinção representada pela posse de dinheiro, atual ou potencial, é o elemento distintivo. Fora dessa classe estão os *lumpen*, os miseráveis, os excluídos que não são uma classe, mas efeito da instituição da burguesia. Não são uma verdadeira classe também porque não são contados inteira e plenamente como indivíduos. A luta de classes é uma luta para acabar com a classe nesse segundo sentido. Nessa descrição temos outra antro-

---

[26] Karl Marx, *Grundrisse* (trad. Mario Duayer e Nélio Schneider, São Paulo/Rio de Janeiro, Boitempo/Editora UFRJ, 2011), p. 83 e 85.
[27] Vladimir Safatle, *Dar corpo ao impossível* (Belo Horizonte, Autêntica, 2019).

pologia de base, na qual a separação entre trabalhador e burguesia é mais difícil de ser feita, pois dependerá mais do laço social que da extração de mais-valor.

É nesse sentido que Lacan[28] afirmará que o mais-de-gozar é anterior e condicionante do mais-valor. O mais-de-gozar é efeito das relações de dominação e submissão contidas nos laços sociais regidos pelo discurso do mestre. O mais-de-gozar implica a existência de violência, opressão e exploração anterior ao capitalismo. Se o discurso do mestre foi atribuído por Lacan ao início da filosofia – portanto, entre os séculos VI e V a.C. –, antes desse discurso havia o laço social; mas, como mostrou Pierre Clastres[29], esse laço era composto "contra o um" ou, melhor, contra a passagem das formações de individualização à representação do todo, como expressão de um poder localizado. Portanto, se há mais-de-gozar onde não há ainda capitalismo, disso poderíamos inferir que não todas as trocas sociais, dentro da experiência histórica do capitalismo, adquirem a mesma estrutura do discurso do capitalismo. Há, por exemplo, o momento em que ao capitalismo bastaria o discurso do mestre, há o momento em que o discurso do mestre se concilia com o discurso universitário, formando o discurso colonial, e há ainda o momento em que o discurso do mestre é insuficiente para articular a totalidade dos laços e das trocas, dando origem ao discurso do capitalista propriamente dito, que antes associamos à emergência da globalização e do neoliberalismo. Se o mais-de-gozar é o conceito geral no qual se incluem as variedades de mais-valor, é possível ainda que, dentro de um mesmo espaço social, melhor descrito por Milton Santos como território, habitem diferentes discursos, e nem todos colocam o mais-de-gozar no lugar da produção – portanto, não se traduzem em laços sociais homogêneos em termos de estrutura fetichista da mercadoria. A luta de classes não pode ser pensada apenas como indivíduos agrupados em massa, grupo ou classe, mas como divisão subjetiva na qual, em cada um há a função que faz classe e a função que dissolve classe, a função que explora e a que é explorada, a do mestre e a do escravizado.

Existe uma economia libidinal que se entranha entre as formas sociais e as formas econômicas, duplicando e parasitando, por meio de fantasias ideológicas e sintomas sociais, o sofrimento gerado pela divisão social do trabalho, pela fetichização da mercadoria, pela extração de mais-valor e pela universalização do mercado. Talvez o capitalismo tivesse generalizado e potencializado a dominação própria ao discurso do mestre, mas – e este é o ponto-chave – o capitalismo não controla perfeitamente todos os tipos de laço social que ocorrem sob seu manto. Permanece a pergunta se ele consegue controlar, homogeneamente, todos os

---

[28] Jacques Lacan, *O seminário*, Livro XVII: *O avesso da psicanálise* (trad. Ari Roitman, Rio de Janeiro, Zahar, 1992 [1969-1970]).

[29] Pierre Clastres, *A sociedade contra o Estado* (trad. Theo Santiago, São Paulo, Ubu, 2017).

tipos de trocas econômicas que ocorrem em seu interior. Um aspecto saliente do discurso do mestre é que ele é também a chave para entendermos a emergência da forma indivíduo na modernidade. Uma "raça de mestres", eis uma das maneiras pelas quais Lacan chega a caracterizar o processo civilizatório. Nesses termos, não adiantaria muito dividir as pessoas entre mestres e não mestres (ou escravos), se em cada um de nós existem esses dois lugares psíquicos e esses dois lugares sociais. Se isso fosse feito, o resultado seria um ressentimento de classe, não uma verdadeira luta de classes anticapitalista. O ressentimento opera sempre pela suposição de onipotência do Outro e pelo circuito do afeto de culpa.

No Brasil – campeão moral no que diz respeito à desigualdade social e à má distribuição de renda, mas também quando o assunto é capital social e cultural – é muito compreensível que a culpa seja o afeto social que se espera dos ricos. Nossa elite é poder, sabemos disso. Mas sabemos disso há tempo suficiente para termos gerado uma mudança substantiva. A psicanálise nos ensinou que a culpa é um sentimento de baixíssima potência transformativa. Contudo, é nesse tipo de retórica que vejo o melhor da nova geração crítica investir forças e recursos. Ódio aos homens ricos brancos e privilegiados. Ódio às elites que não souberam partilhar seus bens simbólicos nem investir na educação distributiva, tampouco cultivar políticas de justiça e reparação. Ódio às almas impuras.

Por tempo demais escutei que aquilo que é de interesse público deve ser da alçada do Estado e que, pelo fato de pretender incluir e se destinar a todos, deve ser gratuito. Ao passo que aquilo que não pertence ao espaço e ao interesse públicos pertence ao privado, como se a soma entre público e privado representasse a totalidade do que existe. Segundo essa lógica, aquilo que é privado tem ou virá a ter a estrutura e a lógica da empresa e, consequentemente, está impuro e comprometido com o capitalismo. Isso significa que não aprendemos nada com as experiências históricas do socialismo ocidental, ainda mais no Leste Europeu, onde o Estado, ao se encarregar de todas as áreas da economia e da vida social, acabou se tornando, ele mesmo, o único e maior capitalista. Uma política baseada na ocupação do Estado para que, a partir disso, possamos garantir sua interveniência e sua proteção para o que chamamos de "social" como expansão do espaço público e inclusão de mais pessoas na condição de cidadania, essa me parece a plataforma que melhor define o que significa ser de esquerda depois de 1989 no Brasil. Embora isso esteja muito longe e não deva ser confundido com comunismo, arrisco dizer que é suficiente para definir o que veio a significar esquerda entre nós. É nesse sentido que Antonio Candido dizia que o socialismo é triunfante:

> Aliás, eu acho que o socialismo é uma doutrina totalmente triunfante no mundo. E não é paradoxo. O que é o socialismo? É o irmão gêmeo do capitalismo, nas-

ceram juntos, na Revolução Industrial. É indescritível o que era a indústria no começo. Os operários ingleses dormiam debaixo da máquina e eram acordados de madrugada com o chicote do contramestre. Isso era a indústria. Aí começou a aparecer o socialismo. Chamo de socialismo todas as tendências que dizem que o homem tem de caminhar para a igualdade e ele é o criador de riquezas e não pode ser explorado. Comunismo, socialismo democrático, anarquismo, solidarismo, cristianismo social, cooperativismo... tudo isso. Esse pessoal começou a lutar para o operário não ser mais chicoteado, depois para não trabalhar mais que doze horas, depois para não trabalhar mais que dez, oito, para a mulher grávida não ter que trabalhar, para os trabalhadores terem férias, para ter escola para as crianças. Coisas que hoje são banais. Conversando com um antigo aluno meu, que é um rapaz rico, industrial, ele disse: "O senhor não pode negar que o capitalismo tem uma face humana". O capitalismo não tem face humana nenhuma. O capitalismo é baseado na mais-valia e no exército de reserva, como Marx definiu. É preciso ter sempre miseráveis para tirar o excesso que o capital precisar. E a mais-valia não tem limite. Marx diz, em *A ideologia alemã*, que as necessidades humanas são cumulativas e irreversíveis. Quando você anda descalço, você anda descalço. Quando você descobre a sandália, não quer mais andar descalço. Quando descobre o sapato, não quer mais a sandália. Quando descobre a meia, quer sapato com meia, e por aí não tem mais fim. E o capitalismo está baseado nisso. O que se pensa que é face humana do capitalismo é o que o socialismo arrancou dele com suor, lágrimas e sangue. Hoje é normal o operário trabalhar oito horas, ter férias... tudo é conquista do socialismo. O socialismo só não deu certo na Rússia.[30]

Ou seja, o homem é criador de riqueza e o socialismo luta contra a exploração que ocorre ao longo do processo de produção da riqueza, não contra a riqueza em si. O maior erro da representação social da esquerda é consentir que sua defesa dos explorados se confunda com o elogio do empobrecimento. Com a dissolução da luta coletiva em torno de direitos trabalhistas e com o declínio da plataforma de proteção do trabalhador, a esquerda se viu diante de uma nova etapa do capitalismo, na qual cada um aparece como "empresário de si mesmo", o que significa dizer que cada um é também explorador de si mesmo ou que dentro de cada um de nós mora um capitalista. A distinção logo evoluiu para uma dicotomia entre os que se encontram cronicamente fora do sistema (os estrangeiros, os desamparados, os miseráveis, os "inimpregáveis") e os privilegiados.

Uma esquerda que não odeie o dinheiro tem por tarefa primeira desativar essa equação que, de um lado, identifica o Estado como guardião do interesse público

---

[30] Antonio Candido, "O socialismo é uma doutrina triunfante", entrevista a Joana Tavares, *Brasil de Fato*, n. 435, 2011.

e, de outro, assimila tudo o que tem que ver com a circulação do dinheiro com a forma empresa e a propriedade privada. Entre o público e o privado existe o *comum*, do ponto de vista do coletivo, e o *íntimo*, do ponto de vista dos indivíduos. Mas a esquerda que odeia o dinheiro parece incapaz de conceber que é possível pensar um tipo de circulação e troca mediante dinheiro que não seja estatal nem empresarial. Ela pensará apenas em inverter os termos, desqualificando tal possibilidade como neopentecostalismo laico, empreendedorismo de periferia, economia criativa ou solidária de araque, microcrédito para mulheres. A crítica é pertinente se tornarmos tais iniciativas equivalentes ao que Žižek[31] criticou nos grandes empreendimentos de propaganda que visam a aliviar a culpa – por exemplo, a Starbucks enviando uma alíquota de cada café vendido a refugiados africanos ou populações em situação de vulnerabilidade social. Mas, prestemos atenção, estamos outra vez tratando uma cadeia multinacional com o mesmo juízo crítico com que tratamos uma vendedora local que trabalha em regime de gambiarra e fora das regras formais da vigilância sanitária porque não consegue pagar o Estado para ser incluída no verdadeiro capitalismo.

Um caso concreto

A primeira lição formativa que me deixou o projeto de atendimento aos refugiados da hidrelétrica de Belo Monte, em Altamira, Pará: custa dinheiro levar psicanalistas para uma região remota do Brasil, colocá-los em voadeiras para chegar a baixões e ilhas afastadas, alimentá-los por semanas, fazer registros e sustentar uma base operacional. Meu primeiro impulso, como professor da USP e pesquisador acostumado a solicitar verbas para projetos de pesquisa e extensão, foi providenciar os pedidos de auxílio para o CNPq e a Fapesp. Qual não foi minha surpresa quando recebemos dos movimentos sociais de lá, como o Xingu Vivo e o Movimento dos Atingidos por Barragens, a notícia de que o subsídio estatal para o projeto não era bem-vindo, ainda que a necessidade fosse urgente e inegável. Logo percebi problema. O mesmo Estado que havia destruído o modo de vida de 30 mil pessoas, deslocando-as e criando situações dramáticas, traumáticas e patógenas, oferecia-se agora para consertar a situação, corrigindo o estrago feito, bancando a visita de míseros vinte psicanalistas. Como se isso fosse compensar algo. Percebi ali, na hora e ao vivo, como eu mesmo estava acostumado com a equação "se é público, é estatal e gratuito".

A falsa solução necessária foi inverter os sinais da equação. Vamos procurar empresas que subsidiam iniciativas no terceiro setor e podem se interessar pelo

---

[31] Slavoj Žižek, *Bem-vindo ao deserto do Real* (trad. Paulo Castanheira, São Paulo, Boitempo, 2003).

desastre humano e ambiental de Belo Monte. Há várias, e muitas desenvolvem há muitos anos trabalhos legítimos no chamado terceiro setor. Contatamos algumas e recebemos um sinal positivo. Percebi que a "grife USP", como dizem alguns de meus colegas, é bem-vinda em ambientes empresariais. Mas qual não foi a surpresa quando ouvi das mesmas pessoas e entidades envolvidas no projeto que não podiam aceitar financiamento de empresas, pois o conceito de "empresa", nesse caso, estava indelevelmente associado a coisas como Odebrecht, Camargo Corrêa e Andrade Gutierrez, causas motrizes e razão maior do desastre que se abatera sobre aquela comunidade.

Foi então que decidimos realizar um *crowdfunding* – que foi bem-sucedido e viabilizou a operação. Ou seja, dinheiro de pessoas comuns, doado e administrado de modo transparente, com o objetivo de levar a cabo uma tarefa. Divulgamos o projeto por meio da empresa muito capitalista chamada YouTube, braço da corporação tecnológica transnacional Google; recebemos doações por intermédio de um banco; retribuímos a ajuda recebida com livros e fotos de nossa própria lavra. A chave aqui é que, dependendo da injunção, a troca mais caseira e informal pode ocorrer no interior mesmo de uma das instituições mais burocráticas e formalistas deste país, que são as universidades públicas.

Quando cito esse exemplo em debates, com frequência recebo a crítica de que o princípio da "vaquinha" representaria a institucionalização da precariedade, o que livraria o Estado de suas obrigações e desenvolveria um negócio paralelo que desmobiliza a pressão pela efetivação de direitos e obrigações. O mercado paralelo e o mundo da informalidade são o embrião da milícia e a porta aberta para formas mais rebaixadas e perigosas de exploração. Mas, se olharmos mais de perto, o que esse tipo de empreendedorismo extorsivo faz é usar o Estado como instrumento para que a informalidade permaneça ainda mais explorada. Usar o Estado para produzir populações carcerárias à base do aprisionamento de pequenos traficantes em vez de descriminalizar o uso de substâncias psicotrópicas. Usar o Estado para atirar em jovens negros de periferia. Usar o Estado para fazer circular o dinheiro do dízimo sem controle nem taxação. Usar o Estado para produzir mais anomia em áreas desprotegidas, que devem permanecer como tal. Como empoderar a comunidade local para enfrentar os usuários do Estado, sem estimular o trabalho e a renda das pessoas daquele território? As mães crecheiras, as cozinheiras, os pedreiros, pessoas que desenvolvem hortas comunitárias e toda a massa de trabalhadores informais precisam não apenas de mais formalização, inclusão e cidadania, mas que sua informalidade seja reconhecida. Ainda que seja paradoxal, é factível.

É difícil entender que o exemplo não se restringe à coleta de dinheiro das pessoas "físicas", mas que está em jogo um desafio que a esquerda não consegue se colocar: como gerir o dinheiro de maneira que não identifique o não estatal com a forma empresa? Como dizer para as pessoas que é possível que a boleira faça progredir seu negócio sem estar simplesmente em dívida com o Estado ou se transformar em uma *megastore* de doces (que, aliás, comprará impiedosamente seu negócio assim que ele começar a prosperar). Como dizer que todo o universo de construções informais na periferia de São Paulo pode ser feito sem o trabalhador explorar o trabalhador (apesar da memória dos mutirões e das construções comunitárias)? Como dizer para as pessoas que a esquerda está interessada, sim, em fazê-las ganhar dinheiro e progredir na vida e que não há vergonha nenhuma em desejar isso?

Acho que vale a pena explicitar o recorte de classe do que se costuma chamar de "esquerda" no debate público. Quem corre o risco de fazer "o elogio do empobrecimento" certamente não é o empobrecido, ao passo que há certas pessoas cujas condições materiais imediatas nem sequer permitem que se enredem nesse "ódio ao dinheiro". Não é acaso que o projeto de renda mínima proposto por Eduardo Suplicy tenha se demonizado no programa Bolsa Família de Lula e Dilma e tornado redivivo por Rodrigo Maia, enfim beneficiando Bolsonaro. Nele está em jogo transferência de dinheiro, sem troca.

Lembremos que o grito de guerra do neopentecostalismo não começa com "ganhe dinheiro e vá para o céu", mas com uma declaração mais simples e mais eficaz: "Você pode parar de sofrer". Recorro aqui a uma noção análoga à de *lugar de fala* desenvolvida por Djamila Ribeiro[32], em relação à qual já fiz certas ponderações críticas. Não seria usurpação do lugar de incidência real da exploração falarmos em nome da luta anticapitalista, de forma a causar consequências desastrosas para aqueles que desejam prosperar? Não estaríamos traindo nosso *lugar de escuta* enquanto intelectuais defendermos "a universidade pública ou nada", ficando o "nada" para aqueles que não tem como entrar nas universidades públicas? Declararmos "a defesa do SUS ou nada", sendo que este nada será o "Alô-Doutor" que poderá explorar ainda mais aqueles aos quais o SUS não chega?

Ora, todas as formas de microeconomias contra capitalistas têm em comum a lógica de ampliar a oferta de emprego e incluir a maior quantidade possível de pessoas nas trocas produtivas. Enquanto isso, o capitalismo caminha pela máxima da redução de empregos e do avanço dos lucros. Aqueles que só conseguem pensar no "Você S/A" quando falamos em dinheiro para pessoas comuns ou no processo devastador de uberização, trabalho intermitente ou precário, cujo modelo no Brasil são motoboys e entregadores, parecem ter em mente que a única forma de troca não capitalista é o escambo. Estão de certa maneira certos, ainda que tenham um conceito equivocado do que vem a ser escambo, quando criticam a "vaquinha", a economia solidária etc. Mais uma vez, dissociamos relações sociais,

---

[32] Djamila Ribeiro, *O que é lugar de fala?* (Belo Horizonte, Justificando/Letramento, 2017).

concretas, em local e território da movimentação financeira abstrata. Mais uma vez queremos operar uma transformação dos meios de produção sem alterar o laço social subjacente a ele. Mais uma vez podemos fazer ressoar diagnósticos contundentes e declarações identitárias de indignidade, apenas para aumentar a impotência proposicional de nosso discurso.

Como dizer que a esquerda quer caviar para todos? Como lembrar que comunismo, socialismo democrático, anarquismo, solidarismo, cristianismo social e cooperativismo, como dizia Antonio Candido, andam lado a lado com todas as tradições críticas que simplesmente se definem pela conjectura de que é possível sonhar um mundo melhor? É possível uma esquerda que não odeie o dinheiro, que o pense fora da gramática da violência e da extorsão, sem devastação ambiental, sem anjos e demônios no caminho.

Lembremos que a letra está para o Real assim como o significante está para o Simbólico e que, portanto, ao apresentar a precedência da letra no comércio fenício, supostamente anterior ao capitalismo, Lacan mostra como a condição essencial do capitalismo não é a existência do mercado, mas sua absolutização.

> Remuneramos o trabalho com dinheiro, uma vez que estamos no mercado. Pagamos seu preço verdadeiro, tal como a função do valor de troca o define no mercado. No entanto, existe um valor não remunerado naquilo que aparece como fruto do trabalho, porque o preço verdadeiro desse fruto está em seu valor de uso. Esse trabalho não remunerado, embora pago de maneira justa em relação à consistência do mercado no funcionamento do sujeito capitalista, é a mais-valia.[33]

O valor não pago, fruto do trabalho, é tornado equivalente do valor de uso. Isso define a função do valor de troca, como junto, por relação de consistência com o mercado. Aqui a homologia entre o mercado e o Outro é patente. O que é subtraído do lado do sujeito reaparece completando o Outro, dando-lhe consistência. Essa é a operação já tematizada pela lógica do fantasma e agora reaparece para descrever a frustração do trabalhador. Mas até mesmo essa frustração é parte e efeito do discurso que coloca o sujeito no lugar de sua verdade. "Notem que eu não disse *sujeito*, embora tenha falado do sujeito capitalista"[34], consideração importante para percebermos que o sujeito capitalista não é o único sujeito – aliás, ele só é sujeito oculto e sob a barra do discurso do mestre, aqui tornado expressão e suporte do discurso do capitalista. É por esse motivo que Lacan se verá obrigado a desdobrar a função do mercado quando se trata do discurso universitário: "O saber não tem nada a ver com o trabalho. Mas, para

---

[33] Jacques Lacan, "Mercado do saber, greve da verdade" [1968], em *O seminário*, Livro XVI, cit., p. 37.
[34] Idem.

que se esclareça alguma coisa nessa história, é preciso que haja um mercado, um mercado do saber. É preciso que o saber se torne uma mercadoria"[35].

Em vez de trabalhar com as noções de trabalho intelectual e trabalho manual, Lacan opta por desdobrar a função do mercado. Assim como o mercado de trabalho se unifica em torno da mercadoria como fetiche, o mercado de saber unifica a ciência:

> O próprio processo pelo qual a ciência se unifica, no que ela extrai seu nó de um discurso consequente, reduz todos os saberes a um único mercado. É essa a referência nodal quanto ao que estamos interrogando. É a partir dela que podemos conceber que também existe alguma coisa que, embora remunerada por seu verdadeiro valor de saber, segundo as normas que se constituem do mercado da ciência, é obtida de graça. Foi a isso que chamei o mais-de-gozar.[36]

Agora é o significante mestre (S_1) que ocupa o lugar da verdade, assim como o saber (S_2) ocupa o lugar de agente ou semblante desse discurso. A aparição do sistema dos créditos (unidade de valor) como consequência das revoltas de Maio de 1968 na França são um exemplo de como o mercado do saber se modernizava no país ao mesmo tempo que Lacan pensava esse processo. Retoma-se a posição de frustração do trabalhador para pensar o terceiro discurso, que é o da histeria. Discurso conhecido pelo potencial de questionamento e pela colocação da divisão subjetiva como semblante e do objeto a como verdade.

"Não é mau lembrar que a teoria marxista, na medida em que concerne a uma verdade, efetivamente enuncia que a verdade do capitalismo é o proletariado."[37]

Dizer que o proletariado é a verdade do capitalismo é pensar o sintoma como verdade. Nesse caso, o mercado é o lugar de sua alienação fundamental, tanto como dissociação de meios e fins quanto pelo desconhecimento da própria posição e consciência. A teoria dos quatro discursos revela-se, assim, a teoria dos três mercados, deixando em aberto que tipo de equivalente do mercado existiria no caso do discurso do psicanalista. Um caminho possível para levar adiante essa ilação pode ser encontrado na tematização dos valores de uso e troca, com conexão com as noções de dentro e fora.

Sabemos que a oposição simples entre o dentro e o fora foi tematizada na lógica do fantasma por meio de figuras topológicas, como o plano projetivo, o *cross-cap* e a garrafa de Klein, nos quais exterioridade e interioridade se comunicam, ainda que mantenham seu valor local intuitivamente.

---

[35] Ibidem, p. 39.
[36] Ibidem, p. 40.
[37] Idem, "Debilidade da verdade, administração do saber" [1969], em *O seminário*, Livro XVI, cit., p. 169.

Saiamos por um instante dessa fascinação, para nos perguntarmos o que acontece no dentro e no fora quando se trata, por exemplo de uma mercadoria. Comumente, já nos esclareceram a natureza da mercadoria o bastante para sabermos que ela se distingue entre valor de uso e valor de troca. O valor de troca [...] é justamente o que funciona do lado de fora. [...]
O ponto em que isso é mais enigmático é quando já não se trata da mercadoria, mas do fetiche por excelência – a moeda.[38]

A oposição entre guardado ou posto em circulação retoma, de maneira aproximativa, a diferença entre aquilo que é de uso privado e aquilo que é de uso público, ou seja, refere-se tanto ao sentido de propriedade quanto à introdução ou ao recuo estratégico em relação à introdução direta no mercado.

O caso do dinheiro como fetiche, ou seja, ainda não capital, e ainda não necessariamente financeirizado em um sistema de trocas, parece ser paradigmático desta ideia de que, se todo capitalismo se desenvolve em discursos, nem tudo está compreendido pelos discursos. Se os discursos são formas de laço social e regras de troca, há ainda o conjunto de coisas que resiste ao universo troquista da comparação e substituição, que é o universo das "não relações", por exemplo, a "não relação social" ou o objeto a como aquilo que rigorosamente não pode ser trocado. Também no âmbito do sujeito, é apenas ao se tratar da experiência de reconhecimento de um entre outros, sem qualidades ou predicados, que se pode atestar uma mutação discursiva na economia da verdade, das trocas e do gozo.

Déficit antropológico

O mercado não é o problema, mas sua absolutização. Assim como não é o trabalho um problema, mas sua divisão social e sua exploração. De toda forma, parece que precisamos de contraimagens do capitalismo para organizar a resistência a ele. Tais contraimagens vêm com frequência do campo da antropologia. Isso nos tem levado a pensar nos modelos "antimercado" e "antidinheiro" ilustrados pelo modelo do escambo de mercadorias, estas, sim, imunes à forma fetichista. Para isso, teríamos de sanear o que se poderia chamar de "déficit antropológico" que cerca a apreensão da circulação do dinheiro – que gera sua falsa equivalência com a forma-mercadoria, via crédito e juros – pela expropriação do mais-valor, finalmente chegando ao capital. Enquanto dinheiro for equivalente a capital, a única alternativa à circulação capitalista seria o escambo. Ora, essa alternativa é falsa, e sua falsidade antropológica nos indica caminhos importantes para uma esquerda que não odeie o dinheiro nem seja percebida como ataque ao desejo de prosperidade das pessoas.

---

[38] Idem, "Dentro fora" [1969], em *O seminário*, Livro XVI, cit., p. 276-7.

Podemos pensar nos trabalhos de Jean Tible[39], Mark Fisher[40] e David Graeber[41] como exemplos da virada para a retomada do pensamento econômico no interior de comunidades concretas. Antropólogo, anarquista, criador da frase "somos 99%" e criador da noção de revolução reversa que inspirou os movimentos Occupy Wall Street e outros nos anos 2010, Graeber nos apresenta um estudo crítico sobre os fundamentos antropológicos de um dos mitos mais antigos das ciências econômicas: a narrativa do escambo original[42]. Presente em Adam Smith, Stanley Jevons, Carl Menger e na maior parte dos manuais correntes de economia, esse mito afirma que nas comunidades ancestrais as trocas econômicas aconteciam segundo uma *dupla coincidência de desejos*[43]. As dificuldades práticas impostas pela regra "encontro alguém que tenha o que quero, mas a pessoa precisa querer o que tenho" e a complexidade envolvida em trocas multilaterais teriam imposto, assim, o surgimento do dinheiro – e, com este, o sistema de crédito. O dinheiro adquire, então, três funções hierarquizadas entre si: meio de troca, unidade de conta e reserva de valor[44]. Esse mito traz para o fundamento da economia o que se poderia chamar de "paradigma troquista", ou seja, o impulso para a troca e a complexidade crescente que ela exige quando se generaliza: ele cria a divisão social do trabalho e a especialização das atividades humanas e, por isso, seria responsável pelo progresso da civilização.

O sal na Abissínia (atual Etiópia), as conchas da Terra Nova, o tabaco na Virgínia, os pregos na Escócia, as moedas de cobre do Império Romano e os metais preciosos do século XVI exemplificam a passagem do escambo para a monetização como princípio básico de equivalência geral, necessário para falarmos em mercadorias. Ora, "ninguém conseguiu localizar uma parte do mundo sequer onde o modo comum de transação econômica entre vizinhos seja na forma de troca de 'vinte galinhas por uma vaca'"[45]. Um erro grotesco, mas não incomum na fundação de disciplinas científicas que precisam introduzir seu próprio contexto histórico como universal e originário. Supor que as sociedades são compostas de indivíduos estranhos, que se desconhecem e praticam trocas, mediadas por contratos impessoais, visando ao lucro e à acumulação, garantidos pela força da

---

[39] Jean Tible, *Marx selvagem* (3. ed., São Paulo, Autonomia Literária, 2020).
[40] Mark Fisher, *Realismo capitalista* (trad. Rodrigo Gonsalves, Jorge Adeodato e Maikel da Silveira, São Paulo, Autonomia Literária, 2020).
[41] David Graeber, *Revolutions in Reverse* (Londres, Minor Compositions, 2011).
[42] Idem, "O mito do escambo", em *Dívida: os primeiros 5.000 anos* (trad. Rogério Bettoni, São Paulo, Três Estrelas, 2016).
[43] Ibidem, p. 35.
[44] Ibidem, p. 34.
[45] Ibidem, p. 36.

lei e do Estado, e imaginar que eles já agiam assim nos tempos do escambo é uma fantasia ideológica. Esse tipo de economia nunca existiu.

Os dados antropológicos levantados por Graeber sobre os nhambiquaras brasileiros[46], os bosquímanos do Kalahari[47], o ritual *dzamalag* dos gunwinggus da Terra de Arnhem[48] ou a troca *adal-badal* dos pachtuns[49] mostram que na economia da dádiva o crédito sempre existiu. As trocas envolvem o sentimento social de dívida, e este varia conforme esteja eu diante da parentela, de estranhos ou inimigos. Portanto, a impessoalidade genérica do mito do escambo é uma falácia. Nunca temos João e Maria, sem laço social presumido entre eles, um com déficit de galinhas e outro com excesso de calçados. Não existe tal coisa como economia de escambo ou capitalista em seu funcionamento autônomo sem relação com "guerra, paixão, sexo ou morte"[50]. A ordem não é primeiro o escambo, depois o dinheiro e finalmente o crédito; o crédito estava lá desde o início como sistema de "favores" e "dívidas simbólicas" imperfeitamente calculáveis. Os dados do Egito antigo e dos sumérios sugerem que a função primeira do dinheiro não é meio de troca ou reserva de valor, mas unidade contábil usada para rastrear recursos e transferir itens dentro da política de estocagem dos impérios da Antiguidade. Portanto, a moeda virtual é a primeira moeda[51]. Dívidas calculadas em prata não precisam ser pagas em prata. Elas não precisam ser pagas, segundo a temporalidade impessoal do credor, nem se pode separar perfeitamente a cota de presenteio e dádiva da cota de empréstimo e restituição. Em vez da troca em escambo, o que provavelmente havia era um sistema baseado no "eu lhe devo uma", que integra a confiança e a troca em um sistema de alianças no interior do qual nunca saberemos quanto exatamente eu lhe devo.

O *ódio ao dinheiro* é um impeditivo para uma adesão maciça ao discurso de esquerda, principalmente nas classes mais populares. Uma dificuldade para o catolicismo que o neopentecostalismo jamais teve. Se há maneira de pensar outra forma de operar trocas com dinheiro é o que Dardot e Laval[52] desenvolveram em torno do conceito de *comum*. Nossa experiência em Belo Monte não foi financiada pelo Estado nem por empresas, mas por pessoas "comuns". São pessoas comuns agindo em comum, em espaços comuns, construindo casas na periferia de São Paulo e vendendo comida em universidades públicas e privadas

---

[46] Ibidem, p. 43.
[47] Ibidem, p. 50.
[48] Ibidem, p. 44.
[49] Ibidem, p. 48.
[50] Ibidem, p. 47.
[51] Ibidem, p. 57.
[52] Pierre Dardot e Christian Laval, *A nova razão do mundo* (trad. Mariana Echalar, São Paulo, Boitempo, 2016).

que precisam ter essa forma de fazer economia reconhecida de outra maneira. Os sonhos dessa nova economia não são públicos nem privados, mas sonhos comuns.

Enquanto não inventarmos essa nova maneira de fazer circular o dinheiro, sem que isso seja um pecado laico entre nós, será difícil ganhar eleições, apresentar-se publicamente sem ser percebido como hipócrita ou arrogante e recuperar nossa capacidade coletiva de sonhar.

É isso a *oniropolítica*.

9
Teorias da transformação: clínica e política*

Uma maneira simples de distinguir a psicanálise de outras estratégias psi-coterapêuticas é reconhecer que sua ambição clínica não se restringe a responder mal ou bem à demanda de transformação requerida por aqueles que a procuram. Ou seja, a psicanálise não trabalha com o modelo de problemas pré-constituídos aos quais podemos responder com respostas previamente pensadas. Isso constitui uma dificuldade até mesmo para a maneira como ela concebe e subverte a psicopatologia tradicional. Portanto, diante da hipótese de que pacientes com depressão, anorexia ou transtorno obsessivo compulsivo sofrem do mesmo "problema" e demandam uma mesma "solução", a psicanálise dirá que ela trata o sintoma a partir do sujeito e que temos sujeitos singulares que encontram sintomas particulares para lidar com conflitos universais. Pesquisas sobre eficácia e eficiência de práticas clínicas[1] com frequência se deparam com a dificuldade que é pré-qualificar o objeto ou a situação para a qual se espera avaliar os efeitos de uma ação transformativa. A abordagem que se limita a partir de sintomas constituídos, em suas formas canônicas ou codificadas, em termos diagnósticos ou autodeclarativos, acaba por não considerar que o ponto de partida, ou seja, a teoria da transformação, na qual o sujeito enuncia seu sofrimento, já é parte de toda transformação possível.

O começo do tratamento, mas também a descontinuidade de seus segmentos, é caracterizado por uma reconfiguração da questão que move a demanda. Em vez de sancionar o problema tal qual é colocado pelo analisante, a psicanálise convida este último a colocá-lo de outra forma, enunciá-lo de outra maneira,

---

* Este capítulo retoma o artigo "Teoria da transformação em psicanálise: da clínica à política", *Revista Psicologia Política*, v. 17, n. 40, 2017, p. 568-88.
[1] John Hunsley, Katherine Elliott e Zoé Therrien, "The Efficacy and Effectiveness of Psychological Treatments for Mood, Anxiety, and Related Disorders", *Canadian Psychology*, v. 55, n. 3, 2014.

eventualmente de maneira mais consistente com sua história ou, então, com os significantes que melhor o representam, que não são necessariamente aqueles impostos pela escola, pelo médico ou pela família. Ou seja, há um trabalho permanente de reformulação diagnóstica, porque se entende que a própria neurose nos conduz a perguntas mal formuladas. Definido como mito individual, não como doença ou transtorno, um mito compreende vários mitemas, que são justamente perguntas que, separadas das outras perguntas, se tornam enigmáticas, repetitivas e sem resposta.

Os trabalhos de Lívia Moretto[2] mostram como a entrada e a instalação do psicanalista no hospital e nas instituições de saúde dependem da construção da demanda, isto é, da pressuposição de que não há problemas pré-constituídos aos quais os psicanalistas viriam a responder. Antes de responder a uma situação específica, psicanalistas concorrem para qualificar o estado da questão ou do problema. Geralmente estão interessados em uma melhor formulação, antes de qualquer resposta possível, porque essa reformulação já é uma prova real, que será incorporada ao processo da transferência, de que uma transformação é possível e de fato desejável.

Quando seguimos o método estrutural, percebemos que um mito se transforma quando se conecta com outros mitos. No caso da neurose, isso acontece quando ele deixa de ser vivido como individual e se integra em sistemas simbólicos coletivos que o sobredeterminam: por exemplo, a família, o dispositivo sexo-gênero, a economia da produção e da reprodução, as formas religiosas e estéticas – no limite, os diferentes discursos que conferem unidade a uma forma de vida.

Metatransformações estão no nível da mudança das regras políticas que definem as formas de vida. Uma guerra ou uma epidemia são exemplos de metatransformações provisórias. Uma revolução ou uma descontinuidade histórica são exemplos de metatransformações permanentes. O nascimento e a morte são casos definitivos de metatransformações do corpo.

Sofrimento

Desde a modernidade, aprendemos que sofrimento é sinônimo de indeterminação. Ele advém da falta de controle sobre as variáveis do mundo ou da insuficiência de saber sobre os termos que coordenam a natureza. O conceito de indeterminação admite duas acepções: pode ser tanto do signo do contingente, que atravessa nosso caminho, quanto falta, inadequação ou insuficiência de regras nas formas de vida. Ou seja, tanto a indeterminação contingente quanto a indeterminação como falta de determinação produzem anomia, incerteza e desorientação.

---

[2] Lívia Moretto, *O que pode um analista no hospital?* (São Paulo, Artesã, 2019).

A indeterminação é mais frequentemente interpretada como falta de determinação simbólica que como oportunidade de criação de uma nova regra.

A doença para a qual ainda não temos a cura, o problema para o qual ainda não chegamos a uma solução, pulsão para a qual não encontramos destino. A razão colonizadora do mundo, capaz de derrotar a natureza e impor-se aos povos incivilizados, estabelecendo seus próprios termos de cultura como medida universal, luta contra a desrazão como loucura, infância e minoridade civilizatória enquanto fontes permanentes de indeterminação. Foi assim também que raça e etnia, as mulheres e as orientações não heteropatriarcais de gênero e orientação sexual, bem como as próprias classes empobrecidas e proletárias, ou até mesmo as massas excluídas (*Lumpen*), foram assimiladas e silenciadas como fonte de indeterminação, sub-representadas politicamente, quando não segregadas e destituídas do direito à existência.

Temos, então, a primeira metapolítica quando se trata de sofrimento psíquico. É aquela que percebe em qualquer indeterminação da identidade um problema a ser resolvido. Se o indivíduo se define por sua autodeterminação, condição para o livre exercício de contratos com outros indivíduos, cada um deve saber a todo momento e sob qualquer circunstância qual a vontade e o interesse que o determina. Por isso a presença de gêneros indeterminados ou de perturbações na hierarquia imaginária das classes ou das raças será percebida como um desafio à ordem e uma perturbação da lei simbólica. Esta é também a primeira fonte do que chamamos de patologias do social[3]. Observe-se como a negação sistemática da indeterminação é o paradigma da determinação produtiva. Seu negativo pode ser chamado de "antropologia do inumano", com suas três figuras fundamentais: o monstro, o animal e o estrangeiro (sem lugar).

Fica óbvio que, na primeira política de sofrimento, há uma confusão, quiçá premeditada, entre a conquista da indeterminação que produz liberdade e emancipação e outra que nos leva, em nome da razão, a perpetuar e consagrar desrazões, injustiças e desigualdades. Surge, assim, uma segunda metapolítica do sofrimento psíquico, que, criticando a primeira, afirmará que nosso sofrimento, individual e coletivo, advém do excesso de experiências improdutivas de determinação. Determinação é sinônimo prático do que se pode denominar "lei". Uma lei não é necessariamente um pacto ou um contrato jurídico; organismos vivos criam suas leis de reprodução, anomalia e regulação, traduzindo até mesmo diversidade e contingência em necessidade e identidade[4]. Uma lei é uma regra que

---

[3] Vladimir Safatle, Nelson da Silva Jr. e Christian I. L. Dunker (orgs.), *Patologias do social: arqueologias do sofrimento psíquico* (Belo Horizonte, Autêntica, 2018).

[4] Georges Canguilhem, *O normal e o patológico* (trad. Maria Thereza Redig de Carvalho Barrocas, 6. ed., Rio de Janeiro, Forense Universitária, 2009).

se repete e se transforma ao longo da repetição. Diz-se que uma determinação é improdutiva quando bloqueia, desfaz ou impede a transformação pretendida. Por exemplo, na democracia participativa as regras de participação podem ser tão complexas e sua aplicação pode ser tão controlada que certas formas de vida não conseguem participar real e produtivamente da política.

A produção é um efeito e um lugar de discurso. O riso, por exemplo, é uma produção do discurso cômico ou do humor. A ausência de riso diante de uma piada mostra que sua determinação foi improdutiva, no sentido de que ela não "produziu" o que dela se esperava. Experiências improdutivas não são aquelas com mais ou menos valor no mercado das experiências, mas aquelas que se expressam ao modo da "infelicidade", segundo a acepção da filosofia da linguagem. Para os estudiosos da linguística da enunciação ou da filosofia pragmática da linguagem, a linguagem não se presta apenas para representar o mundo ou expressar intenções. Por exemplo, quando fazemos um juramento, uma aposta ou uma promessa, podemos ser mais felizes ou infelizes nessa realização. Mas a realização não é apenas o cumprimento da ordem prometida, e sim o próprio acordo, pacto ou reconhecimento de que o juramento, promessa ou testemunho foram bem formulados em relação às intenções dos envolvidos. Os performativos não verdadeiros ou falsos, na acepção de verificáveis ou falseáveis em sua correspondência com o mundo, mas bem ou mal construídos.

Definimos a rica noção de experiência de forma reversa, como o lugar e o tempo em que um processo transformativo se desenvolve. Ela é o tempo do Real, entre o trauma e sua repetição, entre o luto e sua elaboração, entre o desejo e o gozo. A experiência, como evento ou acontecimento, não é sinônimo de empiria, acesso imediato ao plano dos sentidos.

Por isso, para a psicanálise, a experiência, no sentido da experiência de prazer, fundadora do desejo, pela coparticipação com o objeto é sempre uma experiência perdida. A experiência como tal tem estrutura de furo, buraco ou indiscernível traumático. É qualificada como excessiva ou deficitária, rica ou pobre, dolorosa ou penosa quando se integra simbolicamente a determinada estrutura de ficção, ou seja, quando adquire potência e efeito de verdade.

Contudo, se bem realizadas, a redução das determinações excessivas e a consequente produção de uma liberdade administrada nos levam apenas a formas de vida medianamente divididas entre a busca do prazer e a fuga das satisfações. Trata-se apenas de excluir as indeterminações improdutivas e reconhecer aquelas que seriam, por assim dizer, úteis, belas ou admissíveis. A ética utilitarista de Jeremy Bentham, a moral kantiana, baseada no puro dever (*Sollen*), assim como o eudemonismo aristotélico ou o hedonismo sadiano, é exemplo de como a economia da negociação com a lei acaba nos levando a combater os exageros para manter a vida tal como ela é. Parte da vida acontece em estado de reposição ou sustentação de sua reprodução, e seu valor maior pode ser considerado autoconservação. Transformações em movimento rígido de identificação com o sintoma (neurose), em movimento projetivo delirante (psicose) ou de exercício coercitivo do fetiche (perversão) são maneiras de mudar sem alterar as metarregras de formação de cada forma de vida. Exemplificada pela observação da personagem de Lampedusa*, o príncipe de Falconeri: "*Se vogliamo che tutto rimanga come è, bisogna che tutto cambi*" [Se queremos que as coisas permaneçam como estão, é preciso que tudo mude], temos a terceira metapolítica do sofrimento, que buscará regular falta e excesso de determinação para extrair o máximo de produtividade com o mínimo de improdutividade, no quadro de uma moral da sobrevivência. Para isso, apela-se aos métodos, às disciplinas e aos demais registros de docilização dos corpos e administração das mentes tão bem descritos por Foucault. No entanto, transformações intraestruturais são importantes e, em geral, precedem as transformações extraestruturais – ambas envolvem reformulações das relações entre Simbólico, Imaginário e Real, mas apenas no segundo caso há reordenamentos do tipo de ligação que as dimensões da experiência humana mantêm entre si.

Nem o naturalismo expansionista da razão, nem sua inversão analogista para o reconhecimento de determinações parciais, nem sua versão moderna baseada em reduções negociadas da lei contemplam uma quarta causa de sofrimento: o déficit de experiências produtivas de indeterminação. Nesse caso, aquilo que era a fonte de sofrimento torna-se a cura, mas desde que seja recebida e acolhida nos termos de um processo transformativo. Como certas experiências de angústia transformativa para o sujeito, como a angústia de castração, muitas vezes tomadas como improdutivas para a forma de vida na qual ela se encontra. Está aqui o valor de verdade do sintoma como ponto de mutação do sujeito. Restabelecer que a indeterminação pode ser parte real da experiência, não apenas déficit de determinação simbólica a ser combatido, implica fazer a crítica do identitarismo de nossas concepções correntes de identificação. A experiência de nossa própria incerteza identitária, da angústia ontológica ou da destituição subjetiva, como a isso se referiu Lacan, é essencial e insubstituível para certos processos transformativos. O preço que o analista tem a pagar pelo ingresso nessa espécie de segunda morte, da qual advém seu poder, foi delimitado da seguinte maneira:

• pagar com palavras, sem dúvida, se a transmutação que estas sofrem pela operação analítica as leva a seu efeito de interpretação;

• pagar também com sua pessoa, na medida em que, haja o que houver, ele a empresta como suporte aos fenômenos singulares que a análise descobre na transferência;

---

* Tomasi di Lampedusa, *O gattopardo* (trad. Marina Colasanti, BestBolso, 2007). (N. E.)

- pagar com o que há de mais essencial em seu juízo íntimo, para intervir numa prática que vai ao cerne do ser (*Kern unseres Wesens*). Freud se perguntou: seria ele o único a ficar fora de jogo[5]?

O que o analista paga tem toda relação com os termos pelos quais se responde ao problema dos princípios do poder na cura (*cure*) psicanalítica: a fala tem todos os poderes, em particular a fala plena, cuja liberdade o analisante tem dificuldade de tolerar e à qual o analista não deve responder com demanda, mas facilitar a declaração do desejo, ainda que com resistência. *Palavra, pessoa* e *juízo mais íntimo* – não seria em outros termos que Aristóteles defenderia a democracia:

> O homem só se realiza na comunidade (*koinonia*), na coexistência e na convivência (*sinousía*), cuja deliberação em comum é a condição intelectual de possibilidade. É neste sentido que "o governo do meio" – chamemo-lo de "politieia" ou "democracia" – é a mais excelente das constituições: não porque ele, mais do que os outros, é o governo das classes médias ou uma forma mediana de governo, mas porque abre e mantém aberto um espaço, um "meio", o da palavra e dos bens intercambiados, da experiência dividida, das aspirações comuns, forma da qual a vida humana, reduzida à solidão, não seria a de um homem, mas a de um animal ou de um deus.[6]

Narrativa e causalidade

A teoria da transformação remete sempre a certa concepção sobre as causas do sofrimento. Por isso faz parte da estratégia do tratamento retificar, ou seja, trazer uma dúvida razoável sobre as relações entre a história da doença e a história do doente, de maneira a introduzir a hipótese de desequilíbrio entre o saber sobre o sintoma e sua verdade (inconsciente), "numa direção do tratamento que se orienta [...] segundo um processo que vai da retificação às relações do sujeito com o real, ao desenvolvimento da transferência e, depois, à interpretação"[7].

Ora, a dialética entre saber e verdade, que a partir daí fará o tratamento dividir-se em dois tempos que se alternam até o fim entre movimentos da transferência e atos de interpretação, passa pela narrativização do sofrimento. Diante de pedidos de transformações pontuais, como "não consigo fazer apresentações orais em público" ou "tenho dificuldade crônica para dormir", assim como de transformações gerais do tipo "sinto que há algo errado em minha vida" ou "não sei por que isso está acontecendo, pois tenho tudo o que alguém feliz poderia

---

[5] Jacques Lacan, "A direção da cura e os princípios de seu poder" [1958], em *Escritos* (trad. Vera Ribeiro, Rio de Janeiro, Zahar, 1998), p. 593.
[6] Pierre Aubenque, "Aristóteles e a democracia", *Polietica*, v. 7, n. 2, 2019, p. 274.
[7] Jacques Lacan, "A direção da cura e os princípios de seu poder", cit., p. 604.

querer", é preciso esperar o trabalho da associação livre sobre os significantes que estruturam o sofrimento, como uma espécie de pré-diagnóstico do sintoma.

Há uma diferença importante entre a causalidade natural e causalidade moral. No primeiro caso, a teoria que temos do processo não interfere no processo em si, ao passo que, no segundo caso, a concepção de transformação que adotamos é ativa e sobredetermina a experiência que se quer tratar. Surge, assim, uma afinidade entre essas quatro causas e as maneiras pelas quais interpretamos a casualidade de nosso adoecimento, segundo a pesquisa multicultural empreendida por Forrest Clements[8]. Observando a forma como diferentes povos teciam considerações sobre as causas e a reversão dos sintomas das doenças, o antropólogo notou que as concepções invariavelmente recaíam em quatro possibilidades:

1) A teoria de que a causa das doenças emana de um objeto intrusivo, que pode ser desde uma substância tóxica até um tipo de pessoa malfazeja ou, ainda, um espírito intrusivo.

2) A teoria de que a causa das doenças deriva de um pacto malfeito, de uma violação ou uma transgressão na ordem natural ou espiritual que age e ordena o mundo.

3) A teoria de que a causa do adoecimento decorre de uma dissolução de unidades simbólicas que orientam nossa ação ou dão pertinência aos envolvidos, seja esta a unidade simbólica da língua, da família, de um povo, seja de uma nação.

4) A teoria de que o adoecimento envolve perda da consciência ou da capacidade de reconhecer-se como um indivíduo ou uma instância autônoma.

Curiosamente, o que se vem descrevendo como processo de decomposição da democracia segue e repete essas narrativas. A democracia fica ameaçada quando não consegue incluir estrangeiros ou lidar com a "estrangereidade" que a constitui a cada momento. A democracia diminui quando se rompe o pacto democrático de distribuição, alternância e limitação do poder. A democracia termina quando a comunidade da qual ela se compõe não se reconhece mais como unidade. A democracia morre quando indivíduos perdem sua liberdade de expressão e participação no espaço público, alienando essa liberdade no líder ou no partido em que se alienam.

O problema da causalidade em filosofia e filosofia da ciência vem aparecendo e reaparecendo há séculos. Causalidade não é mera sucessão, como querem os empiristas – que, no fundo, entendem que a indução é a melhor forma de conhecimento. Por isso, sempre pairam suspeitas de que a causalidade seria um conceito metafísico, cuja redução se faria a partir da lógica e da noção de correlação. A noção de determinação compreende a de casualidade, mas explicita que, no fundo, se trata de um conjunto de razões que dá inteligibilidade a um

---

[8] Forrest E. Clements, "Primitive Concepts of Disease", *University of California Publications in American Archaeology and Ethnology*, v. 32, n. 2, 1932, p. 185-252.

fenômeno. Daí que, no raciocínio clínico, encontremos com frequência expressões com "gatilho", "efeito dominó", "retroalimentação" ou "círculo vicioso" (ou virtuoso), e que, no fundo, são metáforas. Isso significa admitir que a casualidade exige uma forma de expressão, que é a forma narrativa. No fundo, sempre temos diferentes séries causais, algumas mais próximas, outras mais distantes, nas quais o papel das "variáveis" permanece de difícil discernimento.

Por isso não é estranho que Lacan tenha retomado a teoria das quatro causas aristotélicas – final (*telos*), formal (*morphé*), material (*hylé*) e eficiente (*kinesis*) – e sua equivalência formal com os quatro elementos que compõem a estrutura da ação humana – agente, outro, fins e meios. Ele o faz não para endossar a *Física* aristotélica, mas para falar da verdade do sofrimento neurótico. No fundo, a teoria do retorno ao lugar natural é completamente equivocada do ponto de vista da ontologia naturalista, mas sua investigação sobre as modalidades de transformação forma um modelo histórico para entender a árvore narrativa das transformações. Quando Lacan diz que o Real retorna sempre ao mesmo lugar, pensando no exemplo das órbitas celestes, ele está retomando essa mesma teoria, mas não como proposição física, e sim como um problema para a narrativa de causalidade.

O problema da causalidade sempre se colocou entre a hipótese empirista da indução-sucessão e a hipótese racionalista da dedução-simultaneidade. Por isso muitos autores acabaram por reintroduzi-la na psicanálise pelo recurso à abdução. Para Lacan, o problema da causalidade é importante para a psicanálise porque a casualidade atribuída identifica-se com a verdade. Se "a verdade do sofrimento neurótico é ter a verdade como causa"[9], se "só há causa naquilo que manca" e se "a verdade tem uma estrutura [...] de ficção"[10], é porque o que manca na relação entre verdade e saber compõe nossas teorias genéricas sobre transformação, como vimos no caso específico da medicina.

Lacan comparou causalidades desse tipo para distinguir magia, religião, ciência e psicanálise. Lembremos que essa escolha de tópicos está aparentemente baseada na hierarquia dos saberes apresentada por Freud em *Totem e tabu*, segundo a qual as culturas humanas necessariamente passariam do animismo à religiosidade monoteísta (totemista) e daí ao predomínio da ciência, contando cada etapa com um tipo específico de simbolização ou pensamento. Freud aderia a psicanálise à ciência, Lacan as separava, por isso agora temos quatro e não três formas genéricas de saber, ou seja, quatro epistemologias.

A magia (animismo) coloca a verdade na posição de causa eficiente, envolvendo sempre o velamento do saber de natureza sexual e privilegiando o

---

[9] Jacques Lacan, "A ciência e a verdade" [1965-1966], em *Escritos*, cit., p. 885.
[10] Idem, "Para que serve o mito" [1957], em *O seminário*, Livro IV: *A relação de objeto* (trad. Dulce Duque Estrada, Rio de Janeiro, Zahar, 1995 [1956-1957]), p. 259.

xamanismo com função social. A causa eficiente traduz a sucessão de como as coisas acontecem, elaborando condições e consequências em um discurso que é predominantemente descritivo e com frequência circular, como é o discurso do mito. Ele pode ser refeito, retornando ao início e obtendo os mesmos efeitos. Esse é também o discurso da tecnologia, que, de modo muito semelhante ao do fetichismo, pressupõe que objetos têm poderes e vontade autônoma, justapondo encadeamentos causais inexplicados por outras vias, mas que permitem construir e reconstruir objetos, processos e rotinas.

O segundo caso, representado pelas religiões monoteístas, como judaísmo, cristianismo e islamismo, ou seja, religiões em que o pai tem uma função privilegiada, denega (*Verneinung*) a verdade como causa final, gerando uma relação de desconfiança em relação ao saber. A denegação é uma maneira de reconhecer um fato sem aceitar todas as suas implicações ou, ainda, aceitar um fato e suas consequências, mas não a interpretação do que eles significam em conjunto. Essa é a problemática discursiva da história ou da forma literária moderna do romance. Sua estrutura é genericamente retilínea com um ponto de início (*Gênesis*) e um ponto de fim (*Apocalipse*). A causa final é o correlato discursivo da noção de propósito, ou seja, para onde a ação ou o processo tende, e por isso seu equivalente discursivo é o romance.

O terceiro caso, representado pela ciência, segundo Lacan, caracteriza-se pela foraclusão (*Verwerfung*) da verdade como causa formal. A causa formal tem que ver com a distribuição da matéria no espaço, a composição e a combinação entre elementos e forças, de maneira a explicar a formação de sistemas cada vez mais complexos: a composição química dos átomos, suas interações físicas, sua combinação em moléculas dotadas de vida, a combinação destas em um ecossistema formado por espécies, todo o encadeamento de nexos causais e seus inúmeros registros de interação e correlação formam a racionalidade científica e seu conceito central de natureza. Mas não há nenhuma verdade a buscar na natureza, apenas sabemos mais como ela é enquanto tal: ela não carrega consigo nenhuma finalidade de aperfeiçoamento nem de degradação, não precisa voltar em ciclos de reinício nem ser cantada em verso ou prosa. A verdade da causa formal é que ela é pura forma sem conteúdo no sentido narrativo, não tem personagens nem tramas, muito menos escolhas ou decisões. Por isso, a melhor linguagem para expressá-la é a linguagem formal, seja da lógica, seja da matemática.

Finalmente, temos o caso anômalo e imprevisto da própria psicanálise. Nela a verdade é tomada como causa material. A referência de matéria aqui não são os átomos nem as moléculas, mas a materialidade da linguagem, representada genericamente pelo significante e pela letra. Nós nos acostumamos a pensar a matéria como uma das formas causais mais simples, porque a matéria (*hylê*) agiria de forma passiva, sempre em associação com outra causalidade (como a formal ou eficiente), para produzir efeitos. Em tese, as quatro causas concorrem para a explicação de uma única transformação, mas o papel da causa material fica muitas vezes ocluído ou subordinado.

Além das quatro causas essenciais aqui discutidas, Aristóteles discerniu duas causas acidentais (*simbebekota*). Estas se subdividem entre aquelas que vêm do acaso (*apo tychês*) e aquelas que vêm do espontâneo (*apo automaton*). Como exemplo de causalidade espontânea, ou *automaton*, temos as pequenas transformações, imperceptíveis e acumuladas, que geram um efeito inesperado ou surpreendente, definido pela emergência de novas propriedades, antes inexistentes no sistema.

> A casualidade (*automatón*) diferencia-se da sorte (*týchê*) por ser uma noção mais ampla. Porque tudo quanto se deve à sorte deve-se também à casualidade, mas nem tudo o que se deve à casualidade se deve à sorte. A sorte e o que resulta dela só pertencem aos que podem ter boa sorte e em geral têm uma atividade na vida. Por isso, a sorte limita-se necessariamente à atividade humana. Um sinal disso está na crença de que a boa sorte é o mesmo que a felicidade, ou quase o mesmo, pois a felicidade é uma atividade, a saber, uma atividade bem lograda. Logo o que é incapaz de tal atividade é também incapaz de fazer algo fortuito. Por isso nada que seja feito pelas coisas inanimadas, os animais e as crianças é resultado da sorte, já que não têm capacidade de escolher; para eles não há boa ou má sorte.[11]

Lacan aproximará o *automaton* da transformação inerente ao movimento de simbolização significante e a *tychê* à transformação que se obtém via trauma como furo real. Há ainda duas outras possibilidades decorrentes delas, mas dependentes de condições dadas pela transferência: a mutação da fantasia, ou travessia das identificações, e o ato como corte ou giro no regime de necessidade imposto pelos discursos. Ligando nossos conceitos sobre metatransformação com a teoria da casualidade, reinterpretada em termos narrativos, chegamos à seguinte aproximação:

Teoria do sofrimento	Causalidade	Discurso
Excesso de experiências de determinação	Causa final Causa formal	História Ciência
Déficit de experiências de determinação	Causa eficiente Causa material	Magia Psicanálise
Déficit de experiências de indeterminação	*Automaton* (repetição)	Associação livre
Excesso de experiências de indeterminação	*Tychê* (trauma)	Silêncio Devastação

---

[11] Aristóteles, *Física*, Livro II (Campinas, Ed. Unicamp, 2009), 197 a-b.

A cura psicanalítica é a realização de uma experiência que transforma o sujeito. Isso quer dizer que a psicanálise não toma como política de cura a idealização de uma experiência clínica de reificação da saúde e de seus índices e critérios normativos; *por isso temos implicado na noção de cura em psicanálise aquilo que chamamos de política de emancipação da norma*.[12]

Lembremos que o patológico, longe de ser a transgressão da lei, é a condição de sua existência. Ao mesmo tempo, *pathos* é a expressão de nossas paixões e, portanto, de nossos afetos dominantes, ou seja, uma política da partilha social de afetos. Mas *pathos* é também índice de nossa capacidade de afecção ou de se deixar afetar pelo outro. Enfim, *pathos* reflete nossa experiência de sofrimento, ou seja, a interpretação que fazemos sobre suas causas, motivos e razões. Transformações políticas e transformações clínicas se aproximam. No fundo, tanto na clínica quanto na política, trata-se de escolher quais variedades queremos de afetos, mas também a partir de qual teoria da transformação organizamos nosso saber sobre o conflito e a diferença.

Escuta

Vimos como a transformação psicanalítica opera-se pela escuta em relação. Agora podemos delinear esquematicamente como essa escuta opera. O primeiro tempo da escuta está baseado na "hospitalidade", ou seja, na capacidade de despir-se de nossos semblantes de poder e acolher o outro em seus próprios termos. Isso pode significar esperar que o sujeito encontre suas palavras, que ele vença o silêncio, ou ajudá-lo a se aproximar do que precisa ser dito. Isso não significa infantilizá-lo, mas tratar o outro agudamente como um sujeito. Por isso também se evitam conselhos, recomendações e promessa de qualquer tipo. Se a clássica definição de saúde passava pelo "silêncio dos órgãos" e sua reformulação pela Organização Mundial de Saúde passa pelo "mais completo estado de bem-estar biopsicossocial", uma leitura mais atenta da noção freudiana de mal-estar (*Unbehagen*) sugere que algo próximo da saúde em psicanálise poderia ser descrito como a capacidade de "estar com o outro". Talvez tenha sido essa a direção que Lacan tomou ao enfatizar que o psicanalista era também uma modalidade de "presença". Uma presença em que a demanda e o sujeito são silenciados de seu lado para que possam emergir do lado do analisante. Como única inclinação e regra maior do tratamento, suspende-se o juízo, evitam-se conclusões e afetos inibitórios ou toda forma de pensamento dirigido para, em vez disso, deixar as palavras virem em associação livre. É como se, ao nos tornarmos hospitaleiros, fazendo com que o analisante se sinta tanto

---

[12] Tiago Iwasawa Neves, *A cura em psicanálise como potência política de transformação* (tese de doutorado em psicologia, Universidade Federal de Pernambuco, 2017), p. 149.

quanto possível em casa, ele pode ao mesmo tempo se tornar hospitaleiro em relação às ideias obstruídas, bloqueadas ou censuradas.

O segundo tempo da escuta nós chamamos de "tempo do hospital", pois envolve, sobretudo, a arte da pesquisa e da "perguntação". Lacan insiste que o erro mais simples e tentador do psicanalista é querer compreender demais. Mas diz também que o segundo equívoco mais importante é não ser suficientemente curioso e contentar-se com o retrato que lhe é mostrado. A arte das perguntas pode envolver interjeições e interrogatividades faciais e enunciativas, silêncios inesperados ou ausência calculada de linguagem fática. Por exemplo, responder a um comentário de contato fático, como "lindo dia" ou "que frio está fazendo aqui" com uma pergunta do tipo: "Será que daqui a pouco você vai estar fritando?". Ou seja, as perguntas devem ser supressivas, mas direcionadas à questão do sujeito: por meio delas faz-se a semiologia, ou seja, a extração dos signos que compõem o mal-estar, o sofrimento e os sintomas daquele sujeito. Na escuta hospitalar trata-se de dois procedimentos básicos: exame clínico, por meio do qual temos uma fotografia do sujeito[13], e anamnese, que nos dá a história daquela questão, suas versões, incidências, reincidências e modulações.

> Sejamos categóricos: não se trata, na anamnese psicanalítica, de realidade, mas de verdade, porque o efeito de uma palavra plena é reordenar as contingências passadas dando-lhes o sentido das necessidades por vir, tal como as constitui a escassa liberdade pela qual o sujeito as faz presentes.[14]

A fala plena envolve o encontro com o tempo de sua própria enunciação, seja em termos da linearidade dos capítulos censurados de seu *epos* histórico[15], da rememoração circular de seu mito (*mithos*) familiar, da espiral das relações entre verdade e saber, seja, ainda, do próprio conceito (*lógos*) prático que o sujeito faz da transferência. E toda vez que o sujeito assim se coloca autêntica e criativamente em suas palavras, na busca pela verdade de seu desejo sobrevém um efeito de amor chamado "transferência".

O terceiro tempo da escuta nós denominamos "hospício", por alusão a essa triste forma de silenciamento histórico da loucura, mas também como homenagem a ela, em sua forma pré-clínica e universal. Para Lacan, a loucura é o catálogo de nossas

---

[13] "O analista registra, imóvel, mas não impassível, ele lhe comunica o desenho dessa imagem. Entretanto, à medida que essas intenções tornam-se mais expressas no discurso, elas são entremeadas de testemunhos com que o sujeito as apoia, as reforça, fazendo-as recobrar o fôlego: ele formula aquilo de que sofre e o que quer superar aqui, confia o segredo de seus fracassos e o sucesso de seus projetos, julga seu caráter e suas relações com outrem." Jacques Lacan, "Para além do 'Princípio de realidade'" [1936], em *Escritos*, cit., p. 87.
[14] Idem, "Função e campo da fala e da linguagem em psicanálise" [1953], em *Escritos*, cit., p. 257.
[15] Ibidem, p. 256.

figuras de alienação: a bela alma (que se acredita fora do mundo do qual se queixa), a lei do coração (tentação de generalizar nossos sentimentos em lei universal), a agressividade imaginária (contra a imagem não reconhecida de si no espelho do outro), o transitivismo (confusão entre os afetos sentidos passiva e ativamente), o apego ao objeto (na reivindicação delirante ou hipocondríaca), a *catharsis* narcísica (da efusão de completude no outro). Em suma, a loucura humana dá o limite e a razão de sua liberdade[16], porque depende dos efeitos de identificação imaginária.

A investigação da escuta tem, por assim dizer, seu limite interno dado pela proximidade identificatória, que é, portanto, o oposto do que se espera da escuta analítica. Colocar-se entre a posição na qual seremos tomados por objeto para idealização e o lugar de resposta potencial da demanda compõe a arte de manter a loucura reconhecida e produtiva dentro da escuta.

O quarto tempo da escuta compreende reverberação, redescrição e transmissão na cultura. Respeitados os limites da loucura, que fornece também o litoral do que conseguimos escutar do outro, a cada vez e conforme nossas circunstâncias, sobrevém a generalização, isto é, quando nós nos reconhecemos como hospedeiros ou testemunhas daquilo que o outro nos disse e que agora pode ser traduzido, incorporado, vertido para outra forma, de tal maneira que é devolvido à cultura, tornando-se parte de nosso patrimônio de soluções e destinos para o sofrimento humano. Aqui está a função terapêutica da literatura, do teatro, da dança e da música, das artes e das formas religiosas. É nesse último momento da escuta, portanto, que a transformação individual se conecta como acréscimo ao patrimônio comum e a nossas formas simbólicas, tornadas agora impessoais.

Cada um dos tempos da escuta trata uma das narrativas de sofrimento, aceitando seu modo de expressão, mas também desestabilizando empática ou ludicamente sua consistência.

Tempos da escuta	Narrativa de sofrimento	Disposição ético-política
Hospitalidade	Objeto intrusivo	Abertura para alteridade
Hospital	Reformulação de pactos violados	Vulnerabilidade
Hospício	Alienação da alma	Reconhecimento da diferença
Hospedeiro	Dissolução de unidades simbólicas de pertencimento	Criação de novas formas expressivas e representativas

---

[16] "E o ser do homem não apenas não pode ser compreendido sem a loucura, como não seria o ser do homem se não trouxesse em si a loucura como limite de sua liberdade." Jacques Lacan, "Formulações sobre a causalidade psíquica" [1946], em *Escritos*, cit., p. 177.

Percebe-se que o trajeto da escuta funciona em estrutura de chiste, é reproduzido pelo portador, que como parte de seu trabalho recebe um fragmento de gozo em restituição pela obra comum. Tomado em conjunto, esse trajeto de escuta, que se repete a cada encontro, de preferência de acordo com a temporalidade lógica, permite definir esse sentimento tão importante para o início da análise, chamado por Freud de "empatia" (*Einfühlung*). O termo não é originariamente grego; foi criado por Edward Titchener para designar a experiência estética que certas imagens criam no espectador ao convidá-lo para um movimento, segundo a descrição extensiva de Robert Vischer em *Sentimento estético da forma*[17]. Seja um movimento de interiorização ou projeção, afinidade ou temor, a empatia é um processo transformativo que se diferencia da simpatia como processo de identificação. A identificação, como redefinida por Lacan como afinidade em torno de um traço unário (*einziger Zug*), não deve ser confundida com a empatia, que, no fundo, só acontece em torno da diferença e da indeterminação, vividas de forma individual na intimidade e de forma coletiva na experiência do comum. Ser empático é quase o contrário de concordar, dar razão ou apoiar, mas indica presença e partilha social de afetos justamente onde os egos não se encontram.

> O prazer humorístico adquirido por empatia surge, como se pode observar nos exemplos acima, de uma técnica peculiar, comparável ao deslocamento, pela qual a liberação de afetos já em preparação é decepcionada e o investimento é direcionado para outra coisa, não raramente algo secundário.[18]

Ou seja, a empatia ocorre quando suspendemos a comparação entre eu e outro, extraímos prazer da diferença e abandonamos a relação de superioridade e inferioridade. A empatia é o sentimento democrático por excelência não porque harmoniosamente acaba com as diferenças, mas porque permite estar com o outro, hospitaleiramente, mesmo que este não comungue de nossos valores e nossa língua. A empatia derroga também a simplificação que nos faz perceber

---

[17] "As atividades da memória com as quais R. Vischer trabalha, explicita o autor em seu texto, são influenciadas diretamente por situações tanto do presente quanto do passado. O teórico identifica o contexto de observação e estado de ânimo como componentes do momento presente; já as memórias, que são ativadas e criam situações de reconhecimento, facilitam uma aproximação e sensação de pertencimento possuindo, então, uma raiz pretérita. O contexto trabalhado por R. Vischer, portanto, gira em torno de várias identidades e identificações pessoais que criam uma pluralidade praticamente infinita em termos numéricos e fontes humanas de possibilidades de avaliação." Diana Oliveira dos Santos, "Robert Vischer e Heinrich Wölfflin: um recorte do pensamento germânico sobre a apreensão do espaço construído a partir da memória", *Urbana*, v. 11, n. 2 [22], p. 432.

[18] Sigmund Freud, *O chiste e sua relação com o inconsciente* (trad. Fernando Costa Mattos e Paulo César de Souza, São Paulo, Companhia das Letras, 2017 [1905]), p. 320.

o outro como um *ponto de vista*, figura geométrica do sujeito que esconde sua divisão e, principalmente, obtura o fato de que o outro tem um corpo, que o outro tem um estranho (*Unhemlich*) em si. Ora, esse estranho, desconhecido, insabido (*unbeveau*) ou inconsciente nos afeta além de nossa própria ilusão de individualidade e soberania, além de nossa compreensão imediata. Ele nos afeta em nosso lugar de escuta, como ponto de reverberação da diferença e de disparidade intersubjetiva, ali onde posso não saber o que o outro sente e, mesmo assim, estar profundamente com sua presença. Ser afetado pelo outro, em toda extensão de nossa corporeidade, é o que torna a resposta do analista, ou seja, aquilo que emerge como efeito da escuta, como um trabalho de elaboração (*Ducharbeiten*), não como tamponamento da falta, como reação alérgica ou como juízo defensivo. A resposta dada a partir da escuta é sempre temporalmente mediada pelo instante de ver, pelo tempo de compreender e pelo momento de concluir. Ainda que não seja precisa ou concisa, iluminadora ou criativa, ela se caracteriza por ter efetuado um percurso de transformação.

Conclusão

Um estudo bastante completo sobre o poder e a política na clínica psicanalítica de Lacan conclui-se mostrando que a política da psicanálise é o avesso da política tradicional, cujo núcleo seria a cilada ou o apagamento do sujeito. Enquanto a política tradicional enfatiza a sugestão e o ser, a política da psicanálise investe na associação livre e no *des-ser*. Enquanto a ética política convencional se baseia na obtenção do máximo de felicidade ideal, fálica e alienante, a psicanálise valoriza o *"Wo Es war, soll Ich werden"* [Onde isso era, eu devo ser][1], ou seja, a divisão subjetiva, a separação e a mitigação de idealizações. A política como a conhecemos teria uma orientação conservadora, enquanto a política da psicanálise estaria voltada para a transformação. Em suma, o discurso do psicanalista subverte o Um, ao passo que a política corrente se baseia no discurso do mestre e na revolução ou consagração do Um[2].

Neste livro, tentamos mostrar que o ensino e a clínica psicanalítica de Lacan têm poderosas relações com a democracia e que esta não deve ser identificada com a *Realpolitik*, bem descrita como luta de interesses pela ocupação do espaço público e suas instituições, empregando para isso retóricas, discursos e estratégias profundamente avessos à psicanálise. Mas é preciso perceber que a preocupação com a democracia atravessou profundamente o modelo de formação e associação entre os psicanalistas a partir de Lacan. Essa preocupação aparece em diferentes momentos de seu ensino, mas também e de modo transversal em seus experimentos institucionais, desde a luta para manter a psicanálise uma profissão não exclusivamente médica até os modelos de escola e seus intrincados dispositivos

---

[1] A tradução proposta por Lacan é *"Là où fut ça, il me faut advenir"* [Ali onde isso era, [...] ali onde se era [...], é meu dever que eu venha a ser]. Jacques Lacan, "A coisa freudiana" [1956], em *Escritos* (trad. Vera Ribeiro, Rio de Janeiro, Zahar, 1998), p. 419.

[2] Marcelo Checcia, *Poder e política na clínica psicanalítica* (São Paulo, Annablume, 2015).

de garantia, permutação, passe e cartel. Podemos dizer que muitos fracassaram ou envelheceram... como a democracia. Mas onde estão os outros experimentos, mais bem-sucedidos em termos de formação democrática de psicanalistas?

Vimos que um dos problemas que redefiniram a política a partir dos anos 1970 e que colocaram em xeque a democracia a partir dos anos 2010 foi a combinação inesperada e digitalmente impulsionada de formas de vida institucionais e comunitárias. Ora, em quase todo o mundo, particularmente a psicanálise já vivia um estado de partilha entre comunidades, com baixa institucionalidade, em geral sob uma liderança simbólica pessoalizada e grandes e médias instituições de formação, com regras mais claras e problemas típicos de agrupamentos humanos, inclusive quanto a sua forma poder. Talvez isso tenha nos preparado para a reviravolta das relações entre poder e autoridade, entre pessoa e função, entre discurso e participação, entre ordenamento e ato cardinal. Com vimos, a democracia traz consigo o empuxo para as exceções, não apenas a igualdade de meios.

Nesse ponto, o recordista, a celebridade e o filantropo precisam se conciliar com aqueles que apenas trabalham, colocando em primeiro lugar as massas excluídas. Tudo se passa como se as formas de individualização chegassem a um ponto em que devessem morrer para dar à luz outras – mas elas não acabam porque se tornam anacrônicas ou inadequadas, e sim porque se dissolvem quando perfeitamente bem realizadas. Um governo dos mestres sobre a raça dos mestres só pode terminar com a dissolução do que chamamos de "governo". Daí nossa defesa do universalismo, seja fraturado, seja negativo. Daí também nossa crítica dos muros, como emulação e falso conceito, como campo definido por fronteiras e não por litorais.

Sim, a lógica de condomínio persistirá no Brasil por um longo tempo, mas parece que agora sabemos que ela está envelhecendo a olhos vistos e como concorre para a experiência cotidiana de desigualdade social. Ela envelheceu porque até mesmo as novas formas de fascismo emergentes no Brasil não conseguem mais operar segundo uma separação liberal entre as esferas pública e privada.

Algo análogo se passa com o neoliberalismo, que, aliás, lhe é contemporâneo. Suas insuficiências estão a céu aberto desde a crise americana do *subprime* em 2008. Sua rota ecológica e sua conivência com a necropolítica não precisam ser mais objeto de denúncia ou análise empírica. Desde Thomas Piketty[3], sabemos em minúcia que a acumulação de riqueza não vai se modificar com a democracia que temos hoje nem com os padrões de redistribuição que pudemos pensar. Desde Luiz Marques[4], conhecemos em detalhes a impossibilidade inerente da

---

[3] Thomas Piketty, *O capital no século XXI* (trad. Monica Baumgarten de Bolle, São Paulo, Intrínseca, 2014).
[4] Luiz Marques, *Capitalismo e colapso ambiental* (3. ed. rev. e ampl., Campinas, Ed. Unicamp, 2019).

expansão do capitalismo nos termos em que ele se propõe por razões ecológicas e de sustentabilidade. Quando vemos autores como Mark Fisher[5] e Mark Blyth[6] questionando nossa imaginação política, assim como nossa capacidade de interpelar ideias de inflexão moral óbvia como a de "austeridade", fica claro que o grande elemento de obstrução da transformação não é bem a ideologia entendida como antiga disposição de mentalidades, mas a administração do mundo, inclusive a administração da revolta por meio de políticas de produção de sofrimento e sua recaptação nas práticas de saúde mental hegemônicas.

O ódio à política, até mesmo a imputação delirante de que "quem faz política é o outro", pois "eu faço realidade", "eu faço ciência", "eu faço trabalho", "eu faço fé", não é primariamente um ódio ao outro, indefinido ou hiperdefinido, que, sim, sempre estará disponível para vestir a fantasia invertida de meu objeto a, mas uma transformação objetivada de nossa impotência cotidiana, lida como obstrução calculada de experiências de transformação. O nome dessas práticas de obstrução – na verdade, regulação temporal do poder – é administração, gestão ou burocracia. No Brasil, isso se tornou sinônimo de Estado e foi capitalizado como forma de corrupção dentro e fora da lei, como rotina de apressamento ou lentificação, até a paralisia dos processos.

O impasse democrático ocorre porque, se consideramos a gestão um caso particular do discurso universitário, ela é um sensível avanço em relação a nossas formas arcaicas de discurso do mestre, como o coronel, o latifundiário e seus herdeiros históricos, isto é, os donos de condomínios em saúde, educação, cultura e economia. As instituições impessoalizam o poder; no entanto, criam um novo regime de exceção, em que favores e solidariedades, clientes e identidade, ficam muito mais opacos ou, dito de outra maneira, o poder se torna mais opaco porque está mais distribuído – portanto, mais democrático e representativo –, mas está menos público e participativo – logo, menos democrático. Esse processo corroeu até mesmo os espaços historicamente democráticos, como certos movimentos sociais e braços progressistas das igrejas e das universidades. O poder dos gestores se baseia na premissa de que o tempo é gratuito para quem vende e precioso para quem paga. Adiar decisões, esperar consensos naturais, evitar questões que demandam prejuízo político, fugir da responsabilidade ou implicação faz parte de um discurso em que o saber opera como álibi para o anonimato.

Mas democracia não se define pelo voto da maioria, e sim pelo processo de participação e deliberação coletiva, plena e igualitária. Nem os pensadores da

---

[5] Mark Fisher, *Realismo capitalista* (trad. Rodrigo Gonsalves, Jorge Adeodato e Maikel da Silveira, São Paulo, Autonomia Literária, 2020).
[6] Mark Blyth, *Austeridade: a história de uma ideia perigosa* (trad. Freitas e Silva, 2. ed., São Paulo, Autonomia Literária, 2020).

Antiguidade nem os próceres das revoluções americana ou francesa eram entusiastas da democracia. O conceito só se populariza depois da Primeira Guerra Mundial para designar vagamente o modo de fazer política da civilização ocidental[7]. Tipicamente usamos a noção de democracia quando olhamos para trás e distinguimos certo processo de inclusão progressiva das pessoas no "nós" com que nos identificamos e quando perdemos liberdade e temos de lutar contra algo que, naquele momento, temos certeza de que se trata apenas de antidemocracia. Ou seja, tudo leva a crer que a democracia é uma ideia fraca, com baixo grau de positividade, potencialmente dispensável, em momentos de crise ou perda de liberdade. Se isso é correto, eis uma ideia que possui grande afinidade com o que, em psicanálise, chamamos de "ontologia negativa". Como determinado traço variável de nossas formas de vida, ela aparece apenas como dizer, ou inclinação deposicional vaga, ao modo da associação livre.

> Quando as pessoas instruídas falavam em democracia, estavam se referindo a um sistema de governo que remonta ao mundo antigo. Já os americanos comuns pareciam vê-la, como diríamos hoje, em termos sociais e culturais muito mais amplos. "Democracia" era para eles sinônimo de liberdade, igualdade, da capacidade de um simples agricultor ou comerciante se dirigir a seus "superiores" com dignidade e respeito por si mesmo.[8]

Ou seja, democracia é, antes de tudo, uma maneira de dizer. Depois disso, transforma-se em discurso, daí em conjunto dispositivo de leis e de governo. Radicalizar a democracia é expandir cardinalmente seu número de sujeitos e reduzir ordinalmente suas interdições de dizer. E o saber fundamental da democracia é a impossibilidade de evitar a divisão e o antagonismo social e torná-lo produtivo, não só o governo do povo para o povo (pois teríamos de dizer quem fica de fora do povo), mas também a institucionalização da falta, como lugar vazio do poder, em sua contradição com a restrição do gozo-um, a criação de espaços e experiências que reduzam a força coercitiva do gozo quando ele é aplicado ao *para todos*. O paradoxo e a descontinuidade entre gozo e desejo é uma das versões pelas quais podemos reescrever o problema, mas também a virtude da democracia, como já se disse entre o desejo de oprimir e o desejo de não ser oprimido[9]. Retomando, é virtualmente impossível um consenso de gozo. Sua distribuição será sempre inequitativa, mesmo para aqueles que possuem

---

[7] David Graeber, *Um projeto de democracia: uma crise, uma história, um movimento* (trad. Ana Beatriz Teixeira, São Paulo, Paz e Terra, 2015).
[8] Ibidem, p. 173.
[9] Luuk van Middelaar, *Politicídio: o assassinato da política na filosofia francesa* (trad. Ramon Gerrits, São Paulo, É Realizações, 2015).

já demasiado capital simbólico ou financeiro. Não há votação de gozo porque ele equivale a um saber fazer imanente ao corpo de cada um, não à verdade do desejo de cada um. É que o *cada um* do desejo tem por referência o sujeito, e o *cada um* do gozo, o objeto a.

A tentação do universo pós-democrático é produzir uma autoridade cada vez mais imune à crítica, daí os processos de autorregulação administrativa, muitos deles baseados em protótipos de inteligência artificial que calculam um número finito e pré-delimitado de questões que alguém pode fazer. Isso significa que a teologia política e a ressacralização da política pela vida privada, de modo ético ou moral, é uma possibilidade de estrutura, não um problema a ser erradicado[10].

No caso brasileiro, o processo de democratização tem um nome concreto: Constituição de 1988. Explicitamente votada para a construção da cidadania inclusiva, ela combina programas de desenvolvimento e políticas públicas de todo tipo, em particular em saúde, educação e cultura, com exceção notória da segurança pública. Esse programa evitou o compromisso claro com suas formas de subsídio e financiamento, o que deu margem subsequente não apenas ao presidencialismo de coalizão, mas a uma espécie de política de aliança forçada para a aplicação da lei. Diz-se usualmente que a democracia tem três conotações fundamentais[11]:

1) sociedade civil autônoma em relação ao Estado (significado político);

2) distribuição equitativa do exercício do poder e de seus limites (significado normativo);

3) cultura ou formas de vida livres de constrangimentos (significado histórico).

Ora, o contexto brasileiro de implantação da Constituição ignorou a artificialidade dessas três dimensões da democracia. Criou uma camada de gestores ou paradiplomatas[12] com poder de acelerar ou lentificar o processo de implantação e regulamentação. Multiplicando regras de aplicação e construindo conselhos "biônicos" e pouco transparentes (por exemplo, na gestão de fundos), a incitação à participação tornou-se cada vez mais uma profissão para especialistas. Políticos, semipolíticos, advogados, despachantes e intermediadores tornaram a prática da democracia cada vez mais um processo de opressão pela lei e cada vez menos um sentimento cultural de participação coletiva e transparência. Com exceção de áreas em que certo personalismo salvaguardou o processo, a maior parte do processo enterrou ótimas ideias, como, para citarmos apenas três, o orçamento

---

[10] Yannis Stavrakakis, *La izquierda lacaniana: psicoanálisis, teoría, política* (Buenos Aires, Fondo de Cultura Argentino, 2010), p. 306.

[11] Euzeneia Carlos, Osmany Porto de Oliveira e Wagner de Melo Romão (orgs.), *Sociedade civil e políticas públicas: atores e instituições no Brasil contemporâneo* (Chapecó, Argos, 2014), p. 227.

[12] Osmany Porto de Oliveira, "Os paradiplomatas e a difusão do orçamento participativo", em ibidem, p. 167.

participativo (adotado regionalmente), a carteira Brasil (para acompanhamento do desenvolvimento infantil) e o fundo para digitalização das escolas brasileiras (cuja gestão corrompida venceu até a força das circunstâncias geradas pela pandemia de coronavírus). Apesar disso, o processo continuou em andamento até a crise econômica das *commodities*. Confiando na democracia "por vir" e no judicialismo da segunda acepção de democracia, um novo fundamentalismo neopentecostal emerge no Brasil, ali onde o Estado vira as costas para comunidades desprotegidas.

A parasitagem público-privada no âmbito da economia não representou apenas um atraso para o desenvolvimento de áreas onde se esperava "livre concorrência"; ela também dificultou que a possível colaboração público-privada prosperasse com baixos teores de exploração. A profissionalização da sociedade civil, com o rápido crescimento do terceiro setor e da economia criativa, continuou a depender cada vez mais de intermediários privilegiados para consolidar políticas públicas e cada vez menos do público de bilheteria ou da crítica cultural. A inexplicável ausência de formação política nas escolas e a desmobilização dos tradicionais centros formadores de reflexão política, como movimentos sociais, partidos e seminários religiosos, somadas à profissionalização dos pesquisadores universitários, que passaram a se orientar pela produção e pelo resultado com foco em pós-graduação e publicações, desertificou os tradicionais mediadores e impulsionadores da cultura democrática. Por sua vez, a chegada das plataformas digitais permitiu que essa tarefa fosse feita simplesmente pela exposição à informação digital. Inclusão escolar sem mediação, cotas universitárias sem políticas de permanência, digitalização sem marcos regulatórios. Ao mesmo tempo que todo o resto se mostrava hipertroficamente legislado por regulamentos, síndicos e demais empreiteiros e empreendedores da lei, as relações de trabalho e o mundo digital corriam soltos e "democraticamente" desregulamentados.

Enquanto o Brasil não domesticar seu nacionalismo identitário[13] e neopentecostal, enquanto não recriar uma cultura democrática mais direta, participativa e transparente, continuaremos a depender de soluços econômicos para a democracia se expandir. Aos três antídotos tradicionalmente mobilizados contra a pós-democracia[14], este livro pretende acrescentar a importância do reconhecimento das experiências de sofrimento, sejam as experiências por excesso de determinação improdutiva, como as que decorrem dessa hipertrofia da lei e de seus agenciamentos, sejam as experiências produtivas de indeterminação, como as que decorrem das soluções já encontradas pela experiência social brasileira em

---

[13] Lembremos que o bolsonarismo é essencialmente um fenômeno discursivo e identitário.
[14] Yascha Mounk, *O povo contra a democracia: por que nossa liberdade corre perigo e como salvá-la* (trad. Cássio de Arantes Leite e Débora Landsberg, São Paulo, Companhia das Letras, 2019).

meio à anomia que lhe foi metodologicamente imposta. São as cosmopolíticas ameríndias, com sua revalorização da palavra oral e da presença em território, são as cozinhas coletivas e as soluções criadas nas diferentes ocupações, urbanas e rurais, que atravessaram o país, são as novas experiências de escolarização público-privadas, são os programas seminais em justiça reparativa, restaurativa e arbitragem, bem como tantas outras intervenções de cuidado e escuta, que se disseminam pelo país.

Para desativar o complexo culpa-medo-ódio-ressentimento que formou uma espécie de pacto univitelino de nossa partilha social de sentimentos, pacto que juntou esquerda e direita em uma mesma paisagem de afetos, será preciso elaborar certas experiências de decepção e contrariedade. Decepção porque a ascensão social irresponsável cria curtos-circuitos narcísicos em massa. Possuir signos de respeito, como educação e cuidado com a imagem do corpo, possibilidade de viajar e cuidar da saúde, além de introduzir-se no universo das escolhas de consumo, pode ser uma experiência dramática e traumática de falso reconhecimento. Dela decorre a rebelião contra a elite, que redundou no sentimento antipetista, anticomunista e anti-intelectualista que chegou ao poder, mas não sem forte desconexão com o projeto de vida e com o discurso da esquerda, depois de doze anos identificada ao governo.

No fundo, Mano Brown[15] e Ferréz[16] deram o aviso, assim como Jessé Souza, ainda que por outros motivos. Para este, há um pacto de cem anos entre os proprietários e a classe média que se propaga a partir do mito do "liberalismo vira-lata", ou seja, a tese de que nosso subdesenvolvimento depende da má implantação das ideias liberais, como institucionalização, livre mercado e separação entre público e privado, quando, na verdade, trata-se de um pacto que propaga a exploração e a manutenção da população brasileira em um sistema pós-escravagista. Dessa forma, a corrupção é empurrada para o Estado, não para o mercado. Assim, a fundação da Universidade de São Paulo (USP), em 1934, a formação do pensamento sobre a brasilidade nos anos 1930 e o getulismo dos anos 1940-1950 foram construindo as bases de um moralismo e de uma interpretação de Brasil que teria apagado a escravidão e desviado o assunto da desigualdade[17]. A dominação histórica teria dependido de um persistente sentimento de rebaixamento da autoestima individual e grupal, a criação de uma "economia emocional e moral contingente à possibilidade de reconhecimento social para indivíduos e grupos":

---

[15] Rosana Pinheiro-Machado, *Amanhã vai ser maior: o que aconteceu com o Brasil e possíveis rotas de fuga para a crise atual* (São Paulo, Planeta, 2019), p. 125.
[16] Ferréz, "Periferia e conservadorismo", em Esther Solano (org.), *O ódio como política: a reinvenção das direitas no Brasil* (São Paulo, Boitempo, 2018, coleção Tinta Vermelha).
[17] Jessé Souza, *A classe média no espelho* (São Paulo, Estação Brasil, 2018).

"Para que haja eficácia legal da regra de igualdade, é necessário que a percepção da igualdade na dimensão da vida cotidiana esteja efetivamente internalizada"[18].

Mas seria a ascensão de Bolsonaro a confirmação ou a negação dessa tese? Ele rompe definitivamente com a dinâmica da personalidade sensível, com o tipo de classe média de afinidade europeia e ilustrada; ao mesmo tempo, recebeu apoio maciço das elites educadas e médias do país. Ou teria sido, como querem os representantes do rap, uma ruptura do pacto entre a quebrada e as classes médias, que determinaram um novo padrão de moralidade e igualdade à base da posse dos meios de violência e opressão?

O conceito de elite parece simples, mas não resiste a uma comparação simples entre classe, grupo e massa. A elite, quando pensada como estamento da massa, é a expressão de populismo que nela se reconhece, criando seus heróis imaginários periódicos, que serão subsequentemente devorados para que as coisas continuem como estão. A elite dos grupos é um conceito tautológico. Significa apenas a posição desejada e reconhecida pelos que constituem aquele grupo como tal. Aqui a posição de denúncia da elite deve ser interpretada como guerra e segmentação das elites pela disputa de signos de elitização, cada vez menores, seguindo o narcisismo das pequenas diferenças. Todo centro terá sua periferia e toda periferia terá seu centro. Porém, se queremos tornar o conceito de classe mais rico, temos de pensar a noção de elite não como indivíduos protagonistas ou heróis populares, mas como o lugar de transformação que sobredetermina a escolha de semblantes expressivos para o processo real de mudança social que eles representam.

Um bom exemplo dessa indeterminação ocorre quando pensamos no processo de infantilização regressiva, nas crianças da elite, das classes médias, que passaram da cultura do condomínio residencial para a cultura do condomínio digital e são confrontadas com a elite da quebrada e suas ideias de sobrevivência e virilidade, com narrativas ligadas ao funk e ao rap e ao realismo da violência cotidiana. A mesma elite anunciada em *Que horas ela volta?*[19], que passa a frequentar as universidades públicas, que lutou por seu lugar de fala e encontrou no *slang* uma nova modalidade de expressão, encontra agora um cenário de devastação das artes, depreciação da ciência e rebaixamento anti-intelectual das universidades.

Talvez esse fenômeno de destruição das próprias escadas de ascensão social esteja em série com a recusa a reconhecer a diversidade de racionalidades em jogo

---

[18] Idem, *A tolice da inteligência brasileira: ou como o país se deixa manipular pela elite* (São Paulo, Leya, 2015), p. 185.

[19] Anna Muylaert, *Que horas ela volta?* [filme]. Direção de Anna Muylaert, São Paulo, 2015. Duração: 1h54.

na política democrática. Ou seja, como vimos ao longo deste livro, a democracia comporta a disputa entre diferentes tipos de justiça e até mesmo diferentes tipos de direito, argumentação e deliberação. Mas um sistema no qual o dizer democrático é subvalorizado, a palavra oral é mera reação de circunstância, potencializado pela inconsequência digital, ficamos obcecados pelas decisões jurídicas e crentes na moral dos tribunais. Isso ignora que práticas antidemocráticas possam se infiltrar no interior do ordenamento jurídico, por exemplo, criminalizando movimentos sociais e partidos, atacando a autonomia entre os poderes, manipulando a aplicação de exceções. O papel do Supremo Tribunal Federal (STF) nesse processo é estratégico, na medida em que deveria se apresentar como representação discursiva e argumentativa sobre decisões e metadecisões que influenciam o conjunto do regramento jurídico[20]. Mas qualquer um que acompanhe seus debates percebe que as razões e as justificativas apresentadas não se conectam com outras formas de racionalidades que devem compor o campo democrático.

Aqui tentamos abordar as principais linhas de força que representam as tendências antidemocráticas brasileiras: o libertarianismo como fenômeno psicológico, o fundamentalismo religioso como nova forma de moralidade, o anticomunismo como processo histórico e o neoliberalismo como acontecimento econômico[21]. O ressurgimento do discurso fascista como militarização da política e da vida, como criação de inimigos, internos e externos, e como perseguição de minorias não pode ser compreendido apenas como redução do horizonte de reconhecimento do desejo, por sua subordinação hierárquica à matriz jurídica ou pela formação de figuras de exceção em posição de encarnação do Ideal do eu, mas por se caracterizar como uma política positiva de gozo, seja pela expansão de sua unidade fantasiada na família uniforme, seja pelo uso político da perturbação causada pelo gozo do Outro, fonte e origem do ódio, do ressentimento e da progressiva agressividade contra as minorias.

Políticas antidemocráticas exploram historicamente a oscilação entre a coerção manipulatória do discurso jurídico, de corte escrito e impessoal, e a ofensividade do discurso público, de natureza oral e pessoal. É o que tematizamos com a noção de semblante, como agenciamento da heterogeneidade de discurso, em uma unidade de gozo referido a uma verdade impronunciável. O retorno ao passado mítico, com o diagnóstico anti-intelectualista do presente, a vitimização como retórica de retorno à ordem, a teoria do poder encarnado no líder, a conspiração contra as hierarquias "naturais", o pressentimento de que há algo mais "Real" que a realidade que percebemos, tudo isso encontra sua unidade no que Jason

---

[20] Cláudio Pereira de Souza Neto, *Democracia em crise no Brasil: valores constitucionais, antagonismo político e dinâmica institucional* (Rio de Janeiro, Ed. Uerj/Contracorrente, 2020).
[21] Esther Solano (org.), *O ódio como política*, cit.

Stanley chamou de "ansiedade sexual"[22] e que aqui tematizamos tanto nas políticas identitárias quanto nas políticas de gozo.

A emergência de governos antidemocráticos pelo mundo ao longo dos anos 2010 e 2020 exprime ao mesmo tempo o apogeu e a crise do neoliberalismo. Lembremos que a base social do neoliberalismo era composta por uma aliança entre os verdadeiros capitalistas, proprietários e acionistas, e a classe gerencial, ou seja, os gestores, os síndicos, os intermediários[23]. Esse último grupo foi expandido por processos de precarização e "pejotizações" que culminaram em formas de vida estruturadas como uma empresa[24]. Se o neoliberalismo se caracteriza por uma política ostensiva e calculada de administração de mais sofrimento psíquico para extração de mais produtividade e desempenho, a crise do neoliberalismo e suas correções sintomáticas dão um passo adiante nos termos dessa equação e assumem a verdade desse discurso: os mais fracos devem perecer, os mais fortes têm ainda mais direitos. Sustentabilidade, ecologia, cultura, educação e saúde são periféricos do ponto de vista da produção.

No caso brasileiro, isso significou a mobilização de duas novas classes gerenciais esquecidas pelo neoliberalismo clássico: os militares e os religiosos. Mas isso não impedirá a acumulação declinante das classes médias, em processos de endividamento crônico e insolúvel, sem acesso aos ganhos da financeirização. Os efeitos do neoliberalismo já se faziam sentir no período do lulopetismo (2002-2016), quando a razão de Gini mostrava que, apesar do aumento da renda básica e da ascensão social de miseráveis e empobrecidos, os ganhos das classes médias e altas haviam sido ainda maiores, afetando menos que o esperado a desigualdade social.

Vimos neste livro que a afinidade entre democracia e psicanálise se evidencia mais quando olhamos para os momentos regressivos da democracia – ou seja, quando ela aparece negada, reduzida ou instrumentalizada – que quando aparece em sua forma positiva de política normal e defesa das instituições. O método das negações, que é tão característico da psicanálise e a aproxima da tradição crítica, mostra toda a sua pertinência nesse caso. A política institucional brasileira sofre com um déficit crônico de sub-representação de mulheres e negros, as práticas partidárias correntes encontraram pouquíssima renovação. Mesmo com a chegada dos instrumentos digitais, e desperta sistemática e absoluta desconfiança entre

---

[22] Jason Stanley, *Como funciona o fascismo: a política do "nós" e "eles"* (trad. Bruno Alexander, 5. ed., Porto Alegre, L&PM, 2020).

[23] Gérard Duménil e Dominique Lévy, *A crise do neoliberalismo* (trad. Paulo Castanheira, São Paulo, Boitempo, 2014).

[24] Vladimir Safatle, Nelson da Silva Jr. e Christian I. L. Dunker (orgs.), *Neoliberalismo como gestão do sofrimento psíquico* (Belo Horizonte, Autêntica, 2021).

os brasileiros[25]. Ora, justamente nessa situação em que tipicamente precisamos de mais democracia é que advém a tentação de suspender a palavra política ou transferi-la para os parapolíticos. Esse é o negacionismo primário que inspira todos os outros.

Defendemos também a existência de duas formas diferentes de exceção: a exceção masculina, baseada na negação do universal, e a exceção feminina, baseada no fato de que nenhum conceito-conjunto é suficientemente definido pela exaustão de seus traços de pertinência. Se o primeiro caso cria regras de inclusão, o segundo dissolve traços de pertencimento. Se entendemos que a negação da democracia é a normalização dos estados de exceção, percebemos que isso implica a admissão de existência apenas de exceções do primeiro tipo. As exceções masculinas passam por processos de negação, como a *negação literal* (o fato não aconteceu), a *negação interpretativa* (aconteceu, mas não tem esse significado) e a *negação implicatória* (aconteceu dessa forma, mas não tem essa implicação), e contra elas podemos mobilizar os poderes da checagem, da ciência e da confrontação de argumentos. As exceções do segundo tipo criam novas categorias morais, éticas e políticas em torno de afetos de negação por superafirmação, como o *pânico moral* (condição, episódio ou traço que se percebe como ameaça à integridade de outros grupos)[26]. Esta é uma fraqueza estrutural da democracia: quanto mais ela avança e se expande, menos procuramos ativamente grupos, pessoas e situações antidemocráticas e tendemos a achar que, se lhes formos indiferentes, a diferença que eles representam não fará diferença. A desconstrução de nomeações caminha, assim, junto com a redução da tipificação à sua precisão.

Mostramos também que há certa fragilidade naturalista quando a ciência por si só pretende funcionar como autoridade sobre os fatos. Tentamos mostrar como nesse caso as variedades antropológicas da organização dos saberes e dos mundos (animismo, homologismo e perspectivismo, ao lado do naturalismo) podem nos ajudar a pensar espaços de concorrência e variação entre múltiplas racionalidades, diversidade caraterística da definição aqui proposta de democracia como conjunto não totalizável de dizeres e formas de gozo. Isso significa que a formação democrática deveria passar não apenas por apossamento e uso da palavra, mas também, como venho defendendo, da escuta[27]. A escuta é a condição para a palavra que atravessa e transforma, não apenas para o diálogo,

---

[25] José Álvaro Moisés, *Crises da democracia: o papel do congresso, dos deputados e dos partidos* (Curitiba, Appris, 2019).

[26] Luís Manoel Fonseca Pires, *Estados de exceção: a usurpação da soberania popular* (São Paulo, Contracorrente, 2021).

[27] Christian I. L. Dunker e Cláudio Thebas, *O palhaço e o psicanalista: como escutar os outros pode transformar vidas* (São Paulo, Planeta, 2019).

a partir de supostas bases consensuadas. A escuta é a forma prática de construir experiências de comunalidade e intimidade, dois afetos políticos fundamentais para superar o ódio, o medo e a melancolização do poder.

Nossa capacidade de escuta já se encontrava bastante prejudicada em 2016. Talvez isso possa ser atribuído ao sistema de pactos e alianças que tornavam o Brasil governável por um partido progressista que dependia de forças conservadoras para se exercer. Isso foi nos acostumando a duas coisas extremamente perigosas para a democracia: o desdém pela palavra oral, que sempre pode significar o contrário, mudar com o contexto e, no fundo, exprimir uma conversa paralela com os correligionários, e o represamento dos antagonismos[28]. A indiferença com a palavra oral tornou-se gradualmente patente quando incongruências e ofensas feitas pelo então candidato Bolsonaro foram naturalizadas como parte de um estilo autêntico. Isso ficou ainda mais grave quando ele se esquivou de todos os debates públicos programados. De tal maneira que boa parte de seus eleitores tinha de evitar o enunciado para aderir a suas enunciações. Foi assim que o "não te estupro porque você não merece" virou "jeito de dizer". Como uma criança destemperada que nos faz rir ao dizer suas verdades obscenas, o protótipo da criança mimada parasitou a retórica de que a vítima tem sempre razão para aplicá-la a agricultores encrencados com o crédito rural, madeireiros insolventes, jovens doutrinados nas escolas, evangélicos objeto de preconceito, crianças expostas a "mamadeiras de piroca" e pobres expostos à violência[29].

Como uma espécie de dialética incompleta, típica do que Lacan chamou de imaginário, Bolsonaro inverteu também a figura do vilão: a Globo comunista, a velha política, o Supremo Tribunal Federal e, por fim, o rei de todos, o Partido dos Trabalhadores (PT). O discurso bolsonarista aproveita uma estrutura de ficção para inverter o conteúdo de seu valor de verdade, por isso nos devolve o que já estávamos praticando sem saber e por isso suas teses se apoiam no momento de identidade dos contrários: "Se você pode ser feminista, então posso ser machista". Isso não só transborda conflitos, como é a expressão mais autêntica da política hegemônica de identidade, definida neste livro pelo lado *homem* da sexuação e pelo *branco* da não diferença. Assim procedendo, ele reativou toda a série histórica de traumas, lutos e elaborações pendentes na repetitiva histórica política brasileira desde a Independência à escravidão, da República de Canudos à Nova República varguista, da ditadura militar a sua herança de violência indecidida. O que sobrou do Estado é sua verdade insuportável: violência em nome de Cristo para manter o latifúndio.

---

[28] Idelber Avelar, *Eles em nós: retórica e antagonismo político no Brasil do Século XXI* (Rio de Janeiro, Record, 2021).
[29] Ibidem, p. 273.

Faltava, além do partido da bala, do boi e da Bíblia, a parte da antidemocracia que estava lutando com o neoliberalismo. A vitória do neoliberalismo sobre o liberalismo significou endividamento crescente dos Estados em desenvolvimento e perda de poder político da democracia de massas a partir de 1970. A redistribuição dos rendimentos tornou-se cada vez mais desigual[30], a produtividade aumentou muito mais que os salários, e isso gerou formas de vida baseadas no mal-estar, no cansaço, na depressividade, para as quais o trabalho parasitou a linguagem e o desejo. As eleições deixaram de fazer diferença.

Vimos que, em Lacan, o discurso do mestre, que associamos ao liberalismo, sofre uma mutação no discurso do capitalista, que descreve, segundo nossa leitura, o capitalismo neoliberal. Essa mutação inverte a posição do significante mestre (S_1) do lugar do semblante para o lugar da verdade, bem como passa o objeto a do lugar da verdade para o lugar do semblante. Agora podemos reconhecer que democracia, como um conceito em devir, é apenas um significante mestre cujo saber correspondente está sempre em flutuação e disputa. Ora, colocar o objeto a como semblante é a operação que caracteriza o discurso do psicanalista. Mas, ao contrário do discurso do psicanalista, no qual há transferência e suposição de sujeito ao saber inconsciente, no discurso neoliberal não há nada inconsciente, não há posição abrigada da verdade nem suspensão de circulação e troca. Nesse novo circuito, a justiça social, baseada na universalização de direitos, fica submetida à justiça do mercado ou *lawfare*, baseada na soberania do livre contrato. Teóricos neoliberais, como Friedrich Hayek, tentaram nos convencer que o conceito de justiça social era, no fim, impossível. Nessa retórica, eles o tornaram sinônimo de comunismo.

Dessa forma, a justiça de mercado tornou-se global e transnacional para quem pode se evadir para o mundo financeiro, ao passo que a justiça social passou a depender dos Estados-nação. Assim, a política tradicional começou a ser vista como "decisões que favoreçam grupos de interesse" e a ser combatida como o remédio universal da austeridade, tal como o mercado passou a representar a natureza de como as coisas são e o modelo de como agiríamos "em estado de liberdade", se não fôssemos limitados pelas regras do Estado local[31].

Se democracia significa que a justiça social não pode ser absorvida pela justiça de mercado, então o objetivo primordial, em termos de políticas democráticas, deveria consistir em retroceder em relação às destruições institucionais causadas por quatro décadas de progresso neoliberal, restaurando e defendendo da melhor

---

[30] De 1983 a 2009, o crescimento do patrimônio estadunidense foi de 81,7%, beneficiando os 5% mais ricos, enquanto os 60% mais pobres perderam um patrimônio equivalente a 7,5%. Ver Wolfgang Streeck, *Tempo comprado: a crise adiada do capitalismo democrático* (trad. Marian Toldy e Teresa Toldy, São Paulo, Boitempo, 2018).

[31] Ibidem, p. 104-7.

maneira possível os restos das instituições políticas que permitiriam modificar ou substituir a justiça de mercado pela justiça social[32].

Ou seja, a reversão do neoliberalismo passa a colocar a democracia como significante mestre, reintroduzindo o sofrimento do sujeito dividido e o saber em disputa como transformações inerentes desse discurso.

Dessa maneira, fica claro que a psicanálise sozinha não é suficiente para construir um pensamento político, muito menos precisa se pensar como a única prática libertadora. Nesse sentido, este livro se alinha ao *Manifesto psicanálise e revolução psicologia crítica para o movimento de liberação*, de Ian Parker e David Pavón-Cuéllar[33], ou seja, uma "alternativa prática ao capitalismo, ao sexismo, ao racismo e às novas formas de colonialismo". Para tanto, será necessário decompor a psicanálise, mostrar suas diferenças com a psicologia e a psiquiatria, mostrar suas associações e suas parasitagens, assim como reconhecer que "existe uma luta de classes dentro da psicanálise".

Não é preciso ser uma visão de mundo para trazer um pouco de criação e transformação. A psicanálise como abordagem crítica do sofrimento psicológico reconhece que o déficit de democracia ou suas regressões previsíveis e esperadas criam efeitos capilares de opressão, repressão e segregação que incrementam o sofrimento e a formação de sintomas. Lembremos o engajamento dos primeiros psicanalistas em clínicas comunitárias, sua luta contra os preconceitos sexuais e como foram perseguidos como comunistas e judeus, muito antes de serem percebidos como aristocratas engajados no tratamento das elites para as elites.

É claro que a seus descendentes não bastará dizer que a psicanálise defende moralidades e ideais ascéticos; afinal, Freud ou Lacan votavam em partidos liberais. Será preciso separar o cidadão do psicanalista para bem tolerar seus *hobbies* inconsequentes. Talvez apelar para o álibi de que a psicanálise, como método e ética, como ciência e clínica, não tem incidência na política, bastando--nos, portanto, o álibi de que não temos ideologia.

Cedo ou tarde, os psicanalistas "neutrificados", coniventes e isentos que em alguma medida colaboraram para a ascensão do pior depois de 2016 encontrarão seu lugar na história. Ao lado daqueles mesmos que elegeram um presidente sem ideologia, colocaram seus filhos em escolas sem partido e assistiram sentados aos efeitos da ausência de política sanitária viabilizar mortes desnecessárias pela pandemia de coronavírus. Eles se recolheram ao trono de seus consultórios, com a boca cheia de dentes, esperando a morte (do outro). Ao lado deles estavam os normalopatas, que acham que há um lugar reservado no céu dos psicanalistas

---

[32] Ibidem, p. 209.
[33] Ian Parker e David Pavón-Cuéllar, *Manifesto psicanálise e revolução psicologia crítica para o movimento de liberação* (Belo Horizonte, Autêntica, 2021 – no prelo).

àqueles que obedecem à demanda de serem bons cidadãos analisantes, preocupados com suas imagens profissionais, com suas identificações de classe, gênero e raça, refugiados no poço escuro do inconsciente. Sem mencionar aqueles que repudiam a política e a democracia para melhor administrar seus currais de transferências, criando gado para a política que nos tomou de assalto.

A outras categorias cabe a desculpa de terem sido enganados, iludidos ou mal informados, mas um psicanalista que não sabe reconhecer o discurso da violência onde ele está, ou que não sabe a implicação da posse de armas para o feminicídio, para o suicídio, para a violência doméstica ou para o assassinato fútil, deveria retirar-se do ofício. Outras profissões podem se dar ao luxo de desconhecer a importância da educação e da cultura para a determinação do sofrimento humano; em um psicanalista, porém, isso é imperdoável. Muitas são as formas de política que se articulam com a psicanálise, inclusive a conservadora, mas não sem a democracia.

Neste livro defendemos a ideia de que a principal relação da psicanálise com a filosofia em geral e com a filosofia política em particular reside na prática crítica. Crítica da subjetividade, crítica do poder, crítica das identidades, crítica das formas hegemônicas de gozo e a hipótese de que o mal-estar passa pelo capitalismo e sua forma colonial, heteropatriarcal e androcêntrica. Liberar a psicanálise de seu sono dogmático da política significa reposicionar o lugar do conflito, resistente e repetitivo, tomando-o como oportunidade dialética de impulso para a desalienação. A psicanálise é uma experiência original de escuta, não um discurso que fala de nós, em nosso nome.

Não se trata apenas de politizar a psicanálise, tematizando as relações de poder no interior do tratamento e das escolas de psicanálise, animando os movimentos de liberação; a radicalização da democracia na psicanálise é um recurso para politizar o sujeito com seu próprio desejo e psicanalisar as versões miúdas e graúdas das patologias políticas, como o fascismo e a necropolítica.

Depois das experiências da psicanálise nos espaços públicos, das intervenções abertas e das clínicas do cuidado, percebemos como nosso modo semi-institucionalizado de transmissão precisa incorporar mais diversidade, mais bolsas de estudo, menos muros simbólicos e financeiros para a formação de novos psicanalistas. A psicanálise não é a expressão da voz de um ego implicitamente branco masculino, pretensamente civilizado, que fala como se protegesse o mundo da barbárie, sendo ele mesmo um bárbaro.

Assim como não podemos incluir a psicanálise como política, mas, sim, como um discurso entre outros no campo da política progressista, revolucionária, democrática e de liberação, não podemos incluir a psicanálise do campo da ciência sem antes fazer a crítica de sua prática instrumental, operacionalizada, não ecológica, tantas vezes associada e usurpada pelo capitalismo.

Usualmente contamos apenas com o juízo moral crítico para repudiar os padrões de familiarismo e repetição de relações tóxicas, no amor e no trabalho. Com isso, reforçamos a transformação traumática e o isolamento daqueles que sofrem nos polos indistintos da segregação e da opressão. A psicanálise permite fazer mais que a crítica moral do capitalismo. Seu solo comum é o sofrimento de estrutura, de raça, de gênero, de orientação sexual, de classe, de corpo. Tanto a "velha esquerda" – que se acredita proprietária das leis da história – quanto os novos movimentos sociais – que se imaginam livres de estruturas sociais pela força da vontade, da disciplina discursiva ou da fé – ignoram como na repetição inconsciente insistimos em formas de gozar com o próprio sofrimento.

As ilações idealizadas de grandes transformações, para "amanhã", geradas pela tomada de consciência imediata, ignoram a magnitude da tarefa que a revolução coletiva demanda em termos de revolução subjetiva. Que o faça, em qual extensão, em nome de qual discurso, ainda faz parte de sua profissão como impossível. Que o faça inadvertidamente, e aqui estamos na falsa psicanálise, na impostura e na cooptação doutrinária, seja na colonização por ideias e práticas europeias, seja na endocolonização por seus caudilhos locais.

Ao fim, seria preciso reconhecer que uma prática continuar expansivamente presente em muitas culturas, como a brasileira, apesar de ser condenada abertamente pelos discursos hegemônicos, psiquiátrico e psicológico dos últimos cinquenta anos, ser recusada pela grande imprensa e destituída pela ciência oficial e recusar o reconhecimento do Estado e a padronização de sua formação, é sinal da mais insidiosa ideologia ou resistência crítica. Eventualmente, as duas coisas.

O analisante não é um modelo final para o libertado nem o protótipo do líder para os movimentos de liberação; porém, a experiência da análise permite mitigar a "tirania da ausência de estrutura", os ideais revolucionários ingênuos e as formas hipervoluntaristas de engajamento político. Um analisante é aquele que aprendeu a tornar seu sofrimento motor da transformação de si. Nisso se compreendeu também que a mudança da relação a si, com os outros, implica uma transformação do mundo. Não há comunicação direta, purificada do desejo e da repetição inconsciente nem felicidade por ter superado o sintoma em uma sociedade como a nossa. Há apenas sintomas que passaram por uma análise, que reduziram sua idealização galopante, que reconheceram a história de seus conflitos de origem e de suas contradições e que, às vezes, nos levam a tentar reduzir a desigualdade social que toca a todos nós. Redução de desigualdade não é apagamento de diferenças, não é decreto de igualdade identitário, não é revolução de costumes. O nome disso, neste momento brasileiro, é democracia.

Referências bibliográficas

42 MILHÕES DE BRASILEIROS ascenderam à classe C. *Brasil da Mudança*. Disponível em: <http://www.brasildamudanca.com.br/empregos-e-salarios/42-milhoes-de-brasileiros-ascenderam-classe-c>. Acesso em: 18 dez. 2018.

AB'SÁBER, Tales Afonso Muxfeld. *O sonhar restaurado*: origens e limites de sonhos em Bion, Winnicott e Freud. Tese de doutorado em psicologia. Universidade de São Paulo. São Paulo, 2001.

ADORNO, Theodor W. *Dialética negativa*. Trad. Marco Antonio Casanova. Rio de Janeiro, Zahar, 2009 [1967].

_____ et al. *The Authoritarian Personality*. Nova York, Harper & Row, 1950, série Studies in Prejudice.

AGAMBEN, Giorgio. *Altíssima pobreza*. Trad. Selvino J. Assmann. São Paulo, Boitempo, 2014.

ALMEIDA, Ronaldo de. *A Igreja Universal e seus demônios*: um estudo etnográfico. São Paulo, Terceiro Nome, 2009, série Antropologia Hoje.

ALMEIDA, Silvio. *Racismo estrutural*. São Paulo, Pólen, 2019, coleção Feminismos Plurais.

ALTHUSSER, Louis. *Freud e Lacan, Marx e Freud*. Trad. Walter José Evangelista. 3. ed., Rio de Janeiro, Graal, 1991.

ALVES JÚNIOR, Douglas Garcia. *Dialética da vertigem*: Adorno e a filosofia moral. São Paulo, Escuta, 2005.

ALVES LIMA, Rafael. *A psicanálise na ditadura civil-militar (1964-1985)*: história, clínica e política. Tese de doutorado em psicologia clínica, Universidade de São Paulo, 2021.

ANDRADE, Cleyton. *Lacan chinês*: poesia, ideograma e caligrafia chinesa de uma psicanálise. Maceió, Edufal, 2015.

ARANTES, Paulo E. *Formação e desconstrução*: uma visita ao Museu da Ideologia Francesa. Campinas, Editora 34, 2021.

ARENARI, Brand. *Pentecostalism as Religion of Periphery*: An Analysis of Brazilian Case. Tese de doutorado em filosofia, Universidade Humboldt de Berlim, 2013. Disponível em: <https://edoc.hu-berlin.de/bitstream/handle/18452/17834/arenari.pdf?sequence=1>.

ARENDT, Hannah. Algumas questões sobre filosofia moral. In: _____. *Responsabilidade e julgamento*: escritos morais e éticos. Trad. Rosaura Eichenberg. São Paulo, Companhia das Letras, 2004.

_____. *Eichmann em Jerusalém*: um relato sobre a banalidade do mal. Trad. José Rubens Siqueira. 17. reimpr., São Paulo, Companhia das Letras, 2014.

ARISTÓTELES. *Física*, Livro II. Trad. Lucas Angioni. Campinas, Ed. Unicamp, 2009.

ASSOUN, Paul-Laurent. *Freud, a filosofia e os filósofos*. Trad. Hilton Japiassu. Rio de Janeiro, Francisco Alves, 1978.

AUBENQUE, Pierre. Aristóteles e a democracia. *Polietica*, v. 7, n. 2, 2019.

_____. *O problema do ser em Aristóteles*. Trad. Cristina de Souza Agostini e Dioclézio Domingos Faustino. São Paulo, Paulus, 2012.

AUTRAN, Felipe. Brasil tem 116 milhões de pessoas com acesso à internet, diz pesquisa. *Tecmundo*, 21 fev. 2018. Disponível em: <https://www.tecmundo.com.br/mercado/127430-brasil-116-milhoes-pessoas-acesso-internet-pesquisa-ibge.htm>. Acesso em: 18 dez. 2018.

AVELAR, Idelber. *Eles em nós*: retórica e antagonismo político no Brasil do Século XXI. Rio de Janeiro, Record, 2021.

BADIOU, Alain. *A hipótese comunista*. Trad. Mariana Echalar. São Paulo, Boitempo, 2012.

_____. *Lacan*. Nova York, Columbia University Press, 1988.

_____. *Lacan*: Anti-Philosophy 3. Nova York, Columbia University Press, 2018.

_____. *Lógicas de los mundos*. Buenos Aires, Manantial, 2008.

_____. O (re)começo do materialismo dialético. In: ALTHUSSER; Louis; BADIOU, Alain. *Materialismo histórico e materialismo dialético*. São Paulo, Global, 1979.

_____. *O ser e o evento*. Trad. Maria Luiza X. de A. Borges. Rio de Janeiro, Zahar, 1996.

_____. *São Paulo*: a fundação do universalismo. Trad. Wanda Caldeira Brant. São Paulo, Boitempo, 2009.

BALEEIRO, Maria Clarice. Sobre a regulamentação da psicanálise. *Cógito*, n. 4, 2002.

BALMÈS, François. *Dios, el sexo y la verdad*. Buenos Aires, Nueva Visión, 2008.

BARON, Salo Wittmayer. *A Social and Religious History of Jews*. Nova York, Columbia University Press, 1957.

BARRETO JR., Raimundo César. *Evangélicos e a pobreza no Brasil*. São Paulo, Recriar, 2019.

BECK, Ulrich. A reinvenção da política: rumo a uma teoria da modernidade reflexiva. In: GIDDENS, Anthony; LASCH, Scott; BECK, Ulrich. *Modernização reflexiva*: política, tradição e estética na ordem social moderna. Trad. Magda Lopes. 2. ed., São Paulo, Ed. Unesp, 2012.

BEIVIDAS, Waldir. Pesquisa e transferência em psicanálise: lugar sem excessos. *Psicologia: Reflexão e Crítica*, v. 12, n. 3, 1999.

BENJAMIN, Walter. A obra de arte na era de sua reprodutibilidade técnica. In: _____. *Magia e técnica, arte e política*. Trad. Paulo Sérgio Rouanet. São Paulo, Brasiliense, 1985.

BENVENISTE, Émile. Categorias de pensamento e categorias de língua. In: _____. *Problemas de linguística geral I*. Trad. Maria da Glória Novak. Campinas, Pontes, 1995.

BERGAMO, Mônica. Mais de 280 professores assinam manifesto em defesa de Conrado Hübner Mendes. *Folha de S.Paulo*, 26 jul. 2021. Disponível em: <https://www1.folha.uol.com.br/colunas/monicabergamo/2021/07/mais-de-250-professores-assinam-manifesto-em-defesa-de-conrado-hubner-mendes.shtml>.

BERKELEY, George. *Principles of the Human Knowledge and Three Dialogues*. Org. Roger Woolhouse. Londres, Penguin, 1988.

BERMÚDEZ, Ana Carla; REZENDE, Constança; MADEIRO, Carlos. Brasil é o 7º país mais desigual do mundo, melhor apenas do que africanos. *UOL*, 9 dez. 2019. Disponível em: <https://noticias.uol.com.br/internacional/ultimas-noticias/2019/12/09/brasil-e-o-7-mais-desigual-do-mundo-melhor-apenas-do-que-africanos.htm>.

BLOMBERG, Johan; LAZAR, Anna; SANDELL, Rolf. Long-Term Outcome of Long-Term Psychoanalytically Oriented Therapies: First Findings of the Stockholm Outcome of Psychotherapy and Psychoanalysis Study. *Psychotherapy Research*, v. 11, n. 4, 2010, p. 361-82.

BLYTH, Mark. *Austeridade*: a história de uma ideia perigosa. Trad. Freitas e Silva. 2. ed., São Paulo, Autonomia Literária, 2020.

BOÉCIO. *Escritos*. Trad. Juvenal Savian Filho. São Paulo, Martins Fontes, 2005.

BOUTROX, Émile. *Aristóteles*. Trad. Carlos Nougué. Rio de Janeiro, Record, 2000 [1886].

BRAMSON, Aaron et al. Understanding Polarization: Meanings, Measures, and Model Evaluation. *Philosophy of Science*, v. 84, n. 1, 2017, p. 115-59.

BRANQUINHO, João; MURCHO, Desidério; GOMES, Nelson (orgs.). *Enciclopédia de termos lógico-filosóficos*. São Paulo, Martins Fontes, 2006.

BRUNO, Pierre. *Lacan and Marx*: The Invention of Symptom. Trad. John Holland, Londres, Routledge, 2020.

BRUNSCHVICG, Léon. *Les étapes de la philosophie mathématique*. Paris, PUF, 1947.

CAMPOS MELLO, Patrícia. *A máquina do ódio*: notas de uma repórter sobre *fake news* e violência digital. São Paulo, Companhia das Letras, 2020.

CAMPOS, Roberta Bivar C. *Emoção, magia, ética e racionalização*: as múltiplas faces da Igreja Universal do Reino de Deus. Dissertação de mestrado em antropologia, Universidade Federal de Pernambuco, Recife, 1995.

CANDIDO, Antonio. O socialismo é uma doutrina triunfante: entrevista a Joana Tavares. *Brasil de Fato*, n. 435, 2012.

CANETTI, Elias. Dominação e paranoia. In: _____. *Massa e poder*. Trad. Sergio Tellaroli. São Paulo, Companhia das Letras, 2008.

CANGUILHEM, Georges. *O normal e o patológico*. Trad. Maria Thereza Redig de Carvalho Barrocas. 6. ed., Rio de Janeiro, Forense Universitária, 2009.

CARLOS, Euzeneia; OLIVEIRA, Osmany Porto de; ROMÃO, Wagner de Melo (orgs.). *Sociedade civil e políticas públicas*: atores e instituições no Brasil contemporâneo. Chapecó, Argos, 2014.

CARLOTTI, Tatiana. O fenômeno evangélico em números. *Carta Maior*, 22 maio 2019. Disponível em: <https://www.cartamaior.com.br/?/Editoria/Sociedade-e-Cultura/O-fenomeno-evangelico-em-numeros/52/44150>.

CARNEIRO, Sueli. *Escritos de uma vida*. São Paulo, Jandaíra, 2019.

CARONE, Iray. A personalidade autoritária: estudos frankfurtianos sobre o fascismo. *Sociologia em Rede*, v. 2, n. 2, 2012.

CARVALHO, Helder Buenos Aires de. Comunitarismo, liberalismo e tradições morais em Alasdair MacIntyre. In: OLIVEIRA, Manfredo A. de; AGUIAR, Odilio A.; SAHD, Luiz Felipe. *Filosofia política contemporânea*. Petrópolis, Vozes, 2003.

CARVALHO, Marcelo. *A trajetória da internet no Brasil*: do surgimento das redes de computadores à instituição dos mecanismos de governança. Dissertação de mestrado em engenharia, Universidade Federal do Rio de Janeiro. Rio de Janeiro, 2006.

CASSIN, Barbara. *Jacques, o Sofista*. Trad. Yolanda Vilela. Belo Horizonte, Autêntica, 2017.

CHECCIA, Marcelo. *Poder e política na clínica psicanalítica*. São Paulo, Annablume, 2015.

CHOMSKY, Noam. *Estruturas sintáticas*. Trad. Gabriel de Ávila Othero e Sérgio de Moura Menuzzi. Petrópolis, Vozes, 2002.

CLASTRES, Pierre. *A sociedade contra o Estado*. Trad. Theo Santiago. São Paulo, Ubu, 2017.

CLAUSEWITZ, Carl von. *Da guerra*. Trad. Maria Teresa Ramos. 2. ed., São Paulo, Martins Fontes, 2003.

CLEMENTS, Forrest E. Primitive Concepts of Disease. *University of California Publications in American Archaeology and Ethnology*, v. 32, n. 2, 1932, p. 185-252. Disponível em: <https://digitalassets.lib.berkeley.edu/anthpubs/ucb/text/ucp032-003.pdf>.

CONSTANTINO, Rodrigo. Pedofilia: uma orientação sexual? *Gazeta do Povo*, 31 out. 2013.

COSSI, Rafael K. *Lacan e o feminismo*: a diferença dos sexos. São Paulo, Zagodoni, 2020.

_____; Dunker, Christian I. L. A diferença sexual de Butler a Lacan: gênero, espécie e família. *Psicologia: Teoria e Pesquisa*, v. 33, n. 3, 2016.

COSTA, Maria Izabel Sanches; IANNI, Andrea Maria Zöllner. *Individualização, cidadania e inclusão na sociedade contemporânea*: uma análise teórica. São Bernardo do Campo, UFABC, 2021.

CREWS, Frederick. *As guerras da memória*. Trad. Milton Camargo Motta. São Paulo, Paz e Terra, 1999.

_____. *Freud*: The Making of an Illusion. Nova York, Metropolitan, 2017.

CUNHA, Christina Vital da. Pentecostal Cultures in Urban Peripheries: A Socio-Anthropological Analysis of Pentecostalism in Arts, Grammars, Crime and Morality. *Vibrant: Virtual Brazilian Anthropology*, v. 15, n. 1, 2018. Disponível em: <https://www.scielo.br/j/vb/a/bMbGyPnwgB6w56SywgxrmpQ/?lang=en>.

CUNHA, Juliana. "Estudos de neurociência superaram a psicanálise", diz pesquisador brasileiro. *Folha de S. Paulo*, 18 jun. 2016. Disponível em: <https://www1.folha.uol.com.br/equilibrioesaude/2016/06/1783036-estudos-de-neurociencia-superaram-a-psicanalise-diz-pesquisador-brasileiro.shtml>.

DANTO, Elizabeth Ann. *As clínicas públicas de Freud*: psicanálise e justiça social (1918-1938). Trad. Margarida Goldsztajn. São Paulo, Perspectiva, 2019.

DARDOT, Pierre; LAVAL, Christian. *A nova razão do mundo*. Trad. Mariana Echalar. São Paulo, Boitempo, 2016.

_____. *Comum*: ensaio sobre a revolução no século XXI. Trad. Mariana Echalar. São Paulo, Boitempo, 2017.

DAVIS, Angela. *Mulheres, raça e classe*. Trad. Heci Regina Candiani, São Paulo, Boitempo, 2016.

_____. *Uma autobiografia*. Trad. Heci Regina Candiani. São Paulo, Boitempo, 2019.

DEAN, Jodi. *Camarada*: um ensaio sobre pertencimento político. Trad. Artur Renzo. São Paulo, Boitempo, 2021.

DEBORD, Guy. *A sociedade do espetáculo*. Trad. Estela dos Santos Abreu. Rio de Janeiro, Contraponto, 1997.

DELEUZE, Gilles; GUATTARI, Félix. *O anti-Édipo*. Rio de Janeiro, Imago, 1976.

_____; _____. Como criar para si um corpo sem órgãos. In: _____. *Mil platôs*. Trad. Ana Lúcia de Oliveira, Aurélio Guerra Neto e Célia Pinto Costa. Campinas, Editora 34, 1980.

DERRIDA, Jacques. *Resistências del psicoanálisis*. 3. reimp., Buenos Aires, Paidós, 2010.

DESCOLA, Philippe. Modes of Being and Formes of Predication. *Journal of Ethnographic Theory*, v. 4, n. 1, 2014.

DUBNOW, Simon. *Historia judaica*. Trad. Ruth e Henrique Iusim, Buenos Aires, Sigal, 1934.

DUFOUR, Dany Robert. *A arte de reduzir cabeças*: sobre a nova servidão na sociedade ultraliberal. Trad. Sandra Regina Felgueiras. Rio de Janeiro, Companhia de Freud, 2005.

DUMÉNIL, Gérard; LÉVY, Dominique. *A crise do neoliberalismo*. Trad. Paulo Castanheira. São Paulo, Boitempo, 2014.

DUNKER Christian I. L. "Ilustrando a barbárie". *Blog da Boitempo*, 7 jul. 2014. Disponível em: <http://blogdaboitempo.com.br/2014/07/07/ilustrando-a-barbarie-treplica-a-rodrigo-constantino/>.

_____. *Mal-estar, sofrimento e sintoma*: uma psicopatologia do Brasil entre muros. São Paulo, Boitempo, 2015.

_____. *Universalidade e existência*. São Paulo, Nversos, 2016.

_____. A psicanálise como crítica da metafísica em Lacan. *Revista Analytica*, v. 6, n. 10, jan.-jun. 2017.

_____. Hegel Amerindian: For a Non-Identitarian Concept of Identification in Psychoanalysis. *Crisis and Critique*, v. 4, n. 1, 2017.

_____. O que Freud disse sobre a revolução russa? *Blog da Boitempo*, 13 set. 2017. Disponível em: <https://blogdaboitempo.com.br/2017/09/13/o-que-freud-disse-sobre-a-revolucao-russa/>.

_____. *Reinvenção da intimidade*: políticas do sofrimento cotidiano. São Paulo, Ubu, 2017.

_____. Semblante, gozo e fantasia: por uma transleitura da sexuação. In: DAQUINO, Mariano (org.). *A diferença sexual*: gênero e psicanálise. Trad. Maria Claudia Formigoni. São Paulo, Aller, 2017.

_____. Teoria da transformação em psicanálise: da clínica à política. *Revista Psicologia Política*, v. 17, n. 40, 2017, p. 568-88.

_____. Nova biografia investe violentamente contra imagem de Freud. *Cult*, 9 mar. 2018. Disponível em: <https://revistacult.uol.com.br/home/dunker-biografia-freud/>.

_____. A psicanálise nos espaços públicos. In: BROIDE, Emília; KATZ, Ilana (orgs.). *Psicanálise nos espaços públicos*. São Paulo, IP/USP, 2019.

_____. *Instância da letra no inconsciente ou a razão desde Freud*: uma hipótese de leitura. São Paulo, Instituto Langage, 2019.

_____. "Deixar de seguir": como post no Instagram expôs a cultura do cancelamento. *Blog do Dunker*, 22 maio 2020. Disponível em: <https://blogdodunker.blogosfera.uol.com.br/2020/05/22/como-foto-no-instagram-que-cita-marielle-expoe-a-cultura-do-cancelamento/?cmpid=copiaecolahttps://blogdodunker.blogosfera.uol.com.br/2020/05/22/como-foto-no-instagram-que-cita-marielle-expoe-a-cultura-do-cancelamento/>.

_____. Droga, comercial ou pornô na web dão "gatilho"? Saiba o que isso quer dizer. *Blog do Dunker*, 31 jul. 2020. Disponível em: <https://blogdodunker.blogosfera.uol.com.br/2020/07/31/droga-comercial-ou-porno-na-web-dao-gatilho-saiba-o-que-isso-quer-dizer/>.

_____. Nove erros básicos de quem quer fazer uma crítica à psicanálise. *Psicologia.pt*, 16 mar. 2020. Disponível em: <https://www.psicologia.pt/artigos/textos/A1390.pdf>.

_____. *O cálculo neurótico do gozo*. 2. ed., São Paulo, Zagodoni, 2020.

_____. Quem tem medo do cancelamento? *Gama*, 26 jul. 2020. Disponível em: <https://gamarevista.com.br/semana/ta-com-medo/o-medo-da-cultura-do-cancelamento/>.

_____. *Estrutura e constituição da clínica psicanalítica*: uma arqueologia das práticas de cura, tratamento e clínica. 2. ed., São Paulo, Zagodoni, 2021.

_____. *Uma biografia da depressão*. São Paulo, Planeta, 2021.

_____; PAULON, Clarice Pimentel; MILÁN-RAMOS, J. Guillermo. *Análise psicanalítica de discursos*: perspectivas lacanianas. São Paulo, Estação das Letras e Cores, 2016.

_____; THEBAS, Cláudio. *O palhaço e o psicanalista*: como escutar os outros pode transformar vidas. São Paulo, Planeta, 2019.

_____; RAMIREZ, Heloísa H. A. Ramirez; ASSADI, Tatiana C. (orgs.). *A pele como litoral*: fenômeno psicossomático e psicanálise. 2. ed., São Paulo, Zagodoni, 2021.

DUTRA, Flávio. Sujeito e responsabilidade. *Associação Lacaniana de Brasília*, 6 mar. 2015. Disponível em: <http://associacaolacaniana.com.br/frontend/images/up/021220151449092844f.pdf>.

EIDELSZTEIN, Alfredo. *Otro Lacan*: estúdio crítico sobre los fundamentos del psicoanálisis lacaniano. Buenos Aires, Letra Viva, 2015.

EISENCK, Hans. The Effects of Psychotherapy: An Evaluation. *Journal of Consulting Psychology*, v. 16, n. 5, 1952, p. 319-24.

ELLENBERGER, Henri. *The Discovery of the Unconscious*. Londres, Basic Books, 1970.

ESPINOSA, Baruch de. *Tratado teológico-político*. Trad. Diogo Pires Aurélio. 2. ed., São Paulo, Martins Fontes, 2008.

Eu + 1: uma jornada de saúde mental na Amazônia. Direção de Eliana Brum e Lilo Claretto.

EVARISTO, Conceição. *Becos da memória*. São Paulo, Pallas, 2017.

FANON, Frantz. *Pele negra, máscaras brancas*. Trad. Renato da Silveira. Salvador, Ed. Edufba, 2008.

FERRÉZ. Periferia e conservadorismo. In: SOLANO, Esther (orga.). *O ódio como política*: a reinvenção das direitas no Brasil. São Paulo, Boitempo, 2018, coleção Tinta Vermelha.

FEU DE CARVALHO, Frederico Zeymer. *O fim da cadeia de razões*: Wittgenstein, crítico de Freud. Belo Horizonte, Annablume/Fumec, 2002.

FISHER, Mark. *Realismo capitalista*. Trad. Rodrigo Gonsalves, Jorge Adeodato e Maikel da Silveira. São Paulo, Autonomia Literária, 2020.

FONSECA PIRES, Luís Manoel. *Estados de exceção*: a usurpação da soberania popular. São Paulo, Contracorrente, 2021.

FRANCO, Fábio Luís. *Governar mortos*: necropolíticas, desaparecimento e subjetividade. São Paulo, Ubu, 2021.

FRASER, Nancy. A eleição de Trump e o fim do neoliberalismo progressista. *GGN*, 17 jan. 2017. Disponível em: <http://jornalggn.com.br/noticia/a-eleicao-de-donald-trump-e-o-fim-do-neoliberalismo-progressista-por-nancy-fraser>.

_____. Da redistribuição ao reconhecimento? Dilemas da justiça numa era "pós-socialista". *Cadernos de Campo*, v. 15, n. 14-15, 2006.

FREGE, Gottlob. *Os fundamentos da aritmética*. Trad. Luís Henrique dos Santos. São Paulo, Abril Cultural, 1973.

_____. Sobre o sentido e a referência. In: *Lógica e filosofia da linguagem*. Trad. Paulo Alcoforado. 2. ed., São Paulo, Cultrix-Edusp, 2009.

FREUD, Ernst. *Letters of Sigmund Freud*. Trad. Tania Stern e James Stern. Nova York, Dover, 1992.

FREUD, Sigmund. ¿Por qué la guerra? [1932]. In: _____. *Obras Completas de Sigmund Freud*. Buenos Aires, Ammorrortu, 1988.

_____ A psicogênese de um caso de homossexualismo numa mulher [1920]. In: _____. *Além do princípio de prazer, psicologia de grupo e outros trabalhos*. Edição standard brasileira das obras psicológicas completas de Sigmund Freud, v. 18. Trad. Christiano Monteiro Oiticica. Rio de Janeiro, Imago, 1996.

_____. *Além do princípio de prazer*. Trad. Maria Rita Salzano Moraes. Belo Horizonte, Autêntica, 2020 [1920], coleção Obras Incompletas de Sigmund Freud.

_____. Algumas consequências psíquicas das diferenças anatômicas entre os sexos [1925]. In: _____. *Obras completas*, v. 16: *O eu e o id, "Autobiografia" e outros textos*. Trad. Paulo César de Souza. São Paulo, Companhia das Letras, 2011.

_____. *As pulsões e seus destinos*. Trad. Pedro Heliodoro Tavares. Belo Horizonte, Autêntica, 2013 [1915], coleção Obras Incompletas de Sigmund Freud.

_____. Batem numa criança: contribuição ao conhecimento da gênese das perversões sexuais [1919]. In: _____. *Obras completas*, v. 14: *História de uma neurose infantil ("O homem dos lobos"), Além do princípio do prazer e outros textos*. Trad. Paulo César de Souza. São Paulo, Companhia das Letras, 2010.

_____. Caminhos da terapia psicanalítica [1918]. In: _____ *Fundamentos da clínica psicanalítica*. Trad. Claudia Dornbusch. Belo Horizonte, Autêntica, 2017, coleção Obras Incompletas de Sigmund Freud.

_____. Cinco lições de psicanálise [1910] In: _____. *Obras completas*, v. 9: *Observações sobre um caso de neurose obsessiva ["O homem dos ratos"], uma recordação de infância de Leonardo da Vinci e outros textos*. Trad. Paulo César de Souza, São Paulo, Companhia das Letras, 2013.

_____. En torno de una cosmovisión [1933]. In: _____. *Obras completas*, v. 22: *Nuevas conferencias de introducción al psicoanálisis, y otras obras*. Buenos Aires, Amorrortu, 1993.

_____. *Mal-estar na cultura e outros escritos de cultura, sociedade, religião*. Trad. Maria Rita Salzano Moraes. Belo Horizonte, Autêntica, 2020 [1929].

_____. *Manuscrito inédito de 1931*. Trad. Elsa Vera Kunze Post Susemihl. São Paulo, Blucher, 2017.

_____. *O chiste e sua relação com o inconsciente*. Trad. Fernando Costa Matos. São Paulo, Companhia das Letras, 2017 [1905].

_____. *O ego e o id*. Edição standard brasileira das obras psicológicas completas de Freud, Sigmund, v. 19. Trad. José Octavio de Aguiar Abreu. Rio de Janeiro, Imago, 1980.

_____. *O infamiliar*. Trad. Ernani Chaves e Pedro Heliodoro Tavares. Belo Horizonte, Autêntica, 2019 [1919], coleção Obras Incompletas de Sigmund Freud.

_____. *Obras completas*, v. 7: *O chiste e sua relação com o inconsciente*. Trad. Fernando Costa Mattos e Paulo César de Souza, São Paulo, Companhia das Letras, 2017 [1905].

_____. *Obras completas*, v. 11: *Totem e tabu*. São Paulo, Companhia das Letras, 1988 [1913].

_____. *Obras completas*, v. 15: *Psicologia das massas e análise do eu*. Trad. Paulo César de Souza. São Paulo, Companhia das Letras, 2011 [1921].

_____. Observações psicanalíticas sobre um caso de paranoia (dementia paranoides) relatado em autobiografia ("O caso Schreber", 1911). In: _____. *Obras completas*, v. 10: *Observações psicanalíticas sobre um caso de paranoia (dementia paranoides) relatado em autobiografia ("O caso Schreber", 1911)*. Trad. Paulo César de Souza. São Paulo, Companhia das Letras, 2010.

_____. Romance familiar do neurótico [1907]. In: _____. *Obras completas*, v. 8: *O delírio e os sonhos na* Gradiva, *análise da fobia de um garoto de cinco anos e outros textos*. Trad. Paulo César de Souza. São Paulo, Companhia das Letras, 2015.

_____. Sobre a perda da realidade na neurose e na psicose. In: _____. *Fundamentos da clínica psicanalítica*. Trad. Claudia Dornbusch. Belo Horizonte, Autêntica, 2017, coleção Obras Incompletas de Sigmund Freud.

_____. Sobre as teorias sexuais infantis [1908]. In: _____. *Obras completas*, v. 8: *O delírio e os sonhos na* Gradiva, *análise da fobia de um garoto de cinco anos e outros textos*. Trad. Paulo César de Souza. São Paulo, Companhia das Letras, 2015.

_____. Über eine Weltanschauung. In: _____. *Sigmund Freud Studienausgabe*. Frankfurt, Fischer, 1978.

_____; Bullit, William C. *Thomas Woodrow Wilson*: um estudo psicológico. Trad. Helena Lins de Barros. Rio de Janeiro, Graal, 1984 [1966].

FULGÊNCIO, Leopoldo. *O método especulativo de Freud*. São Paulo, Blutcher, 2001.

FUREDI, Frank. *Therapy Culture*: Cultivating Vulnerability in an Uncertain Age. Londres, Routledge, 2004.

GLASS, Richard M. Bambi Survives Godzilla? Psychodynamic Psychotherapy and Research Evidence. *Journal of the American Medical Association*, v. 300, n. 13, 2008.

GOLDENBERG, Ricardo. Qual metafísica para a psicanálise? [2016]. Disponível em: <https://ricardogoldenberg.files.wordpress.com/2016/12/metaficc81sica-da-psicanacc81lise.pdf>.

_____. *Desler Lacan*. São Paulo, Instituto Langage, 2018.

GOLDHAGEN, Daniel. *Os carrascos voluntários de Hitler*: o povo alemão e o Holocausto. Trad. Luís Sérgio Roizman, 2. ed., São Paulo, Companhia das Letras, 2002.

GOMES, Evandro Luís; D'OTTAVIANO, Ítala M. Loffredo. *Para além das colunas de Hércules*: uma história da paraconsistência de Heráclito a Newton da Costa. Campinas, Ed. Unicamp, 2017.

GONÇALVES, Ana Maria. *Um defeito de cor*. 26. ed., Rio de Janeiro, Record, 2006.

GONSALVES, Rodrigo; DUNKER, Christian I. L.; ESTEVÃO, Ivan R. Neopentecostalism as a Neoliberal Grammar of Suffering. *Continental Thought & Theory*, v. 3, n. 1, 2021, p. 65-86.

GONZALEZ, Lélia. A categoria político-cultural de amefricanidade. In: *Por um feminismo afro-latino-americano*. Rio de Janeiro, Zahar, 2020.

_____. A propósito de Lacan. In: _____. *Por um feminismo afro-latino-americano*. Rio de Janeiro, Zahar, 2020.

GRAEBER, David. O mito do escambo. In: _____. *Dívida:* os primeiros 5.000 anos. Trad. Rogério Bettoni. São Paulo, Três Estrelas, 2016.

_____. *Revolutions in Reverse*. Londres, Minor Compositions, 2011.

_____. *Um projeto de democracia*. Trad. Ana Beatriz Teixeira. Rio de Janeiro, Paz e Terra, 2015.

GRAETZ, Heinrich. *Volkstümliche Geschichte des Juden*. Leipzig, Leiner, 1914.

GRÜNBAUM, Adolf. *The Foundation of Psychoanalysis*. Los Angeles, University of California Press, 1984.

HACKING, Ian. *Ontologia histórica*. Trad. Leila Mendes. São Leopoldo, Unisinos, 2009.

_____. *Representar e intervir*. Trad. Pedro Rocha de Oliveira. Rio de Janeiro, Ed. Uerj, 2012.

_____. *Why Is There Philosophy of Mathematics at All?* Cambridge, Cambridge University Press, 2014.

HEIDEGGER, Martin. Logos (Heráclito Fragmento 50). In: _____. *Ensaios e conferências*. Trad. Emmanuel Carneiro Leão, Gilvan Fogel e Marcia Sá Cavalcante Schuback. Petrópolis, Vozes, 2002.

_____. *Ser e tempo*. Trad. Marcia de Sá Cavalcante Schuback. 2. ed., Petrópolis, Vozes, 1988.

HEINE, Heinrich. Die Heimkehr, LVIII. In: FREUD, Sigmund. *Vorlesung 35 – Über eine Weltanschauung* (1932-1933), *Studienaufgabe, Band I*. Frankfurt, Fischer, 1973.

HERZL, Theodor. *O Estado judeu*. Trad. David José Pérez. Rio de Janeiro, Garamont, 1998.

HIGA, Paulo. Facebook tem mais usuários que WhatsApp no Brasil e chega a dois terços da população. *Tecnoblog*, 19 jul. 2018. Disponível em: <https://tecnoblog.net/252119/facebook-127-milhoes-usuarios-brasil/>.

HOBBES, Thomas. *Leviatã*. Trad. João Paulo Monteiro, Maria Beatriz Nizza da Silva e Claudia Berliner. 2. ed., São Paulo, Martins Fontes, 2008.

HOFFMANN, Ernst Theodor. *Contos fantásticos*. Rio de Janeiro, Imago, 1993.

HONNETH, Axel. *Pathologies of Reason:* On the Legacy of Critical Theory. Nova York, Columbia, 2009.

HÜLSMANN, Jörg Guido. Mises contra os neoliberais: as origens desse termo e seus defensores. *Mises Brasil*, 3 mar 2011. Disponível em: <http://www.mises.org.br/Article.aspx?id=920>.

HUNSLEY, John; ELLIOTT, Katherine; THERRIEN, Zoé. The Efficacy and Effectiveness of Psychological Treatments for Mood, Anxiety, and Related Disorders. *Canadian Psychology*, v. 55, n. 3, 2014.

HYPPOLITE, Jean. Comentário falado sobre a *Verneinung* de Freud. In: LACAN, Jacques. *Escritos*. Trad. Vera Ribeiro. Rio de Janeiro, Zahar, 1998.

IANNINI, Gilson. *Estilo e verdade em Jacques Lacan*. Belo Horizonte, Autêntica, 2012.

INWOOD, Michael. *Dicionário Hegel*. Trad. Álvaro Cabral. Rio de Janeiro, Zahar, 1997.

JAMESON, Fredric. *Pós-modernismo*: a lógica cultural do capitalismo tardio. Trad. Maria Elisa Cevasco. São Paulo, Ática, 1997.

JOHNSTON, Adrian. *Adventures in Transcendental Materialism*. Edimburgo, Edimburg University Press, 2014.

JOYCE, James. *Ulisses*. Trad. Antônio Houaiss. 15. ed., Rio de Janeiro, Civilização Brasileira, 2005.

JULLIEN, François. *O diálogo entre culturas*: do universal ao multiculturalismo. Trad. André Telles. Rio de Janeiro, Zahar, 2009.

JURANVILLE, Alain. *Lacan e a filosofia*. Trad. Vera Ribeiro. Rio de Janeiro, Zahar, 1987.

KAFKA, Franz. Preocupações de um pai de família. In: _____. *Blumfeld, um solteirão de mais idade e outras histórias*. Trad. Marcelo Backes. São Paulo/Rio de Janeiro, Paz e Terra/ Civilização Brasileira, 2018.

KANDEL, Eric. *Em busca da memória*. Trad. Rejane Rubino. São Paulo, Companhia das Letras, 2009.

KANT, Immanuel. Prefácio. In: _____. *Fundamentação da metafísica dos costumes*. Trad. Paulo Quintela, 2. ed., São Paulo, Abril Cultura, 1984.

KARATANI, Kojin. *The Structure of the World History*: From Modes of Production to Modes of Exchange. Durham, Duke University Press, 2014.

KEHL, Maria Rita. *Bovarismo brasileiro*. São Paulo, Boitempo, 2018.

KERVÉGAN, Jean-François. *Hegel, Carl-Schmitt*: o político entre a especulação e a positividade. Trad. Carolina Huang. São Paulo, Manole, 2006.

KILOMBA, Grada. *Memórias da plantação*. Trad. Jess Oliveira. São Paulo, Cobogó, 2019.

KLEMPERER, Victor. *LTI*: a linguagem do Terceiro Reich. Trad. Miriam Bettina Paulina Oelsner. São Paulo, Contraponto, 2009.

KOJÈVE, Alexandre. *Introdução à leitura de Hegel*. Trad. Estela dos Santos Abreu. Rio de Janeiro, Contraponto, 2002.

KOYRÉ, Alexandre. *Estudos de história do pensamento científico*. Trad. Márcio Ramalho. Rio de Janeiro, Forense Universitária, 1991.

KRENAK, Ailton. *Ideias para adiar o fim do mundo*. São Paulo, Companhia das Letras, 2019.

LACAN, Jacques. A carta roubada [1955]. In: _____. *O seminário*, Livro II: *O eu na teoria de Freud e na técnica da psicanálise*. Trad. Maria Christine Laznik Penot e Antonio Luiz Quinet de Andrade, 4. ed., Rio de Janeiro, Zahar, 1995.

_____. A ciência e a verdade [1965]. In: _____. *Escritos*. Trad. Vera Ribeiro. Rio de Janeiro, Zahar, 1998.

_____. A função do escrito [1973]. In: _____. *O seminário*, Livro XX: ... *mais, ainda*. Trad. M. D. Magno, 2. ed., Rio de Janeiro, Zahar, 1985.

_____. A instância da letra no inconsciente ou a razão desde Freud [1957]. In: _____. *Escritos*. Trad. Vera Ribeiro. Rio de Janeiro, Zahar, 1998.

_____. A instância da letra no inconsciente ou a razão desde Freud [1957]. In: _____. *Escritos*. Trad. Vera Ribeiro. Rio de Janeiro, Zahar, 1998.

_____. A instância da letra no inconsciente ou a razão desde Freud [1957]. In: _____. *Escritos*. Trad. Vera Ribeiro. Rio de Janeiro, Zahar, 1998.

_____. Ato de fundação [da École Française de Psychanalyse, posteriormente renomeada École Freudienne de Paris] [21 jun. 1964]. In: _____. *Outros escritos*. Trad. Vera Ribeiro. Rio de Janeiro, Zahar, 2003.

_____. Da mais-valia ao mais-de-gozar [1968]. In: _____. *O seminário*, Livro XVI: *De um Outro ao outro*. Trad. Vera Ribeiro, Rio de Janeiro, Zahar, 2008.

_____. De James Joyce comme symptôme [1976]. *Revue Le Croquant*, n. 28, 2000.

_____. Debilidade da verdade, administração do saber [1969]. In: _____. *O seminário*, Livro XVI: *De um Outro a outro*. Trad. Vera Ribeiro, Rio de Janeiro, Zahar, 2008.

_____. Dentro fora [1969]. In: _____. *O seminário*, Livro XVI: *De um Outro a outro*. Trad. Vera Ribeiro, Rio de Janeiro, Zahar, 2008.

_____. Discours de Jacques Lacan à l'Université de Milan le 12 mai 1972. In: _____ *Lacan en Italie (1953-1978)*. Ed. bilíngue, Milão, La Salamandra, 1978. Disponível em: <http://www.pileface.com/sollers/pdf/Lacan-Milan-1972.pdf>.

_____. Formulações sobre a causalidade psíquica [1946]. In: _____. *Escritos*. Trad. Vera Ribeiro. Rio de Janeiro, Zahar, 1998.

_____. Função e campo da fala e da linguagem em psicanálise [1953]. In: _____. *Escritos*. Trad. Vera Ribeiro. Rio de Janeiro, Zahar, 1998.

_____. Intervenção sobre a transferência [1951]. In: _____. *Escritos*. Trad. Vera Ribeiro. Rio de Janeiro, Zahar, 1998.

_____. Intervention de Jacques Lacan. Séance du vendredi 2 novembre (après-midi). *Lettres de l'École Freudienne*, n. 15, 1975.

_____. Interview. *L'Express*, 31 maio 1957. Disponível em: <https://www.lexpress.fr/actualite/societe/1957-lacan-livre-les-clefs-de-la-psychanalyse_2095718.html>.)

_____. Introdução à edição alemã de um primeiro volume dos *Escritos* [1975]. In: _____. *Outros escritos*. Trad. Vera Ribeiro. Rio de Janeiro, Zahar, 2003.

_____. Introdução teórica às funções da psicanálise em criminologia [1950]. In: _____. *Escritos*. Trad. Vera Ribeiro. Rio de Janeiro, Zahar, 1998.

_____. Introduction à l'édition allemande des Écrits [1975]. In: _____. *Autres écrits*. Paris, Seuil, 2001.

_____. Joyce, o Sintoma [1979]. In: _____. *Outros escritos*. Trad. Vera Ribeiro. Rio de Janeiro, Zahar, 2003.

_____. La direction de la cure et les principes de son pouvoir. In: _____. *Écrits*. Paris, Seuil, 1966.

_____. La place de la psychanalyse dans la médecine. *Cahiers du Collège de Médecine*, 1966, p. 761-4.

_____. *Le mythe individuel du névrosé ou poésie et vérité dans la névrose*. Paris, Seuil, 1953.

_____. *Le séminaire*, Livre XII: *Les problèmes cruciaux de la psychanalyse*. [S.l.], [s.d.], 1985 [1964-1965]. Disponível em: <http://staferla.free.fr/S12/S12.htm>.

_____. *Le séminaire*, Livre XXIV: *L'insu que sait de l'une-bévue s'aile à mourre* [1976-1977]. Staferla. Disponível em: <http://staferla.free.fr/S24/S24%20L'INSU....pdf>.

_____. *Le séminaire*, Livre XXVII: *Dissolution* [1979-1980]. Staferla. Disponível em: <http://staferla.free.fr/S27/S27%20Dissolution.pdf>.

_____. Lettre de Jacques Lacan à Rudolph Loewenstein du 14 juillet 1953. In: MILLER, Jacques-Alain (Org.). *La scission de 1953*. Paris, Ornicar?, 1976, coleção Bibliothèque de l'Ornicar?.

_____. Lição XVI, 12 de abril de 1967. In: _____. *A lógica do fantasma*. Trad. Irma Chaves, Recife, Centro de Estudos Freudianos, 2008.

_____. Lição XXIV, 21 de junho de 1967. In: _____. *A lógica do fantasma*. Trad. Ivan Corrêa, Recife, Centro de Estudos Freudianos, 2008.

_____. Logos [tradução de um texto de Martin Heidegger], *La Psychanalyse*, n. 1, 1956, p. 59-79. Disponível em: <https://ecole-lacanienne.net/wp-content/uploads/2016/04/1956-00-00b.pdf>

_____. Mercado do saber, greve do da verdade [1968]. In: _____. *O seminário*, Livro XVI: *De um Outro a outro*. Trad. Vera Ribeiro, Rio de Janeiro, Zahar, 2008.

_____. O aturdido [1973]. In: _____. *Outros escritos*. Trad. Vera Ribeiro. Rio de Janeiro, Zahar, 2003.

_____. O engano do sujeito suposto saber [1967]. In: _____. *Outros escritos*. Trad. Vera Ribeiro. Rio de Janeiro, Zahar, 2003.

_____. O estádio do espelho como formador da função do eu [je] tal como nos é revelada na experiência psicanalítica. In: _____. *Escritos*. Trad. Vera Ribeiro. Rio de Janeiro, Zahar, 1998.

_____. O mestre castrado [1970]. In: _____. *O seminário*, Livro XVII: *O avesso da psicanálise*. Trad. Ari Roitman, Rio de Janeiro, Zahar, 1992 [1967-1968].

_____. *O mito individual do neurótico*. Trad. Claudia Berliner. Rio de Janeiro, Zahar, 2007 [1952].

_____. *O seminário*, Livro I: *Os escritos técnicos de Freud*. Trad. Betty Milan. Rio de Janeiro, Zahar, 1979 [1953-1954].

_____. *O seminário*, Livro VI: *O desejo e sua interpretação*. Rio de Janeiro, Zahar, 2016 [1958-1959].

_____. *O seminário*, Livro VII: *A ética da psicanálise*. Trad. Antonio Quinet. Rio de Janeiro, Zahar, 1996 [1959-1960].

_____. *O seminário*, Livro VIII: *A transferência*. Trad. Dulce Duque Estrada. Rio de Janeiro, Zahar, 1992 [1960-1961].

_____ues. *O seminário*, Livro XI: *Os quatro conceitos fundamentais da psicanálise*. Trad. M. D. Magno, 2. ed., Rio de Janeiro, Zahar, 1988 [1964].

_____. *O seminário*, Livro XII: *Problemas cruciais da psicanálise*. Trad. Claudia Lemos et al. Recife, Centro de Estudos Freudianos, 2006 [1964-1965].

_____. *O seminário*, Livro XIV: *A lógica do fantasma* [1966-1967].

_____. *O seminário*, Livro XVI: *De um Outro ao outro*. Trad. Vera Ribeiro. Rio de Janeiro, Zahar, 2008 [1968-1969].

_____. *O seminário*, Livro XVII: *O avesso da psicanálise*. Trad. Ari Roitman. Rio de Janeiro, Zahar, 1992 [1969-1970].

_____. *O seminário*, Livro XVIII: *De um discurso que não fosse semblante*. Trad. Vera Ribeiro. Rio de Janeiro, Zahar, 2009 [1971].

_____. *O seminário*, Livro XIX: *... ou pior*. Trad. Vera Ribeiro. Rio de Janeiro, Zahar, 2012 [1971-1972].

_____. *O seminário*, Livro XX ... *mais, ainda*. Trad. M. D. Magno, 2. ed., Rio de Janeiro, Zahar, 1985 [1972-1973].

_____. *O seminário*, Livro XXI: *Le non-Dupes errent*. Rio de Janeiro, Zahar, [1973-1974].

_____. *O seminário*, Livro XXIII: *O sinthoma*. Trad. Sérgio Laia. Rio de Janeiro, Zahar, 2017 [1975-1976].

_____. O simbólico, o imaginário e o real [1953]. In: _____. *Nomes-do-Pai*. Trad. André Telles. Rio de Janeiro, Zahar, 2005.

_____. O sonho de Aristóteles [conferência proferida em 1978]. *Blog de Maria Claudia Formigoni*, 21 nov. 2016. Disponível em: <https://mclaudiaformigoni.wordpress.com/2016/11/21/primeiro-post-do-blog/>.

_____. O tempo lógico e a asserção de certeza antecipada [1945]. In: _____. *Escritos*. Trad. Vera Ribeiro. Rio de Janeiro, Zahar, 1998.

_____. Os complexos familiares na formação do indivíduo [1938] . In: _____. *Outros escritos*. Trad. Vera Ribeiro. Rio de Janeiro, Zahar, 2003.

_____. Para além do "Princípio de realidade" [1936]. In: _____. *Escritos*. Trad. Vera Ribeiro. Rio de Janeiro, Zahar, 1998.

_____. Para que serve o mito [1957]. In: _____. *O seminário*, Livro IV: *A relação de objeto*. Trad. Dulce Duque Estrada, Rio de Janeiro, Zahar, 1995.

_____. Propos sur l'hystérie. Conférence à Bruxelles, 26 fev. 1977. Disponível em: <https://www.psicoanalisis.org/lacan/hysterie.htm>.

_____. Propos sur la causalité psychique [1946]. In: _____. *Écrits*. Paris, Seuil, 1966.

_____. Proposição de 9 de outubro de 1967 sobre o psicanalista da Escola. In: _____. *Outros escritos*. Trad. Vera Ribeiro. Rio de Janeiro, Zahar, 2003.

Lacan, Jacques. Proposição de 9 de outubro de 1967 sobre o psicanalista da Escola – primeira versão. In: _____. *Outros escritos*. Trad. Vera Ribeiro. Rio de Janeiro, Zahar, 2003.

_____. Radiofonia [1970]. In: _____. *Outros escritos*. Trad. Vera Ribeiro. Rio de Janeiro, Zahar, 2003.

_____. Radiophonie. In: _____. *Autres écrits*. Paris, Seuil, 1970.

_____. Réponse au commentaire de Jean Hyppolite [1954]. In: _____. *Écrits*. Paris, Seuil, 1966.

_____. Réponses à des étudiants en philosophie sur l'objet de la psychanalyse [1966]. In: _____. *Autres écrits*. Paris, Seuil, 2001.

_____. Respostas a estudantes de filosofia [1966]. In: _____. *Outros escritos*. Trad. Vera Ribeiro, Rio de Janeiro, Zahar, 2003.

_____. Subversão do sujeito e dialética do desejo no inconsciente freudiano [1960]. In: _____. *Escritos*. Trad. Vera Ribeiro. Rio de Janeiro, Zahar, 1998.

_____. Variantes do tratamento padrão [1955]. In: _____. *Escritos*. Trad. Ver Ribeiro. Rio de Janeiro, Zahar, 1998.

LACLAU, Ernesto. *A razão populista*. Trad. Carlos Eugênio Marcondes de Moura. São Paulo, Três Estrelas, 2013.

LANA, Hugo; AMBRA, Pedro. Is There Anybody Beyond Language? Nona Reunião Anual da Sociedade Internacional de Psicanálise e Filosofia, Nova York, 2016.

LATOUR, Bruno. Por que a crítica perdeu a força? De questões de fato a questões de interesse. *O Que Nos Faz Pensar*, v. 29, n. 46, 2020.

LE NOUVEAU PETIT ROBERT. Paris, Robert, 1995.

LEBRUN, Gérard. *Hegel e a paciência do conceito*. São Paulo, Martins Fontes, 2000.

LEFORT, Claude. *A invenção democrática*: os limites da dominação totalitária. Trad. Isabel Loureiro e Maria Leonor Loureiro. 3. ed., Belo Horizonte, Autêntica, 2011.

LEICHSENRING, Falk; RABUNG, Sven. Effectiveness of Long-Term Psychodynamic Psychotherapy: A Meta-Analysis. *Journal of the American Medical Association*, v. 300, n. 13, 2008, p. 1.551-65.

LEMKE, Ruben Artur et al. Elementos da analítica existenciária no pensamento de Lacan sobre a linguagem. *Analytica*, v. 9, n. 17, 2020.

LEVITSKY, Steven; ZIBLATT, Daniel. *Como as democracias morrem*. Trad. Renato Aguiar. Rio de Janeiro, Zahar, 2018.

LIBERA, Alain de. *Arqueologia do sujeito*: nascimento do sujeito. Trad. Fátima Conceição Murad. São Paulo, FAP-Univesp, 2013.

LUCENA, Eleonora de. A nova direita surgiu após junho, diz filósofo. *Folha de S.Paulo*, 31 out. 2014. Disponível em: <http://www1.folha.uol.com.br/poder/2014/10/1541085-nova-direitasurgiu-apos-junho-diz-filosofo.shtml>.

LUKÁCS, György. *A teoria do romance*: um ensaio histórico-filosófico sobre as formas da grande épica. Trad. José Marcos Mariani de Macedo, 2. ed., São Paulo, Duas Cidades/Editora 34, 2012.

LUKASIEWICZ, Jan. Sobre a lei da contradição em Aristóteles. In: ZINGANO, Marco (Org.). *Sobre a metafísica de Aristóteles*. São Paulo, Odysseus, 2009.

MACEDO SALES, João Felipe G. de. *Corpos que escutam*: função e campo do corpo do analista na experiência psicanalítica. Tese de doutorado em psicologia, Universidade de São Paulo, 2021.

MACINTYRE, Alasdair. *Justiça de quem? Qual racionalidade?* Trad. Marcelo Pimenta Marques. São Paulo, Loyola, 1988.

MANIGLIER, Patrice. Un tournant métaphysique? *Critique*, v. 11, n. 786, 2012.

MANNONI, Octave. *Prospero and Caliban*: The Psychology of Colonization. Michigan, University of Michigan Press, 1990.

MANOEL, Jones; FAZZIO, Gabriel L. (orgs.). *Revolução africana*: uma antologia do pensamento marxista. São Paulo, Autonomia Literária, 2019.

MARIANO, Ricardo. *Neopentecostais*: sociologia do novo pentecostalismo no Brasil. São Paulo, Loyola, 1999.

MARQUES, Luiz. *Capitalismo e colapso ambiental*. 3. ed. rev. e ampl., Campinas, Ed. Unicamp, 2018.

MARTINS, Cristiano Zanin; MARTINS, Valeska Teixeira Zanin; VALIM, Rafael. *Lawfare*: uma introdução. São Paulo, Contracorrente, 2019.

MARX, Karl. *Grundrisse*. Trad. Mario Duayer e Nélio Schneider. São Paulo/Rio de Janeiro, Boitempo/Ed. UFRJ, 2011.

_____. *O capital*, Livro III: *O processo global da produção capitalista*. Trad. Rubens Enderle. São Paulo, Boitempo, 2017.

MASSON, Jeffrey Moussaieff. *Final Analysis*: The Making and Unmaking of a Psychoanalyst. Nova York, Addison-Wesley, 1990.

MAUPASSANT, Guy de. *125 contos*. Trad. Amilcar Bettega. São Paulo, Companhia das Letras, 2009.

MBEMBE, Achille. *Necropolítica*. São Paulo, n-1, 2018.

MCTAGGART, John M. E. *The Nature of Existence*, v. 2. Cambridge, Cambridge University Press, 1927.

MELVILLE, Herman. *Moby Dick*. Trad. Berenice Xavier. São Paulo, Abril, 2010.

MERKLE, Denise. (Ré)écriture du discours psychanalytique lacanien en traduction. *Psychanalyse et Traduction: Voies de Traverse*, v. 11, n. 2, 1998.

MEYER, Catherine (org.). *O livro negro da psicanálise*. Trad. Simone Perelson e Maria Beatriz Medina. 5. ed., Rio de Janeiro, Civilização Brasileira, 2011.

MEYERSON, Émile. *Identité et réalité*. Paris, Félix Alcan, 1908.

MIDDELAAR, Luuk van. *Politicídio*: o assassinato da política na filosofia francesa. Trad. Ramon Gerrits. São Paulo, É Realizações, 2015.

MILGRAM, Stanley. Behavioral Study of Obedience. *Journal of Abnormal and Social Psychology*, v. 67, n. 4, 1963, p. 371-8.

MILLER, Jacques-Alain. *Los signos del Goce*. Buenos Aires, Paidós, 1998.

MILNER, Jean-Claude. *A obra clara*. Trad. Procópio Abreu. Rio de Janeiro, Zahar, 1996.

MOISÉS, José Álvaro. *Crises da democracia*: o papel do Congresso, dos deputados e dos partidos. Curitiba, Appris, 2019.

MONTES, Rocío. O laço de Paulo Guedes com os "Chicago boys" do Chile de Pinochet. *El País*, 31 out. 2018. Disponível em: <https://brasil.elpais.com/brasil/2018/10/30/politica/1540925012_110097.html>.

MOREIRA, Adilson José. *Pensando como um negro*: ensaio de hermenêutica jurídica. São Paulo, Contracorrente, 2019.

MORETTO, Lívia. *O que pode um analista no hospital?* São Paulo, Artesão, 2019.

MORRISON, Toni. *O olho mais azul*. Trad. Manoel Paulo Ferreira. 2. ed., São Paulo, Companhia das Letras, 2019.

MOUFFE, Chantal. *Sobre o político*. Trad. Fernando Santos. São Paulo, WMF Martins Fontes, 2015.

MOUNK, Yascha. *O povo contra a democracia*: por que nossa liberdade corre perigo e como salvá-la. Trad. Cássio de Arantes Leite e Débora Landsberg. São Paulo, Companhia das Letras, 2019.

MUYLAERT, Anna. *Que horas ela volta?* [filme]. Direção de Anna Muylaert. São Paulo, 2015. Duração: 1h54.

NASCIMENTO, Gilberto. *O Reino*: a história de Edir Macedo e uma radiografia da Igreja Universal. São Paulo, Companhia das Letras, 2019.

NEVES, Tiago Iwasawa. *A cura em psicanálise como potência política de transformação*. Tese de doutorado em psicologia. Universidade Federal de Pernambuco, 2017.

NKOSI, Deivison. Às vezes, a crítica à crítica da crítica é apenas, ausência de autocrítica: Sobre a realeza negra, a psicanálise e a crítica ao duplo narcisismo. *Blog Nkosi*, 31 ago. 2020. Disponível em: <https://deivisonnkosi.com.br/artigos/diversos/as-vezes-a-critica-a-critica-da-critica-e-apenas-ausencia-de-autocritica-sobre-a-realeza-wakandiana-a-psicanalise-e-a-critica-ao-duplo-narcisismo/>.

NOMINÉ, Bernard. Luto do sentido? *Wunsch*, n. 11, 2011. Disponível em: <https://www.champlacanien.net/public/docu/4/wunsch11.pdf>.

_____. O amo na cultura de hoje. *Revista Stylus*, n. 16, 2008.

OLIVEIRA, Osmany Porto de. Os paradiplomatas e a difusão do orçamento participativo. In: CARLOS, Euzeneia; OLIVEIRA, Osmany Porto de; ROMÃO, Wagner de Melo (Orgs.). *Sociedade civil e políticas públicas*: atores e instituições no Brasil contemporâneo. Chapecó, Argos, 2014.

PARKER, Ian. *Psicanálise lacaniana*: revoluções em subjetividade. Trad. Dante Nery e Fernanda Rios. São Paulo, Annablume, 2013.

_____; PAVÓN-CUÉLLAR, David. *Manifesto psicanálise e revolução psicologia crítica para o movimento de liberação*. Belo Horizonte, Autêntica, 2021.

PELLEGRINO, Hélio. Pacto edípico e pacto social (da gramática do desejo à sem-vergonhice brasílica). *Folha de S.Paulo*, set. 1983, Folhetim.

PETERS, F. E. *Termos filosóficos gregos*: um léxico histórico. Trad. Beatriz Rodrigues Barbosa. Lisboa Calouste Goulbekian, 1974.

PIKETTY, Thomas. *O capital no século XXI*. Trad. Monica Baumgarten de Bolle. São Paulo, Intrínseca, 2014.

PINHEIRO-MACHADO, Rosana. *Amanhã vai ser maior*: o que aconteceu com o Brasil e possíveis rotas de fuga para a crise atual. São Paulo, Planeta, 2019.

PINKER, Steven. *Como a mente funciona*. Trad. Laura T. Motta. 2. ed., São Paulo, Companhia das Letras, 1998.

PIPPIN, Robert B. *Hegel's Practical Philosophy*: Rational Agency as Ethical Life. Nova York, Cambridge University Press, 2008.

POLITZER, Georges. *Crítica dos fundamentos da psicologia*: a psicologia e a psicanálise. Trad. Marcos Marcionilo e Yvone Maria de Campos Teixeira da Silva. Piracicaba, Ed. Unimep, 1998.

POPPER, Karl. *Conjecturas e refutações*. Trad. Sérgio Bath. 3. ed., Brasília, Ed. UNB, 1982.

PUPE, Stefano. Biografia aponta fraudes de Freud e põe psicanálise em xeque. *Folha de S.Paulo*, 25 fev. 2018, Ilustríssima. Disponível em: <https://www1.folha.uol.com.br/ilustrissima/2018/02/biografia-aponta-fraudes-de-freud-e-poe-psicanalise-em-xeque.shtml>.

RANCIÈRE, Jacques. *O ódio à democracia*. Trad. Mariana Echalar. São Paulo, Boitempo, 2014.

RATNER, Austi; GANDHI, Nisarg. Psychoanalysis in Combatting Mass Non-Adherence to Medical Advice. *The Lancet*, 19 out. 2020.

REICH, Wilhelm. *Psicologia de massas do fascismo*. Trad. Maria da Graça M. Macedo. 3. ed., São Paulo, Martins Fontes, 2001.

RIBEIRO, Djamila. *O que é lugar de fala?* Belo Horizonte, Justificando/Letramento, 2017.

RICŒUR, Paul. *O si-mesmo como Outro*. Trad. Lucy Moreira Cesar. Campinas, Papirus, 1991.

ROAZEN, Paul. *Como Freud trabalhava*. Trad. Carlos Eduardo Lins da Silva. São Paulo, Companhia das Letras, 1999.

ROBIN, Léon. *La penseé grecque et les origines de l'esprit scientifique*. Paris, La Renaissance du Livre, 1923.

ROBINSON, Paul A. *A esquerda freudiana*: Wilhelm Reich, Geza Roheim, Herbert Marcuse. Trad. Álvaro Cabral. Rio de Janeiro, Civilização Brasileira, 1971.

RONA, Paulo Marcos. *O significante, o conjunto e o número*: a topologia na psicanálise de Jacques Lacan. São Paulo, Annablume, 2012.

ROSSITER, Lyle. *The Liberal Mind*: The Psychological Causes of Political Madness. St. Charles, Free World Books, 2006.

SAFATLE, Vladimir. *Dar corpo ao impossível*. Belo Horizonte, Autêntica, 2019.

_____. *Grande Hotel Abismo*. São Paulo, Cosac Naify, 2016.

_____. *Lacan*: a paixão do negativo. São Paulo, Ed. Unesp, 2006.

_____. Linguagem e negação: sobre as relações entre pragmática e ontologia em Hegel. *Doispontos*, v. 3, n. 1, 2006. Disponível em: <https://revistas.ufpr.br/doispontos/article/view/5163>.

_____. *Maneiras de transformar mundos*: Lacan, política e emancipação. Belo Horizonte, Autêntica, 2020.

_____. *O circuito dos afetos*. São Paulo, Cosac Naify, 2015.

_____. Prefácio. In: BUCK-MORSS, Susan. *Hegel e o Haiti*. Trad. Sebastião Nascimento. São Paulo, n-1, 2017.

_____. Teoria das pulsões como ontologia negativa. *Discurso*, n. 36, 2007. Disponível em: <https://www.revistas.usp.br/discurso/article/view/38076>.

_____; SILVA JR., Nelson da; DUNKER, Christian I. L. (orgs.). *Neoliberalismo como gestão do sofrimento psíquico*. Belo Horizonte, Autêntica, 2021.

_____; _____; _____. (orgs.). *Patologias do social*. Belo Horizonte, Autêntica, 2018.

SAID, Edward. *Freud e os não europeus*. Trad. Arlene Clemesha. São Paulo, Boitempo, 2004.

SAINT-CLAIR, Clóvis. *Bolsonaro*: o homem que peitou o Exército e desafia a democracia. Rio de Janeiro, Máquina de Livros, 2018.

SANCHIS, Pierre. As religiões dos brasileiros. *Horizonte*: Revista de Estudos de Teologia e Ciências da Religião, v. 1, n. 2, 1997.

SANTNER, Eric. *A Alemanha de Schreber*. Trad. Vera Ribeiro. Rio de Janeiro, Zahar, 1997.

SANTOS, Diana Oliveira dos. Robert Vischer e Heinrich Wölfflin: um recorte do pensamento germânico sobre a apreensão do espaço construído a partir da memória. *Urbana*, v. 11, n. 2 [22], p. 432.

SCHUCMAN, Lia Vainer. *Entre o encardido, o branco e o branquíssimo*: branquitude, hierarquia e poder na cidade de São Paulo. São Paulo, Veneta, 2020.

SEARLE, John. *O mistério da consciência*. Trad. André Yuji Pinheiro Uema. São Paulo, Paz e Terra, 1997.

SEGATO, Rita Laura. *Las estructuras elementales de la violencia*: ensayos sobre género entre la antropología, el psicoanálisis y los derechos humanos. Buenos Aires, Prometeo, 2003.

SEN, Amartya. *A ideia de justiça*. Trad. Denise Bottmann e Ricardo Doninelli Mendes. São Paulo, Companhia das Letras, 2011.

SERRA, Ordep. *O reinado de Édipo*. São Paulo/Brasília, Universa/Editora UNB, 2007.

SHELLEY, Mary. *Frankenstein*. Trad. Cláudia Lopes. 5. ed., 11. imp., São Paulo, Scipione, 2011.

SHEVRIN, Howard et al. Subliminal Unconscious Conflict Alpha Power Inhibits Supraliminal Conscious Symptom Experience. *Frontiers in Human Neuroscience*, v. 7, 2013. Disponível em: <https://www.frontiersin.org/articles/10.3389/fnhum.2013.00544/full>.

SIBERTIN-BLANC, Guillaume. *Deleuze et l'Anti-Œdipe:* la production du désir. Paris, PUF, 2010, col. Philosophies.

_____. Psicanálise, diferenças antropológicas e formas políticas: para introduzir a diferença intensiva. *Lacuna*, n. 1, 22 maio 2016. Disponível em: <https://revistalacuna.com/2016/05/22/para-introduzir-a-diferenca-intensiva/>.

SINGER, André et al. Por que assistimos a uma volta do fascismo à brasileira? *Folha de S.Paulo*, 9 jun. 2020. Disponível em: <https://www1.folha.uol.com.br/ilustrissima/2020/06/por-que-assistimos-a-uma-volta-do-fascismo-a-brasileira.shtml>.

SÓFOCLES. *A trilogia tebana*: Édipo rei, Édipo em Colono, Antígona. Trad. Mário da Gama Kury. Rio de Janeiro, Zahar, 2002.

SOKAL, Alan; BRICMONT, Jean. *Imposturas intelectuais*. Trad. Max Altman. 2. ed., Rio de Janeiro, Record, 2001.

SOLANO, Esther (org.). *O ódio como política*: a reinvenção das direitas no Brasil. São Paulo, Boitempo, 2018, coleção Tinta Vermelha.

SOLER, Colette. Statut du signifiant maître dans le champ lacanien. *Lettre Mensuelle*, n. 58, 2011, p. 10.

SOUZA NETO, Cláudio Pereira de. *Democracia em crise no Brasil*: valores constitucionais, antagonismo político e dinâmica institucional. Rio de Janeiro, Ed. Eduerj/Contracorrente, 2020.

SOUZA, Jessé. *A classe média no espelho*. São Paulo, Estação Brasil, 2018.

_____. *A tolice da inteligência brasileira ou como o país se deixa manipular pela elite*. São Paulo, Leya, 2015.

_____. *Os batalhadores brasileiros*: nova classe média ou nova classe trabalhadora? Belo Horizonte, Ed. UFMG, 2010.

SPIVAK, Gayatri C. *Pode o subalterno falar?* Trad. Sandra Regina Goulart Almeida, Marcos Pereira Feitosa e André Pereira Feitosa. Belo Horizonte. Ed. UFMG, 2010.

STANLEY, Jason. *Como funciona o fascismo*: a política do "nós" e "eles". Trad. Bruno Alexander. 5. ed., Porto Alegre, L&PM, 2020.

STAVRAKAKIS, Yannis. *La izquierda lacaniana*: psicoanálisis, teoría, política. Buenos Aires, Fondo de Cultura Argentino, 2010.

_____. *Lacan & the Political*. Londres, Routledge, 1999.

STOCKER, Bram. *Drácula*. Trad. Marcia Heloisa. Rio de Janeiro, Darkside, 2018.

STREECK, Wolfgang. *Tempo comprado*: a crise adiada do capitalismo democrático. Trad. Marian Toldy e Teresa Toldy. São Paulo, Boitempo, 2018.

SULLOWAY, Frank J. *Freud, Biologist of the Mind*: Beyond the Psychoanalytic Legend. Nova York, Basic, 1983.

TEIXEIRA, Francisco; SANTOS, Fabiano. Dinheiro e moeda em Karl Marx. *A Terra é Redonda*, 2 fev. 2020. Disponível em: <https://aterraeredonda.com.br/dinheiro-e-moeda-em-karl-marx/>.

TELES, Edson; SAFATLE, Vladimir (Orgs.). *O que resta da ditadura:* a exceção brasileira. São Paulo, Boitempo, 2010.

THE MONT PELERIN SOCIETY. Statement of Aims. Disponível em: <https://www.montpelerin.org/statement-of-aims/>.

TIBLE, Jean. *Marx selvagem*. 3. ed., São Paulo, Autonomia Literária, 2020.

TOCQUEVILLE, Alexis de. *A democracia na América*. Trad. Neil Ribeiro da Silva. 2. ed., São Paulo, Itatiaia, 1977.

TOSTES, Angélica; RIBEIRO, Claudio de Oliveira. *Religião, diálogo e múltiplas pertenças*. São Paulo, Annablume, 2019.

TRUTH, Sojourner. *E eu não sou uma mulher?* Trad. Carla Cardoso. São Paulo, Íma, 2020.

TUPINAMBÁ, G. *The Desire of Psychoanalysis*: Exercises in Lacanian Thinking. Evanston. Illinois, Northestern University Press, 2021.

TWINE, France. W. A White Side of Black Britain: The Concept of Racial Literacy. *Ethnic and Racial Studies*, v. 27, n. 6, 2004, p. 878-907.

VAN Haute, Philippe; GEYSKENS, Tomas. *Psicanálise sem Édipo?* Uma antropologia clínica da histeria em Freud e Lacan. Trad. Mariana Pimentel Fischer Pacheco. Belo Horizonte, Autêntica, 2016.

VIDAL, Vera. A ontologia analítica de Quine. In: IMAGUIRE, Guido (org.). *Metafísica contemporânea*. Petrópolis, Vozes, 2007.

VIVEIROS DE CASTRO, Eduardo. "Transformação" na antropologia, transformação da "antropologia". *Mana*, v. 18, n. 1, 2012.

_____. *Metafísicas canibais*. São Paulo, Cosac Naify, 2015.

_____. Perspectivismo e multinaturalismo na América indígena. In: _____. *A inconstância da alma selvagem*. São Paulo, Cosac Naify, 2002.

_____. Xamanismo transversal: Lévi-Strauss e a cosmopolítica amazônica. In: QUEIROZ, Ruben Caixeta de; NOBRE, Renarde Freire. *Lévi-Strauss*: leituras brasileiras. Belo Horizonte, Ed. UFMG, 2008.

VOLTAIRE. *Dicionário filosófico*. São Paulo, Martins Fontes, 2003.

WEISSMAN, Karl. *Masoquismo e comunismo*. São Paulo, Martins, 1964.

WILDE, Oscar. *O fantasma de Canterville*. Trad. Rubem Braga. 10. ed., São Paulo, Scipione, 2011.

ZIMBARDO, Philip. *O efeito Lúcifer*: como pessoas boas se tornam más. Trad. Tiago Novaes Lima. 4. ed., Rio de Janeiro, Record, 2012.

ŽIŽEK, Slavoj. *Bem-vindo ao deserto do real*. Trad. Paulo Castanheira. São Paulo, Boitempo, 2003.

_____. *Em defesa das causas perdidas*. Trad. Beatriz Medina. São Paulo, Boitempo, 2011.

_____. *Menos que nada*. Trad. Rogério Bettoni. São Paulo, Boitempo, 2013.

_____. *O amor impiedoso, ou Sobre a crença*. Trad. Lucas Mello Carvalho Ribeiro. Belo Horizonte, Autêntica, 2012.

_____. *O mais sublime dos histéricos*. Trad. Vera Ribeiro. Rio de Janeiro, Zahar, 1991.

_____. *O sujeito incômodo*. Trad. Luigi Barichello. São Paulo, Boitempo, 2016.

_____. Por que Lacan não é heideggeriano. *Estudos Lacanianos*, v. 1, n. 2, 2008. Disponível em: <http://pepsic.bvsalud.org/pdf/rel/v2n3/v2n3a02.pdf>.

Sobre o autor

Christian Ingo Lenz Dunker nasceu em São Paulo, em 29 de maio de 1966. É psicanalista e professor titular do Departamento de Psicologia Clínica do Instituto de Psicologia da Universidade de São Paulo (USP). Doutor em Psicologia Experimental (1996) pela USP, obteve o título de livre-docente em Psicologia Clínica (2006) após realizar seu pós-doutorado na Manchester Metropolitan University (2003). Atualmente é Analista Membro de Escola (A.M.E.) do Fórum do Campo Lacaniano. Tem experiência na área clínica com ênfase em Psicanálise (Freud e Lacan), atuando principalmente nos seguintes temas: estrutura e epistemologia da prática clínica, teoria da constituição do sujeito, metapsicologia, filosofia da psicanálise e ciências da linguagem. Coordena, ao lado de Vladimir Safatle e Nelson da Silva Jr., o Laboratório de Teoria Social, Filosofia e Psicanálise da USP. Recebeu dois prêmios Jabuti em Psicologia e Psicanálise, um deles com *Mal-estar, sofrimento e sintoma: a psicopatologia do Brasil entre muros*, publicado pela Boitempo em 2015. É autor de *O cálculo neurótico do gozo* (Escuta, 2002), *Estrutura e constituição da clínica psicanalítica* (Annablume, 2011), *A psicose na criança* (Zagodoni, 2014), *Mal-estar, sofrimento e sintoma* (Boitempo, 2015), *Por quê Lacan?* (Zagodoni, 2016), *Reinvenção da intimidade* (Ubu, 2017), *O palhaço e o psicanalista* (Planeta, 2018) e *A arte da quarentena para principiantes* (Boitempo, 2020). Também publica regularmente vídeos sobre psicanálise e cultura em seu canal no Youtube e escreve para o "Blog do Dunker" no portal *Uol* e para o *Blog da Boitempo*, entre outros veículos.

Folha de rosto da primeira edição
do doutorado de Lacan.

Publicado em janeiro de 2022, noventa anos após Jacques Lacan defender sua tese de doutorado, *Da psicose paranoica em suas relações com a personalidade*, na Faculdade de Medicina de Paris, este livro foi composto em Adobe Garamond Pro, corpo 10,5/12,6, e impresso pela gráfica Rettec, em papel Pólen Soft 80 g/m², para a Boitempo, com tiragem de 5 mil exemplares.